国家"985工程"(二期)哲学社会科学创新基地重大成果
第三届中国出版政府奖图书奖　第三届三个一百原创图书出版工程奖

学术版

中国佛教通史

第十四卷

赖永海　主编

江苏人民出版社

图书在版编目(CIP)数据

中国佛教通史. 第十四卷/赖永海主编.
—南京:江苏人民出版社,2010.9(2021.10 重印)
ISBN 978-7-214-06479-0

Ⅰ.①中… Ⅱ.①赖… Ⅲ.①佛教史—中国
Ⅳ.①B949.2

中国版本图书馆 CIP 数据核字(2010)第 185012 号

书　　　名	中国佛教通史(第十四卷)
主　　编	赖永海
策 划 编 辑	府建明
责 任 编 辑	张　凉　朱晓莹
装 帧 设 计	吴赵铎　许文菲
责 任 监 制	王　娟
出 版 发 行	江苏人民出版社
地　　　址	南京市湖南路 1 号 A 楼,邮编:210009
照　　　排	江苏凤凰制版有限公司
印　　　刷	江苏凤凰新华印务集团有限公司
开　　　本	652 毫米×960 毫米　1/16
总 印 张	549.25　插页 62
总 字 数	7100 千字
版　　　次	2010 年 11 月第 1 版
印　　　次	2021 年 10 月第 2 次印刷
标 准 书 号	ISBN 978-7-214-06479-0
定　　　价	2280.00 元(全 15 卷)

(江苏人民出版社图书凡印装错误可向承印厂调换)

本卷主要撰稿人(以姓氏笔画为序)

王月清

哲学博士。现为南京大学哲学系(宗教学系)教授、博士生导师,南京大学中华文化研究院副院长。主要著作有《中国佛教伦理研究》、《中国佛教文化艺术》等。

撰写内容:第四章。

圣 凯

哲学博士。现为清华大学哲学系教授、博士生导师,国家社科基金重大项目"汉传佛教僧众社会生活史"首席专家、中国佛教文化研究所副所长、《佛学研究》主编。研究领域为南北朝佛教学派、儒佛道三教关系、中国佛教社会史、近现代佛教、佛教与西方哲学比较研究等。主要著作有《中国汉传佛教礼仪》、《中国佛教忏法研究》、《摄论学派研究》、《中国佛教信仰与生活史》、《南北朝地论学派思想史》,以及 *A History of Chinese Buddhist Faith and life* 等。

撰写内容:第六章。

余日昌

哲学博士。现为江苏省社会科学院哲学与文化研究所副所长、研究员。主要著作有《实相本体与涅槃境界》。

撰写内容:第七章。

张 华

哲学博士。现为江苏省民族宗教研究中心副主任。主要著作有《杨文会与中国佛教近代思想转型》、《晚明佛教与中国士绅社会的形成》。

撰写内容:第一、二、三、五章。

目 录

第一章 清代居士佛教的兴起 1
导 言 1
第一节 清代居士佛教的思想渊源 3
一、宋明以降的禅净合流思潮 4
二、云栖以华严摄净土 5
三、云栖之流风余韵 7
第二节 周安士启人净信 9
一、善世第一奇书 9
二、劝勉戒杀戒淫 10
三、直指西归路 12
四、书满人间作慈航 14
第三节 彭际清归心净业 16
一、融会华严净土 17
二、笃实修持净土 22
三、士林佛学新风 25
四、对清代居士佛教的影响 31
第四节 龚自珍与经世佛学 33
一、自号怀归子 34
二、批判蛆虫僧,亟思报佛恩 38
三、以天台修净土 43

四、心之力　46
　第五节　魏源与经世佛学　50
　　一、默深以学见长　50
　　二、潜心佛学经世　53
　　三、钻研净土经典　55

第二章　清末维新志士的佛学思想　59
　第一节　康有为的佛学思想　60
　　一、游心佛学与西学　61
　　二、《大同书》中的佛学思想　64
　　三、尊孔不舍佛　67
　第二节　谭嗣同的佛学思想　70
　　一、金陵学佛的因缘及志趣　71
　　二、《仁学》中的佛学思想　75
　　三、生命的涅槃　92
　第三节　梁启超的佛学思想　102
　　一、早年的师友学佛缘　103
　　二、戊戌政变后的佛学思想　111
　　三、佛学与改造社会　122

第三章　清代佛教的衰落与复兴　126
　第一节　清代佛教的衰落　127
　　一、清代佛教衰落的原因　127
　　二、太平天国的"焚像毁庙"　129
　　三、清末"庙产兴学"风潮　134
　第二节　杨文会振兴佛教的理念和事业　147
　　一、杨文会生平略传　148
　　二、杨文会振兴佛教的理念　155
　　三、杨文会与金陵刻经处　165
　第三节　杨文会与近代佛学思想　169
　　一、尊崇《大乘起信论》的思想　170
　　二、建构马鸣宗的思想　181
　　三、倡研唯识学　224
　第四节　杨文会：中国佛教复兴的巨擘　232
　　一、奋起于末法苍茫之世　233

二、甄综会通，规模弘扩 234

三、薪火相传，后继有人 240

第四章 清代民国时期佛教的寺院经济 253

第一节 清代前期佛教寺院经济 253

一、寺院之田产 255

二、寺田之捐赠 258

三、斋田之保护 265

四、寺产关乎慧命 273

第二节 清末民国时期佛教寺院经济 274

一、寺院经济与佛事法会 275

二、经忏佛事的演变 282

三、寺院经济的趋势 290

第三节 清代藏传佛教的寺庙经济 297

一、清代喇嘛教的兴盛 298

二、西藏喇嘛寺庙经济 305

三、蒙古喇嘛寺庙经济 311

第五章 晚清民国时期佛学研究的滥觞与成就 322

第一节 晚清民国佛学研究兴起的概况 322

一、晚清民国佛学研究兴起的背景 323

二、晚清民国佛学研究的基本派别 327

第二节 晚清民国时期佛教史的研究和撰述 329

一、梁启超、胡适的佛教史研究 329

二、陈垣、陈寅恪、汤用彤的佛教史研究 334

三、僧伽、居士的佛教史研究 337

第三节 民国时期的佛教思想研究 339

一、佛教基本教义的阐述 340

二、禅学研究的推进 340

三、唯识学研究的热潮 345

四、佛教哲学研究的深入 349

第四节 晚清民国时期佛教制度、典籍、文化研究的进步 351

一、佛经典籍整理的空前繁荣 352

二、佛教文化教育事业的空前活跃 354

三、佛学与现代性研究的初步进展 355

第六章　近世佛教徒的信仰与生活　*358*

第一节　"蒋山法会"与明太祖整顿瑜伽教　*358*
一、蒋山法会的启建与法仪次第　*358*
二、法会祭祀之"礼"与"时"　*364*
三、明太祖对经忏佛事的规范与推动　*366*

第二节　经忏佛事与丛林仪轨　*369*
一、经忏佛事的流行与混乱　*370*
二、佛教忏法的制作与完善　*373*
三、丛林早晚课诵的修订与流行　*384*
四、对经忏佛事的反思与批判　*390*

第三节　佛教的慈善事业与信仰习俗　*398*
一、佛教的慈善事业　*398*
二、佛教徒的放生习俗　*400*
三、佛教"四大名山"信仰的形成　*404*

第七章　1895—1945年的台湾佛教　*411*

第一节　台湾佛教溯源　*411*
一、台湾佛教的历史发展　*411*
二、台湾佛教两大历史渊源　*415*
三、台湾佛教三大基本形态　*418*

第二节　台湾佛教四大法脉丛林　*424*
一、基隆月眉山派灵泉禅寺法脉　*424*
二、台北观音山派凌云禅寺法脉　*426*
三、苗栗大湖乡派法云禅寺法脉　*428*
四、高雄大岗山派超峰禅寺法脉　*432*

第三节　台湾佛教五大重要事件　*434*
一、"西来庵事件"导致老官斋教衰落　*435*
二、"皇化运动"影响台湾禅风　*436*
三、"日僧建寺"激发寺产保护　*441*
四、"佛教办学"提高台僧素质　*444*
五、"道场联盟"加固本土法脉　*445*

第四节　台湾佛教的变革与复兴　*450*
一、佛教变革的初步尝试　*450*
二、正信佛教复兴及救僧运动　*453*

人名索引　*457*

第一章　清代居士佛教的兴起

导　言

至有清一代,佛教发展之势已成强弩之末,尽管有明末遗民逃禅之盛,又有清初诸帝的尊崇奖掖,为世人出家大开了方便之门,也不过在寺院中增加一些斋饭而已。① 清前期仅有的高僧亦与思想界无关,佛学研究逐渐由出家转向在家。嘉、道以还,国势凌替,屡经丧乱,士子学人便转向佛学,进行关于人生的哲理探讨,作为他们经世治乱、自度度人的理论指导。首先是乾隆年间周梦颜、彭绍升居士发其端绪,彭绍升"志在西方,行在梵网",与汪大绅、罗有高等人笃志信仰、潜心佛乘,与江藩、戴震等往复辩难于儒佛之间。龚自珍、魏源等今文经学公羊派之硕儒承其后绪,提倡经世佛学。清末维新人士如康有为、梁启超、谭嗣同辈,纷纷"以

---

① 有学者对清代佛教的这种状况做了如下描述:其时,僧众中或穷乏不能自存而以僧粥延命,或游荡无所皈依而以寺院为驻足之所,或触犯刑律暂作匿身之处,或人生失意而遁入空门。滥剃度、滥传戒、滥住持,三滥不绝,致使僧才摧萎,文化浸衰,僧伽队伍愈加朽败。博学深究佛理的大德高僧绝无,独霸寺产、侥取货利的法派、剃度派有增无减。超亡送死,妖祥杂生,专以经忏募化为业。

己意进退佛说",汇成晚清思想界的一股伏流。清末居士刊刻佛典、振兴佛教者,以郑学川、杨文会居士最为杰出。弘扬佛法的中心也由寺僧转向在家学佛之士。于此可见清代居士佛教勃兴之大概盛况。居士之研究佛学、弘扬佛法成为中国近世佛教的支柱。

　　清代居士佛教之兴起是中国近世佛教发展的重要动向。明清以来,思想界的动向是三教融合,而儒教是养成士大夫官僚之教,道教是一般民众的宗教,佛教则居其间而拥有适应于上自皇帝下迄平民之广大社会面的宗教地位,这一基本状况几乎没有大的改变。入清代后,由于清政府的主流意识形态仍然是以儒治国,更提倡"崇正学而黜异端",致使保守性的佛教僧团素质走低,呈现全面虚脱的状态。然佛教却被具有深厚儒学素养的知识分子以居士身份所理解和接受,由此促成清中叶起居士佛教的流行。在与世隔绝的高蹈深隐的寺僧佛教与庶民社会的低俗民间信仰之间,知识居士作为中间层保持了近世佛教的命脉。① 居士佛教的共同特点大都具有儒佛兼融而归心净土重视念佛的倾向,这很大程度上也是因为雍正帝取范于云栖袾宏,倡导"宗、教一致"、禅净合流和"三教同原"的结果。由此可知,作为清代佛教特色之一的居士佛教,乃是在上层阶级的理解和支持之下,社会普遍形成风气所致。

　　明清鼎革后,一些不甘心臣服于清王朝的汉族士大夫,以皈依佛门出家为僧作为一种选择,还有一些人不愿出家,于是就在俗弘扬佛法,他们被称为"居士"。但直到清代中叶以前,居士的数量仍是很少的。居士一般有两类:一类是作为寺院的护法施主,帮助建塔修庙、捐刻经典等,以积功德为主;另一类则主要从事校刊经典、研习义理,以弘法利生为事业。清代最有代表性的居士,即自切实参禅的宋世隆、毕奇和归心净土的周安士(梦颜)、彭际清(绍升)等人开始,大都倾向于阐发佛教义理,调和儒释关系;嘉庆、道光之际,龚自珍与魏源以今文学家而兼佛学研究,

---

① 参见[日]野上俊静等著,释圣严译《中国佛教史概说》,第228页,台北,商务印书馆,1968。

开风气之先,从佛学中求经世;清末居士以郑学川、杨文会为代表,有感于太平天国兵燹之后经典奇缺而致力于搜罗刊刻经典以振兴佛教。有日本学者在其中国佛教史著作中,称道清代居士都是"德学兼优的宗教家,虽为当时的大德,尚犹望之莫及"①。下面让我们先探讨清代居士佛教的渊源,然后再阐述其发展脉络。

第一节 清代居士佛教的思想渊源

清代居士佛教兴起之际,有四居士齐名,宋文森、毕奇皈依禅门,周梦颜、彭绍升则归心净土。与彭绍升同时的有罗有高、汪缙,其后有钱伊庵、江沅等,皆知名于世。

宋文森(?—1702),字世隆,习禅学,曾受天竺行珍付嘱。毕奇(?—1708),号紫岚,从马首山醒愚学禅,有《别传录》八卷行世。蒋维乔在其《中国佛教史》中指出:"近世佛教承宋明遗风,实为禅净二家独步时代,然士大夫学禅者虽众,能真参实悟之人盖鲜。文森、紫岚,苦心斯道,卒明大法;紫岚之论禅病,切实深挚,有裨于学者不浅。若安士、尺木,皆精心净土,信、愿、行三者,悉皆具足;临终不乱,从容生西,岂偶然哉?故四人者,实开清代居士参禅修净之先河。"②望月信亨的名著《中国净土教理史》也指出了晚明以来居士率多归心净土这个明显的事实。中外学者明确指出了清代居士佛教"承宋明遗风",而其直接源头实来自晚明诸师的倡导。

清代居士佛教承晚明佛教余绪的明显标志之一是禅净合流,或曰"去狂禅而归净土",在倡导者看来,末流狂禅滋弊,而净土念佛法门踏实。这种佛教风气转变的关键人物,就是以云栖袾宏为代表的晚明"四大师"。入清以后,云栖受到来自官方的表彰,雍正《御选语录》特别表彰

---

① 参见[日]野上俊静等著,释圣严译《中国佛教史概说》,第228页。
② 蒋维乔:《中国佛教史》卷四,第15页,上海书店,1989。

云栖莲池大师之净土法门,连带也推崇云栖心仪的永明延寿,将永明语录作为其御选历代禅师语录之冠,并将永明著作《宗镜录》百卷精编成《宗镜大纲》,嘉惠后学。云栖在中国佛教史上的位置,虽然"法系未详"确为事实,但在净土思想上,他上承永明延寿,远追庐山慧远,下启彭际清、魏源和杨文会等居士,则是凿凿可考的。从永明到云栖,开创了一个新的禅净合流的时代。然而究实说来,与其曰"去禅归净",不如曰"摄禅归净";与其曰"摄禅归净",不如曰"禅净双照"。此可用来勾勒永明以后禅净合流之轨迹,也可以说是从晚明诸师到清末居士丝脉相承的思想实际。

一、宋明以降的禅净合流思潮

永明以来,净土之兴,是因为痛斥狂禅之流弊。但实际的状况是,禅净两家各有偏执,故高僧大德大都最为推崇禅净合修的境界。如永明延寿作《参禅念佛四料简偈》,切信禅净双修之要。此偈对近世佛教界影响很大,兹录其文于后:

> 有禅无净土,十人九蹉路,阴境若现前,瞥尔随他去。
> 无禅有净土,万修万人去,但得见弥陀,何愁不开悟?
> 有禅有净土,犹如戴角虎,现世为人师,来生为佛祖。
> 无禅无净土,铁床并铜柱,万劫与千生,没个人依怙。

仅由此四料简观之,十分明显,永明盛赞净土是"万修万人去"的法门,只要能亲觐弥陀,何愁不能开悟?但他更主张禅净双修,因为"有禅有净土,犹如戴角虎",可谓最理想的修行法,不但现世为人师,来生还作佛祖。由此观之,对于永明来说,利根上智者都应该禅净双修,而中下之士,专修念佛,期生净土,亦必定能开悟。至于那些"有禅无净土"的修行者,其十人中修禅,九人堕于魔道,终不脱"隔阴之迷"。以此可见其归趣之所在。

清代居士对永明之归趣极为服膺。如周安士在《西归直指》中专门设有问答,客问:"天如老人曰:永明寿禅师,海内推为宗匠,而自修净土,且以教人谓'有禅无净土,十人九蹉路';'无禅有净土,万修万人去',无乃自屈其禅而过赞净土耶?"答:"永明大师非过赞也。净土法门至广至大,净土修法至简至易。广大者,一切机缘,收摄都尽。上而等觉位中菩萨,下至愚夫愚妇,五逆十恶之徒,临终念佛悔过,无不往生也。简易者,初无艰难劳苦之行,但持六字名号即便往生,得不退转,直至成佛而后已也。试问修行出世,更有捷于此者乎?"下文接着则问:禅宗悟达之士,既曰见性成佛,何必复求净土耶?答曰:惟其悟达故愿求往生,如果未悟则净土之趋,万牛难挽。不是一悟之后诸事就了,而除尽结习诸漏,更要广修六度,以净业导归极乐。①

二、云栖以华严摄净土

然而,永明虽倡导禅净合修,可毕竟他还是将禅净分成各别之宗,兼带说净土。到了云栖,则主张禅净不二之旨趣,倡禅净同归说。吴应宾在《莲池大师塔铭并序》中开首就说:"永明谓禅者净土之禅,净土者禅之净土,大师(云栖)盖双照矣。"②

云栖对净土作了更为深入的研究。他依华严五教之判教思想,说《阿弥陀经》正摄顿教,亦兼通终教、分通圆教。因为此经中说博地凡夫,唯依持名念佛而得往生,能住不退,一生成办大事,异于渐教历劫迂回之行,故曰"正摄顿教"。"亦兼通终教"者,是因为念佛往生净土者,必定皆能成佛。"分通圆教"者,是因为《阿弥陀经》中言水鸟树林皆说妙法;又《无量寿经》说于宝树中见十方佛刹,说阿弥陀佛常在西方而亦遍十方,这些都是华严圆教所摄的事事无碍法界。云栖既以净土与禅同为顿教之摄,又依华严"理事一心"说疏释《阿弥陀经》之"一心不乱",分为事、理

---

① 《安士全书》卷二《疑问指南》,第875—876页,台南,和裕出版社,1998。
② 吴应宾:《莲池大师塔铭并序》,见《莲池大师全集》卷八,第5148页,台湾影印。

两心,并以"理一心"为达摩直指之禅。① 云栖还基于心、佛、众生三无差别之说,认为"念佛即是念心,生彼不离生此";念佛至一心不乱,念极归于空,即无念之念,名为真念。这就是所谓自性弥陀、唯心净土之义。②

由此观之,云栖以华严阐发净土理念虽未必尽为永明所涵盖,但他以此融会禅宗与净土,认为其途虽异而归即同一,这当然是承受了永明以来禅净合一的思潮。故憨山德清在《古杭云栖莲池大师塔铭》中说:"若夫即万行以彰一心,即尘劳而见佛性者,古今除永明,惟师一人而已。"③给云栖立传的另一位作者吴应宾,在其传文中也推许云栖为"永明后一人",认为憨山老人所说可谓"知言"。④ 憨山对于云栖为何要大力推阐净土,在《云栖大师了义语序》中亦有所提示。他说:"执教者迷宗,执禅者毁教,皆不达佛了义之旨耳。至若净土一门,修念佛三昧,此又统摄三根,圆收顿渐,一生取办,无越此者。从上佛祖,极力开示,已非一矣。无奈末学志尚虚玄,以禅为高,薄净土而不为。时当末法众生垢重,岂得人人皆称上根?以多自欺而不量己之德器,但随声妄和,曾无实行,岂非自误耶?呜呼!宗门久无明眼知识,莫与正之。至若义学之徒,虚事浮谈,多乖实际,不惟无禅,而教眼不明,亦无甚于今日也。云栖大师早悟唯心,因极力主张净土,以救末法之弊。"⑤

此外,云栖弟子广润作《云栖本师行略》则说:"东林千载之后,师一

---

① 云栖疏释《阿弥陀经》中念佛的"一心不乱"为事一心和理一心,用我们现在的看法:事,就是一切现象;理,就是一切现象的本体。佛法所说的事,是指世间一切法,一切法的本体是指真如法性。云栖以理一心"全归上智",而事一心"曲为钝根"。参见《云栖法汇》之《弥陀疏钞一》,第4、10页,金陵刻经处本,光绪二十五年(1899)冬十月刻。
② 参见《云栖法汇》之《弥陀疏钞一》,第9页。云栖说:"念佛即是念心,生彼不离生此;心佛众生一体,中流两岸不居,故谓自性弥陀、唯心净土。"以此融会禅宗与净土。下文又疏释说:"今谓自性、唯心,正指经中理一心不乱言耳,云云。"
③ 参见石峻、楼宇烈等编《中国佛教思想资料选编》第三卷第二册,第285页,北京,中华书局,1987。
④ 参见吴应宾《莲池大师塔铭并序》,《莲池大师全集》卷八,第5148页。"五乳老人(即憨山)叹其旋万法归一心,即尘劳见佛性,以为永明后一人,而又以经济妙严,比于法门之周孔,知言哉!"
⑤ 德清:《憨山老人梦游集》卷一九,第26页,金陵刻经处本。

人而已。"广润把云栖比之庐山慧远之后一人,是因为云栖追慕东林遗风,真正实践躬行净土法门,而不只是倡导而已。然其对于云栖师弘扬净土的原因,所持观点与憨山颇为一致,认为当时禅教二门尚多流弊,"禅门恒执理而废事,讲席多歧路以亡羊。"云栖师于是阐净土之一门,用作狂澜之砥柱;疏钞《弥陀》一经,而性相双融,事理无碍,以使贤知者不沉溺于偏空,而中下之流皆知向往净土。于是约诸净侣,纯摄一心,单持名号。慧远公以莲开待漏,云栖师以香消须时。果然,数十年中,海内向风,其间得念佛三昧者不知其几,而往生法友亦时时有之。广润又说,云栖恒常告诫学人:"佛说无量法门,皆标月之指,独是念佛一指,尤为亲切;此净土一门,乃十方如来所共赞,而天台智者、永明延寿诸大宗匠,都发愿往生。"

广润的传文中还有一段记载颇引人注目,他说:"师尚真实而黜虚浮,敦俭朴而薄华靡,崇戒德而励精修,实践躬行。故隆(庆)、万(历)以来,法门之以事波及者,亦往往闻之,独此地青山白云,依然无恙。而流风余韵,身后犹存。诚哉!百炼金刚,足为千古模范,不特一代典型而已。"①由此足以使我们想见云栖之风范。而此中所说"法门之以事波及者",实指晚明四大师中的紫柏真可和憨山德清因官司而受牵连,或自杀狱中,或流放岭南。广润的传文虽不无抑扬之意,但云栖确有过于紫柏、憨山者,以致憨山也称誉云栖是"法门之周、孔"②。这些都是云栖成为清代居士追慕典范的重要因素。

三、云栖之流风余韵

云栖等晚明四大师对佛教复兴也许作出了各不相同的贡献,但唯有居士佛教运动深入持久,有清一代从彭际清到杨文会,几乎都可看作是

---

① 广润:《云栖本师行略》,《莲池大师全集》卷八,第5159页。
② 石峻、楼宇烈等编:《中国佛教思想资料选编》第三卷第二册,第285页。

晚明以来居士佛教的延伸。当时围绕在每一位大师身边,都有一个相当规模的居士群体。而其中由莲池大师云栖袾宏所推动的居士佛教运动最为卓有成效。云栖袾宏在当时士大夫中有广泛的居士信徒。要研究这些居士信徒,有两种材料具有特别价值:一是彭际清的《居士传》,二是云栖袾宏与其弟子的通信。后者收入《云栖法汇》之《遗稿》部分,总共约有两百封云栖袾宏所写的复信,极大部分连同弟子的原函一并收载,通信者约一百人。

这些传记和信件告诉我们很多有关居士信徒的背景情况,他们在家修行的方式,他们碰到问题的类型,以及云栖袾宏对待居士佛教的一般态度,从中也可以直接看到关于这些居士的某些事实。在地理方面,他们极大多数来自江苏和浙江,也有部分来自江西、福建、四川、湖广、山西等地。初步统计,在《居士传》里107个居士中有72人(67.3%)来自江南,即江苏、浙江、安徽一带,来自江西、湖北、湖南和四川省的,大约每省不超过5%。另一重要之点就是,这一批人中,除了4人外,大都生活在明末清初的150年期间,也就是云栖袾宏和其他三位大师(憨山德清、紫柏真可、蕅益智旭)的活动时期。由此可知,晚明居士佛教运动似乎是一种地方性现象,在云栖袾宏生活的时代出现,而集中在长江下游三角洲地区。就社会状况方面来说,极大多数居士属于士大夫阶层。然而随着来自北方的一些新资料的发掘,表明晚明居士佛教运动并不仅仅局限于长三角地区,而具有全国性的事实。《居士传》中长三角以外地区居士稀少,也可能与彭际清当时所收集到的资料局限有关。

蒋维乔在其《中国佛教史》中虽然标出文森、紫岚、安士、尺木四人作为开清代居士参禅修净先河之代表,但真正代表清代居士佛教发展方向,开士林佛学新气象的是安士、尺木。清代士林学佛形成风气的时间大致是在乾隆中叶前后,也即安士、尺木所生活的时代。文森、紫岚生年均不详,他们分别卒于康熙四十一年(1702)和康熙四十七年(1708),大约生活于顺治、康熙时代。而安士生于顺治十三年(1656),卒于乾隆四年(1739)。尺木生于乾隆五年(1740),卒于嘉庆元年(1796)。仅从生活年代看,彭际清紧接在周安士之后,在清代居士佛教兴起中是实际的推动者。

第二节 周安士启人净信

周安士(1656—1739),名梦颜,又名思仁,字安士,昆山人,自号(玉峰)怀西居士。他博通三教典籍,出入儒佛间,深信净土法门,遂发菩提心著书论说,欲使世人先立于无过之地,后出生死之海。有感于众生造罪,多因淫、杀二业而起,遂著《万善先资集》四卷、《欲海回狂集》三卷,劝勉戒杀、戒淫。此外又著有《阴骘文广义节录》三卷,以通俗语言阐示幽微奥妙之义,使雅俗同观、智愚共晓。又以修行法门唯净土最为切要,著《西归直指》四卷。他自谓"一心常念阿弥陀佛","发愿往生西方极乐",并作偈云:"修行无别法,出世为究竟。出世有多途,净土为捷径。"其所撰述被合编为《安士全书》行世。

一、善世第一奇书

观周梦颜《安士全书》,"迷津传宝筏,末劫挽狂澜",诚可谓珠玉连环,步步入胜,渐入渐深,使人于不知不觉间即凡情而成圣智。《万善先资集》、《欲海回狂集》、《阴骘文广义节录》等三种书,虽教人修世善,而亦具了生死法;《西归直指》虽教人了生死,而又须力行世善。如此环环相扣,其实质乃融冶儒佛于一炉。安士先生系取佛祖圣贤之心法,而以雅俗同观之笔墨加以阐发,"大而治国安民,小而一言一念,咸备法戒,悉存龟鉴。由兹,古圣先贤之主敬慎独、正心诚意,不致徒存空谈而已。"①然虽能戒杀、戒淫,诸恶不作、众善奉行,若不了生脱死,安能保其生生世

---

① 参见《安士全书》,第7页。又序曰:安士先生"宿植德本,乘愿再来,博极群书,深入经藏";"以奇才妙悟之学,取灵山、泗水之心法"云云。

世,不失操持？而要了生脱死,岂易言乎？唯力修定慧、断惑证真者,方能究竟自由。由此可知安士先生虽劝善,而与寻常善书实不可同日而语,其虽言世间法而实通于出世间法。

杨文会居士于光绪十二年(1886)正月刻成安士先生《西归直指》,于卷首书识曰:"玉峰周安士先生著述,传于世者,计有四种:一曰《阴骘文广义》,二曰《万善先资集》,三曰《欲海回狂》,四曰《西归直指》,凡有见者,莫不欢喜信受,以故各处刊板,流通最广。《西归直指》一书经吴门江铁君删改,非复周氏原制。"杨文会以为江君删改不善,复从虞山朱君保之处得胜莲居士施刻原本,重新刊板流行,嘉惠后学,"亟授手民,以复旧观。周君有云:愿将东土三千界,尽种西方九品莲。"①

印光法师对周氏《全书》之劝世化俗、断惑证真,甚为推许,赞叹有加,曾经两刻其书。先于光绪三十四年(1908)劝李天桂刊板于蜀,以因缘不具事竟未行,后又于民国七年(1918)募印,获清介之士刘芹浦先生慷慨相助,令其甥赵步云出资刻竣。《安士全书》内载印光法师两篇序文,一篇即是应蜀士李天桂之请作于光绪三十四年,另一篇为1908年重刻序。印光法师在前序中告示读者不可视该书为寻常善书,而推许之曰"允为善世第一奇书";赞叹安士先生"发菩提心,著书觉民","诚可谓现居士身,说法度生者。不谓之菩萨再来,吾不信也。"②在重刻序中,复赞其书"文词理致,莫不冠古超今"云云。

二、劝勉戒杀戒淫

其戒杀书《万善先资集》,言多恳切深痛。大要云:

刀兵之难,在于人道,或数十年,或百余年,仅一二见。至于畜生,无日得脱,普天之下一遇鸡鸣,无量无边狠心屠户,手执利刀奋

---

① 参见《安士全书》,第840页。此中"江铁君"指江沅。
② 参见《安士全书》印光序,第8页。

向群豕。尔时群豕自知难到,大声哀号救援不至,各被彼人裂腹刺心,抽肠拔肺。哀号未断,又投沸汤受大苦恼,片刻之间,阎浮世界万万生灵头足异处。积群豕骨过高山巅,漂群豕血赤江水流。如是恶因如是恶果,诘其根由皆为我等口腹所致。世人动称:我不作恶,何必持斋?岂知尔等偃息在床,妻孥聚首,即有素不相识之人先为汝等遍造恶业无量无边。诸佛菩萨神通天眼,见诸众生轮回六趣如旋火轮,或为大身更相杀食,或为细身更相杀食,或为父母六亲眷属更相杀食,发大悲心说真实语,导彼迷流开尔觉路。我劝世人未能持斋,先须断杀。孟子有言:仁者人也,人不信佛,何不信人?若信是人,何不断杀?仁则不杀,杀则非仁。谛听吾言,免入异类。

又安士自言每过一切神祠,必祝愿云:"唯愿尊神,发出世心,勿受血食。一心常念阿弥陀佛,求生净土。思仁自今二十四岁,直至寿尽,中间若杀一小鱼虾;乃至家中眷属,若有一人伤一蚊蚁,唯愿尊神是纠是殛,迅雷击碎所著书板。思仁自今二十四岁,直至寿尽,临河见鱼,仰面见鸟,不思救度,反萌杀机,亦同此誓。思仁自今二十四岁,直至寿尽,若梦寐中,见人杀生,不能至心称佛名号,发救度心,而反欢喜赞成其事,亦同此誓。"可谓肺腑衷肠,虔诚至极。

其戒淫书《欲海回狂集》,劝诸淫者,步步深入,其境界大致经历三层次。第一层次,三观九想:(1)先观胎狱,了种种苦,是谓息淫原始方便。(2)观此身诸虫猬集,宛转游行,食人脑髓,是为初开不净方便。(3)观男女脓血涕唾,恶露中满,犹如溷厕,粪秽所都,是为息淫对治方便;(4)九想死人相状:正直仰卧,寒冰彻骨,黄水流出,臭不可闻,遍体生虫,处处钻啮,皮肉渐尽,骨节纵横,乃至冢破骨出,人兽践踏,而我此身,终亦如是。第二层次念《法华》所说因缘,生相灭相,与不生灭,是为断淫穷原方便。而后进入第三层次,观自身在极乐世界七宝池内莲华之中,莲华开敷,见阿弥陀佛坐宝莲华,及诸种种庄严瑞相,发愿往生极乐世界,是为究竟解脱方便。有门人为该书作跋云:

劝善之书，展卷而令人攒眉者，其书必不传。展卷而令人鼓掌者，其书亦必不传。何则？一失之深，一失之浅也。吾师是集，意在戒淫，而复惓惓于生死之际，疑其过深矣。然于平旦时，取生死之说自问焉，则人人不能免也。挟不能免之心，复取是书，反复玩味，而复知其学识之宏、菩心之切也。尔后攒眉者皆鼓掌也。现在纸贵洛阳，他年再光梨枣，可遥卜矣。①

三、直指西归路

观《万善先资集》及《欲海回狂集》，而不读《西归直指》则不可；不能了生脱死，证佛道胜果。安士先生著《西归直指》，"明念佛求生西方，了生脱死大事"；"良以积德修善，只得人天之福，福尽还须堕落。念佛往生，便入菩萨之位，决定直成佛道。"《西归直指》共分四卷，兹略述之：

卷一《净土纲要》，系安士先生将大小本弥陀要旨节录而成。安士先生于卷首曰："世尊为一大事因缘出现于世，怜悯众生轮回六道，头出头没，受苦无量。故于十方佛土中，指出西方极乐世界，使人知所趋向。而又授以至简便法，使但念彼佛即便往生。真生死海中大慈航也。吾辈宿福深厚，幸遇此法，不敢仰负如来厚恩，故将大小本弥陀要旨节录其概，使阅者一览便知。"安士先生于经首"阿难启请"段下按语曰："观此则知净土法门，不独人类之梯航，亦诸天诸仙之宝筏，慎莫泛视。"②

卷二《疑问指南》，安士先生于此卷中主要汇集往昔先贤问答词句，以启发人信根。"《华严经》云：'信为道元功德母，长养一切诸善根。'故八万四千法门，无不从信而入。人若不信，便如焦芽败种，无药可施。何况念佛往生，尤为难信之法乎！往昔禅宗长老暨博学鸿儒，皆有阐扬净业，设为问答之词。如天台智者大师之《十疑论》，天如老人之《净土或

---

① 《安士全书》，第809页。
② 同上书，第841—842页。此中，大本弥陀指《无量寿经》，小本即《阿弥陀经》。

问》,王侍郎之《决疑集》,袁中郎之《西方合论》。其外复有为集为文,目不胜赏,无非欲人坚固信根,同归赡养耳。兹特统汇群编,撮其领要,间亦窃附管窥,补所未逮。总名之曰《疑问指南》。敢曰制锦以成章哉?聊云酿花而作蜜尔。"①

卷三《启信杂说》,集指迷归信之言,以与净土法门相发明。其语云:"以净土之说,劝大智慧人,化导甚易,因其宿福深厚,根器不凡也。以净土之说,劝愚夫愚妇化导亦易,因其胸无成见,如甘之可以受和,白之可以受采也。独是以其说告之吾辈读书人,却甚不易,由其先有一种陈腐之执,牢结于胸。故虽有至道,而不欲闻;虽有良言,而不欲听也。"②安士先生之见解高明由此可见一斑,故其出入儒佛,多针对读儒书者而言。该卷中有许多言论,不唯启发人信心,读来也觉脍炙人口,颇受教益。试举几例为证。

如《奘师善于启发》:

> 世俗或以僧无戒行,故轻之而不信净土,谬也。是以道士不肖而轻老子,士人不肖而轻孔子也。智者尚不以人废言,况可以其徒而轻其教乎?昔唐太宗谓玄奘法师曰:朕欲斋僧,但闻僧多无行,奈何?奘法师曰:昆山有玉,混杂泥沙;丽水生金,宁无瓦砾?土木雕成罗汉,敬之则福生;铜铁铸就金容,毁之而有罪。泥龙虽不能行雨,祈雨须祷泥龙。凡僧虽不能降福,修福须敬凡僧。太宗恍然曰:朕自今以后,虽见小沙弥,犹如敬佛。嗟乎! 太宗固自有宿福,一拨便醒,奘师亦可谓善于启发矣。

又如《马喻》:

> 马有四种,其最上良马,见鞭影而驰,不待驱策。次则一鞭即走。又次之,鞭轻不走,鞭重方走。其最下驽马,鞭重亦不走,必锥

---

① 《安士全书》,第865页。
② 同上书,第893页。

入于肤,痛极而始走。人亦如是。有智慧者易于醒觉,百里内闻人死,即当骇曰:百里内有人死矣,吾亦人也,死必及我,作速修行以求解脱。此见鞭影而驰者也,其次则见亲戚死而觉悟,又其次见逼邻人死而后觉悟。若待自己年老,或自己有病,而后觉悟,已是锥入肤而后走者。倘或年老犹不觉悟,或已病犹不觉悟,岂非并此而不若者乎?

卷四《往生事略》,选择历代往生西方之人物以资征信,分菩萨往生类、高僧往生类、尼僧往生类、王臣往生类、居士往生类、童子往生类、妇女往生类,乃至恶人往生类、恶趣往生类。安士先生认为念佛往生无枉费之力,"世俗之事谋而不成,则前功尽弃。独有念佛,纵有始无终,而从前所念亦决不枉费。昔有樵夫,遇虎登树,一称南无佛,多生多劫后,犹赖之以出家,渐至成佛者,何况精诚一世乎?即或现世不能往生,来世必出生死。非如世俗之读书不就,枉费精神;经营不就,反亏资本也。"

安士先生于卷末附《胜莲娄居士传》,内中曰:"今岁端阳,居士见余往晤,大喜曰:某欲著《西归直指》,劝修净业,非先生之笔不能,幸为我速成,以光梨枣。余诺之。乃遍采净土经书,并附以鄙意,编作四卷。至六月十四日告竣。望后,赍书到娄,而居士已于书成之刻,端然坐脱矣。"①由此可知《西归直指》之作原来与胜莲居士有关系。胜莲居士乃娄东人氏,倡设莲社三四处,多劝人念佛修净,厥功甚大;又,"居士性慈乐善,凡放生、育婴、赈济诸善事,无不领袖乐助,实心举行"。该传末署名"玉峰年家眷同社弟周梦颜",可知安士先生净业之渊源自此出。

四、书满人间作慈航

乾隆四年(1739)正月,安士先生与家人诀别,谓将西归极乐,家人请

---

① 《安士全书》,第 967 页。按,《西归直指》之作当不迟于康熙五十四年乙未(1715),因其前提及:乙未冬,有同里二人,从胜莲居士贷百金,金失,居士许贷者勿偿,以免官司陨命。

以香汤沐浴,他推却说:"我香汤沐浴久矣。"谈笑而逝,享年八十四。彭际清《居士传》最末两卷分别是周安士卷和知归子卷,表明由他推展的居士佛教直接上承安士先生。其在卷末曰:"予读安士书,因乐访安士生平行事,久之得其宗人言:安士通世务,习知吴中田赋水利原委得失,著书甚具。康熙三十八年(1699)仁皇帝南巡,安士迎驾扬州九龙桥,上疏请减苏松浮赋事。虽未遽行,然安士之心至今犹可见也。其后应巡抚张公聘,校录宋元明先儒书,老于家。其大概如此。"汪大绅于此也有评语云:"悲猛极矣,如从吾佛世尊金口宣扬,而得六种为之震动。"①

世人读其书受益者无数,皆称为"昆山安士先生"。有人恨生也晚,道貌无从见,则效具素心,私淑先生,披书如觌面。有同乡后生方步瀛赞曰:"居士是吾乡先生,高山在望敬仰止。吾乡文笔秀玉峰,近代名人接踵起。庄渠理学得真传,柏庐继之各具体。文章独数归震川,考据亭林贯经史。居士更通儒佛关,觑破性命了生死。著书二种戒杀淫,当头一喝声震耳。度此众生出迷津,后举西方路直指。一心念佛向乐邦,十万亿土近如咫。七宝池内莲华开,笑语家人佛来矣。我生已后六十年,恨不亲见如来使。究竟私淑别无他,出世因缘在乎是。居士自号曰怀西,我之怀兮在居士。"亦有海陵人程兆鸾撰《莲修起信录》曰:"净业之书虽多,其理则一。能识得一,万事俱毕。《龙舒净土文》可常看,《楞严经》大有益处,其余经典各有了义。行世以周安士《全书》足矣。李二曲《全生录》、《研几录》最简,可看也。"②

世人比之维摩居士再世。"多生菩萨行,一现居士相",说法度人。有像赞说他:"维大居士,生康熙时。才辩无碍,能以法施。笔舌并用,霆掣电驰。三教典籍,悉诵悉知。云涌其气,澜翻其词。为如来使,作大导师。""维公起鹿城,独矢菩萨愿。手撰四种书,字字寓惩劝。譬如暗室

---

① 彭绍升著,赵嗣沧点校:《居士传》,第305页,成都古籍书店,2000。
② 程兆鸾:《莲修起信录》卷四,收入《续藏经》第62册,No.1204。

中,光明烛流电。又如坠悬崖,援手垂白练。自度并度人,悲悯婆心现。"此赞安士先生如维摩居士,以家庭为道场,把劝善寓于居家修持之中,自度度人。对于居士出入儒佛,弘扬净土,也有像赞曰:"现居士身,为法施者。龙舒而后,唯我先生";"运大悲心,造无量福。前躅龙舒,后引尺木";"前龙舒,后尺木,公中立,三鼎足"。① 此中,龙舒即王日休,为宋代有名的弘扬净土法门的大居士;尺木即清代归心净业的名居士彭际清,而安士先生居其中,由此可见其在居士佛教史上的地位。

第三节 彭际清归心净业

彭绍升(1740—1796),字允初,号尺木,法名际清。俗姓彭,出身于长洲(今苏州吴中)士族家庭。乾隆年中,举进士,然辞官不就。尝读先儒之书,通宋明理学,善古文。后习道士修炼之术,三年而无成。29岁时再读佛书,始归心佛法,自号知归子。他深信净土,因其敬慕刘遗民在庐山东林寺修净土及高忠宪建东林书院设同善堂的事迹,故又以"二林居主人"自号。曾受菩萨戒,生平乐善好施。常与罗有高、汪缙等人交游。工古文词,宗归(庄)震川。嘉庆元年(1796)正月逝世,世寿五十七。

彭绍升致力弘扬净土,"现居士身说法",撰述宏富。其所著《一乘决疑论》,以通儒释之隔阂;著《华严念佛三昧论》,推重华严净土,以释禅净纷争;又著《净土三经论》,以畅莲宗未竟之旨;此外有《居士传》、《善女人传》、《净土圣贤录》(与其侄彭希涑合作),皆为世所传诵。又有文集传世,如《一行居集》,专门阐扬内典;《二林居集》,则通论外学。还有《念佛警策》、《体仁要述》、《测海集》、《观河集》、《二林唱和诗》等著作,要皆不

---

① 此中龙舒指南宋王日休,龙舒(安徽舒城)人。字虚中,号日休,又号龙舒居士。高宗时任国学进士,著有《六经训传》数十万言,一日弃之,谓是皆业习,非究竟之法。其后乃布衣蔬食,专事念佛,日课千拜,至夜分乃寝。绍兴三十年(1160),校订《大阿弥陀经》。此外著有《净土文》10卷(现行本另附加2卷,总计12卷),俗称《龙舒净土文》,颇具劝信之效。乾道九年(1173)正月示寂,寿不详。

外乎游心儒佛之间。通过这些著作,可得知他的居士佛教之真髓。彭绍升居士佛教的重大特点除了倡导儒佛融通外,就是融会贯通华严与净土,倡扬念佛往生并笃实修持。晚近净土宗昌盛,得以超迈诸家,彭氏实有开启之功。

一、融会华严净土

近世佛教以净土法门最为流行,以称念阿弥陀佛名号为主的净土宗几可成为近世佛教的代名词。很多人都以为净土宗之所以风靡于世,是因为它在末法时代提供了比禅宗"自心即佛"还要更加简易的法门,只要"持名念佛"即可往生极乐国土。净土宗以"易行道"而著称,确实可以说,其简易性是引起末法众生产生信仰和实践的一个重要因素,但除此之外,恐怕还有一些其他原因不容忽视。比如,以莲池大师云栖袾宏为代表,有意识地推行居士佛教,提出切实可行的修行方式(如结社念佛、放生会和功过格等),强调信众的社会道德;在佛教理论上,倡导性相融通、禅净同归,其中重要的是以华严思想摄入净土法门中,最典型的如云栖袾宏用"理事一心"的思想来疏释《阿弥陀经》[1],使净土宗理论有了新的突破,净土行门也因而更加圆融普被。最值得一提的是,化解了教宗、禅净之矛盾,改变了一些知识居士重宗轻教和重禅轻净的倾向,具体地说,消除了他们轻慢净土"著相庄严",以为是愚夫愚妇信仰的成见[2]。

彭氏净土思想,皆本之于莲池大师。彭氏对晚明四大师并加推崇,而尤重于莲池。其作《四大师传》,末后记曰:"予之究心佛乘也,自《紫柏老人集》始,其后读云栖书,遂倾心净土。读憨山、蕅益书,而西归之愿益

---

[1] 杨文会认为莲池大师撰《阿弥陀经疏钞》用的是贤首家法,一事一理,逗机正说。参见周继旨校点《杨仁山全集》,第348页,合肥,黄山书社,2000。
[2] 云栖袾宏在《竹窗随笔》中对此现象早有揭示,如在卷一《念佛》中说:"世人稍利根,便轻视念佛,谓是愚夫愚妇勾当。彼徒见愚夫愚妇口诵念佛,心游千里,而不知此等是名读佛,非念佛也。念从心,心思忆而不忘,故名曰念。"(第41页)

坚。甚哉！四大师之善牖我也。不然，予之束于名教也久矣，其遂能决町畦而穷域外之观乎？"①彭氏又专录莲池大师之文，叙曰："莲池大师宗华严圆旨，阐西方之教。著《阿弥陀经疏钞》十余万言，博大精深，三根普摄，从上莲宗善说法要者，盖未有先之者也。其他应机说法，称心而言，唯斯一乘，无二无三。读其书可以慨然而发回心矣。予年三十许，阅大师文，即知以净土为归。"②又如《知归子传》中他自述游心佛教，"好方山、永明之书，尤推莲池、憨山为净土前导"。③

彭际清因受以云栖为代表的晚明四大师融合思想的影响，推重华严和净土之融通，他在《题极乐庄严图偈》中说："我读华严偈，信入净土门。由诸佛净愿，成就妙庄严。"④其友罗台山也曾赞知归子（即彭际清）曰："佛号数万声，华严一两卷，不亦乐乎！不亦乐乎！"⑤彭著《华严念佛三昧论》，其思想主旨即是融会华严学说与净土修行。因此可以说，华严和净土受到推重，是清代居士佛教的一大特征。有证据表明，后来杨文会提倡"教宗贤首，行在弥陀"，亦在一定程度上受到了莲池大师和彭绍升居士的影响。而其向日本南条文雄求书刊刻，也是先倾心于华严、净土典籍，而后才逐步扩大范围。⑥

彭际清博通经藏，其对华严与净土之推尊更可溯源于唐代李通玄华严思想。彭际清撰《居士传》，把李长者专列一章，其在"发凡"中说："庞居士之于宗，李长者之于教，刘遗民之于净土，百世之师矣。三公者，各专传，尊师也。"由此可见彭际清对李通玄华严教思想的重视。其在传后又记曰："予读《华严经》，悲悔故见狭劣，暗大方，不知局此几何世。然而，浑乎其无涯，郁郁乎，渊渊乎，无所施吾视听也，久之，得李长者论抽

---

① 彭际清：《一行居集》卷六，第382页，1921年金陵刻经处本，台北佛陀教育基金会印赠。
② 彭际清：《一行居集》卷三，第182页。
③ 《知归子传》，见彭际清《一行居集》卷首，第26页。
④ 彭际清：《一行居集》卷八，第523页。
⑤ 彭绍升著，赵嗣沧点校：《居士传》，第307页。
⑥ 杨文会：《与日本南条文雄书九》，参见周继旨校点《杨仁山全集》，第487页。

绎之,恍乎其有会焉。吾愿生生穷游华藏海中,其庶几乎!"①可见近世没有谁比彭际清更推重李长者华严思想的了。如他在上述李通玄传后记中就说,读《华严经》开始时不明大方,直到得见李长者所论,才恍然有会。

彭际清以华严阐发净土的代表作是《华严念佛三昧论》,其在该书中有问答,问曰:"子欲阐念佛法门,何不以净土诸经为导,而力主华严?据果论因,恐难合辙。"答曰:"子不读《无量寿经》乎?经中叙分,首述普贤行愿,劝进行人,三辈往生,俱云发菩提心。终之以不了佛智、不思议智、不可称智、无等无伦最上胜智。纵修功德,还堕胎生。然则诚欲坐宝莲华,登不退地,必也依文殊智,建普贤愿,回向往生。今此华严,正当其教。至《观经》上品上生者,必诵读大乘方等经典。言大乘方等,则又莫若华严最尊第一。因果无差,有何纡曲?"又问:"华严法界,密义重重,以无量修多罗(经)而为眷属,云何唯一念佛门而能普摄?"答曰:"诚如所说,教指宏深,但入道初心,自有方便。入此一门,乃能遍彻无边法界。是故善财童子于普贤一毛孔中,过不可说、不可说佛刹微尘数世界,尽未来劫,念念周遍无边刹海。此念佛人亦复如是,以一念本无量故。且杜顺法界观,特设三门:一真空门,简妄情以显理,即前念佛法身是;二理事无碍门,融理事以显用,即前念佛功德是;三周遍含容门,摄事事以显元,即前念佛名字是。又清凉疏分四法界:一心念佛,不杂余业,即入事法界;心佛双泯,一真独脱,即入理法界;即心即佛,大用齐彰,即入理事无碍法界;非佛非心,神妙不测,即入事事无碍法界。是知一念佛门,无法不摄,故此经以毗卢为导,以极乐为归。既觐弥陀,不离华藏,家珍具足,力用无边。不入此门,终非究竟。"②

《华严念佛三昧论》主要围绕"五念"铺成论旨:一念佛法身直指众

---

① 彭绍升著,赵嗣沧点校:《居士传》,第7、83页。
② 彭际清:《华严念佛三昧论》,收入《续藏经》第58册,No.1030。

生自性,二念佛功德出生诸佛报化,三念佛名字成就最胜方便,四念毗卢遮那佛顿入华严法界,五念极乐世界阿弥陀佛圆满普贤大愿。是论作于乾隆四十八年(1783)冬十二月。既成,汪大绅评之曰:"此净土正因,华严正信也";又曰:"五念一念,一念无念。"明年春,过丹徒,王文治见而赏之,为之作叙曰:"念者不觉也,佛者觉也。念佛者,以觉摄不觉也。念佛三昧者,以觉摄不觉,入于正觉海也。华严具诸佛一切三昧,而其间念佛三昧,为一切三昧中王。大莫过于是,方莫过于是,广莫过于是矣。知归居士修念佛三昧者十数年,而又于华严义海,一门深入。"云云。汪大绅颇叹为奇特。彭际清自评:"于贤首、方山外,不妨别出手眼。设遇云栖老人,定当相视而笑也。"①彭氏自认为,此华严念佛三昧,是在贤首、方山之外"别出手眼",而与云栖老人宗旨相契合。由此可知其思想路径。

彭际清既以华严义理融通净土,复以华严圆融思想疏释儒佛。其于乾隆五十六年(1791)九月作成《一乘决疑论》,题曰:"此论作于重光赤奋若之冬,阅今十一年矣。初脱稿时,汪子大绅评为决定说,又谓不独佛氏之圆宗,亦儒门之了义。而删去戒杀生一节,及论老庄一节,其意在和同三教,不欲有所轩轾于其间。"其著书宗旨,彭氏于该论首末分别陈明,兹录之于次,读者自可一目了然。论首开宗明义曰:

> 予初习儒书,执泥文字,效昌黎韩氏语,妄著论排佛。然实未知佛之为佛,果何如者也?已而究生死之说,瞿然有省,始知回向心地。从宋明诸先辈论学书,窥寻端绪,稍稍识孔颜学脉。而于明道、象山、阳明、梁溪四先生,尤服膺弗失。以四先生深造之旨,证之佛氏,往往而合。然四先生中,独阳明王氏无显然排佛语,而明道、象山、梁溪所论著,入主出奴,时或不免。岂世出世间,其为道固不可得而同与?抑法海无边,罕能尽其原底欤?予蓄疑久之,累数年而

---

① 王文治叙文见《华严念佛三昧论》卷首,收入《续藏经》第58册,No.1030。

后决。《莲华经》云:"十方佛土中,唯有一乘法,无二亦无三,除佛方便说,但以假名字,引道于众生。"予读孔氏书,得其密意,以《易系》无方、《中庸》无倚之旨,游于华严藏海,世出世间,圆融无碍。始知此土圣人,多是大权菩萨,方便示现,乃以名字不同,横生异见,斗争无已,不亦大可悲乎! 既自信于中,又惧天下万世之疑,不能直决也。因疏畅其说,以解诸儒之惑,以究竟一乘之旨。自四先生外,有显然排佛者,并附论之。

彭氏于此中明确指出,他读内外典系"游于华严藏海",方得"世出世间,圆融无碍"。其在论末又自设问难,作如是说:

或问知归子曰:子儒者也,服习诸先生书旧矣,今舍而之佛,其不为背本乎? 答曰:予所言者,天下之公言也,非己之所得私也。佛法行世久矣,是苦海之津梁也,是众生之眼目也;是帝天之所呵护,神鬼之所钦崇也。六师不能沮其化,三武不能遏其流。而诸先生顾欲以方隅之见辞而辟之,亦劳而少功矣。辟之者,一以为伪教,一以为异端。以为异端,是法执未忘也;以为伪教,是天眼未通也。诸先生之在今日,决定法执忘,天眼通矣。是予之所言,皆诸先生所欲言也,又何间焉? 且诸先生所造,诚未易测矣。高子之入道也,阅程伯子语云:万变皆在人,其实无一事。当念斩然曰:其实原无一事也。至末后与人书曰:心如太虚,本无生死。抑何其言之似佛也? 岂唯高子哉。陆子之言曰:不识不知,顺帝之则。此理岂容识知哉? 吾有知乎哉,此理岂容有知哉? 朱子曰:非全放下,终难凑泊。是亦佛说也。明道云:与其非外而是内,不若内外之两忘。两忘则澄然无事矣。伊川之将终也,曰:道著用便不是。其果能自异于佛否邪? 特其平生志事,唯在扶皇极、叙人伦,故于佛氏之指,诚不暇深究,又以先入者为之主,流于武断而不自知。然而此心理之同,诚不容有二,故其深造自得处,亦不能自揜。岂唯诸子哉? 舜之无为,文之不显,孔子之无知,亦若是而已矣。同此之谓大道，异此之谓异端。不由乎此，而徇生执有，妄希至道，譬之回旋于断港绝潢中，而蕲至于海，不可得也。①

在彭际清看来，宋明儒辟佛有二端：一以为"伪教"，一以为"异端"，皆因其"法执未忘"、"天眼未通"。故此今日他以华严"究竟一乘之旨"，疏畅诸先所言说，揭示儒佛之间圆融无碍，本无轩轾。

二、笃实修持净土

彭际清家世为儒，父兄皆以文学官于朝。其先也治儒书，以明先王之道为己任；曾撰海内诸名公事状，其人物大都是"磊磊轩天地"者。后觉非其所务，乃舍之，专习净业。日以礼诵为务，并阅大藏经，受菩萨戒，素食净行。② 更从闻学定公(1712—1788)受净土之教，闭关于苏州文星阁，勤修"一行三昧"。彭际清对于佛教，不仅具有热烈之信仰，而且积极实行。或创莲社念佛，或购鱼鳖于市，授以三皈戒而放生。尝言"志在西方，行在梵网"。同参法友汪缙为其《居士传》作序曰："知归子学佛归心净土，发决定往生之愿者也。究论往生之因，因于一念之净。一念之净，即成往生之因。况念念相继，有不决定往生得观弥陀者乎！知归子修净土，念念相继，其学佛也，可谓密矣。仰前修之匪远，表万法之同归。自度度人，度人自度，著书之心，可谓切矣。"③

---

① 彭际清：《一乘决疑论》，收入《续藏经》第58册，No.1029。此中"高子"即高攀龙，继顾宪成后主持东林书院长达22年，世称"东林学派"；其遗著经后人整理为《高子遗书》和《高忠宪公集》。前段引文中彭际清述其服膺"明道、象山、阳明、梁溪四先生"，此梁溪先生即高子乎？资料表明，南宋著名爱国民族英雄李纲，字伯纪，号梁溪先生。能诗文，写有不少爱国篇章，亦能词，其咏史之作，形象鲜明生动，其表彰奏札和政治军事论著，议论剀切，被朱熹称为"正大明白，而纤维曲折，究极事情，绝去雕饰，而变化开阖，卓荦奇伟"。有《梁溪先生文集》行世。但这里根据名字排序，梁溪先生列诸先生之后，似乎不像是李纲。联系彭氏号二林，其对高子有仰慕之心，故推高子为"梁溪先生"，尚有待文证。
② 参见彭际清《二林居集》卷六《体仁录叙》，"年二十五始持不杀戒"，"又四年曾自省曰：儒者恒言以万物为一体。……自是遂断肉食"，第1—2页。又参见《一行居集》卷一《受菩萨戒发愿文》，"弟子际清为救生净土故，敬于佛法僧前，禀受菩萨三聚净戒"，第1页。
③ 彭绍升著，赵嗣沧点校：《居士传》，第5页。

居士著书可谓之"法供养",汪缙称其为"现居士身说法"。《居士传》共五十六卷,收集从后汉到清代康熙间在家奉佛的居士(限于男性)312人的传记,编成列传体裁的专传或合传55篇,乃是记载历代居士事迹比较完备的一部书。该书从乾隆三十五年(1770)开始编撰,至四十年(1775)完成。"是书始事于庚寅之夏,削稿于乙未之秋。中间辨味淄渑,商量去取,则吴县汪子大绅之助为多。瑞金罗子台山往来,过苏每相切磋,订其离合。最后书成,婺源王子顾庭讽诵一周,赞叹欢喜,捐金付刻。普愿见闻随喜,发菩提心,证圆满果。是则区区七年纂述功不虚施,青莲华海香光无垠,一念归诚同登彼岸,不亦乐乎!"此书之编纂特点,强调行解相应、儒佛融和。主要表现于三方面:(1) 关于人物,彭氏认为宗门中冒滥者多,像夏竦、吕惠卿、章惇这些人原不足道,就是白居易、苏轼对于佛教也是别有所长,而和宗门无关。诸书所载一些禅机因缘,并无可取。至于韩愈、李翱、周敦颐、欧阳修等,"平生愿力全在护儒,一机一境偶然随喜,不足增重佛门,岂宜附会牵合? 装点门庭,反成谬妄。此于教理违背非小。"他们大都是护儒辟佛的,不能拿其偶然随喜佛法的事就来牵强附会,替佛教装门面,所以采择从严。(2) 关于言论,"护法之文,须从般若光明海中自在流出,乃为可贵。是书所载,非其真实有关慧命者,概弗列焉。"所以像王简的《头陀寺碑》、王勃的《释迦成道记》、柳宗元的诸沙门碑铭,以及元明士大夫的一些文字,"类多出入儒佛,亦必其行解相应始堪采择"。(3) 关于行事,彭氏从儒家伦理的观点,认为学佛的基础在五戒,五戒就是儒家五常的体现,不能实行五常,就谈不到五戒。"登地证果,根基五戒。而五戒者,全体五常。不践五常,何有五戒?"彭氏以春秋笔法将历史上不明忠孝大义之辈一概削除。① 彭氏虽专信净土,但其《居士传》则遍载教、禅、净三方面的居士,也体现了教宗、禅净相融合的指导思想。又该书只载男性居士,故彭氏另撰有《善女人传》一卷。

---

① 参见彭际清《居士传发凡》,又参见陈士强《居士传采微》,《法音》杂志总第五十一期。

居士之净土修持法门除了素食、戒杀、放生等外,诵持(读经)、写经、刻经乃至流通经典也是一个重要内容,彭氏就以诵持书写《普贤行愿品》作为日课。他在《书普贤行愿品末卷后》一文中说:"予自归心净土,即奉此卷为日课,持此愿王,自信临命终时,决生极乐。更欲流通世间,导诸群品,同归一乘。"①他认为,"此十大愿王,要一切行门之终,实开一切行门之首。何以故?非行无以满愿,果外无因故;非愿无以起行,因外无果故。"并说:"云栖谓此一卷经,该全部华严,义在于此矣。其不指归华藏,而指归极乐者何?为大心凡夫开导方便故。"在彭际清看来,华藏庄严,像目连、舍利弗诸大声闻,犹隔听睹,何论其余?而阿弥陀佛以四十八愿接引众生,十念归诚,便登九品。诚能信入普贤愿门者,法界与净土无异,就如水赴壑、如响应声。一得往生,便华开见佛,始知极乐不离华藏,弥陀即是(毗卢)遮那(法身)。彭际清对净土三经也十分重视,不但刊刻了此三部经,分别写有叙文,还作有《净土三经新论》阐发净土宗未竟之旨趣。彭氏在《重刊净土三经叙》中说:"净土三经者,大小《无量寿经》,及《观无量寿经》是也。此三经者,如鼎三足。不读小本,不入信门;不读大本,不入愿门;不读观经,不能成就三昧门。三经合,而净土之资粮备矣。"②

尽管彭际清热衷于学佛修净,举官而不就,韬隐于家乡,可是却没有遗世而独立。他化导乡党,团结一族的力量,投注于"近取堂"(内设有恤嫠会、施棺局、施衣局及放生会等同善会组织)及彭氏润族田(即日后的彭氏义庄)等社会慈善事业,造福乡梓。③ 由此可见他诚挚地实践了净土教义,但并没有沉溺于个人的"了生脱死",而后者正是当世儒者批评士大夫溺于"西方之教"的关键所在。从这个角度看,我们也许会理解彭际清在归心净土的同时,为何要疏解儒释隔阂,强调儒佛融合。

---

① 此间几段引文参见彭际清《一行居集》卷二,第 91—93 页。
② 彭际清:《一行居集》卷三,第 149 页。净土三经中,"大经"指《无量寿佛经》,"小经"指《阿弥陀佛经》。大小之别,非佛之有大小,乃就经之简明程度及修行次第而言也。
③ 参见彭际清《二林居集》(光绪七年版)卷九《近取堂记》、卷六《近取堂公产录叙》、卷一《彭氏润族田记》,《民国吴县志》卷三一、公署四《彭氏义庄》。

三、士林佛学新风

历史表明,彭际清是晚明诸师之后倡导念佛往生净土、推动居士佛教运动的翘楚。当时与彭际清共同推动居士佛教者,还有汪大绅(缙)、罗台山(有高)等,张之洞在《书目答问》附录中将此三人列为"理学别派"(即"理学而兼通释典"者)[①],这也正好说明了彭际清等所推动的居士佛教具有儒佛融通的特点而得到了社会标识。儒佛融通表现于居士佛教的实践中,就是强调以遵循社会道德为基础,笃实修持净土法门,以往生极乐为归趣。罗有高(1734—1779),字台山,因与彭绍升交游,遂信佛法,从扬州高旻寺昭月了贞参禅。他出入儒释,有《尊闻居士集》八卷。汪缙(1725—1792),字大绅,与彭绍升、罗有高三人结为法友,著有《汪子遗书》十卷。彭氏作《居士传》,罗有高、汪缙多有评语。

以彭际清、罗有高、汪缙等人为代表,开拓了清乾隆中士林佛学的新风。这股新风的表现,简单言之,就是出儒入佛、修净土行。一方面致力于消除康熙以来由于尊儒重道,"崇正学黜异端"而形成的儒佛门户之见,撤去儒佛之间的藩篱;另一方面就是念佛往生,"以念佛为教,求生西天"。与彭际清同时代的袁枚在其尺牍中说:"今士大夫靡不奉佛"[②],即指此乾隆中士林学佛之风。然而,乾隆年间的士大夫之奉佛风气与明清易代之际士大夫出家为僧不可同日而语。众所周知,易代之际的遗民出家以"逃禅"为最大特点,而乾隆士林佛学则以"归净"而展现新气象。此可谓之时移风变也。这种风气的转变是明末清初政治、文化、宗教诸因素相互作用复合的结果。

---

① 范希曾:《书目答问补正》,参见张之洞《国朝著述诸家姓名略》,上海古籍出版社,1983。
② 袁枚:《小仓山房尺牍》(随园藏版)卷七《答项金门》,第8页。袁枚(1716—1797),字子才,号简斋,又号存斋,世称"随园先生",浙江钱塘(今杭州)人。乾隆四年(1739)进士,授翰林院庶吉士。后在溧水、江浦、沭阳、江宁等地任知县。乾隆十三年(1748)辞官,定居江宁(今南京)小仓山,筑"随园"。袁枚与赵翼、蒋士铨并称"乾隆三大家",亦称"江右三大家"。袁枚著有《小仓山房集》八十卷、《随园诗话》十六卷及《补遗》十卷等等。

有学者把这种风气之转变追溯到明末"心学盛而考证兴,宗门昌而义学起"这样一个"儒释之学同时丕变"的时代,形成儒士究尚教乘的风气。"迨明社既屋,故臣庄士,往往避于浮屠,以贞厥志,'盖强者销其耿耿,弱者泥水自蔽'也。然以异族之君视之,深山梵宇,荒野琳宫,既为遗民所聚,此辈又多'不肯以浮屠自待',自不能释然于怀。于是借崇佛之名以奖禅钻释子,玉琳、木陈相继北上,丛林之戈矛遂起,此亦制汉之一术也。"康熙朝以后,遗民凋零已尽,佛教重又衰变;而到乾隆御宇,"考据之学如日中天,鹅湖歇朱陆之争,白鹿无义利之辨。然而尊汉之徒,往往以文害辞,以辞害意,弃心而任目,剥蔽精神而无益于世用;稍具慧根者,于是又翻然而厌之,若倦鸟之思返矣。是故常州今文之学,一倦鸟也;浙东之史学,一倦鸟也;德清之颜、李,又一倦鸟也。然此辈犹翱翔于世间者焉,更有迳飞灵山者,则梵音之重振于士林是矣。"①

就佛教而言,此风之转变既有清政府政策导向的因素,也有自身逻辑发展的结果。清初禅宗兴盛远过于净土,可至于乾隆中叶,净土有超迈禅宗之势力。这都是由于清廷巧妙利用宗门内部僧诤,针对明遗民反清复明思想流入佛教界的现实,实施怀柔和高压政策,既争取拉拢江南禅宗亲近派,又严厉打压与新朝保持距离者。结果是"以忠义作佛事"的遗民僧多有遭致牢狱之灾,而依附新朝的"在京在外诸紫衣僧"亦不得善终。到了康熙时代,"扑灭了残留在佛教丛林里的反抗余势",雍正朝又进一步整肃禅宗流弊而表彰云栖倡导的净土之教。由此导致宗门衰落,净土继兴之局势。②

---

① 陆宝千:《乾隆时代之士林佛学》,收于张曼涛主编《中国佛教史论集》六《明清佛教史篇》,第319—320页,台北,大乘文化出版社,1977。
② 参见陈垣《清初僧诤记》卷二《天童派之诤》、卷三《新旧势力之诤》;又参见黄依妹《清乾隆时期江南士大夫的佛教信仰》前言说:"万历年间(1572—1615)以后,随着阳明学的盛行,在江南士大夫的世界里,又掀起了信仰佛教的风潮。可是到了康熙时代(1662—1722),清朝运用巧妙的僧诤政策,扑灭了残留在佛教丛林里的反抗余势。加上清朝对佛教采取了高压政策,使得在明末复兴的佛教僧团,再度步上衰微之途。"《中兴大学历史学报》创刊号,第113页,1991。

开拓乾隆士林佛学的代表人物,除彭际清、罗有高、汪缙之外,还有薛起凤(1734—1774)。薛起凤,字家三,号香闻。比彭际清大6岁,是同一乡里,从年轻时代起就与彭际清有交往。两人在一起经常论佛,据彭际清自述:"予初未识佛,家三数与予言佛。予笑曰:'吾与子游,方之内者也,安事佛?'家三曰:'子欲自外于佛,而不知佛之无外也。子且以何为内哉?'予瞿然有省,则问曰:'轮回之说信乎?'家三曰:'日月之行嬗乎昼夜矣,寒暑之运代乎春秋矣,其昭然于天地之间者未尝或息也,奈何疑心之有息乎?'予抚几而叹,悔闻之晚也。予之向佛盖自此始矣。"[①]又曰:"予年二十余,矜尚气节,尝与亡友薛家三言志,愿得为朝廷谏官。概论世间利病,即遇挫折不悔,而颇欲使天下之士慕义无穷也。家三曰:'吾之志异于是,愿得负郭田数百亩与九族共之,以余财推之于乡里,仿东林同善会,俾鳏寡孤独者有养也,其可矣。'余愧其言,以为仁人之用心当如是。"[②]由此知两人可谓志同道合者。

从《香闻遗集》卷四彭际清所收的《薛家三述》来看,他们共同的思想意趣主要表现在出儒入佛,打破儒佛隔墙的态度上。彭际清说:"家三善论说,每对客纵心而谈,驰骋上下于古今,理事辄得其领,闻者随其分量,莫不饱足而去。……而其立言之本,常欲偕一世之人,撤儒佛之樊,以游于大同之化。虽终郁塞以殁,其志所存可考而知也。"薛起凤的这种"撤儒佛之樊"思想,曾受学于薛氏的江藩在《宋学渊源记》中揭示其由来,曰:"(师)少孤,依舅氏广严福公。公本滕县诸生,厌弃世法,出家传磬山宗……福公即吴人所称不二和尚也,间与先生论出世法,辄解悟。乃大喜曰:'末法众生不识心原,儒佛互争。子欲见(现)儒者身说法,要以见性为宗。诚能见性,何儒佛之有?'先生之说,出入儒佛,所由来矣。"[③]

---

① 彭际清:《二林居集》卷二二《薛家三述》。
② 彭际清:《二林居集》卷九《近取堂记》。
③ 江藩:《宋学渊源记》附记《薛香闻师》。

江藩(1761—1831)是乾隆时代硕儒,以"汉学"名家。曾入四库馆与修《四库全书》。① 他著《宋学渊源记》,把薛起凤、彭际清、罗有高、汪大绅四人传都列入附记之中。由此可知,此数人的思想学问是被归纳于宋学(即理学)的旁流。如同张之洞把彭、罗、汪列入"理学别派",其缘由是因为他们生逢在以程朱学为正统学问的时代里,身为儒者却又积极谈佛的缘故吧!② 彭际清与罗有高、汪大绅为莫逆之交。彭际清在罗有高去世后,于乾隆四十五年(1780)将他的文集编成《尊闻居士集》八卷。在《罗台山述》中,彭际清对罗有高作了如下的评语:"其志强故,其所以自任者甚重。其愿广故,其所以与人者甚诚。其学无常师,行无涂辙而一,不过于心之所安与义之所止。呜呼!奋百世之下,希三代之英,斯可谓豪杰之士矣。"

彭际清如此嘉许罗有高,不料却因此招来了时人的讥评。瑞金出身的恽敬(1757—1817)在给友人信中说:"罗台山与二林交最久,旁涉佛氏,乃二人性之所近。是以二林作台山身后文,持论或过或不及。盖由耽心禅悦,障阂未除,过推其虚,反没其实也。"③江藩在《宋学渊源记》附记《罗有高》中亦有评:"尺木居士谓有高'奋乎百世之下,希三代之英,可谓豪杰之士。'……昔日与友人程君(在仁)挑灯道故。程君曰:罗先生可谓天下第一学人。予曰:为宋儒之学,不及道原。归西方之教,不如照(昭)月。肆训诂之学,不如戴太史东原。文则吾不知也。又曰:其学佛勇猛精进,必往生净土。予曰:人之所以学佛者,为了生死耳。闭户参究,回光反照,即可以了矣。何事仆仆道路为?亦可谓疲于津梁矣。当钟鸣漏尽之时,尚不知反,几死道路,危哉!且屡上公交车,求一进士而不可得,名利之心甚炽,而能了不染之心耶?清净世界中一朵莲花,岂容此凡夫趺坐其上!"此中

---

① 江藩,字子屏,号郑堂,是惠栋的再传弟子,早年师事余古农、江艮庭。12岁从薛家三学句读。是位布衣,一生不嗜仕途,不应科举,但参与过《四库全书》的编纂工作。著作《宋学渊源记》之外,还有《汉学师承记》,皆清代儒学名作。
② 参见黄依妹《清乾隆时期江南士大夫的佛教信仰》,《中兴大学历史学报》创刊号(1991),第119页。
③ 参见恽敬《大云山房文稿》言事卷二《与李汀洲书》。

"公交车",指科举仕途,谓其虽学佛而仍未了"不染之心"。

汪大绅于乾隆五十七年(1792)逝世。彭际清将其文集《二录》二卷、《三录》三卷、《文录》十卷及《诗录》四卷,编成《汪子遗书》问世。江藩在《宋学渊源记》附记《汪爱庐师》中云:"(师)后见寒山、拾得诗,喜其字字句句皆从性海流出,于是以诗作佛事。有空山无人、水流花开之妙境,非若王安石之句摹字拟也。尤工古文,人所不能言者能言之,人所不敢言者能言之,人所不能畅者能畅之,人所不能曲者能曲之。其出儒入佛之作,则言思离合,水月圆通,有不可思议者。尺木居士许之曰:嘘气成云。王光禄西庄云:读大绅文,十洲三岛悉在藩溷间矣。"

江藩之外,当世大儒戴震(东原)(1723—1777)也对彭际清等人的奉佛作出评论,彭际清曾专门与其往复辩论。戴氏之《与彭进士尺木书》、彭氏之《与戴东原书》可提供他们之间儒佛辩论的有关情况。① 戴氏与尺木的书函长达五千言,是针对彭际清的《与戴东原书》作答的。《答彭进士允初书》中有云:"日前承示《二林居制义》,文境高绝,然在作者不以为文而已,以为道也,大畅心宗,参活程朱之说,以傅合六经孔孟,使闳肆无涯矣。"②《二林居制义》乃彭际清从乾隆三十三年(1768)起,经历了13年的岁月,且经过了二次修改补充,于乾隆四十五年才完成的。从当世儒家看,这是一部"以佛释儒"之作。

戴震在《答彭进士允初书》中,一头劈出当时儒学界的风貌。他对当时儒者的世界,作了如下的剖析:"宋以来,孔孟之书尽失其解,儒者杂袭老释之言以解之。于是有读儒书而流入老释者,有好老释而溺其中,既而触于儒书,乐其道之得助,因凭借儒书以谈老释者,对同己则其证心宗,对异己则寄托其说于六经。"③接下来戴震表明自己的态度,要"破图

---

① 《与戴东原书》,收入《二林居集》卷三;戴氏之《与彭进士尺木书》原本附录于《孟子字义疏证》卷下,后被收编于《戴东原集》卷八。
② 戴震:《孟子字义疏证》卷下,页26b。
③ 同上书,页27a。

貌之误，以正吾宗而保吾族"。为了厘清儒佛在教理上的暧昧关系及四书五经的真面目，他认为"治经须先考字义，其次才能通文理"。如此看来，以佛解儒的彭际清，与以训诂名物解经的戴震，在义理思想的领域中俨然是壁垒分明的。然而他们"看似无缘却有缘"，在天命、无欲与情欲、"复其初"、神与形、情与欲等诸多儒佛义理上进行了思想交锋与深入探讨。尽管彭际清对戴震痛诋宋儒杂释老之说不以为然，但两人的笔墨争论给后人留下了耐人寻味的思索。尤可注意的是，戴震嫡传大弟子段玉裁已经有了"理学不可不讲"的感叹，而到了段玉裁的外甥龚自珍的时代，更是接纳了佛教的信仰，开启了公羊学派的门扉。耐人寻味的是，龚自珍的信佛与彭际清有了不可解的关系，龚自珍在彭际清的弟子江沅的影响下皈依佛教，而江沅同时也是段玉裁的入室弟子。由这种传承来看，公羊学派的接纳佛教信仰或研究佛学，成为近代学术思潮的主流。而此主流的脉源，实可溯自戴震与彭际清的时代。①

综上所述，乾隆年间的四大居士以彭际清为核心，薛家三呼之在前，罗有高、汪大绅应之在后，推动了士林佛学的新风。他们的共通点就是致力于消除儒佛之隔阂，归心于"西方之教"。《居士传》有跋文曰："儒佛之道，泥其迹若东西之相反，然循其本则一而已矣。知归子之学，出入儒佛间，初未尝强而同之，而卒不见其有异，所谓知本者非耶。既以自利又欲利人，上下数千百年，凡伟人硕士，有契斯道者，采其言行，比以史法，合为一书，名曰居士传。"跋文作者称颂彭际清"真法门班、马也"，又赞叹曰："自为儒佛之学者，迷不知本，党同伐异，泣岐无归，知归子起而救之。是书之作，盖欲学者除去异同之见，反循其本，而致力焉。至于一旦豁

---

① 论辩详情参见黄依妹《彭际清与戴震的儒佛论辩》，《东方宗教研究》第2期，第231—252页，1990。

然,还问其所为儒佛者,如水中月,如空中华,复何异同之有?"①总之,由于彭际清等居士的努力,使得康熙朝以来儒佛的门户歧视逐渐消失,在乾隆时代的士大夫阶层中,又吹起了"儒者言佛"的风气。于此有学者推断说,"从常州学派公羊学者龚自珍依彭际清的弟子江沅学佛来看,可能这样的风气还一直延续到嘉(庆)、咸(丰)以后,而且它促成了清末公羊学者归信佛教并研究佛学的风潮"②。

四、对清代居士佛教的影响

彭际清居士佛教的影响确然延及后世,龚自珍、魏源私淑的学佛导师即为彭际清。龚自珍曾作《知归子赞》,称道彭际清说:"震旦之学于佛者,未有全于我知归子者也。"③魏源以《普贤行愿品》与净土三部经合为一集,刊刻《净土四经》,亦与彭氏之推崇不无关联。清代居士佛教自彭际清而至于龚自珍与魏源获得新发展,主要表现是龚自珍、魏源等作为今文经学家而兼治佛学,从佛学中求经世之本,开启近代维新一派之思想端绪。常州今文经学公羊学派④在清末衰世之中应运而生,强调通经致用,龚自珍、魏源均浸润于此,而龚、魏以来,公羊学派多公然为佛弟子

---

① 王廷言跋,作于乾隆四十九年秋八月。"仆少失学,耽着五欲,顺流忘返。年三十宦游京师,偶于市上得睹《云栖法汇》,惕然心动,捧归卒业,始知信向。归田以往,客居吴门,于勤息庵晓峰老人处熟知归子名,后接晤于文星阁中。服其持律之坚,向道之切,不觉惘然自失。知归子顾以子之能不胥于道也,于是往还无间,顷之出此书示予。"参见彭绍升著,赵嗣沧点校《居士传》,第309页。
② 参见黄依妹《清乾隆时期江南士大夫的佛教信仰》,《中兴大学历史学报》创刊号,第118页。
③ 《知归子赞》,《龚自珍全集》第六辑,第396—397页,上海人民出版社,1975。又参见石峻、楼宇烈等编《中国佛教思想资料选编》第三卷第三册,第493页。
④ 西汉初,朝廷立《诗》、《书》、《礼》、《易》、《春秋》五经博士。因所授经书均采用当时通行的隶书书写,故称今文经学。因成书于汉初的《春秋公羊传》,即属今文经学主要代表,故今文经学亦称公羊学。东汉以后,今文经学衰落,一千多年默默无闻。直到清嘉、道年间,几成绝学的今文经学重新崛起,并在晚清俱行于世。通过乾、嘉、道时期学者对今文经学的研究和提倡,公羊学说尤其被龚自珍、魏源等人利用来作为阐述其政治思想理论的工具。同时,今文经学的复兴,也标志着乾嘉考据学的没落和终结,意味着学术思潮在汉宋之争中开始向一种兼容并蓄的趋势方向发展。

以研究佛教者,实彭际清以后八十年内所起之新现象。

梁启超在《清代学术概论》中指出:"晚清思想有一伏流曰佛学","晚清所谓新学家者,殆无一不与佛学有关",这支伏流就导源于乾隆年间的居士彭绍升,自龚自珍、魏源以下,石埭杨文会推波于后,"凡有真信仰者,率皈依文会"。① 杨文会创办金陵刻经处,以魏源校刊的《净土四经》为首刻,从而开启他振兴佛教的事业;其对晚明四师著作多所刊刻,尤以莲池为净土本师,同样也深受彭际清影响。有研究者说:家三、台山、大绅"诸人既沾溉宋学,不甘以训诂汩天倪,丹铅没素朴,则苟于此世起舍离之心,陆王也,程朱也,皆足以引归瞿昙。昔人动辄指陆王为近禅,岂亦知程朱足以导向莲池乎?后数十年,石埭杨文会弘扬净土,广刻佛典,中国佛教稍形一振,实继二林未竟之业。则此数人当考据全盛之日,破儒释之藩篱,宣灵山之法音,亦可谓功不唐捐者矣。"②

彭际清专心研究并弘扬净土之教,竭力鼓吹禅净融和、儒佛融合,也许对近世佛教日趋衰落的状况触动并不大,但对近代居士佛教的运动无疑却起了很大的推动作用。释东初在《中国佛教近代史》中对彭际清推展的居士佛教运动作出了高度评价:"其于净土教义阐微,贡献殊伟;其于佛法领悟之深,殆为当时知名儒士所钦仰。以彭二林为中心之居士佛教若龚自珍、魏源、俞樾等公羊学派之硕儒,实开中国佛教近代史居士佛教之盛况。其对清廷反抗意识,亦多寓于其著作中。"③

---

① 梁启超在《清代学术概论》中指出:"晚清思想有一伏流曰佛学。龚自珍受佛学于绍升,晚受菩萨戒。魏源亦然……龚魏为今文学家所推奖,故今文学家多兼治佛学。石埭杨文会……凤栖心内典,学问博而道行高,晚年息影金陵,专以刻经弘法为事……深通法相、华严两宗,而以净土教学者,学者由是渐信之。谭嗣同与之游一年,本其所得以著《仁学》……梁启超亦好焉,其所论著,往往推挹佛教。康有为本好言宗教,往往以己意进退佛说。章炳麟亦好法相……故晚清所谓新学家者,殆无一不与佛学有关。而凡有真信仰者,率皈依文会。"
② 陆宝千:《乾隆时代之士林佛学》,收于张曼涛主编《中国佛教史论集》六《明清佛教史篇》,第339页,台北,大乘文化出版社,1977。
③ 释东初:《中国佛教近代史》上册,第41页,台北,东初出版社,1974。

第四节 龚自珍与经世佛学

龚自珍(1792—1841),又名巩祚,字尔玉,又字瑟人,别号定庵,又号羽琌山民。浙江仁和(今杭州)人,出生于一个官宦世家,诗书旧族。他的祖父官至云南楚雄府知府,他的父亲官至江南苏松太兵备道署江苏按察使。他的外祖父是著名的文字训诂学家段玉裁。据《定庵先生年谱》载,龚自珍"髫龀早慧","天性淳至",从7岁起就开始广泛阅读诗文,并接受系统的经学、小学教育,涉猎科名掌故、金石文字、版本目录诸学,以至于释道典籍,无所不读。当然,经学教育是主要的。除了自幼从外祖父段玉裁学习《说文解字》,接受训诂学的训练外,他还师从著名常州学派今文经学家庄存与(1719—1788)学习公羊学,又从刘逢禄(1776—1829)学习"公羊家言",探索《公羊春秋》的微言大义①。可见龚自珍有汉学的家学渊源,又兼及公羊学,他的学术思想是治今文经学而与经世思潮合流,反映了道光年间由文字训诂转向"经世致用"的学术转变趋势。

然而,龚自珍并未沉浸在训诂考据的故纸堆中,而是大力提倡"经世致用"之学②。据张祖廉《定庵先生年谱外纪》曰:先生"少好读王介甫

---

① 《己亥杂诗》载龚自珍28岁从刘逢禄受公羊春秋,有诗句"一脉微言我敬承","东南绝学在毗陵"。《龚自珍全集》第十辑,第514页。按,庄存与,字方耕,号养恬,江苏武进人,乾隆年间进士。他曾从学于阎若璩,通六经,尤精于春秋公羊学。他是清代今文经学的开创者,同时也是以经学和文学著称的常州学派创始人。著有《春秋正辞》,根据董仲舒、何休的公羊学发挥《春秋》的微言大义,这是清代今文经学的第一部著作。乾隆时期公羊学者对后来影响最大的人是刘逢禄。刘逢禄,字申受,嘉庆年间进士。他是庄存与的外孙。在刘逢禄之前,常州学者虽然致力于春秋公羊学,同时也没有完全放弃汉学。刘逢禄则专笃于今文经学,以董仲舒、何休的学说反对许慎、郑玄的古文经学,主张治经重在研究"微言大义"。
② 《龚自珍全集》第一辑,第36页。龚自珍23岁时写四篇《明良论》,相当深刻地揭露了清王朝统治的腐败,指出社会变革的风暴即将来临,积极主张改革弊政,提拔人材,以安定社会。他的外祖父段玉裁看后十分赞赏地说:"四论皆古方也,而中今病,岂必别制一新方哉? 髦(耄)矣! 犹见此才而死,吾不恨矣。"龚自记曰:"四论,乃弱岁后所作,文气亦何能清妥? 弃置故簏中久矣。检视,见外王父段先生加墨矜宠,泫然存之。"

《上宋仁宗皇帝书》。手录凡九通,慨然有经世之志。"稍长,龚自珍学习大乘,通读大藏,究心于佛学,而把经世与佛学集于一身,"道光壬辰(1832),读爰书有名龚自某者,恶之,乃更名为巩祚,寻复名自珍。学佛名曰邬波索迦,颜所居曰礼龙树斋,曰奢摩它室。"①他曾参与重修《清一统志》,并撰有《东南罢番舶议》、《西域置行省议》,反映了他对东南沿海及西北边防的关注。道光十九年(1839),龚自珍辞职出京,南北旅行数千里,写下大型组诗《己亥杂诗》三百五十首,其中有不少有关学佛的诗句。

一、自号怀归子

龚自珍早在青少年时代就博涉佛典。三十二岁时,他曾说自己"幼信转轮,长窥大乘"②;另据张祖廉《定庵先生年谱外纪》中记述:龚自珍幼时"居近法源寺,稍长,保姆携之入寺,辄据佛座嬉戏,挥之弗去"。丙戌年(1826),他三十五岁时,独访法源寺,故地重游,寻少年旧踪,历历在目,怅然赋诗:"髫年抱秋心,秋高屡逃塾。宕往不可收,聊就寺门读。"③在《己亥杂诗》中,他自述"少具慧根而信经典"。④

龚自珍认真研究佛学大约开始于嘉庆二十五年庚辰(1820),是年他30岁不到。这一年他先后写了《驿鼓三首》、《观心》、《又忏心一首》、《昨夜》、《戒诗五章》等十余首涉及佛学的诗。其《驿鼓三首》之三曰:"书来恳款见君贤,我欲收狂渐向禅。早背家常磨慧骨,莫因心病损华年。花看天上祈庸福,月堕怀中听幻缘。一卷金经香一炷,忏君自忏法无边。"⑤

---

① 《礼龙树斋结曼都序》,《龚自珍全集》第六辑,第389、632页。按,壬辰是道光十二年,龚自珍四十一岁。
② 《小奢摩词选·齐天乐》,《龚自珍全集》第十一辑,第575页。据《定庵先生年谱》,《小奢摩词》作于道光三年(1823),是年龚自珍三十二岁。
③ 《龚自珍全集》第六辑,第633页。
④ 《己亥杂诗》,《龚自珍全集》第十一辑,第575、576页。《长相思》,自注曰:同年生冯晋渔,少具慧根而不信经典,与予异也;尝与买宅洞庭携鬘吹笛终焉之志,与予同也。
⑤ 《龚自珍全集》第九辑,第444页。又参见彭际清《一行居集》卷四《与诸同学》。

此中"我欲收狂渐向禅"一句,大概反映了他初学佛时的心境。

龚自珍学佛有师承,曾师事江沅学佛。江沅(1767—1837),字子兰,又字铁君,元和(今江苏吴县)人,为晚清经学家和文字训诂学家。金坛段玉裁侨居苏州,沅即师从之,出入其门者数十年。而江沅之佛学曾受于彭绍升。彭绍升号知归子,龚自珍因而自号"怀归子"。如上文所述,龚自珍曾作《知归子赞》,称"震旦之学于佛者,未有全于我知归子者也",可见其对彭氏推崇备至。学佛是当时读书人一般的风气,为何偏要对彭氏用"全于"二字呢?龚自珍在文中作了解释:"且求诸外,且索诸内,皆不厌吾意。于斯时也,猝焉而与其向者灵异智慧之心遇,遇而不逝,乃决定其心,盖三累三折之势,知有佛矣。"这意谓他与佛相遇是宗教心灵萌发的需要,是为了回答世俗生活中的精神超越问题。而彭绍升正好满足了他超越精神的需求。如彭氏认为:"求一大根大器,直下了得者,竟难其人,若复不择方便门求解脱路,生死来到作何抵对?"彭绍升的入佛"方便",目的在于救己救世,而非逃避。很能饫足自珍心灵需求,故认为他是"大菩萨度世示现"。① 梁启超在《清代学术概论》中说"龚自珍受佛学于绍升,晚受菩萨戒",此可当作龚自珍私淑彭绍升为学佛导师,并不一定意谓亲炙其教。

道光三年癸未(1823)六月二日,龚自珍有《与江居士笺》曰:"别离以来,各自辛苦,榜其居曰'积思之门',颜其寝曰'寡欢之府',铭其凭曰'多愤之木'。所可喜者,中夜皎然,于本来此心,知无损已尔。自珍之学,自见足下而坚进。人小贫穷,周以财帛,亦感檀施,况足下教我求无上法宝乎?人小疾痛,医以方药,亦感恩力,况足下教我以无上医王乎?人小迷跌,引以道路,亦感指示,况足下教我求万劫息壤乎?"由此可知龚自珍师从江沅学佛至少在三十二岁以前。自珍以瑰丽之文辞表达对江沅教其

---

① 《知归子赞》,《龚自珍全集》第六辑,第396—397页。又参见全集第五辑《与人笺四》提示"手教至,引捡集《知归子赞》无不随也相诘",龚自珍应当著有关于知归子的集子,而第六辑所收《知归子赞》,则当为该集子的序文。

学佛的感激,从书简中还可看到江沅对自珍学佛信心的鞭策,"别离已深,危足下督促,掉举转多,昏沉不少。至于手教,虑信根退,想戏弄之言。自珍久不见有信根,信是何根?根何云信?本来如是而已,何况有退失耶?"江沅还寄赠《普贤行愿品》给自珍,并相约两人共同校刊《圆觉经略疏》。自珍在书中示知,"《行愿品》久收到。《圆觉疏》闻苏州刻成,前约所云不忘也。"①

道光四年甲申(1824)八月,龚自珍同江沅、贝墉校勘"华严五祖"宗密的《圆觉经略疏》二卷毕,在苏州刻板印行。龚自珍撰写《重刊圆觉经略疏后序》,内中即交代"吴县江居士沅及仁和龚自珍"共与其事。宗密即中国佛教史上著名的圭峰禅师,原来传承菏泽神会一系的禅法,精研《圆觉经》,后来又从澄观研习《华严经》,并遍究《唯识》、《起信》诸论,从而融会教禅而盛倡禅教一致,对后世影响很大。龚自珍说他"祖菏泽,祢遂州,则传法之绪可言业;胎慈恩,息贤首,其讲经之宗可言也",此可谓肯綮之言。龚自珍另有《助刊圆觉经略疏愿文》一篇曰:"大清道光四年(1824),佛弟子仁和龚自珍同妻山阴何氏,敬舍净财,助刊《大方广圆觉修多罗了义经疏》成,并刷印一百二十部,流传施送。伏因先慈金坛段氏烦恼深重,中年永逝,愿以此功德回向逝者,夙业顿消,神之净土。存者四大安和,尽此报身,不逢不若,命终之后,三人相见于莲邦,乃至一生补处。"②由此可见龚自珍此时的佛学在教、禅、净之间,还谈不上专攻专信,在修持上可能还是像一般士大夫那样禅净双修。

道光六年丙戌(1826),龚自珍作《寒月吟》,诗前有小序曰:"寒月吟者,龚子与其妇何岁暮共幽忧之所作也。相喻以所怀,相勖以所尚,郁而能畅者也。"《寒月吟》共五首诗,其第五首曰:"侵晨邻僧来,馈我佛前粥。其香何清严,腊供今年足。我因思杭州,不仅有三竺。东城八九寺,寺寺

---

① 《龚自珍全集》第六辑,第345、386页。
② 同上书,第387页。

皆修竹。何年舍家去,慧业改所托。掘笋慈风园,参茶东父屋。钟鱼四围静,扫地洁如沐。白昼为之长,倦骸为之肃。供黄梅一枝,朝朝写《圆觉》。"诗下注解曰:"慈公深于相宗,钱居士东父则教、律、禅、净四门,乃吾师也。"①慈风是杭州名僧,龚自珍与之过从甚密,曾向其请教台宗教义。东父即杭州著名的钱伊庵居士,龚自珍曾从之学佛,说他教、律、禅、净兼通。

道光七年丁亥(1827),龚自珍作《自写寒月吟卷成,续书其尾》,诗的内容谈的是他多年来学佛的体会。诗曰:"曩者各不死,多生业未空。天仍磨慧骨,佛倘鉴深功。意识千秋上,光阴八苦中。即将良友待,落落亦高风。"龚自珍意识到,学佛多年,业障不除,八苦煎熬,仍须磨炼慧骨,修持深功。同年,龚自珍到西直门外著名的净土道场红螺寺祭扫彻悟禅师塔,作《四言六章》组诗,其五章曰:"先觉谁子? 西山彻公。我受之东父,以来报功。云何报功? 余左携东父,右随慈公,又挟江子,四人心同。以旅于西邦。"其六章曰:"既至于西,西人浩浩。余慈母在焉,迎予而劳。各知其夙,而无意悼。遐者迩者,孰肯不到? 亦惟彻公是报。"自注曰:"浙居士钱东父、吴中居士江铁君、慈风和上与予四人,皆奉彻公书,笃信赞叹。"②可见,龚自珍至此已倾心净土,而且他表明这是跟他有关的几位学佛导师共同的倾向。

上述三师对龚自珍学佛有不同程度的影响,而吴中江沅为其"学佛第一导师"。龚自珍在《己亥杂诗》中有一首诗记江沅先生之逝世,诗曰:"铁师讲经门径仄,铁师念佛颇得力。似师毕竟胜狂禅,师今迟我莲花国。"自注曰:"江铁君是予学佛第一导师,先予归一年逝矣。千劫无以酬德,祝其疾生净土。"③龚自珍在此用诗句表明江沅师在其南归之前一年

---

① 《龚自珍全集》第九辑,第482页。按,诗中"三竺"指杭州西湖的上天竺、中天竺、下天竺三座名寺。
② 同上书,第484、491页。
③ 《己亥杂诗》,《龚自珍全集》第十辑,第523页。

已然逝世。诗中称赞江沅师在念佛上颇得力,而其对佛经之研习却颇为拘囿。

二、批判蛆虫僧,亟思报佛恩

龚自珍既师从江沅、私淑知归子,表明他归心净土。但由于他少具慧根而积学深厚,他之学佛遂不能为师所拘囿。其一,表现在他广读佛经,而辟尽狂禅;其二,与知归子推重华严净土有所不同,他倾向于礼天台修净土。

龚自珍嗜读佛经。他家祖孙三世在京师为官,历时百年,道光十九年己亥岁(1839)四月二十三日出都南归。《己亥杂诗》中有两首告别诗,一首是别镇国公容斋居士,"龙猛当年入海初,娑婆曾否有仓佉?只今旷劫重生后,尚识人间七体书。"注曰:居士系睿亲王子,名裕恩,好读内典,遍识额纳特阿克、西洋、藏、蒙、回及满汉等多种文字;又曾校读大藏,凡佛典有新旧数译者,或校归一是,或并存之。自释典入震旦以来,未曾有也。另一首诗是别龙泉寺僧唯一,诗曰:"朝借一经覆以簦,暮还一经龛已灯。龙华相见再相谢,借经功德龙泉僧。"这两首诗表明他曾向龙泉寺僧唯一借阅佛藏,而其对藏经校勘可能受到镇国公容斋居士之影响或与之切磋。① 龚自珍文集中另存有一篇《为龙泉寺募造藏经楼启》②,益可见其因阅藏而与龙泉寺结下的深厚因缘。

龚自珍以读经作为修行课程。《己亥杂诗》中有一首诗曰:"车中三观夕惕若,七藏灵文电熠若;忏摩重起耳提若,三普贯珠叠叠若。"自注曰:"予持陀罗尼已满四十九万卷,乃新定课程,日诵普贤、普门、普眼之文。"③但龚自珍又不只是一般的诵读佛经以为功课,他还对佛经进行校勘整理。佛书入震旦以后,校雠者稀,龚自珍乃著《龙藏考证》七卷;又以

---

① 《己亥杂诗》,《龚自珍全集》第十辑,第512页。
② 《龚自珍全集》第六辑,第389—390页。
③ 《龚自珍全集》第十辑,第510页。

《妙法莲华经》为北凉宫中所乱,乃重定目次,分本迹二部,删去七品,存二十一品。丁酉(1837)春勒成,有诗曰:"历劫如何报佛恩?尘尘文字以为门。遥知法会灵山在,八部天龙礼我言。"①这首诗向我们透露了龚自珍以考证文字功夫报答佛恩的特殊方式。设若他不是有深厚的今文经学功底,并驱遣之以勤勉虔诚地修持佛法,这种佛经校勘及其佛学研究方面的成果是不可想见的,因而近代佛学研究之新风亦无由得以开启。

现存《龚自珍全集》涵盖他的子学、经学、史学、地理、文字学、金石、诗词等多方面的学问,佛学则成为其经世致用之学的重要一环。在第六辑中专门辑有他五十篇有关佛学的文章,这些文章当是他一生学佛的结晶。其中的《正译》七篇和《妙法莲华经四十二问》,可能出自上文提到的他于丁酉春勒成的《龙藏考证》七卷。《龙藏考证》七卷代表了龚自珍校勘佛经和佛学研究的思想成果,今虽已佚,但可由《正译》七篇和《妙法莲华经四十二问》来察看其考证方法,更主要的是从中可见其不尽信经而持批判态度的理性精神,正是这种批判的理性精神及其所显露的思想光芒对近代佛学研究发生深刻影响。

《正译》七篇之第一《正法华经秦译》和《妙法莲华经四十二问》卷末都交代了作者校勘该经的确切时间,是道光丁酉(1837)春正月,即该经传入震旦1440年之际。龚自珍校正秦译《法华经》二十八品有五点错误,现删去七品,定为两部,保存二十一品。对于所删七品,龚自珍在《妙法莲华经四十二问》第六问至第十二问作了说明,第六问:何以删《法师品》?答:辩士之虚锋,墨士之旁沈。第七问:何以删《持品》?答:无意义,非佛说。第八问:何以删《分别功德品》?答:凡校量罪福,最繁重。闲文之谆,三十倍于正文,非佛语也。第九问:何以删《随喜功德品》?答:同上。第十问:何以删《如来神力品》?答:无实义。第十一问:陀罗尼可删乎?答:一切陀罗尼,皆宜别行在密部,于此经发其凡。第十二

---

① 《己亥杂诗》,《龚自珍全集》第十辑,第517页。

问：何以删《普贤劝法品》？答：伪经之最可笑者。由此经自有嘱累品，不容益此品。龚自珍通过校勘佛经，发现经末一般都有劝人持此经典之语嘱，凡持诵流传该经者便功德无量，不然就要遭诸多报应。龚氏于此断言："凡恫吓挟制之言，皆西竺蛆虫师所为也。"龚自珍对于"蛆虫师"之出典，下文还有分解，此不赘述。

《妙法莲华经四十二问》中第一问显示了龚自珍对《法华经》的重视，问曰：三藏十二部，《妙法莲华经》为经中王，何也？答：隋以来判教诸师，皆曰《华严》日出时，《法华》日中时，《涅槃》日落时。明蕅益大师曰："诸经有《法华》，王者之有九鼎，家业之有总账簿也。"与一切经各各自言经中之王不同，欲备知之，则在天台《玄义》矣。第四十一问：愿闻《法华玄义》。答：义学之渊海，三藏之总龟，法王之首辅，大士之化身，愿尽劫皈依，为不侵不叛之臣。第四十二问：子重定《法华》之文，悍如此，不问罪福乎？答：凡我所说，不合佛心，凡我所判，不合阿难原文，我为无知，我为妄作，违心所安，诳彼来学，我判此竟，七日命终，坠无间狱，我不悔也。如我所言，上合佛心，我所科判，上合阿难原文，佛加被我，智者大师加被我，我疾得法华三昧，亦得普见一切色身三昧，见（现）生蒙佛梦中授记，得阿耨多罗三藐三菩提。

龚自珍通过校勘佛经，发现震旦通行之经多有讹缺、颠倒、蔓衍、复重如乱丝者。何以如此故？他在《正译》第七《总历代所译一切经》中对此有解答："西竺既尊佛，国王贵官长者皆事佛，其以名闻相高，必在佛经焉；利禄之门，必在佛经焉。由是门户之争，朋党之立，亦必在乎佛经焉。由是人尊一经，经立一师，家抱一册，户名一偈，各立原委，各造文字，或损改，或颠倒，或附益，犹不售，则又加之以恐吓挟制，校量罪福。罪福之文，十倍其原文矣。由是各经流通分，各各自名经中之王，序分各各造法会，各各名无量会，此文又三十倍其正文。佛清净海，汩没其中，若存若亡……佛言：我如师子王，一切无畏。畏师子身自生蛆虫，食师子肉。译主不察，尽译之以贻震旦。震旦之谤佛，译主之咎。"龚自珍本于佛训，称之为"蛆虫僧"。于此他亦有一比方,见诸上述四十二问之第三十六问,他说这就好比西土人来谈《春秋》、《论语》,我土儒者取《春秋》、《论语》付之;又误取二书之注疏付之,又误取二书之近世制举文付之,又误取制举文之坊刻评论付之,西土人不别也,尽译之以归。

《正译》七篇中有三篇是关于各种译本的弥陀净土经典,龚自珍主要是纠正了四十八愿之失,流于数目。另外还有《正大般若经》一篇和《正密部、正偈颂》一篇。龚自珍曰:唐译《大般若经》六百卷十六分是西土伪经。他指出只有第二分是真,其他都是模拟此分造经,何以明其真?曰:龙树大士依此造论也。龙树大士依此第二分三十卷九十品文作释论,又名《大智度论》,罗什存一删九。龙树之言,圆赅三藏十二部教,不专诘破相。又龙树借此经,广明三藏十二部教,不专执破相。又龙树释论十倍原文,秦二师罗什、僧肇尚以为广而删之,唐师乃以经为略,又取西土伪经而译之,唐师所见逊秦师远矣哉!于此,龚自珍又以譬喻说之曰:佛说般若,醍醐也。模仿附益者,水也;醍醐一滴入一钵盂水,水多醍醐少矣。乃至入七钵盂水,水益多,醍醐益少。《大般若》六百卷,是取醍醐一滴,入四大海水。

《正密部、正偈颂》一篇也显示了龚自珍对佛经中密咒和偈颂的重视,而此二种又常常为中土译师所忽略,以致错讹连篇。龚自珍指出,密部贵声,声贵轻重分寸;轻重分寸在正音与带音,正音宜大书,带音宜旁书,二合以济声之穷。"译师无知,用一律书,间用二合矣,而无三合四合;无三合四合,故密部不符佛口;密部不符佛口,故理一事二,疑惑众生。"又曰:"圣清控驭额纳特阿克之地,达赖、班禅额尔德尼、章嘉呼图克图先后来朝,世宗、高宗命译诸陀罗尼以进,爰肖其音,用大摄小,书之镂之,藏板雍和宫,印行以赐天下诸寺,伟矣、迈矣!天龙鬼神八部呵护,在此不在彼矣。""且夫西竺之国,威仪文词之美,古德慕之。凡见佛者,则有呗偈,乐器赞颂,问佛咨义,往往用偈颂。佛说法毕,则有重宣之颂,如东土之有歌诗谐声音者也。中西声不同,不可以谐,不如勿译;译焉而拙直,无唱叹之旨,徒复正文而已,不如勿译。"①

龚自珍由考证佛经真伪,探讨译事得失,进而至于研究佛教义理。《龚自珍全集》中辑有他对所读佛典大义进行评述的《最录》十八篇,内容涉及宗与教、禅与净各方面,诸如《最录八识规矩颂》、《最录七佛偈》、《最录达摩大师说四行》、《最录坛经》、《最录禅波罗密门》、《最录觉意三昧》、《最录四念处》、《最录原人论》、《最录禅源诸诠》、《最录永嘉集》、《最录黄檗大师传法心要》、《最录念佛三昧宝王论》、《最录天台传佛心印记》等。其中多有醒人之语,如《最录念佛三昧宝王论》评曰:"此书八千言,以两句为宗,曰'必不离念立无念,必不离生立无生。'净土劝进之书,山积云兴,此最顺佛语者,最平实者,彼高谈自性之弥陀,唯心之净土,亦岂师所不知乎者?"又如《最录黄檗大师传法心要》,评曰:"予闻斯辈言久矣,惧其无以敌生死也。及读黄檗书,亦指人心,亦遮语言文字、遮思量、遮动念,乃至遮以佛捉佛,以心捕心者,乃惊曰:予闻此久矣,乃今信其可以敌生死。信易,从不信过难,从惧生死尤难。"《最录原人论》曰:"自珍游于毗卢遮那教相之海,而卒不识游者之为谁,及读圭峰大师此论竟,复寻华严,如数家宝,一一无误认者。"《最录禅源诸诠》中自珍曰:"居末法中,欲敌生死,如救头燃。达摩、天台、贤首,同是菩萨,华严、法华同是圆教。起禅教分别想,于教中又起教相分别想,于达摩及天台及贤首生轩轾想,于华严、法华生轩轾想,皆是也,皆非也?皆不必,皆不暇。"乃至有《最录神不灭论》,为江沅藏书,江沅曰:"此读佛书之初阶,可以种信根。"自珍曰:"此亦读《易》、《诗》、《礼》者之所必欲知也。"②其所录广泛,评断精审,可见其用功之勤、识见之高,要皆不外乎宗教禅净圆融之旨。

这种圆融宗旨尤其体现在龚自珍曾发心汇刻《支那古德遗书》,以二百本施诸寺院。他在《支那古德遗书·序》中说:"晚唐以还,像法渐谢,

---

① 上述诸段引文皆见于《龚自珍全集》第六辑,第357—370页。
② 《龚自珍全集》第六辑,第400—408页。

则有斥经论用曹溪者,则有祖曹溪并失夫曹溪之解行者,愈降愈滥,愈诞愈易,昧禅之行,冒禅之名。儒流文士,乐其简便,不识字髡徒,习其狂滑,语录繁兴,夥于小说,工者用瘦,拙者用谣,下者杂俳优成之。异乎闻于(释迦)文佛之所闻,狂师召伶俐市儿,用现成言句授之,勿失腔节,三日,禅师其遍市矣。佛言:吾如师子王,不畏百兽,畏师子身自生蛆虫,啖师子肉。佛法之衰,为支那所诋,不绝如线,则岂非蛆虫僧之召之也哉?予疚焉!又画焉!亟思所以报佛恩者,乃写法华宗魏南岳思大师书一种四卷,隋天台智者大师书若干种,唐荆溪湛然大师书若干种若干卷;涅槃宗唐永嘉无相大师书一种一卷;华严宗唐帝心大师书一种一卷,圭峰密大师书一种二卷。书其地曰支那,尊其人曰古德,目其教,信其必不离语言文字也,故谓之遗书。"①

三、以天台修净土

龚自珍在佛教实践方面,于禅、于密、于净土,都真实信奉受持,似乎并不专修一门,而最引人关注者便是他将天台法门与念佛三昧相结合。龚自珍自幼笃信佛家因果轮回说,长大后学大乘佛教,注重解行相应,并受持菩萨戒,归心净土。他立志学佛,曾作一篇《发大心文》,文章洋洋洒洒近三千字。文中说:"伏以人身难得,佛法难闻,我今得少善力,得生人中,正像云遐,末法现在,欲报大恩,须发大愿。"他先发愿要断灭贪、嗔、痴二毒,继而发心止思维,然后发誓,待自己成就后,要度尽一切众生。②

曾几何时,龚自珍开始习禅,说"我欲收狂渐向禅"。嘉庆二十五年庚辰(1820),他作《观心》诗一首,记述自己刚开始习禅时万虑纷呈的烦恼:"结习真难尽,观心屏见闻。烧香僧出定,哗梦鬼论文。幽绪不可食,新诗如乱云。鲁阳戈纵挽,万虑亦纷纷。"又有《忏心》一首曰:"佛言劫火

---

① 《龚自珍全集》第六辑,第384—385页。
② 同上书,第392页。

遇皆销,何物千年怒若潮?经济文章磨白昼,幽光狂慧复中宵。来何汹涌须挥剑,去尚缠绵可付箫。心药心灵总心病,寓言决欲就灯烧。"①诗中显示他白天磨炼经济文章,晚间坐禅还妄念纷杂。禅与他日常生活融为一体,道光三年癸未(1823)作《午梦初觉,怅然诗成》:"不似怀人不似禅,梦回清泪一潸然。瓶花帖妥炉香定,觅我童心廿六年。"是年又作《题红禅室诗尾》:"悄恍聪明未易才,仙缘佛果自疑猜。须知一点通灵福,岂食人间烟火来。毕竟恩轻与怨轻?自家脉脉欠分明。若论两字红禅意,红是他生禅此生。不是无端悲怨深,直将阅历写成吟。可能十万珍珠字,买尽千秋儿女心。"②

龚自珍于道光十一年辛卯(1831)发誓愿,要在八年内诵念大藏中"贞"字函《拔一切业障根本得生净土陀罗尼》五十九字真言四十九万遍,并设立记数簿,要求自己不论行站坐卧中,都持诵不已。"愿秘密加被,灭我定业,疾证法华三昧,上品上生,生阿弥陀佛常寂光土。"③前述《己亥杂诗》龚自珍自注曰:"予持陀罗尼已满四十九万卷",证明他念咒修密不虚,果履誓愿不爽。然诸多文证显示,他真下大功夫的,还是以天台修净土。

道光十七年(丁酉,1837)九月二十三日夜,不寐,闻茶沸声,披衣起,菊影在屏,忽证《法华三昧》。诗中有曰:"狂禅辟尽礼天台,掉臂琉璃屏上回。不是瓶笙花影夕,鸠摩枉译此经来。"④钱伊庵西归后,龚自珍于己亥年得其晚年所辑《宗范》二卷,作诗一首曰:"震旦狂禅沸不支,一灯慧命续如丝。灵山未歇宗风歇,已过庞家日昝时。"⑤龚自珍因证悟法华三

---

① 《龚自珍全集》第六辑,第445页。
② 《龚自珍全集》第九辑,第466、470页。按,疑"红禅室"为其书斋另名,"红"的隐喻是指人生情缘,此处"红是他生禅此生",似表明龚自珍决心斩断情丝而致心禅定,情缘则待他生再续。
③ 《诵得生净土陀螺尼记数簿书后》,《龚自珍全集》第六辑,第391页。
④ 《己亥杂诗》,《龚自珍全集》第十辑,第517页。
⑤ 《龚自珍全集》第十辑,第525页。钱伊庵(?—1837)深入禅学,所辑《宗范》二卷书中,括引古德参禅方法与戒显《禅门锻炼说》,为清代禅学名作。诗中"日昝"指日蚀,比喻钱伊庵去世后宗风消歇。

昧,而批判狂禅不习经典、"孤祖提印"等作风①。此时的诗文中也多次提到天台宗,如"我说天台三字偈,胜娘膜拜礼沙门"②;"吟罢江山气不灵,万千种话一灯青。忽然搁笔无言说,重礼天台七卷经。"③又说:"自达摩至惠能,有出于吾天台宗之外者欤?"④因而他又自号"天台裔人",居室称"礼龙树斋"。

如上所述,龚自珍于禅净密似乎并不专修一门,而引人关注者便是他将天台法门与念佛三昧相结合。其全集中有《以天台宗修净土偈》一篇,以因明法宗、因、喻之三分,立量云:不堕四处堕,为宗。因云:所谓四处堕,一者偏执堕,二者先后堕,三者取舍堕,四者争论堕。所谓不堕四处堕,即用天台宗空、假、中三谛圆融观照,以生、念为假,以无生、无念为空,以执念、执生为假堕,执无念、无生为空堕,如此层层深入,直至"束则全束,收则全收,孤执之者全体许之,先后之者全体许之,取舍之者全体许之",达到"念即无念,无念是念,直下便圆"的境界。偈曰:"不舍知解,我说为病,执舍知解,我说亦病。如何便是?瞥认者是。如何便是?担得者是,直下者是,当处者是。念外无佛,佛者念是。佛外无念,念者便是。无量强名,从此安立。无量强义,从此发生。我说此偈,我强说竟。"⑤

龚自珍在另一篇阐述不堕四处堕的《简炼法》中直称之为:"此圆家往生净土,中道简炼法。"在《定庵观仪》中,他更明确指出自己系依南岳天台圆教仪来修净土观的,"初观阿弥陀佛现小身,顶有圆光,结跏趺坐,住我顶上。次观左观世音菩萨、右大势至菩萨各现小身,顶有圆光,结跏趺坐,住我顶上。乃观十大菩萨,各现丈六尺身,如紫金山,顶光一寻,护

---

① 《支那古德遗书序》,《龚自珍全集》第六辑,第384页。又参见《龚定庵全集类编》,北京,中国书店,1991。
② 《己亥杂诗》,《龚自珍全集》第十辑,第527页。
③ 同上书,第538页。
④ 《最录天台传佛心印记》,《龚自珍全集》第六辑,第408页。
⑤ 《龚自珍全集》第六辑,第372—373页。

我左右,一菩萨前白愿一支,支支互涉,各各圆具。……或问:圣众以何为依止?答:以心为依止。真心耶,妄心耶?答:以妄心为依止,全妄即真故。"

龚自珍在《己亥杂诗》中自注曰:"重见慈风法师于乔松庵,叩以台宗疑义,砮,不答。送予至山门,予辞,师正色曰:是佛法。"又有诗曰:"台宗悟后无来去,人道苍茫十四年。"[1]己亥为道光十九年,这是否暗示他于道光五年就从慈风法师学天台而有所悟?然在《最录三千有门颂》中,我们发现了龚自珍以天台修净土的起始时间是在壬辰岁,即道光十二年(1832)他四十岁左右,原来他读天台性具宗,骇而仇之,对佛具九界性不甚了然。偶得此书于龙泉寺,"思之七昼夜,乃砉然破!骇者成粥饭,仇者成骨肉,移之念佛三昧立证。三昧云何?曰:以弥陀性具法界之中我,念我性具法界中之弥陀,非三昧乎?乃庄写最录之如此。最录竟,诵法华偈曰:是法住法位,世间相常住。"[2]

四、心之力

龚自珍学佛至晚年尤笃,魏源称其"晚尤好西方之书,自谓造深微云"。[3] 这里"西方之书",即指来自西土之印度的佛教经典。然而需要指出的是,龚自珍也是对中国近代思想风气影响甚深的一位人物。龚氏之学佛并非如一些人所分析的那样是由于仕途坎坷,"陷于苦闷绝望"的结果,更无从谈起什么"人生悲剧"。龚自珍那首豪迈的诗篇,"九州生气恃风雷,万马齐喑究可哀。我劝天公重抖擞,不拘一格降人才",乃是他于己亥年辞官南下途中写成的。这是一首在经历一生仕途的坎坷与近20

---

[1]《龚自珍全集》第六辑,第 376、377、400 页。
[2]《龚自珍全集》第十辑,第 524、525 页。
[3] 魏源:《定庵文录叙》,"于经通公羊春秋,于史长西北舆地。其书以六书小学为入门,以周秦诸子、吉金乐石为崖郭,以朝掌国故、世情民隐为质干。晚犹好西方之书,自谓造深微云。"见《龚自珍全集》附录,第 650 页。

年学佛实践之后的激情豪迈之作,里面没有丝毫的消极颓唐之意,相反倒是把早年经世致用的壮志情怀升华到一个更为深邃澄澈、开朗廓然的境界,从中亦可窥见佛家超然的宇宙观与普度救世的基本精神,以及他对自己学佛所发广大誓愿的真切践诺。

龚自珍以诗书佛儒终其一生,好以禅理为诗文,幽渺深邃,奇境独辟。他的诗佛灵动境界令人莫窥其崖涘。有新安女士程金凤于道光二十年庚子(1820)评其诗曰:"天下震矜定庵之诗,徒以其行间璀璨,吐属瑰丽;夫人读万卷书供驱使,璀璨瑰丽何待言?要之有形者也。若其声情沉烈,恻悱遒上,如万玉哀鸣,世鲜知之。抑人抱不世之奇才与不世之奇情,及其为诗,情赴乎词,而声自异,要亦可言者也。至于变化从心,倏忽万匠,光景在自,欲捉已逝,无所不有,所过如扫,物之至也无方,而与之为无方,此其妙明在心,世乌从知之?凤知之而卒不能言。尝闻神全者,哀不能感,乐不能眩,风雨不能蚀,晦朔不能移,乃至火不能烧,水不能溺,此道家言,似不足以测学佛者之涘。抑古今语言所可到之境止于此。定公其殆全于神者哉!全于神者哉!"①

龚自珍对佛学的信受和奉持,给他的社会观、人生观都带来很大的影响。佛教"即心即佛"、"自贵其心"的精神与他那强烈的、狂放不羁的个性追求,在他的心灵深处的认同,形成了其佛儒兼治、化出世为入世、以经术求治术的社会批判思想。佛教思想既是他信仰的内容,也是他用来批判现实的有力武器,是他挣脱传统思想束缚、要求变法革新的精神法宝之一。道光十八年(戊戌,1838),在一首名为《题梵册》的诗里,龚自珍大胆地贬儒崇佛,向儒家的正统地位发出挑战:"儒但九流一,魁儒安足为?西方大圣书,亦扫亦包之。即以文章论,亦是九流师。释迦谥文佛,渊渊劳我思。"②儒家本来就是九流之一,有什么可高贵的?而佛学却

---

① 《龚自珍全集》第十辑,第538—539页。
② 《龚自珍全集》第九辑,第506页。

能囊括九流,可以为九流师。在统治者定孔子为万世师表的时代,龚自珍毅然地表现出他蔑视儒家道统的叛逆精神。

龚自珍生当道光以降内忧外患衰世之际,西方殖民主义的侵略开始唤起民族的觉醒。以龚自珍为代表的一批先进知识分子,开始把佛学作为挽救国家民族的精神武器。龚自珍的思想来源虽然很复杂,但正是佛教信仰而非正统儒学使他深切体认到心在人的精神世界的本体地位,由此他竭力鼓吹发挥心之力的主体作用。他在《发大心文》中说:"八万四千尘劳,皆起一心";"欲修檀者,发心为先;欲修羼提,发心为先;欲修尸罗,发心为先;欲修毗黎耶,发心为先;欲修禅那,发心为先;欲修般若,发心为先。"① 在他看来,学佛无论从何处入手,每一步修行都必须"发心为先"。他指出,"大心菩萨深知因果";他以因果观为契理契机而发普度众生大愿心,"我生天上,身有千头,头有千舌,舌有千义,气足音宏,辩才第一,当念众生冤枉蹇涩,若忠臣、若孝子、若贤妇、孝女、奴仆,种种屈曲缭戾,千幽万隐,我皆化身替他分说而以度之。我生天上,威德自在,尊严第一,当念众生贱苦而以度之。……我生天上,寿命第一,当念众生朝夕有无,哭泣相续,我施寿命而以度之。我生天上安居第一,当念众生或涉大水而困涛波,或从高山跌落,不得至地,心怖神飞,我当化身空中,为其接住而以度之。我生天上,调适第一,当念众生生恶毒疮,种种苦病,或遇刀刃,或落半头时,或断手脚时,或剖肠胃及两眼时,求死未死时,我皆分身而度之。……我生天上,供养第一,当念贫穷众生,我以法力取龙宫宝贝,或美衣食,而以度之。"② 龚自珍一口气发了十三个心愿,不外乎愿众生离苦得乐,安居乐业,无病无灾,无痛无恼,无困无厄。

龚自珍通过佛教发大心的视角看到众生的这些苦难,都是当时社会现实的写照,流露出他对衰颓腐败的社会现实的不满。他通过佛菩萨普

---

① 《龚自珍全集》第六辑,第392—393页。
② 同上书,第394页。

度众生的大乘精神表达了要求社会变革的心愿。在龚自珍看来,发心就是表达一种心愿或愿力,用之于社会就可以办大事,面对困厄就可以解大难。"心之力"在某种程度上说,也就是一种强大的精神力量和信念。这种心力源自内心的信仰,而心无力就是没有信仰和精神追求。所以他又说:"心无力者,谓之庸人。报大仇,医大病,解大难,谋大事,学大道,皆以心之力。"①据此而言,"天地人所造,众人自造,非圣人所造。"②这种不依靠圣人,而要求众人以自有心力创造天地的呼喊,无疑潜藏着某种思想解放的因素。梁启超在《清代学术概论》一书中说:"晚清思想之解放,自珍确与有功焉。光绪间所谓新学家者,大率人人皆经过崇拜龚氏之一时期。初读《定庵文集》,若受电然。"③由此而进,清末经世佛学便成了中国近代社会变革思想中的一个不可忽略的环节。

总之,龚自珍在他的后半生致力于佛学的研究和实践,有修有证,取得了一定成就。特别是他由私淑于彭际清而随江沅等人学佛,认真研读大藏经,更依实际的考证批判汉译经典的本文,成绩颇丰。诚如其诗句所表达的"烈士暮年宜学道"④、"才人老去例逃禅"⑤,这正是一种时代的写照。但他并未因信佛而走上空山归寂的道路。他崇信佛教,更关心中国的现实。他从佛学中寻找精神动力,为社会变革呼吁呐喊。龚自珍在一首诗中这样写道:"一事平生无龃龉,但开风气不为师。"⑥事实上,他不仅在中国近代思想史上开一代风气,也推动了同社会改革相呼应的近代

---

① 《壬癸之际胎观第四》,《龚自珍全集》第一辑,第15—16页。
② 《壬癸之际胎观第一》,《龚自珍全集》第一辑,第12页。
③ 梁启超:《清代学术概论》,第122页,上海,复旦大学出版社,1985。
④ 《己亥杂诗》,《龚自珍全集》第十辑,第530页。全诗:"西墙枯树态纵横,奇古全凭一臂撑。烈士暮年宜学道,江关词赋笑兰成。"
⑤ 《怀人馆词选》,《龚自珍全集》第十一辑,第553页。龚自珍同袁兰村、汪宜伯小憩僧寺,宜伯制《金缕曲》见示,有"望南天,倚门人老,敢云披剃"之句,自珍惊心有感,遂填《鹊桥仙》,述其平生学佛,全词为:"飘零也定,清狂也定,莫是前生计左?才人老去例逃禅,问割到慈恩真个? 吟诗也要,从军也要,何处宗风香火?少年三五等闲看,算谁更惊心似我?"
⑥ 《龚自珍全集》第十辑,第519页。

佛学的复兴。后来的维新人士如康有为、梁启超等,从佛学中汲取养料,鼓吹慈悲普度、众生平等思想,皆与龚自珍的启蒙有关。谭嗣同为维新变法而著《仁学》亦以佛学理论贯穿其中,他受到龚自珍最明显的影响莫过于以"心力"来解释"仁"之一义,呼吁冲决封建社会的纲伦罗网。

第五节 魏源与经世佛学

魏源(1794—1856),原名远达,字默深,号承贯居士,湖南邵阳人。魏源年轻时赴京,曾从刘逢禄学习"公羊春秋",与龚自珍过从甚密。道光二年(1822)中举后,应江苏布政使贺长龄之邀,编辑《皇朝经世文编》。与贺长龄及两江总督陶澍、林则徐等议漕运、水利、盐政等事务。经龚自珍介绍,曾到杭州随钱伊庵学佛,回到北京后捐任内阁中书。鸦片战争爆发后,作《圣武记》,缅怀清初的兴盛局面。道光二十四年(1844),魏源五十岁中试,赐同进士出身。后在京口会见已被革职的林则徐,受托编撰了《海国图志》,影响很大。魏源到江苏东台、兴化、高邮等地做官,曾倡办团练,抵抗太平军。未久以老病辞官,病卒于杭州。魏源一生还著有《古微堂集》、《元史新编》、《老子本义》、《诗古微》、《书古微》、《公羊古微》等等。[①]

一、默深以学见长

魏源与龚自珍一样,都曾师从刘逢禄学习今文经学,但他们的目的不是在学术上复兴今文经学,而是要通过今文经学表达他们批判和改良社会的宗旨。魏源小龚自珍两岁,又晚于龚自珍去世十六年。这十六年正是西方列强侵略中国的开始,鸦片战争的失败,《中英南京条约》等一系列不平等条约的签订,使中华民族陷入了空前的危机之中。魏源的

[①] 本处重点参考了赖永海主编《中国佛教百科全书》历史卷和史仲文主编《中国全史》有关章节。

"通经致用"已不可能局限在中国社会本身的现实问题中,严峻的时局迫使他首先把眼光扩展到了西方。他提出"师夷之长技以制夷",大力提倡向西方学习先进的科学和技术,使其思想具有了近代意义。龚自珍与魏源的区别也正在这里。尽管时人并称他们为"龚魏",但龚自珍自陈"但开风气不为师",他卒于1841年中国近代史开始之年,实际是中国古代与近代之际承上启下的思想家;而魏源应归于中国近代史上的早期思想家行列。魏源曾称龚自珍"晚尤好西方之书",其实这个"西方之书"多指佛教(净土)之书,而至于他自己晚年,时人心目中的西方已变成"船坚炮利"的西方了。

就经世之学而言,相对来说,龚自珍以才取胜,而魏源则以学见长。李柏荣《日涛杂著》中说:"道光朝内阁中书舍人,多异材隽彦,龚自珍定庵以才,魏源默深以学。"魏源以默深为名号,即取"默好深思"之义,可见其风格。而所谓以学见长,表现在经世上就是"切实而有条理",思想上兼容并蓄、博采众长,而以致用为归趣。郭嵩焘曾经指出:"魏默深先生喜经世之略,其为学淹博贯通,无所不窥。"①又说其学"务出己意,耻蹈前人",意思是说,他对前人的思想兼收并蓄,但决不是囫囵吞枣,而是经过咀嚼、消化而成为自己文化观念的营养成分。正如近人齐思和所说:"兼揽众长,各造其极,且能施之于实行,不徒托空言。"②可以说,魏源治学的出发点和终结点,以及贯穿其整个学术思想的基线,就是致用性。

魏源的经世之学大都是针对现实问题而发。在军事、政治、对外贸易等方面均提出过谋求富强、抗御外国侵略的策略。他写的《圣武记》就是要通过对清史的研究,"溯洄于民力物力之盛衰,人材风俗进退消息之本末",从中寻找解决现实社会危机的办法。该书把探索清朝统治的盛衰与反对外国侵略斗争结合起来,总结有关抵御外侮的历史教训,引用

---

① 魏源:《古微堂诗集》,长沙,宝庆郡馆,同治九年刻。郭嵩焘序曰:"龚博而不精,不若魏之切实而有条理……益叹魏子所见伟不可及。"
② 齐思和:《魏源与晚清学风》,《燕京学报》第39期,1950。

古书中"物耻足以振之,国耻足以兴之",希望战败后能够举国同心,重振国威。《圣武记》是一部对清史研究的开创性史著,同时具有强烈的经世色彩,因而问世之后在社会上引起很大反响,一时"索观者众,随作随刊",数年之间,被多方刊印,并流传到了日本。

尤为重要的是,魏源提出了"师夷长技以制夷"的著名口号,这是中国近代史上最早提出的向西方学习的主张。《海国图志》就是反映这一重要近代思想的、由中国人编纂的第一部世界史地志。魏源明确地宣称,《海国图志》就是"为以夷攻夷而作,为以夷款夷而作,为师夷之长技以制夷而作"。这部书的材料,"一据前两广总督林尚书(则徐)所谓西夷之《四洲志》;再据历代史说及明以来岛志,及近日夷图、夷语"。林则徐在禁销鸦片、与西方列强斗争的过程中,深感清朝闭关锁国所造成的目光短浅、妄自尊大的种种弊端。他有志作《四洲志》,把真实的世界介绍给国人,但没能如愿。在被发配边疆的途中,他把这一未竟之业交付给魏源。因此可以说,《海国图志》是林、魏等有识之士担系着时代重任所作的著述,不仅承认西方的先进而向西方学习,而且学习的目的是为了"制夷",这比当时顽固派竭力否认西方科技的先进,仍然愚昧地以天朝大国自居的保守观点超前了很多。把西方的状况介绍给国人,这对于已经落后还仍然昏睡的中华民族"睁开眼睛看世界"具有重要意义。

《海国图志》主要有两部分内容:一部分是撰述部分,包括《筹海篇》及各总叙、后评和文中夹注,表现了魏源的反侵略思想和抗敌策略;另一部分是根据当时所能得到的资料介绍外国史地情况,包括南洋、印度、非洲、欧洲、南北美洲,这是全书的主体部分。在《筹海篇》中,魏源提出了议守、议战、议款三个方面的策略,以对付外国侵略。关于"议守",他认为"守外洋不如守海口,守海口不如守内河","制敌者必使敌失其所长",发动"义民"百姓的力量打击侵略者。"议战"则应坚持既要"师夷之长技以制夷",又要"调夷之仇国以攻夷"的策略。"议款"的原则是"听互市各国以款夷,持鸦片初约以互市"。魏源体会到了"善师四夷者,能制四夷;

不善师外夷者,外夷制之"①的规律,认为"中国智慧无所不有",只要"尽得西洋之长技,为中国之长技",未来"风气日开,智慧日出,方见东海之民犹西海之民。"②《海国图志》介绍了许多西方的新知识,使中国人对一向生疏的西方世界有了宏观的了解,如地圆说、西方的议会制度,以及西方的商业、铁路、银行、学校等各个方面,这些都大大开阔了人们的视野,使中国终于开始认真地去了解世界。

魏源的《海国图志》在近代史上产生了很大影响。他的"师夷之长技以制夷"的思想,被后来的洋务派部分地接受。清末维新运动的积极分子,如康有为等人,也是在读了《海国图志》以后,对西方社会有了进一步认识,进而决心求教"西学",倡导变法。《海国图志》传到日本,对日本明治维新思潮的形成,也起到了积极作用。这里值得一提的是,魏源给国人打开的世界视野,也惠及近代维新人士冲破传统儒学的藩篱,融冶西学、佛学于一炉,推动近代佛学之振兴。

二、潜心佛学经世

世人常将龚自珍与魏源并称,不仅因为他们两人是知交好友,还因为他们同为公羊学者,以经世之学而著名于世,同时又信仰佛教,深研佛学;他们都是中国近代史上开风气之先的人物,其中一个重要表现就是把佛学与经世紧密联系在一起,使近代佛学在现实社会和人生中发生积极影响,焕发出新的光彩。魏源经世之学对后世影响甚深,世人但知其一,不知其二。如同龚自珍,魏源在提倡经世致用的同时也潜心佛学,其影响绵延后世。魏源早年研习《楞严》、《法华》等佛教经典,深具"慈悲救世"、"同登觉岸"、"普度众生"之大乘佛教理念,晚年归崇净土信仰,钻研净土思想,从佛法中求经世之本。

---

① 魏源:《海国图志·大西洋欧罗巴洲各国总叙》。
② 魏源:《海国图志·筹海篇》。

道光八年(1828)，魏源在两江总督陶澍幕，往杭州办事。经好友龚自珍介绍，结识了杭州著名学者钱林，从之学《楞严》、《法华》等佛典。钱林，即钱东甫(一作父)，嘉庆十三年进士，博学多才，信奉佛教，自称伊庵居士。其学除经学外，亦旁及天文、地理、律历等杂学，熟谙列朝掌故及名臣言行，他不但精通经世之学，还擅长奇门遁甲。魏源在杭州时寓居钱府，可谓受益匪浅。据黄丽镛《魏源年谱》记载："魏源游杭州，寓钱东甫宅，从学释典。临行作《武林纪游十首》，呈钱伊庵居士。"魏源的长子魏耆在《邵阳魏府君事略》中也记述了魏源在杭州学佛一事："戊子，游浙江杭州，晤钱伊庵居士东甫，从闻释典，求出世之要，潜心禅理，博览经藏。延曦润、慈峰两法师，讲《楞严》、《法华》诸大乘。"魏耆还记载其父此次杭州学佛很有收获，说他"(学)毕，回苏州，闻舟钲，有省"，学完以后，听到船上的钲声，若有所悟。

魏源研习净土法门，始于在京师为官之时，从当时红螺山的净土宗高僧瑞安问法。净土法门，自庐山远公开宗，近迄于红螺资福，历代弘扬净土宗者，代不乏人。红螺山是清代以来著名的净土道场，前有彻悟开山，后有瑞安继法席①，专以净土接众。咸丰四年(1854)，魏源正式皈依佛门，专修净业，自称"菩萨戒弟子魏承贯"。他把《无量寿经》参会数译，并辑《观无量寿佛经》、《阿弥陀经》、《普贤行愿品》为《净土四经》，每经作有分叙，再作总叙一篇。据周诒朴《原刻净土四经序》说："余友邵阳魏默深源，精通宗教，晚岁专心净业。六年(1856)春，自秦邮驰书问讯，并手录四经序见诒。书云：'老年兄弟，值此难时，一切有为皆不足恃。惟此横出三界之法，乃我佛愿力所成，但办一心，终等九品。且此念佛法门，普被三根，无分智愚男女，皆可修持。若能刊刻流布，利益非小，子其力行毋怠。'余谨受教。"魏源在经序后皆署承贯

---

① 瑞安彻悟(1741—1810)，号梦东，字悟和，住京郊怀柔红螺山，专修净业。应魏源请至高邮弘法后，仁和许息庵延住扬州藏经院，受院主观如所归敬。其后遍历南京、苏州、泰州、通州诸地，到处弘传净土。程兆鸾有《悟和法师传略》。

名,"盖默深持戒法名也"。

魏源晚年专心净业,会译并手录净土四经,劝人持名念佛,宣号专一意志,和其前作为一个身处衰世的名幕、今文经学的学者,广事编撰,以求变古、更法、富国、强民的心念并无二致。所以后来杨文会创办金陵刻经处,将以经世之学名家的魏源所辑《净土四经》作为首刊经典,其意义非同寻常。杨文会在为《净土四经》刊刻写的跋文中,如是评价说:"魏公经世之学,人所共知,而不知其本源心地,净业圆成,乃由体以起用也。世缘将尽,心切利人。"①杨文会说魏源"世缘将尽,心切利人",可谓知音。又指出,魏公经世之学立足于本源心地,乃净业圆成,由体以起用。这话从根本上阐明了魏源的净土思想和经世之学的关系,指出以佛法求世法的目的在于治心,以经术求治术的目的在于致用,净业是体,经世为用,体用一致,圆融无碍。世出世法并不妨碍而相互辉映,弘法利生的事业恰可作为往生净土的资粮。由此可使我们深入理解魏源在谈到其经世之学时,为何特别强调心力的作用。他说:"君子用世之学,自外入者其力弸,自内出者其力弘,力之大小,由于心之翕散。"②所以他认为,"心为天君,神明出焉"。③ 显而易见,他是把心视作能涵盖天地、化生万物的本源,视作经世致用的根本,而佛法即为治心之学。

三、钻研净土经典

魏源晚年钻研净土并信奉净土,实颇有心得,从他编辑出版《净土四经》即足以说明问题。魏源在《净土四经总叙》中所述,有两点最可注意:

首先,他指出,王道经世,佛道出世,滞迹者见为异,圆机者见为同。而出世之道,又有宗、教、净、律之异,其内重己灵、专修圆顿者,是(禅)宗和(天台、华严为代表的)教;有外慕诸圣、以心力感佛力者,则是净土;至

---

① 参见周继旨校点《杨仁山全集》,第388页。
② 魏源:《默觚·学篇十一》。
③ 魏源:《默觚·学篇七》。

于律,则宗、教、净之基址,而非其究竟。他认为净土往生之教和其他宗、教相比,是"横出三界"较"竖出三界",其难易远近有霄壤之分。在魏源看来,"出三界"之途有"难易远近"的区别,净土往生之教乃横出三界之法,较竖出三界的宗、教修持法门容易快捷。用永明禅师的"禅净四料简"来说,他最为推崇的还是禅净合修,所谓"有禅有净土,犹如戴角虎",他认为"外慕诸圣,内重己灵,此则宗、净合修,进道尤速"。①魏源用横出三界较竖出三界快捷方便突出了净土念佛法门的优胜,而其对净土修持法门的解释"以心力感佛力",亦颇值得玩味:净土往生虽靠佛力,但仍然要尽自己心力,不然何以感动佛力?所以他赞成宗、净合修,为"进道尤速"之法。

其次,魏源陈述了他将净土四经合刊的原委。他对莲池大师也十分推崇,认为其是"乘愿再来之人,为净业中兴教主,后学仰钻不暇"②,可是他对莲池专宗小本《弥陀》(即《阿弥陀经》),不无微议。他认为,云栖师中兴净土,乃专宏小本《弥陀》,而于大本《无量寿经》、《十六观经》(即《观无量寿佛经》)和《普贤行愿品》都未涉及。他议论说:"夫不读《无量寿》,何以知法藏因地愿海之宏深,与果地之圆满?不次以《十六观经》,何以知极乐世界之庄严,与九品往生之品级?大心既发,观境亲历,然后要归于持名,非可以持名而废发愿、观想也。持名至一心不乱,决定往生,而后归宿于《普贤行愿品》。"③

魏源很重视《普贤行愿品》,认为以普贤十大愿王可括《无量寿经》之二十四愿,以每愿末"念念相续,无有间断,身语意业,无有疲厌"可括《阿弥陀经》之"一心不乱"。故人们持诵此四经,熟读成诵之后,依解起行,须先发无上菩提之心。大之则四弘誓愿,近之则广修万行。依照古德之言,己先自度而后度人者,是如来应世;未能自度而先愿度人者,则是菩

---

① 参见石峻、楼宇烈等编《中国佛教思想资料选编》第三卷第三册,第495页。
② 同上书,第499页。
③ 同上书,第496页。

萨发心。总之,入门必讲究次第修而后圆修,而圆莫圆于《普贤行愿品》,故为《华严》之归宿。四经相合,发愿、观想、持名,然后圆修,恰成"天然之次第、修持之定轨"①。在《无量寿经会译叙》中,魏源更明确指出,莲池大师舍大本《弥陀》及《观经》,是"偏而不全";认为持名必须与发愿和观想结合,不然,口持洪名,心悬世乐,欲竟出三界,不亦难哉!② 在《普贤行愿品叙》中又说:"《普贤菩萨行愿品》,乃《华严》一经之归宿,非净土一门之经也。《华严》以华藏世界海,诸佛微尘国,无量无边,明心佛之无尽。……修净土而不读《普贤行愿品》,则其教偏而不圆;故以殿四经之末,为净土之归宿。"他奉劝世人之以宗、教轻净土者,为何不诵一诵普贤十大愿王呢!③

　　净土宗历来所宗经典是"三经一论",即《无量寿经》、《观无量寿佛经》、《阿弥陀经》和《往生论》,后者全名是《无量寿经优婆提舍愿生偈》,此论总摄上三部经正明往生净土的义旨。魏源则将《普贤行愿品》列为其中一经,即他认为净土经典应为四经。这反映了彭际清居士佛教以来以华严融会净土的思想特色,在魏源这里也得到了明确认可。为何魏源说《普贤愿行品》既是华严一经的归宿,又是净土之归宿呢?其实自从唐宋以后,佛教诸宗之间的相互融摄愈来愈显著。宋明诸师常提倡念佛的修行,净土成为诸宗共通的法门。由此可见,魏源信奉的佛教思想与其经世思想相符合,也并不是偏执一宗之言,而有兼容并包的气势。故他说:"(学佛)入门必次第修而后圆修,圆莫圆于《普贤行愿品》,故为华严之归宿矣。"还指出修习《普贤愿行品》乃是学佛的"天然之次第,修持之定规",因此他托周诒朴刊刻净土经典时,要求将《普贤愿行品》合刊于四经,达到"以广流通,普与含灵,同跻正觉"之目的。

---

① 参见石峻、楼宇烈等编《中国佛教思想资料选编》第三卷第三册,第497页。
② 同上书,第499页。
③ 同上书,第500页。

魏源晚岁归心净业使得他对生死看得极为自然平常，要求家人在他死时不要号哭打扰，让他静静地断气，以俟往生西方净土。据其子魏耆记述，咸丰七年(1857)二月，"偶感微疾，谓从子彦曰：'昨有所征，吾殆不久。至时，毋号哭相扰，惟静俟气尽，乃含殓耳。'旬日疾止，神志如常。至晦日，索汤洗濯，易襦袴。明日三月朔，金廉访安清过候，剧谈逾晷。徐谓曰：'君且休，吾将逝矣。幸致何子敬，勉进德，不及诀矣！'入室凝坐，至酉刻，嗒然而逝，时年六十有四。"①

---

① 《邵阳魏府君事略》，《魏源集》下，第959页。又参见李素平《魏源与晚清佛教——兼论其严辨佛老之分》，载《佛学研究》2000年第1期。

第二章　清末维新志士的佛学思想

从 19 世纪末到 20 世纪初,随着鸦片战争后中国社会近代化进程的加剧,随着西学的传入和对传统儒学的批判,在中国思想界出现了一个令人瞩目的现象,那就是长期以来一直处于衰落境地的佛教却一度呈现出复兴的态势,而在这一过程中唱主角的不是佛门僧人,而是一些倡导维新的文人士大夫。龚自珍、魏源等今文经学之健将归心佛教是一个重要信号,标志着晚清佛学的一个走向,即自他们之后的所谓新学家者无不祈向佛学,从佛学中寻求思想资源,欲冶传统的儒佛与西学为一炉,构成一种"不中不西,即中即西"的新学。

晚清佛学由原来追求出世关怀或内在超越,而变为关注国家兴亡、社会政治和人生问题的经世佛学,龚自珍、魏源可谓是这一学风转型的先驱,之后的康有为、谭嗣同、梁启超等清末维新人士皆深受经世佛学的影响,极力发挥佛学在变法维新中的积极作用。因此,晚清佛学的开展,并不是传统佛学的简单延续,而是伴随着西学的输入和对正统儒学的反思批判而重新振兴起来的。由此,晚清佛学呈现了一些不同于传统佛学的新特点。① 佛教的慈悲、平等、无常、无我的思想,在当时社会变革中起了启发和鼓舞的作用,维新志士往往用之作为鼓铸道德和发挥大无畏革命精神的思想武器。康有为、谭嗣同、梁启超等维新人士都受过佛学的影响,并对佛教思想提出了新的见解,把佛学研究发展到一个新的水平。

第一节 康有为的佛学思想

自鸦片战争以后,近代中国多灾多难,被列强肆意侵凌。从那时起,一批先进的中国知识分子开始探索救国救民的真理和道路,康有为就是这些先进的知识分子中的一个。康有为(1858—1927),一名祖诒,字广厦,号长素,后改号更生。广东南海人,世称康南海先生。他出身于官僚地主家庭,生于南海西樵银塘乡,又称苏村,附近有西樵山,风景幽美。据康有为自述,他的先世并非"显宦",而"实以教授世其家";在这样的家世背景中,他自幼习儒,"成童之时,便有志于圣贤之学",并关心"朝事","知曾文正、骆文忠、左文襄之业,而慷慨有远志矣"。自光绪二年(1876)十九岁起,康有为从粤中大儒朱次琦受经世之学,"不为无用之空谈高论",以为"圣贤可期","天下可为"。② 但年余后他认为埋首故纸堆中"汩没性灵",遂生厌弃,他说:"日有新思,思考据家著书满家,如戴东原,究复何用? 因弃之,而私心好求安心立命之所。"于是,光绪五年(1879),"舍弃考据帖括之学,专意养心,既念民生之艰难,天与我聪明才力拯救之,乃哀物悼世,以经营天下为志。则时时取《周礼》、《王制》、《太平经国

---

① 参见楼宇烈《佛学与中国近代哲学》,载《世界宗教研究》1986年第1期。近代佛学的兴起,最初为一部分思想家看作"西学"可接受的某种理论上的联接点。一方面,他们认为西学的某些理论内容和方法包含在佛学中,与佛学相一致,而佛学则是我国人们所熟悉的传统文化(如梁启超《治国学的两条大路》曾说:"我们国学的第二源泉就是佛教")。另一方面,认为佛学的某些理论和方法比之西学更为丰富和深刻,因而可用之于改造和发展中国的传统哲学思想。正因为如此,研讨佛学成为中国近代史上的一种时代潮流。许多著名的进步思想家、学者,都对佛学研究饶有兴趣,并受到很深的影响。
② 参见康有为《康南海自编年谱》,北京,中华书局,1922。以下引文凡出自该年谱,恕不一一注明。

书》、《文献通考》、《经世文编》、《天下郡国利病全书》、《读史方舆纪要》纬画之,俯读仰思,笔记皆经纬世宙之言。"同年,遇着京师回乡的翰林院编修张鼎华,会晤长谈,了解到京师风气和早期维新派的政论,极感兴趣。

光绪二十一年(1895),康有为赴京会试期间,清廷被迫同日本签订丧权辱国的《马关条约》,消息传来,举国震愤。康有为当即发动了十八省应试举子联名上书,这就是有名的"公车上书"。从此,康有为名声大振,他也南北奔走,讲学、办报,成立团体,积极鼓吹维新变法。在康有为的影响下,光绪二十四年(1898)四月二十三日(6月11日),光绪帝颁《明定国是诏》,维新变法开始。到八月初六(9月21日),戊戌变法实行不过103天,便被慈禧的"后党"扼杀在摇篮中,史称"百日维新"。谭嗣同等六君子遇难,光绪帝终身被圈禁在瀛台,康、梁则亡命日本。自此康有为漫游海外16年,足迹遍至13国。戊戌政变后,由于康有为不能与时俱进,思想渐趋保守,终成为时代的落伍者。康有为集时代的佼佼者与落伍者于一身,钱穆说康有为"力主维新,举国目之为狂;至是力主守旧,举国又目之为怪"。① 康有为晚年皈依佛教,号天游化人。卒于1927年,享年七十岁。康有为一生著作甚多,梁启超在《清代学术概论》列其最有影响的三著,一曰《新学伪经考》,二曰《孔子改制考》,三曰《大同书》。梁说:"若以《新学伪经考》譬飓风,则后二书其火山大喷火也,其大地震也。"②

一、游心佛学与西学

康有为早年"于海幢华林读佛典颇多",光绪五年,入西樵山,居白云洞,"专讲道佛之书,养神明,弃渣滓"。这段生活是他宗教体验最丰富的时期。梁启超在《康有为传》中说:"先生幼受孔学,及屏居西樵,潜心佛藏,大彻大悟。出游后,又读耶氏之书,故宗教思想特盛,常毅然以绍述

---

① 钱穆:《中国近三百年学术史》下册,第703页,北京,商务印书馆,1997。
② 参见《饮冰室合集》第8册专集之三十四,第57页,北京,中华书局,1989。

诸圣,普度众生为己任。"梁启超这段话非常清楚地点出了康有为在屏居西樵及其后几年游心佛学与西学的情况。此中说康有为"出游后,又读耶氏之书",盖指光绪五年他游历香港后,广阅西学书籍,其中耶稣教书刊是他关注的重要内容之一。由此他心中逐渐累积出一种看法,认为"西教之强,凭借国力"而"泰西之国亦多得力于西教"。这种看法导致他后来采取"保教"行动,模仿基督教而把儒学宗教化以建立孔教。梁启超在这里说康有为"毅然以绍述诸圣,普度众生为己任",显然强调了佛学对康有为的影响。

故此梁启超说:"先生于佛教,尤为受用者也。先生由阳明学以入佛学,故最得力于禅家,而以华严为归宿焉。其为学也,即心是佛,无得无证,以故不歆净土,不畏地狱。非惟不畏也,又常住地狱;非惟常住也,又长乐地狱。所谓历无量劫,行菩萨行是也。以故,日以救国救民为事,以为舍此外更无佛法。然其所以立于五浊扰扰之界,而不为所动者,有一术焉:曰常惺惺,曰不昧因果。故每遇横逆困苦之境,辄自提醒曰:吾发愿固当如是,吾本弃乐而就苦,本舍净土而住地狱,本为众生迷惑烦恼,故入此世以拯之。吾但当愍众生之未觉,吾但当求法力之精进。吾何为嗔恚,吾何为退转?以此自课,神明俱泰,勇猛益加。先生之修养,实在于是。先生之受用,实在于是。"①而在讲到康有为西樵山这段生活时说:"既潜心佛典,深有所悟,以为性理之学,不徒在躯壳界,而必探本于灵魂界。遂乃冥心孤往,探求事事物物之本原。大自大千诸天,小至微尘芥子,莫不穷究其理。常彻数日夜不卧,或打坐,或游行,仰视月星,俯听溪泉,坐对林莽,块然无俦,内观意根,外察物相,举天下之事,无得以扰其心者,殆如世尊起于菩提树下,森然有天上地下惟我独尊之慨。先生一生学力,实在于是。"梁启超此说不免有过实之处,但也确实反映了康氏思想中的一个重要方面。

---

① 梁启超:《南海康先生传》,《饮冰室合集》第1册文集之六,第67、70页,北京,中华书局,1989。

从光绪五年游历香港和光绪八年道经上海,康有为对西学开始有了接触和研究。他是一位积极行动的思考者,学问最大动机便是如何为近代中国的难局找寻出路。他广阅西学书籍,脑中想的问题就是西方为何富强、中国为何衰落的原因。二十二岁的康有为在游历过英国殖民者霸占了近四十年的香港之后,对于西方文明有了一些感性认识,"览西人宫室之瑰丽,道路之整洁,巡捕之严密,乃始知西人治国有法度,不得以古旧之夷狄视之"。康有为的"薄游香港",使他发现西人"治国有法度",不像古代所谓的"夷狄"那样没有文化。于是,他如饥似渴地开始吸收西方文化,钻研西方的科学知识。光绪八年,"道经上海之繁盛,益知西人治术之有本。舟车行路,大购西书以归讲求焉。十一月还家,自是大讲西学,始尽释故见。"次年,"购《万国公报》,大攻西学书,声、光、化、电,重学及各国史志、诸人游记",皆有涉猎。自此"新识深思,妙悟精理,仰读俯思,日新大进"。经过几年艰辛探索,他逐渐成长为当时学术、思想界的先行者之一,觉得"要救中国,只有维新;要维新,只有学外国"。

但据康有为《自编年谱》和《康子内外篇》等资料反映,康氏毕竟没有在西学的道路上走得很远;几乎同时,他也沿着龚自珍、魏源所开辟的今文经学兼治佛学的道路前行,汲取佛学的思想资源,来建构他的大同世界的理想。这样做的结果是他融治儒佛西学于一炉,如他说:要"合经子之奥言,探儒佛之微旨,参中西之新理,穷天人之赜变,搜合诸教,批析大地,剖析今古,穷察后来",拟出"平等公同"的图景,从事"公理书"的撰述,要"奉天合地,以合国、合种、合教,一统地球","又推一统之后,人类语言、文字、饮食、衣服、宫室之变制,人民通同公之法,务致诸生于极乐世界"。① 康有为孜孜追求建立一个消弭人间众苦难而圆满极乐的大同

---

① 参见康有为《康南海自编年谱》。光绪六年(1880),"是岁治经及公羊学,著《何氏纠谬》"。光绪十四年(1888),康有为《致黄中弢书》曰:"仆尝谓词章如酒能醉人,汉学如饭能饱人,宋学如饭能养人,佛学如药能医人。"这充分表明康有为此时虽对西学发生浓厚兴趣,但他仍然游心于儒佛之间。

乐土。在他看来,只有依靠孔学之仁和佛之慈悲主义,才能使圣人之愿得以实现,大同社会得以建立。

二、《大同书》中的佛学思想

康有为并没有一篇专门论佛学的著作,但在他的许多著作中,都经常引用佛说以为比类,由此可以察知他的佛学思想。其中影响最著者要数《大同书》对理想社会的描绘,贯穿着平等思想,这里既有西方自由、平等、博爱思想的影响,也有佛教思想的影响。其主要内容之一就脱胎于佛教"四谛说"中的"苦谛"。他说:"吾既生于乱世,目击苦道,而思有救之,昧昧我思,其惟行大同太平之道哉!遍观世法,舍大同之道而欲救生人之苦,求其大乐,殆无由也。"①他在《大同书》中首章(甲部)就标出"入世界观众苦",历叙人生入世种种之苦达三十八种之多,正是袭用了佛教对众生之苦的表述。在该书尾章(癸部)则标出"去苦界至极乐",他说:"普天之下,有生之徒,皆以求乐免苦而已,无他道矣。"这也正是佛教对人生的一个基本看法。

最引人注意的是,《大同书》中的大同理想所体现的众生平等思想,充分体现了佛教倡导的普度众生、悲天悯人的大乘慈悲精神。这种普度众生的慈悲精神使康有为常常以救世主自诩,反映了他身处近代中国灾难深重之世的救世情怀。他自述道:"其来现也,专为救众生而已,故不居天堂而故入地狱,不投净土而故来浊世,不为帝王而故为士人。不肯自洁,不肯独乐,不愿自尊,而以与众生亲。为易于援救,故日日以救世为心,刻刻以救世为事,舍身命而为之。"康有为接着说,舍此外无他,"以是为道术,以是为行已。"②显而易见,他这是以地藏菩萨和观世音菩萨自比,为救众生而下地狱,为救有情而来尘世。此生决无一己之私利可求,

---

① 康有为:《大同书》甲部《入世界观众苦》。
② 康有为:《康南海自编年谱》,第13页。

一心只为救民于水火。

康有为早年以陆王心学作为安身立命之所,复又转入佛学。于此有学者说,他由儒入佛的一个宗趣,即在于借大乘佛教慈悲摄受的情怀,去经营他救世的政治理想。所以他的兴趣不在佛教义理,而在经世致用。①这似乎与龚自珍、魏源同一归趣,但与龚、魏虔信佛教净土、潜心佛学考证研究不同,康有为在佛学思想上往往"以己意进退佛说"。这是因为,在康有为心目中,儒家是立国治民、化导群俗的根本,而对于心性道德来说,则以佛家为最深远之学。他说:"若佛学之博大精微,至于言语道断,心行路绝,虽有圣哲,无所措乎,其所包容,尤为深远","故学之至也,于佛而止矣"。②但在康有为看来,佛法虽高,其唯有彻上而难以彻下,故佛教要讲经世,还必须与儒教"迭相为经","无孔教之开物成务于始,则佛教无所成名也","故舍孔无佛教也。佛以仁柔教民,民将复愚,愚则圣人出焉,孔教复起矣,故始终皆不能外孔教也。"③

这样,康有为就把佛学高置于道德性理之顶端,而使之从属于儒家经世的方面,他并没有沿着龚自珍、魏源经世佛学的路向,切实发挥佛教在经世方面的积极作用。但不可否认,佛教作为宗教救世的性质,仍然为其所资取、仿效,这就如同他也认真学习耶教并汲取耶教救世理念和组织制度一样,其最终目的显露在他要把正统儒学宗教化而建立孔教,以解决中国社会之危机,挽救中国之衰败。而在近代佛学的开展中,除少数学佛者借以消极遁世外,大部分倡导佛学者,均向往着从佛学中求得某些应时救世的精神武器,从而认为佛学绝非蹈空、出世之谈。这一点康有为也不例外,他从佛学中汲取积极的救世精神资源,受到了梁启超、谭嗣同等追随者的高度评价,如上文所称,康有为"日以救国救民为事,以为舍此外更无佛法",并以不居天堂而入地狱,不生净土而投浊世

---

① 参见龚隽《近代佛学从经世到学术的命运走向》,载《哲学研究》1997年第5期,第40—41页。
② 康有为:《大同书》癸部。
③ 康有为:《康子内外篇·性学篇》,北京,中华书局,1988。

之大乘菩萨精神,"日日以救世为心,刻刻以救世为事,舍身命而为之"。但充其量,康有为只是借用了佛教认识和否定人间苦难的超越方法,以建构他高出于既存世界的价值信念。他并没有明确指出,由现实世界通达大同圆满极乐世界,可以循沿佛教的思维路径。"盖大同者世间法之极……佛学者不生不灭,不离乎世而出乎世间,尤出乎大同之外也。"①

显而易见,康有为的大同理想及其圆满极乐的信仰精神,尽管具有较为浓厚的佛教色彩,但它依然是孔教型,而不是佛道型。其大乘菩萨理想,不过是作为人世苦难救世主义的认同而得到较大的强化。当康有为不得不面对势在必行的变革局面,是佛学和西方文化开启了他的思路,康有为原本为探求西人立国的道德学问之本原而购读西书,却未能如愿,如此返求中国圣籍,寻求救国之方,首当其冲的便是对儒教哲学的改造。康有为利用有限的新知,"别有会悟",从儒家经典中开掘出新的思想资源——孔子的微言大义,作为他改造儒教哲学的突破口,或者说理论支点。因此,无论是佛学,还是西学,对于康有为而言,都是增益儒学的辅助。这也就是康有为被人诟病"以己意进退佛说"的根源所在。②其实,当康有为表现出一种救世的要求,自信负有圣人和菩萨的双重使命时,特别能够引起其思想共识、情感共鸣的佛教学说,其本质自然不是纯宗教形式,而毋宁说是非宗教形式的。

然而耐人寻味的是,梁启超在给康有为做的传记中说:"先生所以效力于国民者,以宗教事业为最伟。其所以得谤于天下者,亦以宗教事业为最多。盖中国思想之自由,闭塞者已数千年,稍有异论,不曰非圣无法,则曰大逆不道。即万国前事,莫不皆然。此所以梭(苏)格拉底所以瘐死狱中,而马丁·路得(德)所以对簿法廷(庭)也。以先生之多识淹博,非不能曲学阿世以博欢迎于一时,但以为不抉开此自由思想之藩篱,

---

① 康有为:《大同书》癸部《去苦界至极乐》。
② 参见麻天祥《晚清儒教哲学的经世性改造》,天津,南开大学《中唐以来思想与社会演进国际学术研讨会论文集》,2006。

则中国终不可得救。所以毅然与二千年之学者,四万万之时流,挑战决斗也。鸣呼,此先生所以为先生欤!泰西历史家,论近世政治学术之进步,孰不以宗教改革之大业为一切之原动力乎?后有识者,必能论定此公案也。"①

三、尊孔不舍佛

康有为作为光绪年间戊戌变法运动的维新派领袖,其维新思想渊源于今文经学,尤其是公羊学,其著《新学伪经考》和《孔子改制考》,发挥微言大义,通经致用,即是明证。这两部书是康有为为其变法维新运动而撰写的理论著作。光绪十四年(1888),康有为入京应试,发动"公车上书",第一次向光绪帝上书请求变法,提出"变成法,通下情,慎左右"三条纲领。上书不达,回到广州时,康有为遇见了今文经学家廖平,他在廖平启发下,觉察陆王心学虽"直捷明达,活泼有用",但不及今文经学的"灵活";佛学虽讲"慈悲普度",但"与其布施于将来,不如布施于现在"。②

光绪十六年(1891),他在广州长兴里"讲中外之故,救中国之法",他一方面刊行《新学伪经考》,既推翻古文经学的"述而不作",又打击顽固派的"恪守祖训",清除变法维新的绊脚石;另一方面,又开始编纂《孔子改制考》,托孔子改制之名,而行变法维新之实。百日维新期间,康有为除将《孔子改制考》缮录进呈御览外,还上了《请尊孔圣为国教立教部教会以孔子纪年而废淫祠折》。对于康有为上折要求尊孔教为国教,梁启超解释说:"先生谓宜立教务,以提倡孔教,非以此为他教敌也。统一国民之精神,于是乎在。今日未到智慧平等之世,则宗教万不可缺。诸教虽各有所长,然按历史,因民性,必当以孔教救中国。"③

康有为虽然极力表彰孔子,但他往往尊孔而不舍佛。这与他的政治

---

① 梁启超:《南海康先生传》,《饮冰室合集》第1册文集之六,第70页。
② 汤志钧:《近代经学与政治》,第164页,北京,中华书局,1989。
③ 梁启超:《南海康先生传》,《饮冰室合集》第1册文集之六,第86页。

观点、社会理想不无关系。康有为尊孔主要是重人事,而他不舍佛,则因为他认为二者在社会发展中是互补的,各有各的作用。作为经学大师和孔教复兴者自居的康有为,没有拾过去儒者辟佛的余唾,贬斥佛教为异端,而是提出了一种独特的"阴教"、"阳教"之说。他说,"天地之理,惟有阴阳之义",孔教"顺人之情",为阳教;佛教则"逆人之情",是阴教。阴阳二教,性质虽不同,但相互为用,谁也离不开谁。"孔教之伦学民俗,天理自然者也,其始作也;佛教之去伦绝欲,人学之极致也,其卒也。"值得注意的是,康有为对孔佛二教性质和作用的辨析,倾向于选用各有所长而没有排斥的词汇,除了"阴阳"之外,又用"始终",曰:"孔教率其始,佛教率其终。"又曰:"孔教极自然,佛教极光大。"在康有为看来,一方面,佛教离不开孔教,"无孔教之开物成务于始,则佛教无所成名也";但另一方面,孔教亦不能脱离佛教,"……然天有毁也,地有裂也,世有绝也,界有劫也,国有亡也,家有裂也,人有折也,皆不能外佛教也,故佛至大也。是二教者,终始相乘,有无相生,东西上下,迭相为经也。"①

康有为仿佛超越了儒佛之间的是非争论。他说:"此二教者,谁是谁非,谁胜谁负也?曰:言不可以若是也。方不能有东而无西也,位不能有左而无右也,色不能有白而无黑也。四时无上下,以当令为宜;八音无是非,以谐节为美。"这表明至康有为时代,儒佛关系已经发生了深刻变化。一种由经世致用发展而来的现实主义或实用主义的态度,彻底取消了往昔令彭际清居士等莫能释怀的儒佛之间的藩篱。这种观点对儒家传统而言不但是背离的,而且是颠覆性的。佛教不再是异端,而与孔教互为两端而融为一体。佛教不再是魏源时代还在辩论的与"王道经世"相对立的"佛道出世"了,孔教与佛教成了一阳一阴、一始一终的两个环节。它们"终始相乘,有无相生,东西上下,迭相为经"。这当然也预示了近代佛学的一种新动向,抑或这是儒佛关系在近代条件下的一种新表述。

---

① 《康子内外篇》,《康有为全集》一,第179页,上海古籍出版社,1987。

另外值得注意之点,康有为除了强调发扬佛教的救世精神外,还把佛教当作学问来研究,他对佛教传入中土并与儒学的交融都有一些独到的考证和论断。根据整理出来的康有为的口述资料,有如下一些论点:(1)昆仑有四大金龙池:一条额尔齐斯河,流入俄国;一条阿母新头河,流入波斯;一条印度河,流入印度;一条黄河,流入中国。(见佛书《玉合经》)昆仑者,地顶也。知地顶之说,而后可以知人类之始生。(2)佛生于周穆王三年,或云周庄王十七年。佛先孔子数十年而生。佛之生,或云在周穆王九年,或云在周庄王二十五年。(3)老庄之后,全是佛学。陆子之学,专以悟为宗,如漠中烈日,此佛学也。朱子讲佛学,天分极高,无所不通。佛言性善,宋人惑之,故特提出孟子。(4)佛学至今已无教矣。日本尚有教,中国则宗耳。(5)佛氏地、水、风、火,即儒家五行。以佛释儒书,"天命之谓性",清净法身也。佛氏十方世界,遁入虚无,不得为庸。老子专讲养魂,近佛也。(6)佛学除人伦外,余道理与孔子合一。①

虽然这些论点是片断式的讲义性质,但大致可反映康氏关于佛学的概要。有学者认为,与他人从哲学角度接触佛学不同,康有为多从政治角度来看待佛学②。康有为在哲学方面的确没有对佛学进行深入研究,但他从政治角度看待佛教并不足为怪,这正反映了清末佛学的变化。清末佛学振兴并非由佛教僧人而由维新人士呼唤而出,这一历史事实表明佛教在晚清社会变革时代所具有的政治和文化意义。长期以来,佛教一直沅离社会,被认为是消极悲观的山林遁世宗教,至清末以康有为为领袖的维新人士却大力鼓吹佛教救世度众生的积极作用,从而使佛教在晚清焕发出新的生机。这一点对谭嗣同和梁启超发生深刻影响,而且他们

---

① 参见吴熙钊、邓中好校点《康南海先生口述》,第1—57页,广州,中山大学出版社,1985。这个版本因为是异本,所以从版本选择的角度来看,似乎有些问题,这里作为一个传闻予以介绍。
② 参见郭朋、廖自力等著《中国近代佛学思想史稿》,第143页,成都,巴蜀书社,1989。作者在论及康有为佛学思想时总结说:"他人多是从哲学角度接触佛学,康有为则是从政治角度接触于佛学。所以,在康有为这里,佛学不是作为一种哲学思想而是作为一种政治思想来看待的。"

与许多维新志士也用佛学来接通西学。《康子内外篇》中有一段话恰如其分地表达了康有为服膺儒佛,坚持尊孔不舍佛的思想底蕴,语曰:"天下移人最巨者何哉?莫大于言议觉识矣。父子之亲,天性也,而佛氏能夺之而立师徒。身命之私,至切也,而圣人能夺之而徇君父。夫以其自有之身,及其生身之亲,说一法立一义而能夺之,则天下无有不能夺者矣。"①

第二节 谭嗣同的佛学思想

谭嗣同(1865—1898),号壮飞,出身于官宦家庭,湖南浏阳人。光绪二年(1876)染白喉,他昏死三天后才苏醒,更名复生。又号华相众生、东海褰冥氏、通眉生、通眉比丘、寥天一阁主等。在谭嗣同自拟的这许多名号中,华相众生和通眉比丘这两个号显然都与佛教有关。早年从师欧阳中鹄先生,欧阳很尊敬王船山、黄宗羲,经常讲王、黄的思想,这对谭嗣同的思想影响很大。他好今文经学,甚赞龚自珍、魏源,又喜读王夫之《船山遗书》。1883—1893年十年漫游,行程八万里,走遍了直隶、新疆、甘肃、陕西、河南、湖北、湖南、江苏、安徽、浙江、台湾各省,广交朋友,了解风情,增长见识,体受民间疾苦,常常周济急难,看到祖国山河遭受蹂躏,又异常痛心。他喜好武术、骑马、击剑、练武。光绪二十一年(1895)他三十岁时恰逢中日甲午战争,甲午战败,对他思想震动很大,写下了"世间何物抵春愁,合向苍冥一哭休。四万万人齐下泪,天涯何处是神州"②的诗句。从此他抛弃传统旧学,努力接受新学、西学,同时受吴嘉瑞(雁舟)的影响,开始学佛。1896年往金陵随杨文会居士学佛,佛学思想大有精进。而后追随康有为从事戊戌变法运动,成为清末维新变法代表人物之

---

① 《康子内外篇·阖辟篇》,《康有为全集》一,第179页。
② 谭嗣同《有感》诗一首,见蔡尚思、方行编《谭嗣同全集》拾遗,第542页,北京,中华书局,1998。

一。1897年他受湖南巡抚陈宝箴邀请,参加南学会,办《湘报》,参与新政活动。光绪二十四年(1898),在戊戌政变中死难。

梁启超作《谭嗣同传》述其生平,"少倜傥有大志,淹通群籍,能文章,好任侠,善剑术。"其父官湖北巡抚,"幼丧母,为父妾所虐,备极孤孽苦,故操心危,虑患深,而德慧术智日增长焉。"梁启超亦追述了谭嗣同对康南海先生的仰慕及其在金陵学佛的有关情况,"自甲午战事后,益发愤提倡新学,首在浏阳设一学会,集同志讲求磨砺,实为湖南全省新学之起点焉。时南海先生方倡强学会于北京及上海,天下志士,走集应和之。……余方在京师强学会任记纂之役,始与君相见,语以南海讲学之宗旨,经世之条理,则感动大喜跃,自称私淑弟子,自是学识更日益进。时和议初定,人人怀国耻,士气稍振起,君则激昂慷慨,大声疾呼。海内有志之士,睹其丰采,闻其言论,知其为非常人矣。"其后入金陵学佛一年,"又时时至上海与同志商量学术,讨论天下事,未尝与俗吏一相接;君常自谓'作吏一年,无异入山'。""作官金陵之一年,日夜冥搜孔、佛之书。金陵有居士杨文会者,博览教乘,熟于佛教,以流通经典为己任。君时时与之游,因得遍窥三藏,所得日益精深。其学术宗旨,大端见于《仁学》一书。"①

一、金陵学佛的因缘及志趣

谭嗣同早先从吴雁舟先生学佛,但在中日甲午战争后的1896年,他奉父命以江苏候补知府的身份来到金陵,因对官场黑暗极为不满,心中甚感苦闷,于是依从杨文会居士研究佛学,从此与佛教结下不解之缘。他来金陵半个月后,给欧阳中鹄写了一封书信,说:"固知官场黑暗,而不意金陵为尤甚。……幸有流寓杨文会者,佛学、西学,海内有名,时相往

---

① 梁启超:《谭嗣同传》,见《谭嗣同全集》附录,第553页。

还,差足自慰。凡此诸般苦恼困辱,皆能以定力耐之。"①佛学给了他忍耐"诸般苦恼困辱"的定力。从此,谭嗣同与杨文会建立了深厚的师友之谊,他尊杨文会为学佛导师,在《金陵听说法诗》中,他于诗前寄语曰:"吴雁舟先生嘉瑞为余学佛第一导师,杨仁山先生文会为第二导师,乃大会于金陵,说甚深微妙之义,得未曾有。"诗中第三段写道:

> 而为上首普观察,承佛威神说颂言。
> 一任血田卖人子,独从性海救灵魂。
> 纲伦桔以喀私德,法会极于巴力门。
> 大地山河今领取,庵摩罗果掌中论。②

这首诗将儒佛与西学词语融合诗中,是当时"诗界革命"酝酿时期的一种实践。梁启超《饮冰室诗话》有注曰:"喀私德(castle),巴力门(parliament)皆译音。巴力门,英国议院名;喀私德,盖印度分人为等级之制也。"按照谭嗣同自称其三十岁以前所作为旧学,三十岁以后所作为新学,此诗殆即其所谓新学者。夏曾佑、黄遵宪等亦皆以为之,当时号称"诗界革命"。由此诗可见其融通佛学与西学之志趣,在此而不在彼,亦即从救灵魂入手而拯救山河大地。所以在当时聆听杨仁山居士说"甚深微妙义"的谭嗣同看来,金陵法会之盛,当不亚于西人议会,大有助于他正在为维新变法而构思的《仁学》的著述,变法当以冲破等级森严的封建制度(纲伦)为决口③。佛学本来具有的破除印度种姓制度而倡导众生平等的思想,在与近代西学自由平等思想的碰撞中产生了火花。所以谭嗣同自称其《仁学》为"冲决网罗"之学,"网罗重重,与虚空而无极,初当冲决利禄之网罗,次冲决俗学若考据、若词章之网罗,次冲决全球群学之网

---

① 谭嗣同:《上欧阳中鹄书十》(七月二十三日),见武延康、纯一编《杨仁山居士年谱初稿》,第31页。
② 参见蔡尚思、方行编《谭嗣同全集》之《金陵听说法诗》,第246—247页。
③ 同上书,第351页。"今之外皆侈谈变法,而五伦不变,则举凡至理要道,悉无从起点,又况于三纲哉!"

罗,次冲决君主之网罗,次冲决伦常之网罗,次冲决天之网罗,次冲决全球群教之网罗,终将冲决佛法之网罗。然真能冲决,亦自无网罗,真无网罗,乃可言冲决。"①

谭嗣同受杨文会佛学思想影响很大,杨文会的佛学思想不同于传统佛学的最大特点,是其拥有当时最新的世界视野,他被认为近代振兴佛学而具有世界眼光之第一人②。杨文会不唯振兴佛学,而且对西方"政教生业"均有亲身之考察,所以谭嗣同称他"佛学、西学,海内有名",他的说法是前所未有的。谭嗣同于华严用功甚勤,深得华严奥旨③,集中表现在他所著的《仁学》一书中。他曾自述,在金陵"闭户养心读书,冥探孔佛之精奥,会通群哲之心法,衍绎南海之宗旨",著成《仁学》。梁启超在《谭嗣同传》中则说他,为学"以日新为宗旨,故无所沾滞;善能舍己从人,故其学日进";三十岁后,"究心泰西天算、格致、政治、历史之学,皆有心得。又究心教宗,当君之与余初相见也,极推崇耶氏兼爱之教,而不知有佛,不知有孔子;既而闻南海先生所发明《易》、《春秋》之义,穷大同太平之条理,体乾元统天之精意,则大服。又闻《华严》性海之说,而悟世界无量,现身无量,无人无我,无去无住,无垢无净,舍救人外更无他事之理;闻相宗识浪之说,而悟众生根器无量,故说法无量,种种差别,与圆性无碍之理,则益大服。自是豁然贯通,能汇万法为一,能衍一法为万,无所挂碍,而任事之勇猛亦益加。"④由此可见,《仁学》固然是谭嗣同金陵学佛的思想结晶,但其作为

---

① 谭嗣同:《仁学》自叙,见蔡尚思、方行编《谭嗣同全集》,第289、290页。这是要对古今学术来一次价值的重估,其深邃的见识与雄浑的胆魄,不禁令人叹绝。
② 释印顺编著:《太虚法师年谱》,第13页,北京,宗教文化出版社,1995。"杨仁老……于南京成立金陵刻经处,流通佛典,民国来佛学之兴,颇得其力! 光绪三十四年得锡兰摩诃菩提会达磨波罗书,约与共同复兴佛教,以弘布于世界。杨氏因于去秋成立祇洹精舍。为佛教人才而兴学,且有世界眼光者,以杨氏为第一人!"
③ 欧阳渐在回忆其师杨文会门下有大成就的佛学弟子时,首列谭嗣同"善华严"。谭嗣同有《集华严题秦淮水榭》,作两联楹语:"天女姝丽,皆于五欲善行方便;妓乐聚会,当愿众生以法自娱。"参见蔡尚思、方行编《谭嗣同全集》,第246页。
④ 梁启超:《谭嗣同传》,见蔡尚思、方行编《谭嗣同全集》附录,第556—557页。

"冲决网罗"之学,汇集的不只是"孔佛之精奥",还吸收了西学之精奥。

谭嗣同《仁学》"衍绎南海之宗旨",梁启超在谭嗣同于戊戌变法流血后九十日为《仁学》作序曰:"《仁学》何为而作也?将以光大南海之宗旨,会通世界圣哲之心法,以救全世界之众生也。南海之教学者曰:'以求仁为宗旨,以大同为条理,以救中国为下手,以杀身破家为究竟。'《仁学》者,即发挥此语之书也。而烈士者,即实行此语之人也。""今夫众生之大蔽,莫甚乎有我之见存。有我之见存,则因私利而生计较,因计较而生挂碍,因挂碍而生恐怖,驯至一事不敢办,一言不敢发。充其极也,乃至于孺子入井而不怵惕,闻邻榻呻吟而不动心,视同胞国民之糜烂而不加怜,任同体众生之痛痒而不知觉;于是乎,大不仁之事起焉。故孔子绝四,终以毋我。佛说曰:无我相。"谭嗣同最后实现了儒家志士的"杀身成仁",而显示佛家的"无挂碍"、"无恐怖",乃至"无我相"。这从另一角度充分反映了谭嗣同佛学思想志趣所在。"盖大仁之极,而大勇生焉。……故佛说:'我不入地狱,谁入地狱?'孔子曰:'天下有道,丘不与易也。'古之神圣哲人,无不现身于五浊恶世,经历千辛万苦者。此又佛所谓乘本愿而出,孔子所谓求仁而得仁,又何怨也!"①

金陵学佛使谭嗣同学问幡然一变,然而早年所学,又使谭嗣同尝试将佛学导向救国救民之路,成为近代佛学变革的急先锋和实行家。谭嗣同在《仁学》自叙及给友人写的一些书信中,还特别提到墨学兼爱之旨和墨家"尚俭非乐"及其"摩顶放踵之志",他写道:"周秦学者必曰孔、墨,孔墨诚仁之一宗也。惟其尚俭非乐,似未足进于大同。然既标兼爱之旨,则其病亦自足相消。盖兼爱则人我如一,初非如世之专以尚俭非乐苦人也。"谭嗣同虽以墨家"兼爱"抵消"尚俭非乐"之苦人,但对于苦他本人早有切身体会而置之度外:"吾自少至壮,遍遭纲伦之厄,涵泳其苦,殆非生人所能任受,濒死累矣,而卒不死。由是益轻其生命,以为块然躯壳,除利人之外,复

---

① 参见蔡尚思、方行编《谭嗣同全集》,第373—374页。

何足惜？深念高望,私怀墨子摩顶放踵之志矣。"①在《与唐绂丞书》中又说:"自惟年来挟一摩顶放踵之志,抱持公理平等诸说,长号索偶,百计以求伸,至为墨翟、禽滑釐、宋轻之徒之强聒不舍。"②唐绂丞即唐才常,时人称谭、唐为"浏阳二杰";唐才常又号佛尘,与谭嗣同是维新的同志,亦是学佛的朋友,所以谭嗣同在金陵学佛时有《报唐佛尘同门书》,告以他因"嵩目时艰",亟欲"别开一种冲决网罗之学"。谭嗣同称他们二人为"刎颈交",《仁学》一书在谭嗣同死后的1899年初才正式出版,而唐才常则早已知其大旨。③ 谭嗣同深怀"摩顶放踵之志"而著《仁学》,亦可反映其学佛志趣矣。

谭嗣同自从金陵学佛之后,便开始了佛化人生的历程,志趣上有了更加明确的方向:他殚精竭虑、思绪涌泉,擘画出了一个用以指导维新运动的"冲决网罗"的《仁学》思想体系,更以佛菩萨"我不入地狱,谁入地狱"的普度众生的精神来从事维新运动。最后,谭嗣同为维新运动而献身所表现出来的"不怕死",亦是佛教的"无我执、空生死"的涅槃境界的体现。④

二、《仁学》中的佛学思想

谭嗣同学佛时间虽晚,然其以发宏愿,以精进心而后来居上,虽然从杨文会学佛总计不过一年有余,而能遍览三藏,尤其于法相、华严二宗最有心得。谭嗣同写作《仁学》,正是他学佛最精进的那段时间,此书粗看好像是中外思想之大杂烩,细看便知佛学思想贯穿全书。"仁"虽然明显是儒学的一个核心概念,但谭嗣同用佛学、西学、墨学等赋予其丰富的、开放的含义,打破了正统儒学的僵化信条。谭嗣同在《仁学界说》中,以

---

① 参见蔡尚思、方行编《谭嗣同全集》,第289—290页。
② 同上书,第266页。
③ 参见蔡尚思、方行编《谭嗣同全集》,第270页。谭嗣同在《与徐仁铸书》中曰:"诸新政中,又推《湘学报》之权力为最大。盖方今急务在兴民权,欲兴民权在开民智。《湘学报》实巨声宏,既足以智其民矣,而立论处处注射民权,尤觉难能而可贵。主笔者为同县唐绂丞拔贡才常,嗣同同学,刎颈交也。其品学才气,一时无两。"
④ 参见陈坚《谭嗣同与佛学》,第387—402页,台北,华梵大学《第七次儒佛会通学术研讨会论文集》,2003。

二十七条对仁作解释,最引人注目的是,通篇用"通"、"平等"来解仁,说仁以通为第一义,通之象为平等;而"以太"、"电"、"心力",是所以通之具。他认为,平等就是致一,一则通,通则仁。又说:"仁为天地万物之源,故唯心,故唯识","不生不灭,仁之体",而"不生与不灭平等,则生与灭平等,生灭与不生不灭亦平等"(第十四条)。他甚至以代数方程式来演算第十四条,证明"平等生万化"。在第二十五条则指明,"凡为仁学者,于佛书当通《华严》及心宗、相宗之书;于西书当通《新约》及算学、格致、社会学之书;于中国书当通《易》、《春秋公羊传》、《论语》……"①可见谭嗣同的《仁学》是将西学、佛学与儒学融治于一炉,但相对说来,他的西学是驳杂而有欠系统的,而其佛学却被精密组织并居于统贯的地位。

1."佛能统孔、耶"

尽管谭嗣同从佛学的角度认识到西学之独特价值,"故尝谓西学皆源于佛学,亦惟有西学而佛学乃复明于世"②,但他在近代孔、耶、佛这一新的"三教"关系中,将佛教置于统贯孔教和耶教之地位,如上文说"佛能统孔、耶"则为最显明的证言。他对儒、佛、耶三教作了一番比较,认为从时间上讲,"佛生最先,孔次之,耶又次之";从空间上讲(指教义之博大及传播),"佛教大矣,孔次之,耶为小"。③

(1)佛教至纯至广

谭嗣同认为佛教必将统一地球上所有宗教,"今将笼众教而合之,则

---

① 参见蔡尚思、方行编《谭嗣同全集》,第291—293页。谭嗣同界说通有四意,即中外通、上下通、男女内外通和人我通。其中前三通分别取义于《春秋》和《易》,而第四通则多取义于佛经,以"无人相、无我相"固也。对于格致之学,谭嗣同虽认其为"群学群经之门径",但"良以一切格致新理,悉未萌芽,益复无由悟入,是以若彼其难焉";谭嗣同意谓其书略显"粗迹",是由于对格致新理"知解不易"。故笔者于下文曰其西学"驳杂而有欠系统",此虽有据,似仍有武断之嫌。其实谭嗣同在当世对西学之了解和掌握已属先进,其融通儒佛与西学更属难能可贵焉。
② 同上书,第317页。另参见谭嗣同在《上欧阳瓣姜师书》中说:"格致家恃器数求得诸理,如行星皆为地球,某星以若干日为一岁,及微尘世界,及一滴水有微虫万计等,佛书皆已言之。"(同书,第464页)
③《仁学》二十七,参见蔡尚思、方行编《谭嗣同全集》,第333页。

为孔教者鄙外教之不纯,为外教者即笑孔教之不广,二者必无相从之势也。二者不相从,斯教之大权,必终授诸佛教。佛教纯者极纯,广者极广,不可为典要。惟教所适,极度地球上所有群教群诸子百家,虚如名理,实如格致,以及希夷不可闻见,为人思力所仅能到,乃至思力所必不能到,无不异量而兼容,殊条而共贯。"佛教的至纯至广、兼容并包的文化特点是其能"笼众教而合之"的优势所在。

谭嗣同于此又考察了佛教在世界上的复兴态势,他说:"佛教虽创于印度,而为婆罗门及回教所厄,卒示得遍行,故印度之亡,佛无与焉。……英士威廉臣著《古教汇参》,遍诋群教,独于佛教则叹曰:'佛真圣人也。'美士阿尔格特尝纠同志创佛学会于印度,不数年,欧美各国遂皆立分会,凡四十余处,法国信众尤众,且翕然称之曰:'地球上最兴盛之教,无若耶者;他日耶教衰歇,足以代兴者,其佛乎!'英士李提摩太尝翻译《大乘起信论》,传于其国,其为各教折服如此。日本素以佛教名于亚东,几无不通其说者。近日南条文雄诸人,至分诣绝域,遍搜梵文古经,成立梵文会,以治佛学。故日本变法之易,系惟佛教隐为助力,使变动不居,以无胶固执著之见存也。总之,佛教能治无量无边不可说不可说之日球星球,尽虚空界无量无边不可说不可说之微尘世界。尽虚空界,何况此区区之一地球。故言佛教,则地球之教,可合而为一。"①此中,谭嗣同特别提到素以佛教著称的日本,其变法之易,都赖佛教"隐为助力",主要是佛教的无常(变动不居)观念,使其能不断消除"胶固执著之见"。而对明治维新后强盛起来的日本,又新遭受甲午战争重创的耻辱,谭嗣同抓住了佛教这根"救命稻草",为其变法维新事业鸣锣开道。

(2) 善学佛者雄强刚猛

谭嗣同除了彰显佛学的广大包容之气度外,还张扬佛教的雄强刚猛之卓绝精神。他分析西人崛起雄霸世界是由于其"喜动",而哀中国之亡

---

① 参见蔡尚思、方行编《谭嗣同全集》,第352页。

正在于好静。"西人之喜动,其坚忍不挠,以救世为心之耶教使然也。又岂惟耶教,孔教固然矣;佛教尤甚。曰'威力',曰'奋进',曰'勇猛',曰'大无畏',曰'大雄',括此数义,至取象于师(狮)子。言密必济之以显,修止必谐之以观。以太之动机,以成乎日新之变化,夫固未有能遏之者也! 论者暗于佛老之辨,混而同之,以谓山林习静而已,此正佛所诋为顽空、为断灭、为九十六种外道,而佛岂其然者? 乃若佛之静也,则将以善其动,而遍度一切众生。更精而言之,动即静,静即动,尤不必有此对待之名。故夫善学佛者,未有不震动奋厉而雄强刚猛者也。"[1]谭嗣同认为,耶教的救世精神已经是坚忍不拔,而孔教的入世精神也甚可嘉,但佛教的变通意识和雄强刚猛精神仍有过于之者。可见他正是从佛教所取象的"狮子"奋迅猛进的精神中汲取着变法维新的力量。

(3) 行其教于民

谭嗣同虽在新三教关系中把孔教排在第二,但他洞察孔教之衰微势在必行。他说:"孔教何尝不可遍治地球哉? 然教则是,而所以行其教者则非也。"在谭嗣同看来,西人耶教之兴在"教于民",而中国孔教则成为"官中、学中人"祀奉之专利,孔庙成了"一势利场而已矣","农夫野老,徘徊观望于门墙之外,既不睹礼乐之声容,复不识何所为而祭之","如此,又安望其教之行哉"。接着,他又痛说:"为孔者终不思行其教于民也! 汉以后佛遂代为教之,至今日耶又代为教之。为耶者曰:'中国既不自教其民,即不能禁我之代为教。'"近代诸君子抱亡教之忧,哀号求援,相约建孔子教堂,仿西人传教之法,却遭禁锢。谭嗣同对此颇为不满,他认为教之能遍行于民间,"非其教主之力能尔也,赖有果报轮回诸说,愚夫愚妇辄易听从;又严断烟酒,亦能隐为穷民节不急之费。故不论其教如何,

---

[1] 参见蔡尚思、方行编《谭嗣同全集》,第321页。对中国人之亡于静,谭嗣同列举种种维新事业对照:"为危词以怵之,为异语以诱之,为大声疾呼以警之,为通商以招之,为传教以聒之,为报馆为译书以悔之,为学堂为医院以拯之,至不得已而为兵戈枪炮水雷铁舰以大创之,然而中国则冥然而罔觉,悍然而不顾,自初至终未尝一动也。"

皆能有益于民生,总愈于中国摈弃愚贱于教外,乃至全无教也。原夫世间之所以有教,与教之所以得行,皆缘民生自有动而必静,倦而思息之性,然后始得迎其机而利导之。"①

谭嗣同据此又对比耶教与孔教衰亡的现实,而呼唤孔教改革者的出现:"耶教之亡,教皇亡之也;其复之也,路德之力也。孔教之亡,君主及言君统之伪学亡之也;复之者尚无其人也,吾甚祝孔教之有路德也。"②谭嗣同对孔教尚抱有复兴的希望,他在《仁学》自叙中说:"二、三豪俊,亦时切亡教之忧,吾则窃不为然。何者?教无可亡也。教而亡,必其教之本不足存,亡亦何恨?教之至者,极其量,不过亡其名耳,其实固不能亡矣。"③这种莫能亡之实就是他所谓众教之"公理"。他说:"不论何教,皆有相同之公理二:一曰慈悲,吾儒所谓'仁'也;一曰灵魂,《易》所谓'精气为物,游魂为变'也。"慈悲是仁,与宇宙本体相通;灵魂是个体的精神,其物质基础是"以太","以太"又是宇宙的基本微粒,由此人的灵魂与宇宙的精神"道通为一"。④ 正是人的灵魂与宇宙精神的相通,使世界各种宗教有了共同的基础。谭嗣同正是基于此论而试图以佛教来实现地球各种宗教的统一,成为他的世界大同理想的精神依据。从而使儒佛融通,加之与西学融通,达到了一个新的高度。

---

① 《仁学》四十,参见蔡尚思、方行编《谭嗣同全集》,第353—354页。谭嗣同曾在《湘报》上发表评论,批判国人动辄诋西人无伦常,而以孔教骄人,他说:"我国又好诋西教为邪教,尤为不恕。我诋他的耶稣,他就可以诋我的孔子,是替我孔子得罪人而树敌招怨也。且我既恨他传教,我为何不传我的孔子教?今耶教之胜遍满地球,而我孔教则不过几个真读书人能传之,其余农工商亦徒闻其名而已。谁去传孔教他?每一府州县止有一座孔子庙,而一年中祭祀又只有两次,又惟官与阔绅士方能与祭,其余皆不许进去,孔子庙徒为势利场而已,岂有一毫传教之意哉?是我孔教尚不能行于本国也,奈何不自愧自责,而反以奉行无实之孔教骄人哉?"原载《湘报》第二十号,光绪二十四年(1898)三月八日。(同书,第401页)
② 《仁学》三十,参见蔡尚思、方行编《谭嗣同全集》,第338页。
③ 参见蔡尚思、方行编《谭嗣同全集》,第290页。
④ 《仁学界说》,参见蔡尚思、方行编《谭嗣同全集》,第291页。"通之义,以道通为一为最浑括。"

(4)"慈悲为心力之实体"

龚自珍、魏源乃至康有为都论及发挥佛教"心之力"问题,谭嗣同复在学、政、教三界中考量佛教地位及心力之实体。"学不一,精格致乃为实际;政不一,兴民权乃为实际;至于教则最难言,中外各有所闻,莫能折衷,殆非佛无能统一之矣。言进学之次第,则以格致为下学之始基,次及政务,次始可窥见教务之精微。以言其衰也,则教不行而政弊,政弊而学亡。故言政言学,苟不言教,则等于无用,其政术学术,亦或反为杀人之具。"①在政学亟待维新之际,谭嗣同如同龚自珍等人竭力鼓吹佛教心力之作用,"夫心力最大者,无不可为","心力不能骤增,则莫若开一讲求心之学派,专治佛家所谓愿力"。谭嗣同进而指出心力实体即为慈悲,"盖心力之实体,莫大于慈悲。慈悲则我视人平等,而我以无畏;人视我平等,而人亦以无畏。无畏则无所用机矣。佛一名'大无畏',其度人也曰'施无畏'。无畏有五,曰:无死畏,无恶名畏,无不活畏,无恶道畏,乃至无大众威德畏。"很值得注意的是,谭嗣同在这里竭力提倡大无畏有现实的意义,这种大无畏"非慈悲无以造之,故慈悲为心力之实体"。② 这种大无畏精神最突出地表现在谭嗣同的生死观上。当变法失败而无力回天的时候,他"无死畏"而只求一死。虽有机会逃脱清廷虐杀,但他毅然道:"各国变法,无不从流血而成,今日中国未闻有因变法而流血者,此国之所以不昌也。有之,请自嗣同始!"③而对儒者来说,谭嗣同的死实际上是实现了"杀身成仁"的理想信念。

2."性海—慈悲":佛教之"仁"

谭嗣同是康有为维新思想的崇拜者,他参与维新变法活动亦是直接受康有为思想影响的结果。康有为维新思想的目标乃是要建立一个以

---

① 《仁学》四十一,参见蔡尚思、方行编《谭嗣同全集》,第354页。
② 《仁学》四十三,参见蔡尚思、方行编《谭嗣同全集》,第357页。
③ 参见蔡尚思、方行编《谭嗣同全集》,第534页。

"仁"为宗旨的"大同世界",其中"仁"是康有为维新思想的核心理念。①但谭嗣同的维新思想比康有为的维新思想多了一层佛学的意蕴和情怀,谭嗣同以佛菩萨慈悲普度众生的思想来对接和纳受康有为意欲建立的以全人类为目标的"大同世界"的维新思想。他说:"嗣同既悟心源,便欲以心度一切苦恼众生。以心挽劫者,不惟发愿救本国,并彼极强盛之西国与夫含生之类,一切皆度之。心不公,则道力不进也。佛说出三界,三界又何能出?亦言其识与度而已。"②谭嗣同在此强调"心公"与"道力"的关系,以及用"识与度"来诠解佛教的解脱思想,颇具新意。

《仁学》一书的主旨就是论"仁"。"仁"本是儒学的一个中心思想,但谭嗣同论"仁"的视界已远远超出了儒学的范畴。他在《仁学·自叙》中开门见山地描述仁的广阔义域,他说:"仁'从二从人,相偶之义也。'元'从二从儿,'儿'古人字,是亦'仁'也。'无',许慎说通'元'为'无',是'无'亦从二从人,亦'仁'也。故言仁者不可不知元,而其功用可极于无。能为'仁之元'而'神于无'者有三:曰佛,曰孔,曰耶。佛能统孔、耶,而孔与耶'仁同,所以仁不同'。'能调燮联融于孔与耶之间,则曰墨'。"③ 在谭嗣同看来,"仁"并不是儒家(即"孔")之专利,佛教、基督教(即"耶")和墨家也都讲仁,只是这四家"仁"的思想并不是平齐的,而是有等次的。儒

---

① 参见陈坚《谭嗣同与佛学》。陈坚认为,谭嗣同的《仁学》一书就是征引儒学思想和佛学思想来诠释"仁"之理念,从而发挥和丰富康有为的维新思想,并最终形成谭嗣同自己独特的儒佛融合的维新思想。虽然书中偶尔也用基督教和墨学的思想来诠释"仁",但这部分内容只是附带涉及的"助缘",于全书无关紧要。《仁学》一书就是谭嗣同全面系统地阐述这种儒佛融合之维新思想并用以指导自己维新实践的哲学著作。
② 《上欧阳中鹄书》十,参见蔡尚思、方行编《谭嗣同全集》,第460—461页。
③ 《仁学》自叙,参见蔡尚思、方行编《谭嗣同全集》,第289页。谭嗣同对墨家的思想作了如下的分析,他说:"周秦学者必曰孔、墨,墨诚仁之一宗也,惟其尚俭非乐,似未足进于大同。然既标兼爱之旨,则其病亦自足相消,盖兼爱则人我如一,初非如世之专以尚俭非乐苦人也。故墨之尚俭非乐,自足与其兼爱相消,犹天元代数之以正负相消,无所于爱焉。墨有两派:一曰'任侠',吾所谓仁也,在汉有党锢,在宋有永嘉,略得其一体;一曰'格致',吾所谓学也,在秦有《吕览》,在汉有《淮南》,各识其偏端。仁而学,学而仁,今之士其勿为高远哉!盖即墨之两派,以近合孔、耶,远探佛法,亦云汰矣。"

81

家和基督教的仁是"仁同,所以仁不同",亦即二者都讲仁,但各自讲仁的原因是有差别的;墨家的仁则能"调燮联融"孔、耶两教之仁,能作为中介将后两种"仁"融通起来;最后,佛教的仁乃能"统孔、耶",因而是最全面、最彻底的仁。

虽然按照谭嗣同的观点,佛教中也有"仁"的思想,而且比儒学中的"仁"的思想还更为全面、更为彻底,然而众所周知,"仁"之一词乃是儒学所特有的一个术语,在佛教中并不曾有"仁"这个术语(在基督教和墨家中也是如此)。那么,佛教中"仁"的思想究竟表现在什么地方呢?或者说,在佛教中,有哪一个术语可以相当于儒学中的"仁"之一词呢?对此,谭嗣同解释道:"遍法界、虚空界、众生界,有至大,至精微,无所不胶粘,不贯洽,不筦络,而充满之一物焉,目不得而色,耳不得而声,口鼻不得而臭味,无以名之,名之曰以太。其显于用也,孔谓之仁,谓之元,谓之性;墨谓之兼爱;佛谓之性海,谓之慈悲;耶谓之灵魂,谓之爱人如己、视敌如友;格致家谓之爱力、吸力,咸是物也。"①

在谭嗣同看来,佛教中的"性海"和"慈悲"两词乃是表达佛教"仁"之思想的术语,或者说,佛教的"仁"的思想也可以叫作"性海—慈悲"思想。而这"性海—慈悲"也与儒家的"仁"、基督教的"灵魂"、墨家的"兼爱"以及科学家(即"格致家")所说的"吸引力"等一样,都是一种被称为"以太"的本体的"用"或具体表现②。于此可见,佛教的"性海—慈悲"思想与儒

---

① 《仁学》一,参见蔡尚思、方行编《谭嗣同全集》,第293—294页。
② "以太"(ether)本是古希腊哲学家首先设想出来的一种媒质。17世纪时西方物理学家为解释光的传播以及电磁和引力相互作用而又重新提出。当时认为光是一种机械的弹性波,但由于它可以通过真空传播,因此必须假设存在一种尚未为实验所发现的以太作为传播光的媒质。这种媒质是无所不在的,没有质量的,而且是"绝对静止"的,电磁和引力作用则是它的特殊机械作用。"以太"这一概念到19世纪时曾为人们所普遍接受,但科学家始终无法通过实验来证明它的存在。到了20世纪初,随着相对论的建立和对场的进一步研究,确定光的传播和一切相互作用的传递都是通过各种场,而不是通过机械媒质,"以太"这才被作为一个陈旧的概念而被抛弃。清光绪年间,"以太"这一概念被介绍到了中国,包括谭嗣同、康有为、孙中山等在内的许多中国近代思想家对"以太"进行哲学化的解释,使之成为一个哲学概念,并用以分析宇宙世界和人类精神。谭嗣同就曾作《以太说》一文,见蔡尚思、方行编《谭嗣同全集》,第433—434页。

学的"仁"的思想是依据于同一本体而产生的,是同根的,是可以互相沟通的——这是谭嗣同儒佛融合维新思想之所以能够成立的哲学基础。

谭嗣同认为儒学的"仁"有两个最根本的含义,一是"通",一是"平等"。他说:"仁以通为第一义","通之象为平等","平等者,致一之谓也,一则通矣,通则仁矣"。可见,在"仁"的意义结构里,"通"是"体",是"一";"平等"是"通"之"用",是"通"之"象",并且"平等"还能够"致一",即回归于"通"。简言之,即"通"能生"平等","平等"可归于"通","通"和"平等"的这种关系其实就是中国哲学中所谓的"体用一如"的关系。在谭嗣同看来,儒家的"仁",就是由具有"体用"关系的"通"和"平等"所构成的一个意义体或概念体。

佛教的"性海—慈悲",其含义究竟是什么呢?"性海"指的是真如佛性。性空如海,世出世间一切诸法尽在其中,所谓"山河大地皆依建立,三昧六通由兹发现";亦如《坛经》中所说:"世界虚空,能含日月星辰,大地山河,一切草木;恶人善人,恶法善法,天堂地狱,尽在空中。世人性空,亦复如是。性含万法是大,万法尽是自性。"[①]可见,"性海"实际上也就是如来无量无边之广大法身。而"慈悲"的通常解释是,"慈"指与众生乐,"悲"指拔众生苦。究其本原,诚如《坛经》所言:"见一切人及非人、恶之与善、恶法善法,尽皆不舍,不可染著,犹如虚空,名之为大。"[②]此可谓慈悲内涵和实践的经典表述。由此可见,"慈悲"亦是从"性海"出。若用中国哲学中的"体用"观来诠释,"性海"是"体","慈悲"是"用",慈悲即"性海"虚空广大之体现。"性海"含藏"慈悲","慈悲"昭显"性海","性海"与"慈悲"亦是"体用一如"的关系。

通过以上分析,谭嗣同认为,佛教的"仁"即"性海—慈悲",这与儒学的"仁"在意义上是对等同构的,如下图:

---

① 参见杨曾文校写敦煌本《六祖坛经》,第30页,北京,宗教文化出版社,2001。
② 同上书,第30—31页。

仁	体	用
儒学的"仁"	通	平等
佛教的"仁"	性海	慈悲

正是由于佛教的"仁"与儒学的"仁"存在着这种对等同构的关系①,所以谭嗣同在《仁学》一书中将这两种"仁"融通起来以建构他的以"仁"为核心理念的维新思想。

3."度众生之外无佛法"

"性海—慈悲"思想是《仁学》一书中关于佛教仁学的总纲,在这个总纲下,谭嗣同探讨了佛教仁学的许多具体思想,比如以"慈悲"为本怀的"度众生"思想。前文谈到谭嗣同以佛菩萨普度众生的思想,来对接和纳受康有为的维新思想,这使得普度众生成了谭嗣同维新思想及其实践的最终目标。谭嗣同将救国救民的维新运动看作是佛教普度众生思想的一个具体落实,他说:"救人之外无事功,即度众生之外无佛法。"②这句话包含两层意思:其一,救国救民("救人")即是"度众生";其二,救国救民是维新运动唯一要做的"事功",一如"度众生"是佛法之唯一要务。从这句话中我们不难看出,谭嗣同已将救国救民的维新运动与佛菩萨的普度众生事业合而为一了③。缘此之故,谭嗣同在《仁学》中对佛教"度众生"的理念作了深入的探讨,这一探讨被谭嗣同安排在《仁学》一书的末尾,作为全书的一个总结(这也可以看出"度众生"之理念在《仁学》中的重要

---

① 谭嗣同认为,佛教的"仁"与儒学的"仁"之所以会具有这种对等同构的关系,乃是因为这两种"仁"都具有"以太"的性质。他说,"以太亦曰仁而已","性海即以太"(《以太说》,见蔡尚思、方行编《谭嗣同全集》,第 432—434 页)。
② 《仁学》四十九,见蔡尚思、方行编《谭嗣同全集》,第 371 页。
③ 在中国历史上,许多社会革命家都将佛菩萨的普度众生精神与自己所从事的以改变社会为目标的革命事业联系起来。毛泽东亦曾说:"佛教的创始人释迦牟尼主张普度众生,是代表当时在印度受压迫的人讲话。为了免除众生的痛苦,他不当王子,出家创立佛教。因此,信佛教的人和我们共产党人合作,在为众生即人民群众解除压迫和痛苦这一点上是共同的。"(《中外名人谈佛教》,载《禅》2000 年第 1 期,第 49 页)。

地位)①。实际上,"度众生"是谭嗣同维新思想的一个总基调。

(1) 度己与度人

谭嗣同认为"度众生"包括度己和度人两个对立统一的方面,要度人就要先度己,己不度又何以度人? 但是,己虽自度,而不管他人度不度,往往又易流于"自了汉"的境地。这不符合大乘佛教普度众生的精神。所以谭嗣同说:"度人不先度己,则己之智慧不堪敷用,而度人之术终穷;及求度己,又易遗弃众生,显与本旨相违,若佛所谓证于实际堕落二乘矣。然则先度人乎?先度己乎?"谭嗣同分析曰:"此皆人、己太分之过",须知"人外无己,己外无人,度人即度己,度己即度人。譬诸一身,先度头乎?先度手乎?头亦身之头,手亦身之手,度即并度,无所先后也。"在谭嗣同看来,"度己,非度己也,乃度人也;度人,非度人也,乃度己也。"为何如此说?谭嗣同论证曰:"今夫空山修证,洁治心源,此世俗所谓度己者也。然心源非己之源也,一切众生之源也。无边海印,万象森罗,心源一洁,众生皆洁。度人孰有大于此者?况四万八千尸虫在己身,己有无数众生,安见己身果己身有耶?故曰:'度己,非度己也,乃度人也。'""今夫方便施舍,广行善事,此世俗所谓度人者也。然仅能益众生之体魄,聊为小补,众生迷误,则如故也。虽法施广大,宏愿熏习,不难资以他力,要视众生之自力何如,非可从强之也。由是以谈,度人未能度到究竟,而己之功德则已不可量矣。故曰:'度人,非度人也,乃度己也。'"②

在上述引文中,谭嗣同从两个角度论述了度己与度人之间的辩证关系:其一,人们因为执著于人己的分别,所以才有度己与度人的说法。实际上,在佛教看来,人己同体,人外无己,己外无人,"度人即是度己,度己即是度人",两者无法截然分开。此犹如人度河,手度过去了,头自然也就度过去了;反之,头度过去了,手自然也就度过去了。度手即度头,度

---

① 《仁学》一书共分为五十节,其中第四十九、五十两节探讨了"度众生"的问题。
② 《仁学》四十九,见蔡尚思、方行编《谭嗣同全集》,第371页。

头即度手,两者何可分也?其二,入空山修证,洁净心源,表面上看来,这仅仅是度己,但实际上,己若真的已度,究彻心源,那么便能通达他人之心,因为众生之心源是相通的。既然通达他人之心,便能同情他人之苦,并生起度人之菩提心,于是度己便转变成了度人。再者,以方便施舍,广行善事,表面上看来这仅仅是度人,但实际上在度人的过程中,自己亦受益匪浅,这就是即使"度人未能度到究竟,而己之功德则已不可量矣"。综合以上两点,谭嗣同认为,度己与度人表面上看来是相互分别的,但究其实质,度己即度人,度人即度己;在度己中度人,在度人中度己,两者未尝相分。

(2) 度尽与度不尽

众生无量,那么众生到底能不能度尽呢?谭嗣同认为,这是一个见仁见智的问题,可以说"时时度尽",也可以说"时时度不尽",因为"三界惟心,万法唯识,世界因众生而异,众生亦因世界而异"。[①] 这里的"异"就是因得度而有所变化的意思。如果有一个众生得度,而这个得度的众生又改变了这个世界(即度了这个世界),那么其他生活于这个世界中的众生亦会因这个世界的改变而得度。再者,如果有数个众生得度,或更多的众生得度,情形当然更是如此。从这个角度讲,一人或数人之度也就是全体众生之度,此时"度不尽"也就变成了"度尽"。联系维新运动之实例,参与维新运动的肯定只是少数的几个精英分子,他们算是已得度者,精英分子的活动改变了这个世界,也就是度了这个世界,而其他生活于这个世界中的芸芸众生则会随着这个世界的改变而随缘得度。在谭嗣同的这个逻辑里,一人或数人之度与全体众生之度通过度世界这个中介而实现了沟通,即从中可见,"度不尽"与"度尽"只是相对而言的,可以说"度不尽",也可以说"度尽",关键是你怎么看这个问题。若一个个地去

[①]《仁学》五十,见蔡尚思、方行编《谭嗣同全集》,第371页。其中的"众生亦因世界而异",原文本作"众生非因世界而异",今据文意改。

度众生,众生肯定是"度不尽"的,因为众生无量;但是,若通过度众生生活的世界而度众生,众生又是能"度尽"的。正因如此,所以谭嗣同说"时时度尽,时时度不尽"。根据上述"度尽"与"度不尽"之间的关系原理,谭嗣同认为维新运动就是要通过度世界而度众生,从而改变众生之人心。而维新运动所谓的度世界,远而言之,就是要建立康有为所提出的"大同世界";近而言之,就是要改变中国当时的落后国家政治体制,建立一种民主合理的新体制。

对于"度尽"和"度不尽"的问题,谭嗣同还有另一层考虑,他说:"然则世界众生度尽度不尽,亦随众生所见何如耳。且即其实而言之,佛与众生,同一不增不减之量。谓众生度不尽,则众生将日增,谓众生度尽,则佛将日增。有所增亦必有所减,二者皆非理也。其实佛外无众生,众生外无佛。虽真性不动,依然随处现身;虽流转世间,依然遍满法界。往而未尝生,生而未尝往。一身无量身,一心无量心;一切入一,一入一切,尚何尽不尽之可言哉?是故佛既说'有一小众生不得度者,我誓不成佛';又说'卒无有一众生得灭度'者,亦尽不尽也。"①在这里,谭嗣同从佛与众生同体相即的道理来解释"度尽"与"度不尽"之间的关系,他说,"佛外无众生,众生外无佛",也就是说,众生与佛同一法身,众生即佛,佛即众生,众生是未度之佛,佛是已度之众生,佛和众生是同质异态的存在,"迷即众生悟即佛"。因此,不管是未度还是已度,对于佛或众生来说,都是"同一不增不减之量"。未度和已度只是表示众生或佛存在方式的改变,并不表示两者变成了异质的存在,从这个角度讲,"度尽"和"度不尽"亦没有绝对的界限,"度尽"即"度不尽","度不尽"即"度尽"。《金刚经》中曰:"所有一切众生之类……我皆令入无余涅槃而灭度之,如是灭度无量无数无边众生,实无众生得灭度者。"②《金刚经》中的这句话可以看作

---

① 《仁学》五十,见蔡尚思、方行编《谭嗣同全集》,第372页。
② 《金刚经》第三品"大乘正宗分"。

是对上述"度尽"与"度不尽"关系的经典表述。佛菩萨慈悲为怀,以勇猛精进的精神普度众生,他只管踏实行度众生之事业,而切不可执著于"已度"、"未度"或"度尽"、"度不尽"之相。

4."不生不灭"与"微生灭":佛教之"平等"观

在谭嗣同看来,"性海"不生不灭,这不生不灭的理念是"平等",即"不生与不灭平等,则生与灭平等,生灭与不生不灭亦平等"。① 谭嗣同甚至还以代数的方式来推演不生不灭中所蕴涵的这种平等之理。在《仁学》一书中,谭嗣同就透过佛教不生不灭的理念来考察和分析人类社会与自然界中的一些现象,兹举三例如下:

(1) 善恶之不生不灭

谭嗣同认为,善恶皆本于"仁","仁"是不生不灭的,因而善恶也是不生不灭的。关于"仁"是不生不灭的,谭嗣同说:"仁固无亡,无能亡之者也,亦无能亡也。(仁)乱云者,即其既有条理,而不循其条理之谓。孰能于其既有也而强无之哉?夫是,故亦不能强无而有。不能强有,虽仁至如天,仁何乎增?不能强无,虽不仁至如禽兽,仁何乎减?不增,惟不生故;不减,惟不灭故。""仁"以不生不灭为体,不可强使之有,亦不可强使之无;不可强使之增,亦不可强使之减。"仁"本自有条理,但是"仁"在表现其自身时,有时会循其既有之条理,有时又会"乱",不循其既有之条理。谭嗣同于此说:"天地间仁而已矣,无所谓恶也。恶者,即其不循善之条理而名之,用善者之过也,而岂善外别有所谓恶哉?"②在谭嗣同看来,善恶本于"仁"之一体,同为"仁"之用,因而善外无恶,恶外无善。

谭嗣同还就"天理"与"人欲"关系,进一步阐述了善与恶的这种同一关系,他说:"世俗小儒,以天理为善,以人欲为恶,不知无人欲,尚安得有

---

① 《仁学界说》,见蔡尚思、方行编《谭嗣同全集》,第292页。"不生不灭"是《中论》中所谓的"八不中道"之一。这"八不中道"分别是"不生不灭,不断不常,不一不异,不去不来",其中"不生不灭"意味着万法皆因缘和合而起,本自不生;万法本自不生,当然也就不灭。
② 《仁学》九,见蔡尚思、方行编《谭嗣同全集》,第300、301页。

天理？吾故悲夫世之弃生分别也。天理,善也;人欲,亦善也。王船山有言曰:'天理即在人欲之中;无人欲,则天理亦无从发见',适合乎佛说'佛即众生,无明即真如'矣。"谭嗣同于此引佛所说的"佛即众生,无明即真如"的关系来证善与恶的这种同一性。意谓佛与众生同出"性海",佛不生不灭,众生亦不生不灭,因而佛即众生;无明与真如同出"性海","性海"不生不灭,于是无明不生不灭,真如亦不生不灭。同样道理,善与恶同出于"仁","仁"不生不灭,于是善不生不灭,恶亦不生不灭,谭嗣同说:"假使诚有恶也,有恶之时,善即当灭;灭善之时,恶又当生,不生不灭之以太乃如此哉。……生灭者,彼此之词也,善而有恶,则有彼此,彼灭则此生,独善而已,复何生灭?"善恶同为不生不灭,没有本质之差异,但却有"名习"之不同,犹如佛与众生同为不生不灭,没有本质的差异,但却有迷悟之不同,迷即众生悟即佛;真如与无明同为不生不灭,没有本质的差异,但却有染净的不同,染即光明净即真如。谭嗣同说:"(仁),用固有恶之名矣,然名,名也,非实也;用亦名也,非实也。名于何起？用于何始？人名名,而人名用则皆人之为也,犹名中之名也。"一言以蔽之,"仁"乃是不生不灭、善恶相即之一体,只是"仁"之用才生出了善恶的不同的"名",而"名"终归是"名",而非善恶之"实"。从"实"上言,善恶同是不生不灭,善恶是一而不二的。①

(2) 自然界之不生不灭

前所言善恶之不生不灭,乃是人类社会中的不生不灭现象。谭嗣同认为,除了人类社会中有不生不灭的现象,自然界中同样也有不生不灭的现象。

> 譬于水加热则渐涸,非水灭也,代为氢气氧气也。使收其氢气氧气,重于原水等,且热去而仍化为水,无少减也。譬于烛久爇则尽跋,非烛灭也,化为气质、流质、定质也。使收其所发之炭气,所流之

---

① 《仁学》九,见蔡尚思、方行编《谭嗣同全集》,第300—301页。

蜡泪,重于原烛等,且诸质散而滋育他物,无少弃也。譬于陶埴,失手而碎之,其为器也毁矣。然陶埴,土所为也,方其陶埴也,在陶埴曰成,在土则毁;及其碎也,还归乎土,在陶埴曰毁,在土又以成。但有回环,都无成毁。譬如饼饵,入胃而化之,其为食也亡矣;然饼饵,谷所为也,方其为饼饵也,在饼饵曰存,在谷曰亡;及其化也,还粪乎谷,在饼饵曰亡,在谷又以存,但有变易,复何存亡?譬于风,朝南而暮北,昨飓而今飚,由质点动静往来疾徐之互殊,而此风即彼风,非此生而彼灭也。譬于雨,东云霖而西云曦,秋患旱而春患潦,由地气寒热燥湿舒郁之所致,而上之霖霰,即下之渊泉,川之泛滥,即陆之蒸润,非于霄生而于壤灭也。譬于陵谷沧桑之变易,地球之生,而不知几千几百变矣。洲诸之壅淤,知崖岸之将有倾颓;草木金石之质,日出于地,知空穴之终就沦陷;赤道以还速而隆起,即南北极之所禽敛也;火期之炎,冰期限之冱,即一气之所舒卷也。故地球体积重率,必无轩轾于时;有之则畸重而去日远,畸轻而去日近,其轨道且岁不同矣。譬于流星陨石之变,恒星有古无而今有,有古有而今无,彗孛而有循椭圆线,而往可复返,有循抛物线而一往不返。往返者,远近也,非生灭也;有无者,聚散也,非生灭也。木星本统四月,近忽多一月,知近度之所吸取。火、木之间依比例当更有一星,今惟小行星武女等百余,知女星之所剖裂。即此地球亦终有陨散之时,然地球之所陨散,他星又将用其质点以成新星矣。①

谭嗣同用以上九个例子来说明自然界的不生不灭现象。综观这九个例子,它们无非是自然界中常见的一些物理或化学变化,小至水之加热蒸发,大至宇宙星球之演变。科学告诉我们,自然界的千变万化皆遵循物质不灭之定律。这个定律说明,自然界中的物质变化只是物质改变其存在的方式或形态,而其质量和能量则不增不减,实现等量

---

① 《仁学》十二,见蔡尚思、方行编《谭嗣同全集》,第307—308页。

转换——这就是自然界质量、能量的不生不灭定律。然而,科学上这种不生不灭与佛学上的不生不灭并不是一回事。佛学上的不生不灭,系指万法皆因缘和合而成,本自不生,故而不灭,这是哲学本体意义上的不生不灭,而非质量和能量上的不生不灭。从这个意义上讲,谭嗣同是误用佛教不生不灭的原理来解释自然界中的物质变化现象。但是,谭嗣同是着眼于佛教不生不灭中的平等义而不是本体义来说自然界的物质变化现象的,从这个角度看,谭嗣同的做法亦无大谬,毕竟在自然界的物质变化过程中,其质量和能量是平等转移的,即某物质的质量和能量由一种物质状态不增不减地转移到别一种物质状态中去。

(3) 不生不灭出于"微生灭"

既述人类社会中之不生不灭,又述自然界中之不生不灭,接着谭嗣同又剖析了佛教不生不灭的根源。他认为佛教不生不灭的根源在于"微生灭"。他说:"不生不灭乌乎出? 曰:出于微生灭。此非佛说菩萨地位之微生灭也,乃以太中自有之微生灭也。"并申述如下:"不生不灭,至于佛入涅槃,蔑以加矣。然佛固曰不离师子座,现身一切处,一切入一,一入一切,则又时时从兜率天宫下,时时投胎,时时住胎,时时出世,时时出家,时时成道,时时降魔,时时转法轮,时时般涅槃。一刹那顷,已有无量佛生灭,已有无量众生生灭,已有无量世界法界生灭。求之过去,生灭无始;求之未来,生灭无终;求之现在,生灭息息,过乎前未尝或住。是故轮回者,不于生死而始有也,彼特大轮回耳。无时不生死,即无时非轮回。自有一出一处,一行一止,一语一默,一思一寂,一听一视,一饮一食,一梦一醒,一气缕,一血轮,彼去而此来,此连而彼断。去者死,来者又生;连者生,断者又死,何所为而生,何所为而死,乃终无能出于生死轮回之外,可哀矣哉,由念念相续而造成之。"①

---

① 《仁学》十五,见蔡尚思、方行编《谭嗣同全集》,第 312—313 页。

谭嗣同据此念念相续的不生不灭概念,得出生死轮回之连续不断,而轮回则有大轮回与细轮回之分。"大轮回亦必念念所造成。佛故说三界惟心,又说一切惟心所造。人之能出大轮回与否,则于其细轮回而知之矣。细轮回不已,则生死终不得息,以太之微生灭亦不得息。"人能否从生死大轮回中得以解脱,关键可由细轮回而得知,而细轮回即念起念息之微生灭。众生轮回佛涅槃,一念生即众生,一念灭即涅槃。念念生灭不息即"以太之微生灭亦不得息",由此"微生灭"遂有佛与众生的不生不灭,所谓"前念迷是众生,后念悟即佛","佛即众生,众生即佛",皆指此而立言也。

至此,谭嗣同《仁学》中的佛学思想已然轩豁呈露,但以上所阐述的还只是《仁学》中意蕴丰富的佛学思想的一部分。然而,不管《仁学》中的佛学思想多么丰富,我们都不能将《仁学》一书看作是一部佛学著作,正如陈庆坤先生在谈到《仁学》时所指出的:"如果我们把他(指谭嗣同)的哲学体系作为纯佛学体系来对待,而说他的《仁学》宗旨是畅演佛学的宗风,那就错了。"[1]因此,归根到底,谭嗣同的《仁学》是阐述维新思想的政论著作,但是在其运用大量佛学思想结构著作并加以论证之时,他的近代佛学思想观念也充分显示出来。

三、生命的涅槃

谭嗣同于光绪二十四年(1898)八月十三日(9月28日)死难,这是值得人们纪念的一个悲壮的日子,史称"戊戌六君子"之一。据称,谭嗣同拒绝逃亡国外的劝告,而慷慨陈词:"各国变法,无不从流血而成,今中国未闻有因变法而流血者,此国之所以不昌也。有之,请自嗣同始。"他以热血生命奉献给了维新事业,最后以"我自横刀向天笑,去留肝胆两昆

---

[1] 陈庆坤:《中国近代启蒙哲学》,第199页,长春,吉林大学出版社,1988。

仑"的狱中题壁诗句而青史留名,彪炳千古。① 谭嗣同在临刑前,面不改色,大声高呼:"有心杀贼,无力回天,死得其所,快哉!快哉!"谭嗣同这种不怕死的大无畏精神,既是革命英雄主义的表现,也是佛教涅槃境界的体现,两者璧合于谭嗣同之一身。革命英雄主义使谭嗣同的死具有壮烈之美,而佛教涅槃境界则使谭嗣同之死显示宁静之美。以比喻言之,谭嗣同之死就像波涛滚滚的大海,表面壮烈,底下宁静。②

1. "佛学彗星"

梁启超称道:"晚清思想界有一彗星曰浏阳谭嗣同。嗣同幼好为骈体文,缘是以窥今文学,其诗有'汪(中)、魏(源)、龚(自珍)、王(闿运)始是才'之语,可见其向往所自;又好王夫之之学,喜谈名理。自交梁启超,其学一变;自从杨文会闻佛法,其学又一变。"③又说:"然真学佛而能赴以积极精神者,谭嗣同外,殆未易一二见焉。"④由此可知,谭嗣同在历史上的意义,亦因与杨文会学佛的一段不解之缘,而更加耐人寻味。具体地说,他是使人深味近代佛学与西学、与维新变法具有特殊关系的一个实

---

① 参见蔡尚思、方行编《谭嗣同全集》,第287页。"戊戌六君子"指谭嗣同、康广仁、杨深秀、刘光第、杨锐、林旭。谭嗣同曾获文天祥蕉雨琴于江夏,尤为心仪文天祥之精神气概,此两句诗可与其"人生自古谁无死,留取丹心照汗青"相互辉映。梁启超曰:"所谓两昆仑者,其一指南海,其一乃侠客大刀王五。浏阳少年尝从之受剑术,以道义相期许。戊戌之变,浏阳与谋夺门迎辟,事未就而浏阳被逮,王五怀此志不衰。"此谓谭嗣同在去留之间选择留而献身,但对当时能救他的侠客王五和他以死相救的老师康有为均寄予身后厚望。谭嗣同有绝笔血书敬致康有为,曰:"彼首鼠两端者不足与语;千钧一发惟先生一人而已。天若未绝中国,先生必不死。呜呼!其无使死者徒死而生者徒生也!嗣同为其易,先生为其难。魂当为厉,以助杀贼!裂襟啮血,言尽于斯。"(同书,第532页)谭嗣同以死为易事,而未竟事业乃大丈夫事,康先生当义不容辞,精魂为厉鬼以相助。又按,戊戌政变后,大刀王五"愿挟以出亡",谭嗣同因"惧罪连其父,方代父作责子书,为父解脱。书未就,不从王五请。追书就,而捕者已至。"以此因缘,故王五"怀此志不衰",而谭嗣同亦令人生叹,叹其"天才轶荡,为六君子中魁杰,未留身以有待,惜哉!"(同书,第560页)
② 参见陈坚《谭嗣同与佛学》,台北,华梵大学《第七次儒佛会通学术研讨会论文集》,2003。
③ 梁启超:《清代学术概论》,第150页。梁启超在谈及谭嗣同《仁学》时又说:嗣同遇害,年仅三十三,"仅留此区区一卷,吐万丈光芒,一瞥而逝,而扫荡廓清之力莫与京焉,吾故比诸彗星。"(同书,第156—157页)
④ 梁启超:《清代学术概论》,第166页。

例,也是促使人思考佛教在社会发生大转型时能发挥何种积极作用的一个典范。他生平所学虽不都从佛学中来,但他从佛学中汲取了有益于人生身心和有利于社会进步的积极成分,佛学在一定程度上给了他一种利济苍生的冲天斗志和视死如归的大无畏精神。因此,有学者又把谭嗣同比做一颗耀眼的"佛学彗星"①,意谓他在近代佛教史上虽然瞬间流逝,但是璀璨夺目,留下了令人难忘而深刻的印象。

谭嗣同的彗星之路,并不在于他短暂的三十三岁的生命,令人惊叹的是,他是直到生命的最后几年才进入佛学之殿堂。1896年,谭嗣同三十一岁,这年春于京城结识了吴雁舟、夏曾佑等人,吴、夏均为一代佛学名宿,谭嗣同由此而倾心于佛学;同年夏,谭嗣同方入金陵从著名的杨文会居士学佛。他系统学佛的时间不会超过一年,但由于悲愿深切,精进勇猛,而于佛学上遂造诣宏深。② 故有研究者这样评论谭嗣同与近代佛学的关系:"谭嗣同仅从杨文会学了一年的佛学,而能有如此的造诣,是很难得的。谭嗣同的佛学思想,虽然还说不上是深刻的,但是他不仅把佛学作为一种思想力量,而且还把佛学作为一种政治力量来躬行实践,这较之夸夸其谈、徒托空言者,还是胜过一筹的。……谭嗣同佛学思想的可贵处,也正在这里。"③

---

① 于凌波:《中国近现代佛教人物志》,第338页,北京,宗教文化出版社,1995。
② 《上欧阳中鹄书》十,参见《谭嗣同全集》,第461页。"在京晤诸讲佛学者,如吴雁舟,如夏穗卿,如吴小村父子,与语辄有微契矣。又晤耶稣教中人,宗旨亦甚相合。五大洲人,其心皆如一辙,此亦一奇也。于是重发大愿,昼夜精持佛咒,不少间断:一愿老亲康健,家人平安;二愿师友平安;三知大劫将临,愿众生咸免杀戮死亡。渐渐自能入定。能历一二点钟久始出定,目中亦渐渐知有所见。惟恨道力浅薄,一入官场,便多扰乱耳。"梁启超在《仁学序》中记录了谭嗣同为学上的深思精进勤奋:"每共居,则促膝对坐一榻中,往复上下,穷天人之奥,或彻夜废寝食,论不休。每十日不相见,则论事论学之书盈一箧。"
③ 郭朋、廖自力等:《中国近代佛学思想史稿》,第255页,成都,巴蜀书社,1989。有学者指出,在中国佛教史上,有两个人被誉为"佛学彗星":一个是东晋时期鸠摩罗什的弟子僧肇,他只活了30岁,但留下一部佛学经典之作《肇论》,奠定其在佛教史上不可撼动的地位;另一位就是晚清的谭嗣同,他活了33岁,却赋予佛学以现代的积极精神。如果说僧肇是"理论佛学"的俊杰,那么谭嗣同则是开拓"应用佛学"领域的健将,他将佛法精神贯注于现实社会,使大乘佛教走出深深锁居的围墙,重现其刚健雄猛的精神。

2."芬芳悱恻"

其实,谭嗣同留给世人的不只是光彩绚丽的东西,除了"勇猛精进"之外,他还留给人们佛化生活中"芬芳悱恻"的隽永通达的一面。他存有一枚印章,阳文曰"勇猛精进",阴文曰"芬芳悱恻",这恰好是他人生的写照。这枚印章是他居京时"湘乡曾慕陶侍郎广汉所赠刻",看来很为谭嗣同所珍爱。① 自从接触佛学后,他的日常生活也别开生面,在待人接物中增添了不少佛学情趣。这在谭嗣同为维新变法献身、勇猛决绝的生命途程中,特别令人值得回味。

翁同龢有日记二则述及谭嗣同留给他的印象,光绪二十二年丙申(1896)四月十三日记曰:"三十二岁,通洋务,高视阔步,世家子弟中桀骜者也";大约一年之后,光绪二十三年丁酉(1897)三月,翁同龢又记曰:"此人拘谨,盖礼法之士"。② 这是谭嗣同在维新运动中拜访翁同龢时给后者留下的印象。在翁同龢的眼中,谭嗣同是一个严肃、拘谨而又桀骜的人,这应该是谭嗣同进入肃穆庄严的皇宫时所相应表现出来的"面具"。而实际生活中的谭嗣同,由于受佛学思想的影响,则是一个随和、风趣而又幽默的人,在家庭生活中他更有温情脉脉的一面。光绪二十四年(1898)农历四月初三是谭嗣同与妻子李闰结婚15周年的纪念日,其时他正准备赴北京参与新政。恩爱夫妻,行将分别,情意绵绵,谭嗣同遂作一帖颇具佛意的《戊戌北上留别内子》赠予爱妻李闰:"颂述嘉德,亦复欢然,不逮已生西方极乐世界。生生世世,同住莲花,如比迦陵毗迦同命鸟,可以互贺矣。但愿更求精进,自度度人,双修福慧。诗云:婆娑世界普贤劫,净土生生此缔缘。十五年

---

① 谭嗣同:《文信国公蕉雨琴记》,原载台湾《春秋》第十六期,参见蔡尚思、方行编《谭嗣同全集》,第543页。又参见刘淞芙《寥天一阁印录序》,自述"余自金陵别,谭子出以志别,计石二十六。……濒行,复印二石于纸尾,严正似六朝人书:一文芬芳悱恻,一文勇猛精进。"(同书,第544页)

② 参见蔡尚思、方行编《谭嗣同全集》,第560页。

来同学道，养亲抚侄赖君贤。"①字里行间弥漫着谭嗣同对结婚"十五年来同学道"的妻子的浓情蜜意。谭嗣同是以佛教的方式来表达他对妻子的情谊的，即使这是夫妻离别前的赠言，亦显得轻松自如，不见凝重伤感。

谭嗣同写给同乡友人刘淞芙一副有趣的对联也充满了佛学修养的情趣。其时谭嗣同在金陵学佛，刘淞芙欲离金陵回长沙，特来向他道别，谭嗣同遂赠他一联："辘轳一转一回顾，多罗三藐三菩提。"②谭嗣同此联对得风趣而又切合佛理。众所周知，佛教讲人生有"八苦"，其中一苦就是"爱别离苦"，即与亲人或友人离别时所生的苦。人生虽有"爱别离苦"，但是若有佛的"阿耨多罗三藐三菩提"之智慧觉悟，那么这"爱别离苦"亦为之消解而归于"空"，离别也因此而由苦变为轻松自若。谭嗣同以这样一副契理契机的对联赠予离别的友人，堪称"佛心独运"。

在金陵候缺并学佛的那段日子里，谭嗣同还学会了生活中的琴棋书画、算数印章等诸般杂艺，而他之所以会想到学习这些东西，也是因为受了佛经的影响。他说："《华严经》五地菩萨，为利益众生，故世间技艺，靡不该习。所谓文字、算数、图书、印玺，地、水、火、风种种诸论，咸所通达，

---

① 参见蔡尚思、方行编《谭嗣同全集》，第284—285页。按诗中"婆娑"宜作"娑婆"。"娑婆"亦叫"沙河"，是梵文 saha 的音译，指人所居住的世界。迦陵毗迦同命鸟应是两种鸟，即迦陵毗迦和同命鸟，此两鸟往往被连用，其中迦陵毗迦，亦作迦陵频迦(梵文 kalavinka)，《正法念经》中曰："山谷旷野，多有迦陵频伽，出妙声音。"同命鸟亦叫共命鸟(梵文 Jivajiva)，亦叫耆婆耆婆，此鸟两首一身。《佛说阿弥陀经》将两鸟连用，曰："舍利，彼国常有种种奇妙杂色之鸟，白鹤、孔雀、鹦鹉、舍利、迦陵频伽共命之鸟，是诸众鸟，昼夜六时，出和雅音。"谭嗣同将两鸟连用，应该是本于此，因为他在引文中讲到了《佛说阿弥陀经》中所描述的西方极乐世界。按现代的说法，迦陵频迦是爱情鸟，象征男女之间的爱情；共命鸟是友情鸟，象征道友之间惺惺相惜、相爱相怜，这两个象征非常符合谭嗣同与李闰夫妻之间的亲密关系。
② 《赠某友人联》，见蔡尚思、方行编《谭嗣同全集》，第283页。另据《寥天一阁印录跋》，其中的"某友人"系指刘淞芙，见蔡尚思、方行编《谭嗣同全集》，第543—544页。此联中"多罗三藐三菩提"，即"阿耨多罗三藐三菩提"的略称。"阿耨多罗三藐三菩提"是梵文 anuttara-samyak-sambodhi 的音译，意为佛的智慧觉悟。"辘轳"，是指安在井架上绞起吊桶汲水的工具。从此联的联意看，应是"辘辘"之误。"辘辘"乃是古时马车、牛车等的车轮，"辘辘一转一回顾"表现了友人相离别时的依依不舍之情。

文笔、赞咏、歌舞、妓乐、戏笑、谈说,悉善其事。金刚藏菩萨说颂曰:善知书数印等法,文词歌舞皆巧妙。"①谭嗣同以精通世间种种技艺的五地菩萨为榜样,广学博习各种巧妙技艺。他曾作一首《日颂》,表明自己在一天中如何在"治事"的余暇合理安排学习各种技艺的情形。他这样写道:"朝修止观,忘志矧气。饔而治事,无事书字。抑或演算,博诸工艺。日中体操,操已少愒。治事方殷,否则诵肄。倦又钞写,抵飧斯既。遏此言矣,昏乃治事。中宵无文,磅礴惟意。"②

在谭嗣同所学习的诸种技艺中,有些项目还相当有造诣。谭嗣同曾一度沉迷于"手镌印章",并有大量作品出手,引得许多友人前来索要。前文提到的谭嗣同的好友刘淞芙就保存有谭嗣同送给他的26枚印章:形正方者十三;形长方者九;其一横式,中镌一"同"字,两旁各镌"复子"二字,一翻一正,体势微衰,如鸟张翼;形体残裂者二,曰"抱残守缺";其一如钱之轮廓,中文"检点自己",周边有十二时辰文,盖谓十二时中检点自己也。刘淞芙如是评论谭嗣同的印章:"谭君所造印石,特其余艺,严肃清妙,肖其为人。"刘淞芙认为,在谭嗣同所习得的众多技艺中,刻印一艺是最独特而最能体现其为人的,因为在谭嗣同那里,刻印已不仅是一种技艺,更是其表现佛心的一种方式。谭嗣同认可了刘淞芙对其刻印工艺的理解,他在谈到一方刻有《华严经》一段经文的印玺时这样写道:"大地山河,了了到眼,更无处可容言说,因为谨录摩诃衍大方广唐译《华严》一小品,以见印玺亦佛所用心者也。淞芙慧眼如炬,端能洞悉厥旨,则庶几乎我说未曾有法,学者佛声。"③佛说"须弥纳于芥子",谭嗣同之刻印可谓"佛心纳于方寸",诚哉斯言也。

---

① 刘淞芙:《寥天一阁印录跋》,见蔡尚思、方行编《谭嗣同全集》,第543—544页。按,引文中"妓"通"伎",读者勿望文生义也。
② 《日颂》,见蔡尚思、方行编《谭嗣同全集》,第287页。
③ 《寥天一阁印录跋》,见蔡尚思、方行编《谭嗣同全集》,第543—544页。

谭嗣同亦酷爱琴艺,曾作有《停云琴铭》、《崩霆琴铭》和《霹雳琴铭》①。又作《文信国公蕉雨琴记》,谭嗣同于光绪十六年(1890)春三月,获此琴于江夏,幸而志之。蕉雨是宋代文信国公之琴名,其有铭曰:"海沉沉,天寂寂;芭蕉雨,声和激;孤臣泪,不敢泣。"谭嗣同曰,"此可以观公之用心矣"。此琴长三尺七寸,阔六寸,断纹细碎如毛,世称牛毛纹者也。底篆"蕉雨"二字,铭用行书,凡五行,书法劲秀。印章二:一曰"文天祥印",一曰"文山氏"。腹镌行书二行曰:"宝祐二年甲寅(1254)九月,庐陵山人剖腹重修。"谭嗣同据此推算,此琴"及今当八九百年矣"。他感慨系之:"夫以八九百年之久,亦何物之能存?矧为槁木乎!然余以为存,不在琴也。""余尝蓄赵松雪琴一,制差小,音亦远逊,以视斯琴,其物为同,余不甚珍惜。故物之无所藉以存,固不能存,即存亦与不存等。"此盖谓物之存因精神,因琴心通佛心。此记谭嗣同亲撰而书之,并盖印章"勇猛精进"阳文,"芬芳悱恻"阴文。②

谭嗣同亦曾为醴陵张氏藏文天祥的一方"日月星辰砚"作歌并叙,叙曰:"天地既以其正气为河岳、为星日,复以余气为日月星辰之怪石。河岳精灵钟伟人,伟人既生石亦出。吁嗟乎!石不自今日而始,石亦不自今日而终。信国与之亦偶逢,遂令千载见者怀清风。当年喋血戎马中,与尔坚白之质相磨砻。方谓事定策尔功,天枢一绝徒相从。天枢绝,坤维裂,潮无信,海水竭,御舟覆,崖山蹶。丰隆伐鼓呼列缺,云师狂奔风烈烈,双轮碎碾蔚蓝屑,万星尽向沧冥灭。竹如意断冬青歇,叠山之外谁见节?斯时日月星辰安在哉?赖此片石,独留不夜之星辰、长明之日月!"此日月星辰砚,长五寸,广半之,博又半之。质细腻微白,圆晕径寸。黑

---

① 参见蔡尚思、方行编《谭嗣同全集》,第97、545—546页。《停云琴铭》为黎壬生作,而《崩霆琴铭》曰:"雷经其始,我竟其工,是皆有益于琴,而无益于桐";《霹雳琴铭》曰:"破天一声挥大斧,干断柯折皮骨腐,纵作良材遇已苦。遇已苦,呜咽哀鸣莽终古!"据《紫禁城》1983年第2期载,霹雳琴为谭嗣同于光绪十六年监制,铭刻于琴腹,琴背则刻"残雷"二字,故亦称"残雷琴"。此琴现藏故宫博物院。
② 参见蔡尚思、方行编《谭嗣同全集》,第543—544页。按,文信国公即文天祥,自号庐陵山人。谭嗣同所撰该记,墨宝原件现为香港周康燮先生藏。

白周数重,中微黄,又中则纯白,圆匀朗润,皎若秋阳。星二,一径分,一半之。背晕益大,黑白纷错,宛然大地山河影。太极图一,径二分,赤白各半。余类云霞类沫者,乍隐乍现,莫得名目。右侧镌铭曰:"瑞石成文,星辰日月,不磷不缁,始终坚白。"末署"文天祥识"。谭嗣同宝此砚,如同其珍爱蕉雨琴,非为玩物也,而颂斯人千载不泯灭之气节矣。①

3."凤凰涅槃"

如果要描写谭嗣同完整的生命形象,不能不注意到上述诸方面。而最好的意象莫过于凤凰涅槃,浴火重生,绚丽又悲壮。郭沫若曾写过一首著名的新诗《凤凰涅槃》,说凤凰届五百岁时,自衔香木,堆积自焚,在烈火中涅槃永生;此恰好说明谭嗣同为维新事业自愿赴死,而在刑场上涅槃永生。换言之,如果联系孟子"舍生取义"的儒家精神和佛教的涅槃境界来审视谭嗣同之不畏死,那么谭嗣同的殉难壮举,乃可视为儒佛精神境界交融的典范。在戊戌六君子被逮杀后,康有为曾有哀诗悼念谭嗣同,其中几句诗或可与此相互印证:"归心服大雄,悲智能常惺";"其道终于仁,乃服孔教精";"吾道有谭生,大地放光明";"慷慨厉气猛,从容就义轻"。② 亦诚如欧阳予倩所言,谭嗣同等戊戌六君子的慷慨就义体现了一种真正的"中国气派"和"中国精神"。③

谭嗣同的不畏惧死是个事实。然而,谭嗣同何以不畏死?或有两方面的原因:一是革命的,二是佛教的。谭嗣同不畏死的更深层的佛教原

---

① 谭嗣同:《文信国公日月星辰砚歌并叙》,参见蔡尚思、方行编《谭嗣同全集》之《莽苍苍斋诗卷第二》,第72页。
② 参见蔡尚思、方行编《谭嗣同全集》附录,第558页。
③ 1942年3月,欧阳予倩在桂林为《上欧阳瓣姜师书》写的序文中指出:"戊戌政变是政治的改良运动,不算是革命。但六君子就义,当时的确给社会很大的影响。尤其是一般青年知识分子,因那一回政变的刺激,从桎梏麻醉中醒过来,中国的革命也就急激(积极)地走上了一条新的道路。倘若六君子不死,有许多人或者还会对由上而下的改革存着幻想。"末了又说:"我们常提及所谓中国气派、中国精神,却始终说不出中国精神是怎样的一种精神。古代不必多说,就近代而言,六君子之死就是中国精神的表现。"参见蔡尚思、方行编《谭嗣同全集》附录,第534、536页。

因,即是佛教讲的涅槃境界。谭嗣同赋予维新运动以佛教的意义,将维新运动看作是佛教普度众生的一个实例。在被赋予了佛教意义的维新活动中,谭嗣同常以"我不入地狱,谁入地狱"的菩萨献身精神自勉,勇猛精进大无畏。因此,一旦遇到真的要"入地狱"而献身时,便从容就义。更重要的是,谭嗣同自接受佛教后,断我执,空生死,入于涅槃无我之境界。谭嗣同死前曾与梁启超讨论《般涅槃经》的思想,显见其佛理精深,生死透彻,其论曰:"细想世间究竟无魔,魔必化身菩萨,何以故?菩萨与魔,皆众生自心所现,上等根器见之为菩萨,下等根器必见之为魔。佛说法度众生,亦可以误众生。……在得度者见佛为佛,在被误者即不得谓佛非魔也。波旬(甸)劝佛入涅槃,亦不足异。当佛灭度时,尚有许多外道婆罗门不肯皈依,故六师终未闻得度,即已被薙为僧者,且嫌戒律太严,深以佛灭度为幸,虽大迦叶无可如何。此即请佛入涅槃之魔也。可见世间断断无魔,即众生也;亦可见世间断断无佛,即众生也。魔佛众生,亦如字△,是一非三,魔安得不为化身菩萨乎?且必须如此,乃足以为不思议。"①

梁启超原先以为佛学"蹈空",惊惧不敢接受②,但经过戊戌政变血的

---

① 谭嗣同:《致梁启超》二,参见蔡尚思、方行编《谭嗣同全集》,第518页。湘中南学会在光绪二十四年(1898),聚集一时俊杰,以"保种"、"保教"为宗旨,谭嗣同于三四月间常到会演讲,并谈及佛法。此即梁任公忽闻后次日,谭嗣同致书。其下文曰:"今更以小事喻此深理。我辈以根本智生大爱力,由爱力又生许多牵挂,不能自断,仅凭此即足以致疾。夫爱力岂非佛性乎哉?然而已稍魔矣。即谓数日来所谈之佛法皆魔可也。故力劝公断绝爱根,方能入道。骨肉不易言,请先从朋友断起,深望公信此言。然恐以信此言,而爱根即从此言生长,则此信皆魔说,非佛说,嗣同亦一大魔矣。由此益知法真无可说,有说即非法。不立文字,道断语言,禅宗诚非诸家所及矣。"
② 谭嗣同:《致梁启超》二,参见蔡尚思、方行编:《谭嗣同全集》,第518页。信中说:"昔雁舟先生说心法于上海,公惟恐蹈空,惊惧不敢受,嗣同深以为怪,盖公之病已萌芽于此矣。公誓不成佛,固是精进,然窃欲更进一辞:誓不成佛,尚有佛在。何不竟说无佛,岂不直截了当?且竟不说佛,岂不更直截了当?无佛无魔,公尚有何事不了,而劳心思口说乎?观公两年来,只因言外不能领悟,错过机会,(谓此言为劝公入禅宗是一执者,但甚怪公当时何以不承当。)此后便能生出疑虑不少。自度乎?度人乎?此等商量之语,不一而足。究竟谁为自?谁是人?谁度谁不度?公试觅来与我看。识未断,本性不出,但恃一生一灭之心,自相补救,公殆欲以补救者为功德乎?已往所办之事,未来思办之事,何一非自相补救乎?欲以此为度众生,必不然矣。"

教训,他深切体认了谭嗣同的儒佛精神境界交融的特征。他在《戊戌政变记》第五篇给谭嗣同作传,传末更详细论述了谭嗣同之死的儒佛精神原因,论曰:

> 复生之行谊磊落,轰天撼地,人人共知,是以不论;论其所学。自唐宋以后咕毕小儒,徇其一孔之论,以谤佛毁法,固不足道。而震旦末法流行,数百年来,宗门之人,耽乐小乘,堕断常见,龙象之才,罕有闻者。以为佛法清净而已、寂灭而已,岂知大乘之法悲智双运,与孔子必仁且智之义,如两爪之相印。惟智也,故知即世间即出世间,无所谓净土;即人即我,无所谓众生。世界之外无净土,众生之外无我,故惟有舍身以救众生。佛说:"我不入地狱,谁入地狱?"孔子曰:"吾非斯人之徒与,而谁与?""天下有道,丘不与易。"……既无净土矣,既无我矣,则无所希恋,无所挂碍,无所恐怖。夫净土与我且不爱矣,复何有利害、毁誉、称讥、苦乐之可以动其心乎? 故孔子言不忧、不惑、不惧,佛言大无畏,盖即仁、即智、即勇矣。通乎此者,则游行自在,可以出生,可以入死,可以仁,可以救众生。①

佛教悲智双运的积极精神在近代被充分激发而与儒者的入世精神相谐,在谭嗣同身上得到了最充分的体现。谭嗣同的维新同志孙宝瑄在评论那些以治佛学为蹈空的看法时亦说:"余谓我国自来治佛学者,大抵穷愁郁抑不得志之徒,以此为排遣之计,故堕于空也。若真能治佛学者,其慈悲势力,不知增长若干度,救世心愈切矣。救世心之切,则一切有益于群之事,无不慷慨担任,且能勘破生死一关。如谭浏阳(嗣同)其人者,谁谓佛学之空哉! 且以经济著名如康(有为)、梁(启超)辈,皆研治佛学之人。如谓习(佛)便空,则此一辈人皆当息影空山,为方外人,何必抢攘于朝堂之上,以图变法救国耶? 公辈既不读佛书,不知佛学之大,而妄加

---

① 《谭嗣同传》原刊于梁启超流亡日本后所办《清议报》第四册,光绪二十四年十二月十一日(1899年1月22日),参见蔡尚思、方行编《谭嗣同全集》附录,第557—558页。

訾议,似可不必。"①

第三节　梁启超的佛学思想

梁启超(1873—1929),字卓如,号任公,别号饮冰室主人。广东新会人。梁启超生于清同治十二年二月二十三日,12岁中秀才,17岁中举人,足见他是一个聪慧早熟的人。梁启超在中举的次年(光绪十六年,1890),入万木草堂就学,拜康有为为师。从此,他便成了康有为的得意门生。后来又结识谭嗣同等人,一起与康有为从事维新变法运动。光绪二十二年(1896)八月,梁启超与同志在上海创办《时务报》,自任总撰述,运用其如椽之笔鼓吹变法维新。戊戌变法失败后,康有为与梁启超皆远走海上,亡命日本。此后,在近代民主革命的洪流滚滚向前之中,他们由改良派逐渐变成保皇派。流亡日本期间,梁启超先后主编过《清议报》和《新民丛报》,又撰写《戊戌政变记》和《光绪圣德记》,既对戊戌变法进行总结,又念念不忘歌颂光绪帝,仍然对自上而下的改良抱有幻想。辛亥革命后,他在北洋政府中曾任过"司法总长"和"财政总长",但为时不长。1917年后,梁启超由政界转入学界,先后担任过清华、南开等大学的教授和清华(国学)研究院导师,因而在学术文化上建树颇多。梁启超卒于1929年1月19日,终年五十七岁。

梁启超是属于清末民初时代的人,他在政治上的经历虽有些复杂,但在学术上称得上是一位著作等身、知识渊博的学者,他的《清代学术概论》及一些其他类型的著作常被人称引,说明了梁氏著作自蕴有一种特别的思想光芒和魅力。他的思想多变,以日新又日新为特征,其佛学思想也概莫能外。学者大多将梁启超与佛学接触的生涯分为四段:第一段为梁氏早年求学至戊戌变法失败的期间(1891—1898);第二段为梁氏逃

---

① 孙宝瑄:《忘山庐日记》上,第393页,上海古籍出版社,1983。

亡日本期间(1898—1912);第三段是辛亥革命成功后梁氏回归国内参与政治活动期间(1912—1918);第四段是梁氏自欧游回国后一直到其去世为止(1918—1929)。其中前二段可谓梁启超早年佛学思想成型时期,而第一段则是他接触清末维新同志学佛思想最多亦最活跃的时期,第二段是他在日本流亡时对戊戌变法时期维新同志思想的冷静反思与总结的时期;至于后二段则是进入民国后他对佛教产生兴趣并研究的时期,尤以第四段基本上是他转入学界后在书斋所进行的学术研究的时期。这前后几个时期中,梁启超的佛学思想变化是很大的,难以笼统言之。故此要探讨清末梁启超的佛学思想,当以前二段断限为宜。①

一、早年的师友学佛缘

清末维新人士在不愿意"全盘西化",又面临"学问饥荒"的情况下,试图找寻一个"不中不西、亦中亦西"的学术理论。于是他们多对佛学产生了浓厚的兴趣。梁启超在其著名的《清代学术概论》中把佛学作为晚清思想界的一条"伏流",他从龚自珍、魏源谈到康有为、谭嗣同,乃至章

---

① 参见王俊中《救国、宗教抑哲学?——梁启超早年的佛学观及其转折(1891—1912)》,载《史学集刊》总第 31 期,1996 年第 6 期,第 93—116 页。以下引述该文简称《梁启超早年的佛学观及其转折》。需要说明的是,在 1912 年前 14 年间,梁氏在日本受到当时日本学界大量引进翻译的欧美思潮的洗礼,对于宗教和国家概念颇有新的认识。但先前的研究者多将梁氏著作"打成一片"进行研读,忽略它的时代和环境的特殊性,以致乏于了解梁氏某些佛学主张的根源和时代缘起。又,梁启超于 1920 年游历欧洲回国后,更专注于佛教研究,发奋要编著一部中国佛教史。为此,他系统地研读了大量佛经,还曾一度到支那内学院听欧阳竟无讲唯识法相学。这个时期成为他佛学著作最多产的阶段,他陆续写出了一批佛学研究的论文,后来汇集为《佛学研究十八篇》一书,其中提出了不少有价值的观点和研究方法。经过这番研究,梁氏对佛学理论更为推崇。他认为"佛教是建设在极严密、极忠实的认识论之上"的,是"以求得最大之自由解放,而达人生最高之目的者也"(《佛陀时代及原始佛教教理纲要》)。又说,佛学"对于心理之观察分析,渊渊入微","若论内省的观察之深刻,论理上施设之精密,恐怕现代西洋心理学大家还要让几步哩"(《佛教心理学浅测》)。他乃至声称,"佛教是全世界文化的最高产品"(《治国学的两条大路》)。梁氏在人生观、生死观等问题上,十分推崇佛教的"业力"说和"唯识"说。晚年,他在给女儿梁令娴的一封家信中,甚至认为佛教所说的"业报"是宇宙间的唯一真理,而他的宗教观和人生观的"根本",也就在于此。(见《梁启超年谱长编》)这个留待以后民国时代列专章探讨。

炳麟,都喜好谈论并推奖佛教,包括他自己,"启超不能深造,顾亦好焉,其所著论,往往推挹佛教"。此中列举的都是晚清思想界荦荦大者。其实,清末维新人士中因学佛而著名者尚有不少,诸如唐才常(字绂丞,1867—1900)、汪康年(字穰卿,1860—1911)、夏曾佑(字穗卿,1863—1924)、宋恕(字燕生)、孙宝瑄(字仲愚)等,他们也都与佛学有密切关系。诸君子既倡维新,又相与鼓吹、相互影响而促成一种学佛的风气以至思潮,基本上形成清末的一个思想共同体。尽管这只是一种"伏流",但唯其如此,已令人感到暗潮汹涌的澎湃。

京城佛学风气的形成大概缘起于1894年甲午战败的刺激,因思想界流行一种观点,认为日本的崛起中"佛教隐为助力",又西学之流行与佛理"暗合"。谭嗣同对佛学最初发生兴趣可能就是1895年前后他在从事维新变法运动时接触到京城诸佛学名士,如其在给老师欧阳中鹄的书信中就谈道:"在京晤诸讲佛学者,如吴雁舟,如夏穗卿,如吴小村父子,与语辄有微契矣。"①谭嗣同推尊吴雁舟为其"学佛第一导师",他在《送吴雁舟先生官贵州诗叙》中称其为"雁舟禅师"②。谭嗣同在湖南办时务学堂从事维新运动,邀请梁启超来做总教习,其周围集聚的一批同志也都常常谈论佛法,如唐才常、刘淞芙、毕永年等。杨文会之子杨自超(葵园)也来学堂担任一些事务。③

梁启超与佛教的相遇,跟谭嗣同的情况不大一样,很难从他的个人内发的精神史上明确其关联。但可以认为他是以师友交往及读书与佛教相

---

① 《上欧阳中鹄书》十,见蔡尚思、方行编《谭嗣同全集》,第461页。
② 参见蔡尚思、方行编《谭嗣同全集》,第247页。
③ 其中唐才常是谭嗣同的同窗学友,并且是一起积极参加变法维新运动的同志,他在思想上受到谭嗣同很深的影响,同样十分推崇"佛氏大雄大无畏之旨"。他也认为:"微点(质点)者,释家之微尘也。……故格致家言,可通佛家诸天之蕴;而佛家之积微点之心力,而救苦海世界,其诸仁者所有事欤!"《唐才常集》之《辨惑上》《质点配成万物说》等篇,转引自楼宇烈《佛学与中国近代哲学》。谭嗣同在给欧阳师的书信中称唐才常、刘淞芙诸同志"皆上上等根器之再来人也,然不通佛学,则堕落地狱亦不甚难,惟大力扶掖之耳";在致汪康年书中称其"慈悲如佛"。参见蔡尚思、方行编《谭嗣同全集》,第468、512页。

遇的。师从康有为和结识谭嗣同,使梁启超与佛教开始进行知识的交流。康有为的《大同书》固然与公羊学、西学关系密切,但和佛教的"众生平等"说似乎也不无关系。谭嗣同在《仁学·自叙》中提出"冲决网罗"的口号,就是从佛家的"无我"说中引申出来的。因此说梁启超在师友们的影响下,也日益热心于佛学,这大致不错。梁启超最早接触佛学,就是他在广州长兴里万木草堂师从康有为的时候。康氏"以孔学、佛学、宋明学为体,以史学、西学为用,其教旨专在激励气节,发扬精神,广求智慧"。① 当时他和同学陈千秋(字通甫,1874—1895)"相与治周秦诸子及佛典,亦涉猎清儒经济书及译本西籍,皆就有为(师)决疑滞"。② 时为光绪十七年(1891),梁启超 18 岁。此时佛教对他的影响不大。梁启超真正对佛教产生兴趣并于生活中有所实践是在赴京沪从事维新运动之后。光绪二十一年(1895),梁启超北游京师,交夏穗卿、谭嗣同和吴季清、吴铁樵父子,"则一时喜谈龚魏之学,亦涉猎佛教经论"。③ 光绪二十二年(1896)三月,梁启超北上赴京追随康有为创办强学会,夏天又转赴上海筹办《时务报》。在沪上期间,他与汪康年、谭嗣同、吴嘉瑞、孙宝瑄、宋恕、胡惟贤(字仲巽)等同志过从甚密,相与论佛。据说在上海,他曾听吴嘉瑞(雁舟)等讲演佛法。

维新志士不仅从事维新事业,而且相与学佛,致力研讨佛学,他们的活动区域大致从北京到上海再到湘鄂。从孙宝瑄的《日益斋日记》中,我们亦可以看到光绪二十二年八月,梁启超与维新志士们在上海热衷佛学的一角情景:"八月十四日,宴复生、卓如、穰卿、燕生诸子于一品香,纵谈今日格致之学多暗合佛理,人始尊重佛书,而格致遂与佛教并行于世。""二十四日,诣时务报馆。……俄吴雁舟来,与卓如及余同至徐园,花石盘绕,亭榭极闲,三人茶话。余问:成佛之后堕落否?雁舟曰:一悟不再

---

① 梁启超:《南海康先生传》,《饮冰室合集》第 1 册文集之六,第 62 页,北京,中华书局,1989。
② 梁启超:《清代学术概论》,第 68 页。
③ 林志钧:《饮冰室合集》序,第 1 页。

迷……"①梁启超与维新志士们讨论的议题是佛学与西学的相互关系,格致之学"暗合佛理"可以借佛学而行,而西学传播又可使人"尊重佛书",于是佛学、西学并行于世。他们又讨论了有关迷悟与成佛问题。

梁启超于光绪二十二年有两封书信表明他已修习佛教并将佛学引为谈资:一是《与碎佛书》,二是《与吴季清书》。兹细读此二书并涉及相关材料,便可进一步深入了解戊戌变法前夕梁启超的学佛交游及其佛学进境。梁启超之《与碎佛书》写于丙申腊长江舟上,丙申腊即为光绪二十二年(1896)腊月。此信对象是夏曾佑,因其号"碎佛"。梁启超写信的缘起,大概是他从夏曾佑致汪康年书中获悉其近状,"云何失馆,而栖萧寺,穷岁客况,闻之凄怆"。对于夏曾佑的窘境,梁启超等维新志士都伸出援助之手,接济其家庭生活困难。但梁启超更倾向于从佛法修行的角度来理解夏君的境况,他接着说:

> 今岁以来,侪辈之中,咸稍苏息,独君郁郁,穷甕益甚。惟超知君,已将渐次入不动地,大法成就,必有因缘。缘虽非一,大抵由困苦患难,而断五欲。始教修行,观一切苦,虽复善观,未若身历。世尊自言,"(我)不入地狱,谁入地狱",何以故?地非淤泥,不生莲花;非五浊世,佛不现故。是以非惟不起厌憎,亦且常乐五浊地狱。兄之根器,非复一世数十寒暑之所获,乃从前劫而积善因。虽复如是,小脑大弱,魂为所牵。诚恐一旦不自割舍,境风熏吹,住位将退。梵天哀愍,现种种集,导种种灭,代除世间种种无常,策君精进,起君回向。是故当知非特如是,他日无量苦恼,百倍今日而集君身,何以故?六根我贼。世间一切父母妻子、功业名誉、顺适供养,悉贼党与

---

① 参见丁文江、赵丰田《梁启超年谱长编》第一册,第57页,上海人民出版社,1983。另参见孙宝瑄《忘山庐日记》光绪二十三年(1897)三月二十八日所记述,"丙申(1896)秋,海上集同志七子,曰吴雁舟、曰谭复生、曰宋燕生、曰梁卓如、曰汪穰卿、曰胡仲巽、曰孙仲愚,其人多喜圆教,统志游觉海,一日皆于光学中现身。乃为偈云:幻影本非真,顾镜莫狂走,他年法界人,当日竹林友。"可见这批维新志士对佛学的崇尚。

(羽)。党与(羽)摧落,贼自灭故。众生迷惑,认贼作子,代贼受苦。若复知者,一切诸苦,皆贼造作,还贼自受,我无与故。凡所陈说,悉皆闻之于君。①

梁启超用他从夏曾佑那里听来的佛法根本义谛即四圣谛与因缘观来讨教,这既表示他对夏曾佑栖居萧寺苦况心境的同情理解,也反映他初学佛法时对出世入世之间的一些矛盾的困惑。尤其提到"六根我贼",吾人之无量苦恼、众生之迷惑,皆由于"认贼作子,代贼受苦",把世间的一切名闻利养看成"贼之党与",能摆脱这些,"党与摧落",贼即自灭。这种"认贼作子"即众生迷失真性而不自觉的佛法理论,出典是近世较为流行的《楞严经》。《楞严经》有云:"由汝无始至于今生,认贼为子,失汝元常,故受轮转。"②

梁启超在书信中又告诉夏曾佑说:"超自夏间闻君说法,复次(吴嘉瑞)雁舟演述宗风,颇发大心,异于曩日。亦依君说,略集经论。苦为贼缚,无从解脱。贼念发时,悼君穷逼;善念发时,羡君自在。想自根浅,宿业未尽,故此今世,为佛所弃。唯别以来,颇守戒律,鬼神之运,久致太平……"③信中所示,梁启超夏天听闻了夏曾佑的说法,接着又听了吴雁舟"演述宗风",他跟从前不一样,发了大心,要好好地深入钻研经论,但是苦于不能摆脱世俗的牵缠束缚,无法真正解脱自在,"贼念"与"善念"交相为战,想来这可能是自己根基浅薄,"宿业未尽"。不过自与夏君别后,倒还能依夏君所教"略集经论"、"颇守戒律",说明他此时已有了一些基本的修行。

大概直到1898年戊戌变法以前,梁启超的佛学水平还不是很高,这

---

① 梁启超:《与碎佛书》,《饮冰室合集》第1册文集之一,第111页。
② 参见天竺沙门般剌密帝译《首楞严经》卷第一之下,该经全称为《大佛顶如来密因修证了义诸菩萨万行首楞严经》。宋首楞大师可度有《笺首楞严经》,笺云:"因由汝之无始,至于今日,认贼作子,失却元来真常之心,故受轮转。法上若认真心为心,成佛有期。若执能推者为心,何殊认贼为子?所有法财功德,一时侵将,然后不免轮转生死。"
③ 梁启超:《与碎佛书》,《饮冰室合集》第1册文集之一,第111页。

从光绪二十三年(1897)三月十日他给夏曾佑的另一封信中可以看出："启超近读经,渐渐能解(亦不能尽解,解者渐多耳)。观《楞伽记》,于真如、生灭两门情状,似仿佛有所见,然不能透入也。大为人事所累,终久受六根驱役不能自主,日来益有堕落之惧(日夕无一刻暇,并静坐之时而无之,靡论读经)。既不能断外境,则当择外境之稍好者以重起善心,兄之闲暇望如天上也。……专望兄书,以救我魂,兄其念哉!"① 梁启超在这封信中向夏曾佑叹苦经:"大为人事所累","受六根驱役不能自主",近来更有"堕落之惧",从早到晚无片刻闲暇,静坐的时间都没有,更不要说读经了。他恳求夏君帮助,以重起善心学佛,"以救我魂"。

夏曾佑对佛学有很深的研究。可惜他没有留下专门论述佛教的著作,无法深入了解他的佛学思想。但从梁启超对夏曾佑推崇备至之言中可窥得一二。梁启超说:"他对于佛学有精深研究,近世认识'唯识学'价值的人,要算他头一个。""我们都学佛,但穗卿常常和我说:'怕只有法相宗才算真佛学。'那时窥基的《成唯识论述记》初回到中国,他看见了欢喜得几乎发狂。他又屡说:'《楞严经》是假的。'当时我不以为然,和他吵了多次,但后来越读《楞严》越发现他(它)是假。我十年来久想仿阎百诗《古文尚书疏证》的体例著一部《佛顶楞严经疏证》,三年前见穗卿和他谈起,他很高兴,还供给我许多资料。我这部书不知何年何月才做成,便做成也不能请教我的导师了。"② 这段话是梁启超在夏曾佑死后所写,此中提到《楞严经》真伪问题,可以印证他以前"认贼为子"的佛学思想确来源

---

① 梁启超:《与穗卿大师书》,见丁文江、赵丰田《梁启超年谱长编》第一册,第75页。
② 梁启超:《亡友夏穗卿先生》,《饮冰室合集》第5册文集之四十四,第19、23页。该文写于1924年(民国十三年)4月23日夏曾佑死后六日。梁启超在该文中称"穗卿是晚清思想界革命的先驱","若读过十八九年前的《新民丛报》和《东方杂志》的人,当知其中有署名别士的文章,读起来令人很感觉他思想的深刻和卓越。别士是谁? 就是穗卿。"梁启超说19岁时始和穗卿相识,他们两个都是"从小治乾嘉派考证学有相当素养的人"。穗卿为什么自名别士呢? 此源于墨子主张兼爱,常说"兼以易别",所以墨家较"兼士",非墨家便叫"别士";梁心醉墨学,所以自号"任公",又自命为"兼士",穗卿则说,"我却不能做摩顶放踵利天下的人,只好听你们墨家排挤吧",因此自号"别士"。(同书,第22页)

于该经不虚。

梁启超、谭嗣同与吴季清、吴铁樵父子二人交游学佛,过从甚密。①《与吴季清书》写于吴铁樵死后未久,梁启超意在安慰吴季清悲伤,由于是平常学佛的朋友,所以就着眼于从佛法来开导。在此书信中,梁氏开宗明义就向吴季清提出"生天成佛"问题,问其信不信有生天成佛之说,若信有,那么,"欲生天成佛,其道何由?"梁启超认为,"必厌离世间五浊臭秽,脱屣躯壳,修菩萨行,此不二法门也。故以我佛慧力,而必现出家身以度众生,谓学道人固应尔也。公之悲不可解,超无他言,请公读《本行集经》太子出家品。……今夫铁樵出家之念,不自今日始也,又非彼一人独也。若穗卿,若复生,若启超,皆久发此愿,苦无机缘耳。铁樵之未遇机缘犹吾辈也,彼此次与超同由鄂来,在船上言之详矣。彼此念视我辈尤坚也,然使其不死,十年之内亦必有出家之事。……天下之苦恼未有不生于躯壳者。躯壳与躯壳日相处,则苦恼如丝织,日结日深而不可解,此有家之为害。超既屡为公言之,彼死者有何利益胜于我辈,所不敢知,然于此间苦已脱离无量矣。我辈方且力求解脱之法,而宁能以彼之大乐者为我之大苦?何其大惑耶!此非寻常达观劝慰之言,我辈所日日讲求者正复在此,不可忘宗旨耳。"末了,梁启超请吴季清读《楞严经》前四卷,反复玩味,以遣痴心。梁自注曰:"以佛法言之,只得谓之痴。"②由此可窥梁启超当时的佛学知识及其所关心的问题、所涉猎的经典。

光绪二十三年(1897),梁启超作《万木草堂小学学记》,依康南海先生《长兴学记》演其始教之言,内中有立志、养心、读书、穷理、经世、传教、

---

① 谭嗣同曾作《吴铁樵传》曰:"铁樵死以光绪二十三年(1897)四月二十一日,年三十二。嗣同初不识铁樵,亦于京师偶见之,片言即合,有若夙契。嗣同甚乐铁樵,又钦其父名,因铁樵请见,连不值。既得见,则三年前对语终日而各不知姓名之季清先生也。相与抚掌大笑,剧谈略数万言不得休息。铁樵亦大诧,以为奇遇。以长铁樵一岁,父事季清先生而弟铁樵。过从甚密,偶不见,则互相趋。所谓燕赵之士,任侠重诺者,益相助物色而罗致之。"参见蔡尚思、方行行编《谭嗣同全集》,第258页。
② 梁启超:《与吴季清书》,《饮冰室合集》第1册文集之一,第112—113页。

学文、卫生等项目。其立志,将孔子曰"天下有道,某不与易也"与佛言"不普度众生,誓不成佛"相提并论。梁启超于此说,学者当思国之何以弱,种之何以微,众生之何以苦,皆由天下之人莫或以此自任也。我徒此责人之不任,何不自任矣?论语曰:志于仁,又曰:仁以为己任。此志既定,颠扑不破,读一切书,行一切事,皆依此宗旨,自无挂碍、无恐怖。对于传教,梁启超则说:"今景教流行,挟以国力,奇悍无伦。而吾教六经舍帖括命题之外,诵者几绝,他日何所恃而不沦胥哉!""佛教、耶教之所以行于东土者,有传教之人也;吾教之微,无传教之人也。教者,国之所以受治,民之所以托命也。吾党丁此世变,与闻微言,当浮海居彝,共昌明之。非通群教,不能通一教,故外教之书亦不可不读也。"①梁启超从保种、保教的角度谈到佛教,重视佛教的救世精神,强调佛教、耶教之行而孔教之微乃在于"无传教之人",故此特立传教一项。

综上所述,可对梁启超早年接触佛教的情况作如下分析:1891年,梁氏于广州长兴里万木草堂师事康有为,受康有为研究佛学的影响较深,但当年梁仅19岁,人生经验尚浅,对佛教空、无常之说难有切实了解是可想而知的。日后他回忆起这段经历,只能言道"余夙根浅薄,不能多受"。这时除了在他年轻的心中将公羊派经世之学和佛教普度众生思想结合起来,激发救国救民精神外,对佛学的了解当还有限。梁氏真正初尝佛学甘旨,略入堂奥,还是甲午战争后在京沪等地从事维新变法运动,其间与友人谭嗣同、夏曾佑、汪康年、孙宝瑄等讨论佛学与西学,颇感兴味。此段时期梁启超充满了发掘新知以拯救国难的使命感,拼命地补充他自认为在知识上的不足之处,不仅佛学,他还同时学习中外历史、拉丁文、算学等。这时他之所以对佛学感兴趣,主要的恐怕还是受到周围维新志士师友学佛风气的影响。但他因忙于维新事务,为世事所牵缠,几乎无暇读经、坐禅,对佛学研究还不深入。不过,他从1891—1897年这

---

① 梁启超:《饮冰室合集》第1册文集之二,第33—34页。

六七年间的确在研习佛学方面下了功夫,打下了比较坚实的基础。这使他得以在变法失败、亡命海外之后,从1899年开始发表一系列有关佛学的论文,逐渐形成自己的佛学思想体系。

二、戊戌政变后的佛学思想

光绪二十四年(1898)八月,轰轰烈烈的"百日维新"运动,因守旧势力的阻挠而告终结。戊戌政变失败后,康、梁逃亡海外,远渡日本,志士星散。对于梁启超而言,流亡日本虽然是他在政治上的一大挫败,但也提供他机会亲身见识日本如何积极学习西方经验,建立现代化国家。透过日本人对西学的介绍和翻译,并冷静反思戊戌变法的血的教训,梁启超不仅对政治,而且对包括佛教在内的宗教等许多问题都有了新的看法。在佛学方面,梁启超已超越了过去仅从政治角度来发挥佛教的救世精神,他还高瞻远瞩地从文化角度来研究佛学,把佛学放在学术思想的历史长河中,比类理性的哲学,并与科学相调和,极力阐发和推崇佛教适合于现代人信仰的积极部分,而淡化其中的迷信成分。可以说,这段客居日本是其佛学思想发展和完善的一个极佳时期,因为此时的日本由于受西学的影响亦产生了新的佛教观和方法论,比如日本当时的佛学界注重佛学学理和佛教历史的探讨,这也许启发了梁启超从学术思想史角度来研究佛学。

梁启超并没有因为遭受戊戌变法失败的痛苦而消极地沉溺于佛教,相反他致力于把佛学系统化为于国家、于民族有积极作用的理论武器,这与他的社会政治思想有关,也与他在日本获得的新视野和新感受有关。这体现在戊戌政变后他写成的一些有关佛学的论文或专文中,诸如:光绪二十五年(1899)写成的《论支那宗教改革》和《自由书·惟心》,光绪二十八年(1902)撰著的《论中国学术思想变迁之大势》、《论宗教家与哲学家之长短得失》、《保教非所以尊孔论》、《论佛教与群治之关系》,其他在《谭嗣同传》、《仁学·序》(光绪二十四年)、《南海康先生传》(光绪二十七年)、《近世第一大哲康德之学说》(光绪二十九年)及《余之生死观》(光绪三十年)中亦论及佛学。从以上著述开单中,可见梁启超在光绪二十八年间佛学思考最勤,成果颇丰,其论域亦较宽,涉及佛学在近代社会文化中的多面向考量。现将戊戌变法后梁启超的主要佛学思想梳理如下:

1. 倡言"宗教改革"和"除心中之奴隶"

1899年,梁启超受姊崎正治君邀请到贤哲荟萃的哲学会发表演讲,他依据康有为先生思想谈论两个问题:其一关于支那,以宗教革命为第一著手;其二关于世界,以宗教合统为第一著手。梁启超在会上就谈了第一个问题,后者未来得及谈。对于支那宗教改革,梁启超说:"凡一国之强弱兴废,全系乎国民之智识与能力,而智识能力之进退增减,全系乎国民之思想。思想之高下通塞,全系乎国民之所习惯与所信仰。然则欲国家之独立,不可不谋增进国民之识力。欲增进国民之识力,不可不谋转变国民之思想;而欲转变国民之思想,不可不于其所习惯所信仰者,为之除其旧而布其新。此天下之公言也。泰西所以有今日之文明者,由于宗教革命,而古学复兴也。盖宗教者,铸造国民脑汁之药疗也。我支那当周秦之间,思想勃兴,才智云涌,不让西方之希腊。而自汉以后二千余年,每下愈况,至于今日而衰萎愈甚,远出西国之下者,由于误六经之精义,失孔教之本旨。贱儒务曲学以阿世,君相托教旨以愚民。遂使两千年来孔子之真面目,湮而不见。此实东方之厄运也。欲振兴东方,不可不发明孔子之真教旨。"

梁启超祖述乃师康有为发明的孔子之教旨,提出孔教的六个主义:一曰进化主义非保守主义,二曰平等主义非专制主义,三曰兼善主义非独善主义,四曰强力主义非文弱主义,五曰博包主义非单狭主义,六月重魂主义非爱身主义。引人注意者是以佛教大乘小乘来比之大同小康,"因说法有权实之分,故立义往往相反,耽了小乘者,闻大乘之义而却走。且往往执其偏见而攻难,疑大乘之非佛说。故佛说《华严经》时五百声闻无一闻者。孔教亦然,大同之教,非小康弟子所得闻。既不闻矣,则因而攻难之。"其第三说孔教乃兼善主义,则以"佛为一大事因缘出世,说法四十九年,皆为度众生",以与"孔子立教行道亦为救民"相提并论。其第五说孔教乃博包主义(即相容无碍主义),梁启超照样以佛教来诠释,佛之大乘法,可以容一切,故华严法界事事无碍、理事无碍,孔子之大同教亦可以容一切。①梁启超如此以佛教来诠释孔子之大同教,除了说明他深受老师康有为思想影响之外,只能说明他认识到佛教和孔教在思想上和宗旨上有许多类似性,另外也反映出他特别推崇大乘佛教的救世精神和博大包容性(他称之为"博包主义")。梁启超推尊佛菩萨行积极精进的救世精神,其心性的依据便是"三界惟心之真理"。

同年,梁启超写成《自由书·惟心》一文,未久在1900年3月《清议报》上发表,鼓吹佛教"三界惟心"之说为真理。他认为:"境者,心造也。一切物境皆虚幻,惟心所造之境为真实。""是以豪杰之士,无大惊,无大喜,无大苦,无大乐,无大忧,无大惧。其所以能如此者,岂有他术哉?亦明三界惟心之真理而已,除心中之奴隶而已。苟能知此义,则人人皆可以为豪杰。"可见他与龚自珍、谭嗣同等人一样,十分重视心力的作用。对于"三界惟心之真理",他引用禅宗史上著名的风动还是幡动争论的例子来加以说明,"有二僧因风飘刹幡,相与对论,一僧曰幡动,一僧曰风动,往复辩难无所决。六祖大师曰:非风动,非幡动,仁者心动。"梁任公曰:"三界惟心之真理,此一语道破矣。"②以前学者注意引用梁启超这段文字,大都着眼于批判其与唯物主义对立的唯心主义思想。其实,梁启超之所以十分重视三界惟心有重要的现实意义,那就是希望人们不要受外界事物和个人喜怒哀乐的干扰,心无旁骛,勇往直前,发挥大无畏革命精神,为实现自己的理想而坚定不移地奋进,从而把自己培养成为一个豪杰之士。

---

① 梁启超:《饮冰室合集》第1册文集之三,第55—60页。
② 梁启超:《饮冰室合集》第6册专集之二,第45—46页。

何谓"心中之奴隶"？光绪二十八年（1902），梁启超著《新民说》，其中有《论自由》曰："是故人之奴隶我，不足畏也，而莫痛于自奴隶于人；自奴隶于人，犹不足畏也，而莫惨于我奴隶于我。庄子曰：哀莫大于心死，而身死次之。吾亦曰：辱莫大于心奴，而身奴斯为末矣。夫人强迫我以为奴隶者，吾不乐焉，可以一旦起而脱其绊也，十九世纪各国之民变是也。以身奴隶于人者，他人或触于慈祥焉，或迫于正义焉，犹可以出我水火而苏之也，美国之放黑奴是也。独至心中之奴隶，其成立也，非由他力之所得加；其解脱也，亦非由他力之所得助。如蚕在茧，着着自缚；如膏在釜，日日自煎。若有欲求真自由者乎，其必自除心中之奴隶始。"①梁启超于此说，"故夫泰西近数百年，其演出惊天动地之大事业者，往往在有宗教思想之人。夫迷信于宗教而为之奴隶，固非足贵，然其借此以克制情欲，使吾心不为顽躯浊壳之所困，然后有以独往独来，其得力固不可诬也。日本维新之役，其倡之成之者，非有得于王学，即有得于禅宗。""天下固未有无所养而能定大艰、成大业者。不然，日日恣言曰吾自由吾自由，而实为五贼（佛典亦以五贼名五官）所驱遣，劳苦奔走以借之兵而赍其粮耳，吾不知所谓自由者何在也？孔子曰：克己复礼为仁。己者，对于众生称为己，亦即对于本心而称为物者也。所克者已，而克之者又一己，以己克己，谓之自胜，自胜之谓强。自胜源，强焉，其自由何如也！"②由此可见，梁启超所谓的自由即是能自我主宰的心的自由、心的解放。

2. 彰显佛学："放万丈光焰于历史"

梁启超在近代条件下以佛诠孔和鼓吹"三界惟心"之真理，虽在一定程度上反映了他的佛学思想定位，但充其量只能说明他对前辈或师友佛学思想的继承。而真正能代表梁启超佛学思想创造的，则是1902年他

---

① 梁启超：《饮冰室合集》第6册专集之四，第47页。
② 同上书，第47—50页。

撰著的《论中国学术思想变迁之大势》、《论宗教家与哲学家之长短得失》、《论佛教与群治之关系》等几篇有标志性的论文,于中他明确认为佛教丰富了中国文化,并有改良社会人生的作用。问题不在于他是否客观而又全面地论述了佛教的真理是什么,而在于他主要论证和特别推崇了什么样的佛教才能为现代人所信仰。这就是梁启超给自己提出的佛学思考的时代课题。这样的时代课题迫使他把自己对佛教的救世的热忱转向对佛学的理性的思考。从以上三篇论文的标题来看,他首先考察了佛学思想在中国学术思想变迁中的历史地位,然后又比较了包括佛教在内的宗教家与哲学家之长短得失,最后落脚点仍然探讨了佛教与群治(人群、社会乃至国家)的关系,不失他以佛教救世救心的本色。

《论中国学术思想变迁之大势》发表在当时的《新民丛报》上,且让我们来看看他是如何在中国学术思想变迁大势中认识佛教思想的。他在《总论》中的开场白是:"学术思想之在一国,犹人之有精神也。而政事、法律、风俗即历史上种种之现象,则其形质也。故欲乩其国文野强弱之程度如何,必于学术思想焉求之。"在把我国学术思想划分为嬗变更迭的七个时代后,他紧接着指出,"吾国有特异于他国者一事,曰无宗教是也。浅识者或以是为国之耻,而不知是荣也,非辱也。宗教者,于人群幼稚时代虽颇有效,及其既成长之后,则害多而利少焉。何也?以其阻学术思想之自由也。吾国民食先哲之福,不以宗教之臭味,混浊我脑性,故学术思想之发达,常优胜焉。不见夫佛教之在印度,在西域,在蒙古,在缅甸、暹罗,恒抱持其小乘之迷信;独其入中国,则光大其大乘之理论乎!不见乎景教入中国数百年,而上流人士从之者希乎!故吾今者但求吾学术之进步,思想之统一(统一者谓全国民之精神,非排斥异端之谓也),不必更以宗教之末法自缚也。"梁启超对我国无宗教的看法立基于对世界几大文明的考察,而现在又面临着新的文明时代的孕育生成,他以无比乐观和喜悦的心情拥抱新世纪中西文明的结合:"盖大地今日只有两文明,一泰西文明,欧美是也;二泰东文明,中华是也。二十世纪则两文明结婚之时代也。吾欲我同胞张灯置酒,迓轮俟门,三揖三让,以行亲迎之大典。彼西方美人必能为我家育宁馨儿,以亢我宗也。"①

梁启超在该论中列出佛学时代一专章以彰显佛学思想之光芒,其发语曰:"吾昔尝论六朝隋唐之间为中国学术思想最衰时代,虽然,此不过就儒家一方面言之耳。……虽然,学固不可以儒教为限,当时于儒家之外,有放万丈光焰于历史上者焉,则佛教是已。六朝三唐数百年中志高行洁、学渊识博之士,悉相率而入于佛教之范围。此有所盈,则彼有所绌,物莫两大,儒家之衰亦宜。"对于是否可把佛学这种源自印度的外学加入中国学术思想之疑问,梁启超的看法是,"凡学术苟能发挥之、光大之、实行之者,则此学即为其人之所自有。如吾游学于他乡,而于所学者,既能贯通,既能领受,亲切有味,食而俱化,而谓此学仍彼之学,而非我之学焉,不得也。一人如是,一国亦然,如必以本国固有之学而始为学也,则如北欧诸国未尝有固有之文明,惟取希腊罗马、取诸犹太者,则彼之学术史,其终不可成立矣。又如日本,未尝有固有之文明,惟取诸我国、取诸欧西者,则彼之学术史,其更不可成立矣。故论学术者,惟当以其学之可以代表当时一国之思想者为断,而不必以其学之是否出于我之为断。"②梁启超既游学日本,又放眼观世界文明,而对佛学感到亲切有味,于是有如上之论断自不难理解。

梁启超在考察了中国佛教诸宗的发展而谈论中国佛学之特色时,又写下了如下元气淋漓、情致昂扬的文字:"美哉我中国,不受外学则已,苟受矣,则必能发挥光大,而自现一种特色。吾于算学见之,吾于佛学见之。中国之佛学,乃中国之佛学,非纯然印度之佛学也。不观日本乎,日本受佛学于我,而其学至今无一毫能出我范围者。虽有真宗、日莲宗为彼所自创,然真宗不过净土之支流,日莲不过天台之余裔,非能有甚深微

---

① 梁启超:《饮冰室合集》第1册文集之七,第1—4页。
② 同上书,第62—63页。

妙,得不传之学于遗经者也。未尝能自译一经,未尝能自造一论,未尝能自创一派,以视中国,瞠乎后矣!此事非我泱泱大国民可以自豪于世界者乎!吾每念及此,吾窃信数十年以后之中国,必有合泰西各国思想于一炉而治之,以造成我国特别之新文明,以照耀天壤之一日。吾顶礼以祝,吾跻踵以俟。高山仰止,景行行止,吾请讴歌隋唐间诸古德之大业,为我青年劝焉。"①

在许多知识分子热心汲取西方文化的时代,梁启超表彰中国化佛学思想的伟大,预示了他后来通过批判全盘西化来弘扬我国传统文化,超越西方文明的极限,再创新的中华文明。在梁启超看来,中国佛学思想的演变,是外来思想中国化的过程,其决定作用是中国传统文化和"求法精神"。梁启超一再说:中国是个大国,有数千年相传固有之学,外学难入;然而一旦受之,则必能尽吸取其所长以化作自己的营养,"而且变其质,神其用,别造成一种我国之新文明。"他叹之曰:"青出于蓝,冰寒于水。於戏!深山大泽,实生蛟龙;龙伯大人之脚趾,遂终非僬侥国小丈夫之项背能望也。"②梁启超在广泛分析亚洲各国佛教史的基础上,特别提出中国的佛学特色有四:第一,"自唐以后,印度无佛学,其传皆在中国";第二,"诸国所传佛学皆小乘,惟中国独传大乘";第三,"中国之诸宗派,多由中国自创,非袭印度之唾余者";第四,"中国之佛学,以宗教而兼有哲学之长"。梁启超在此特别指出,"中国入迷信宗教之心,素称薄弱",这主要因为"孔学之大义,浸入人心久矣"。佛耶两教,都是作为外教传入中国,而佛氏大盛,耶氏不能大盛者,何也?"耶教惟以迷信为主,其哲理浅薄,不足以大餍中国士君子之心也。佛说本有宗教与哲学之两方面,其证道之究竟也在觉悟,其入道之法门也在智慧,其修道之得力也在自力。佛教者,实不能与寻常宗教同视者也。中国人惟不蔽于迷信也,

---
① 梁启超:《饮冰室合集》第1册文集之七,第72—73页。
② 同上书,第64页。

故所受者多在其哲学之方面,而不在其宗教之方面。而佛教之哲学,又最足与中国原有之哲学相辅佐也。""中国之哲学多属于人事上、国家上,而于天地万物原理之学,穷究之者盖少焉。"这种形而上的学问,"自佛教入震旦,与之相备,然后中国哲学乃放一异彩,宋明后学问复兴,实食隋唐间诸古德之赐也。"①梁启超标榜佛教的哲学性质,一个主要目的就是淡化其宗教"迷信"色彩,这在下面两篇论文中更有明示。

3. 宗教不可"蔑"而"佛学兼哲学之长"

梁启超自入万木草堂后一直与佛学结下了不解之缘,中学、西学与佛学交织在一起,不断磨砺激荡成为他思想常青之源泉。至流亡日本时,于1902年10月,梁氏在《新民丛报》第19号上发表《论宗教家与哲学家之长短得失》,表明他已经不局限于佛教来思考问题,而是在更宽广的宗教范围内,与哲学作比类。他说,哲学适宜于学术、讲学等方面,宗教则宜于立身和治事;哲学能造出大学问,宗教则能造出大事业。古往今来,能震撼宇宙,唤起社会风潮,诸如一乡一邑之善士,风靡世界之大人物的惊天动地之事业,"则不恃哲学"而"常赖宗教"。其中他提到日本明治维新前诸人物皆得力于禅学,"其所以蹈白刃而不悔前仆后继者,宗教思想为之也;其在我国,则近世哲学与宗教两者皆消沉极焉,然若康南海,若谭浏阳,皆有得于佛学之人也。两先生之哲学,固未尝不戛戛独造,渊渊入微,至其所以能震撼宇宙,唤起全社会之风潮,则不恃哲学而仍恃宗教思想之为之也。"所以他得出结论说,"言穷理则宗教家不如哲学家,言治事则哲学家不如宗教家"。那么,为何说宗教思想宜于治事呢?梁启超深思之而得五因:一曰无宗教思想则无统一,二曰无宗教思想则无希望,三曰无宗教思想则无解脱,四曰无宗教思想则无忌惮,五曰无宗教思想则无魄力。此中他推崇佛之说教乃"大雄"、"大无畏"、"奋迅勇猛"等,"括此数义,取象于师子","夫人之所以有畏者,何也?畏莫大

---

① 梁启超:《饮冰室合集》第1册文集之七,第73—76页。

于生死,有宗教思想者,则知无所谓生,无所谓死。"

要而论之,"哲学贵疑,宗教贵信,信有正信,有迷信"。梁启超由此看出宗教有正信和迷信之分,先不论其正迷,如果有正信则必至诚,"至诚则能任重,能致远,能感人。故寻常人所以能为一邑一乡之善士也,常赖宗教;大人物所以能为惊天动地之事业者,亦常赖宗教。仰人之至诚,非必待宗教而始有也,然往往待宗教而始动,且得宗教思想而益增其力。宗教其顾可蔑乎?!"然而,由于宗教与迷信常相为缘,"一有迷信,则真理必掩于半面;迷信相续,则人智遂不可得进,世运遂不可得进。故言学术者,不得不与迷信为敌。"而敌迷信者,则不得不连其所缘之宗教并为敌。故此,梁启超进一步得出,一国之中,这两种人皆不可缺:不可无信仰宗教之人,亦不可无摧坏宗教之人。于此梁启超还根据"生计学公例"来判定,"功愈分而治愈进","不必以操术之殊而相非"。所以他又断言说:"摧坏宗教之迷信可也,摧坏宗教之道德不可也。"最后,梁启超在该文结束时归宗于佛教,他说:"若夫以宗教学言,则横尽虚空、竖尽来劫,取一切众生而度尽之者,佛其至矣!佛其至矣!"①

4."应用佛学"

"应用佛学"一词,出自梁启超《论佛教与群治之关系》一文。原文是指谭嗣同善于将佛学基本原理运用于现实生活,在这方面尤以其名著《仁学》为代表。所以梁启超说:"浏阳《仁学》,吾谓可名为应用佛学。浏阳一生得力在此,吾辈所以崇拜浏阳、步趋浏阳者,亦当在此。"②事实表明,梁启超在戊戌变法后,为《仁学》作序,为谭嗣同立传,大力表彰谭嗣同维新事迹,积极提倡的就是他所谓的应用佛学,感人至深。显然,梁启超的这一"应用佛学"的称谓,实际上已经蕴涵着佛学的现代转换。众所周知,传统佛学的根本立场是要人觉悟生存之苦,追求解脱出世之乐,然

---

① 梁启超:《饮冰室合集》第1册文集之七,第44—50页。本节引文皆出自《论宗教家与哲学家之长短得失》。
② 参见王兴国《谭嗣同与梁启超的应用佛学》,载《船山学刊》1997年第3期。

而到了近代,出世的佛教已经不能满足中国现实的需要。如果佛教不能实现入世转向,它就避免不了被淘汰出局的命运。同样,如果佛教缺少理性信仰的基础,它也不能成功地实现其入世转向。对此,梁启超有着比较清醒的认识,于是提出了他对新时代佛教信仰的六点认识。

1902年12月,梁启超在《新民丛报》第23号发表《论佛学与群治之关系》,开宗明义地提出了两个问题:其一是吾祖国前途有一大问题曰:"中国群治当以无信仰而获进乎?抑当以有信仰而获进乎?"答曰:信仰问题终不可以不讲,信仰必根于宗教;宗教非文明之极则,但宗教为天地间不可少之一物。他对以教育代宗教的说法,"未敢遽谓然也"。由此生出第二个问题,中国群治必须要有信仰,则信仰当需何宗教?答曰:必是佛教。为何不是孔教?他认为,"孔教者教育之教也,非宗教之教也。其为教也,主于实行,不主于信仰。"亦有心醉西风者流,"睹欧美人之以信仰景教(基督教)而致强也,欲舍而从之以自代。此尤不达体要之言也。无论景教与我民族之感情,枘凿已久,与因势利导之义相反背也。又无论彼之有眈眈逐逐者楯于其后,数强国利用之以为钓饵,稍不谨而末流之祸将不测也。"

梁启超从"佛教之信仰乃智信而非迷信"、"佛教之信仰乃兼善而非独善"、"佛教之信仰乃入世而非厌世"、"佛教之信仰乃无量而非有限"、"佛教之信仰乃平等而非差别"、"佛教之信仰乃自力而非他力"等六个方面,具体地论述了其"佛其至矣"的观点。这就是他揭示的新时代佛教信仰的六点认识,其理皆通俗易懂,他也把这六个方面当作他个人信仰佛教的六个条件。他说,"佛学广矣、大矣、深矣、微矣,岂区区末学所能窥其万一?以佛耳听之,不知依此为赞佛语耶,抑谤佛语耶?虽然,即曰谤佛,吾仍冀可以此为学佛之一法门。吾愿造是因,且为此南赡部洲有情众生造是因。佛力无尽,我愿亦无尽。"这六个条件皆通俗易明,一言以蔽之则为"智信说"。

梁启超认为,宗教的存在有其时代之必然。有宗教就有信仰,所以各种宗教都以起信为第一义。但对于信仰要作具体分析,如果懂得了教义再去信仰它,这当然是可以的;如果根本不懂教义而强迫自己去信仰,那就是自欺,其结果势必走向迷信一途。梁启超于此指出:"佛教不然。佛教之最大纲领曰'悲智双修',自初发心以迄成佛,恒以转迷成悟为一大事业。其所谓悟者,又非徒知有佛焉而盲信之之谓也。故其教义云:'不知佛而自谓信佛,其罪尚过于谤佛者。'何以故?谤佛者有怀疑心。由疑入信,其信乃真。"梁启超把佛教之起信与其他宗教之"强信"区分开来,他说:"要之,他教之言信仰也,以为教主之智慧万非教徒之所能及,故以强信为究竟。佛教之言信仰也,则以为教徒之智慧必可与教主相平等,故以起信为法门。佛教之所以信而不迷,正坐是也。"可见,梁氏之所以推崇佛教,从理论上看,正因为佛教是"信而不迷"。①

在实践上,梁启超又特别推崇大乘佛教普度众生的入世观,"夫学佛者以成佛为希望之究竟者也。今彼以众生故,乃并此最大希望而牺牲之,则其他更何论焉?故舍己救人之大业,唯佛教足以当之矣。"梁氏对佛教救世精神始终服膺,他在此推崇佛教的"舍己救人之大业",无异于"夫子自道",故又说:"吾既托生此国矣,未有国民愚而我可以独智,国民危而我可以独安,国民悴而我可以独荣者也。知此义者,则虽牺牲貌躬种种之利益以为国家,其必不辞矣!"毋庸置疑,梁启超眼中的佛教是一种纯粹的、高尚的宗教,他忽略了佛教信仰作为宗教的消极一面,固然显示了他对佛教存有偏好之情,但亦自有他的良苦用心。他突出地强调佛学的哲理性质,而不是单纯地把佛教看作一种宗教信仰,这在一定程度上也是受到当时欧洲佛学研究方法的影响而形成的。他明确肯定佛教"有益于群治",认为只有佛教才能达到以信仰统摄民心、开发民智、增进

---

① 梁启超:《饮冰室合集》第2册文集之十,第45—52页。在该文末,有问难曰:"子曰佛教有益于群治,辩矣,印度者,佛教祖国也,今何为至此? 应之曰:嘻,子何暗于历史,印度之亡非亡于佛教,正亡于其不行佛教也。自佛灭度后十世纪,全印即已无一佛迹,而婆罗门之余焰,尽取而夺之,佛教之平等观念、乐世观念,悉已摧亡,而旧习之喀私德及苦行生涯遂与印相终始焉。后更乱以回教。末流遂极于今日,然则印之亡,佛果有罪乎哉?"

道德、提高国民素质的目的。这种思想延续到辛亥革命后他从日本归来。

三、佛学与改造社会

从戊戌变法到辛亥革命前后,梁启超研究佛典、宣扬佛学的原因之一是政治需要,其目的是希望将佛教中的一些教理、教义加以积极的改造利用,以作为改造社会的良药。与众不同的是,他当时大力汲取西方研究佛学的方法,对中国佛学研究做了多方面的开拓。光绪二十九年(1903),他发表《近世第一大哲康德之学说》,提出"康氏哲学大近佛学",以佛学来接通和传播康德哲学,亦以康德哲学抬高佛学,同时还就康德哲学中关于人的认识能力和佛教的思维方式作了比较。[1] 光绪三十年(1904),梁启超又发表《余之生死观》,阐述了佛教的羯磨、轮回、因果论等,认为佛教教义能比耶教更好地涵盖和解释现实;佛教诸说不仅为社会心理学领域的成就所证实,同样也为近代科学成就如物质和能量不灭、进化和遗传学所证实。[2]

由于梁启超当时是有名的政治活动家和思想家,学问和文章名满天下,所以他的佛学文章与他的政论等文章一样受到世人的关注,产生了重大的社会影响。佛学在梁启超人生思想旅途的跋涉中,成为他精神生活的重要组成部分。我们这里仅仅阐述了他戊戌变法后的佛学思想,这是他一生中在佛学研究上有重大收获的第一个时期;当他进入民国新时代并从喧嚣的政坛转入学者的书斋后,他还迎来了其佛学研究的第二个收获期。梁启超在佛学研究方面确实下过功夫,早期著述有如上述,晚年撰著则汇成《中国佛教研究史》一书,内收 12 篇论文,对于佛教的传入、经义的阐发、佛经作者的辨伪、佛典与翻译文学的关系诸方面均有独

---

[1] 梁启超:《饮冰室合集》第 2 册文集之十三,第 51 页。
[2] 梁启超:《饮冰室合集》第 2 册文集之十七,第 1—12 页。

到的见解。其后又将历年佛学论文结集为《佛学研究十八篇》。人们常说梁启超的思想"流质多变",但他对佛学却始终推崇,又说梁启超"善于鼓动,文字有一番魔力,笔锋常带感情"。因此,如果说谭嗣同在维新变法运动中成为实践"应用佛学"的典范,那么梁启超则主要运用他的才华和健笔,对佛学进行整体而系统的研究阐发,可谓戊戌变法前后鼓吹佛学最力的"理论家",此不为过。

梁启超由苦心探索挽救社会的宗教力量,而关注佛教信仰的理性化及其与哲学和科学的接通相谐,这一致思路径显示他的佛学思想本质上具有宗教文化层面和社会层面的双重性质。他对佛学思想和历史文化悉心研究,着重宣传佛教对于当时社会变革的意义,旨趣在借佛教振兴来激发民族振兴以挽救社会。民国元年(1912)十月初,梁启超自日本归国,受到政学教各界人士热烈欢迎。十月三十日,佛教总会在广济寺为他开欢迎大会,僧俗集者百余人。主持者致欢迎词,称梁启超先生"邃于佛学","平昔立言,处处提倡佛教,近年新学骤兴,毁教潮流得以不起者,皆先生护法之功,云云"。梁启超致答词,主要讲了如下两层意思:

其一,佛教所谓法身者,与众生非一非二,立夫众生之上,而实存乎众生之中。众生妄起分别相,不自知其与法身本同一体,于是造成五浊恶世,扰扰无已时。国家与国民之关系亦然。国民不知其与国家本同一体,故对于国家生人相、我相,于是乎始有一己之利益,牺牲国家之利益者。人人如是,则国家或几乎毁矣。以佛教观点来看,法身譬如国家,舍法身之外求所谓我者了不可得,舍我之外求国家了不可得。国家亦复如是。明乎此义,爱国岂有待劝哉?

其二,说今日中国之道德堕落,有识之士莫不引为深忧。推其所由起,不过视自己过重,误认区区七尺之臭皮囊为我,而以我相与与他相对待。殊不知此臭皮囊者,不过四大和合而成,刹那刹那代谢不已,每七日间迁化全尽。今日之我,已非昨日之我,明日之我又非今日之我。欲求我相,了不可得。以云真我,则与佛法身一体,众生所共,何由得私为自我? 今日疲敝精神,日日为此梦幻泡影之躯作奴隶。《首楞严经》有言,如来名此辈为可怜悯者。苟能参透此著,则道德之大原,庶可立也。①

从梁启超的答词看,他此时对佛学仍然寄以厚望,希望佛教能在振兴民族国家和重整道德上发挥应有的作用。辛亥革命成功,特别是中华民国建立后,梁启超寄希望以佛学改良社会的愿望并没有完全落空。当时社会上还存在着军阀混战、经济凋敝、道德衰败等各种各样的问题。自1902年以来,梁启超在文章中从智信和科学角度称颂佛教,正是因为他想借助宗教哲学来提升国民信仰、思想和道德素质。在他看来,对于时弊的改革,不仅仅是要引进新的制度,而且要使每一个国民都能觉悟到他们和整体的国家其实有休戚与共的一体关系。大乘佛教思想中普度众生的观念,将个人解脱与整体的救赎紧密联系在一起,这样的思想对于梁启超来说正好可以提供其作为"新民"的精神支撑。梁启超心仪佛教信仰兼具哲学之长,只有放在对于国家和社会进步的功用目的来考虑,才可得到充分理解。从他对宗教中"绝对的"、"超世间的"与"神圣的"部分似乎没有向往和探索的好奇,就可足以说明这个问题。

梁启超的佛学思想影响广泛而深远,乃世所公认。这里仅提两部著作的评论以窥一斑。其一是郭朋等人在《中国近代佛学思想史稿》中对梁启超的佛学思想成就做了如下中肯评价:"单就治学方面来讲,其视野之广阔,学问之渊博,在中国近代学术思想史上,梁启超都算得上是一位不可多得的大家,是一位贡献卓著的学者。在梁氏的学海生涯中,佛学只不过是他曾一度所兼及者,而其对于某些问题(例如史的方面)钻研的深且细(尽管梁氏在其钻研佛学的过程中,也曾撷取了某些外人的研究成果),视之某些专治佛学者,也并无逊色。我们在叙述梁氏的这些佛学思想时,是深怀感佩之情的。"②其二是释东初在《中国佛教近代史》中认

---

① 梁启超:《饮冰室合集》第4册文集之二十九,第32—34页。
② 郭朋、廖自力等:《中国近代佛学思想史稿》,第315页。

为,梁任公"不特为我国近代史上一位卓越的政论家,也是一位睿智深邃的佛学家"。他对梁启超的佛学思想贡献作了高度评价:"梁任公先生,是中国近代学术史上一颗彗星,无论于政治上、学术上、文化上、史学上,乃至佛学上,都有他的地位。由于他卓越的智慧、伟大的抱负,加之他的锋利的笔调、拔山倒海的气魄,吐出人所欲言而未能言的心声,给人一个深远的影响,和鼓舞的启示。……尤其他留给佛学界的功绩,却是永远的、普遍的、深邃的。许多佛教学者们,其影响力往往仅限于某一宗派,或某一经论,而梁任公先生的影响力,不仅在于佛教界,并扩至广大社会群众,无不受其伟大思想影响与启示。"

释东初的著作还概括了梁启超佛学思想的五点特性:第一富有启发性,第二富有鼓舞性,第三富有创造性,第四富有历史性,第五富有情感性。关于第三,他说:"由于他的思想卓越,他对佛学的研究,不喜欢谈玄说妙,或嚼古人的滥调,或注经解说,或数公案。由于他丰富的学识,又饱受欧美新知识,故对佛学思想的研究不特富有启发性,更富有创造性,形之于文章,不特新旧兼容,理论与历史并重,且包罗万象。一方面以新的观念,引起国人于思想上、学术上、信仰上发生剧烈改革,一方面矫正国人以往对于佛教之误会,故无一言不针对社会群众,无一语不为国家社会。而于字里行间,绝无令人惊怕之处,娓娓动听,百读不厌。"关于第四,他又认为:"梁任公治学的方法,是理论与历史并重,故对佛学的研究,亦多以理论与历史兼顾。一面运用全新的见解与方法,以整理中国佛学思想与学说,一面用以唤起国内知识界,了解佛教有助于中国学术思想的发展。这种治学方法,并非始自梁任公,实得力于日人的著作,惟梁任公得之,却运用自如,加之以他迷人的叙述力,以及新旧融化于一炉的气魄,于是他的文章,独创一格;既不讲究规律,也不求诸琢炼,意之所到,笔亦随之,无意不宣,无意不尽,不仅易于领会,并有用之不尽、取之不竭之妙。"①

---

① 释东初:《中国佛教近代史》下册,第 559—566 页。

第三章　清代佛教的衰落与复兴

中国佛教的衰落不自清代始,唐宋以后已日趋衰微,其间虽然有过几次短暂的中兴,但它那江河日下的总趋势却是无法改变的。这是近代以来一般学者对中国佛教历史发展的一种宏观论断。《清朝续文献通考》在谈到清代佛教情况时则说:"我朝顺治至乾隆最盛,嘉庆以后寖衰。咸丰时,洪杨扰攘,以耶稣教为号召,排斥异教,寺观为墟。然剥极则复,光绪年间又勃然兴起矣。"这段史料给我们提供了明确的清代佛教衰落与振兴的信息。嘉庆以后佛教才显著地衰颓,而光绪年间佛教得到振兴,这种叙述是符合历史事实的。自嘉庆以降,国势日衰,内忧外患纷至沓来,似已无暇顾及佛教。嘉庆十七年(1812),上谕严禁寺院收留匪徒;道光二十四年(1844)又下令严禁僧道"坐门募化"及"各项恶化",否则"从严究办"①。这些严厉的警告和禁令显示当时社会的严重动荡已波及寺院,寺院被当成了社会不稳定的渊薮。

然而,更严重的破坏来自战争。经过太平天国战火"焚像毁庙"的打击,使原本衰微的佛教更遭重创,江南诸多名刹化为断壁残垣,不少僧众

---

① 《清朝续文献通考》卷八九,选举六。

流离失所。即使有幸存寺院,亦是名存实亡,因元气大伤,而钟板飘零,戒律废弛,流品芜杂,几成游民托足之所。所以,太平军战火往往被视为佛教在近代所遭遇的一大"劫难"。至光绪年间,佛教有振兴气象,但危机与机遇同在。既有来自维新人士社会变革的要求,对佛学研究产生兴趣,从佛学中汲取精神资源;又有一些新学倡导者在现实的政策措施中主张"庙产兴学"。而在近代佛教振兴事业中,有不少佛教居士坚毅沉着,从搜罗佛教典籍、刊刻经典着手,弥补太平军兵燹以后佛教经典残缺的状况,致力于振兴佛教,弘扬佛学。其振兴佛教之功最大者,当推杨文会(字仁山)居士。

第一节　清代佛教的衰落

佛教之传入中国,历经两晋南北朝的孕育滋长,迄隋唐五代而臻鼎盛。但是从宋朝以后,译经的大师少了,阐释教义的高僧大德也渐渐地稀疏了,佛教逐渐走向衰落的境地。降至清朝,佛教遂成为真正虚有其表的空壳。① 就此而言,佛教的衰落主要是指其济世度人精神的衰落及思想义理的苍白。与此相关联的是,一般僧徒都"不学无术,安于固陋"。其衰落有社会方面的原因,更有佛教自身的原因。

一、清代佛教衰落的原因

对于清代佛教衰落的具体情形,中外学者多有论述。日本学者冢本善隆认为,19世纪中叶,佛教似乎已经到了它进入中国后的最衰落时期。民间社会中有佛教的容身之地,是因为僧人可以充当做佛事仪式的主角。知识阶层中有佛教的一块领地,是因为它可以写在诗文里,在俗务之余聊寄情怀,只是为了表示高雅脱俗。正经的四书八股文与文献考据之学依然是

---

① 参见蓝吉富《杨仁山与现代中国佛教》,载《华冈佛学学报》第2期,第97页。

文人士大夫安身立命的本事和维持身分的学问,仕途经济、声名荣誉都得从这里来。"严其禁约,毋使滋蔓"这句话,清代同明代一样把它写进典制里,在一定程度上正好反映了清代佛教在社会上愈趋愈下的状况。①

道端良秀在其著作中也写道:尽管在康熙时代佛教僧尼仍有 11.8 万余名,但真正仍怀有大乘佛教精神的,真是微乎其微。环顾有清一代,僧众中能对佛教义学加以融通疏释而成一家之言者,可谓绝无其人。不要说道安、玄奘、罗什、智顗、法藏之流不复再见,即令要找一个学力能与明末憨山(德清)、蕅益(智旭)等人相比肩的,也无处可寻。而居士界里,也不过只有乾隆时的彭绍升较够水平而已。当时的一般佛教寺院,成为社会上无依靠者谋生之处,也成为社会上犯罪者之避难所。佛教似乎已经失去了它的原始精神所在。②

对于清代佛教的这种衰颓状况,近代一些致力于振兴佛教的高僧大德和居士都有切身体会,他们更多地检视佛教衰落的自身原因。光绪五年(1879),寄禅就曾叹息:"迩来秋末,宗风寥落,有不忍言者。"十三年后,看来情况并没有什么好转,他又一次叹息:"嘉、道而还,禅河渐涸,法幢将摧;咸、同之际,鱼山辍梵,狮座蒙尘。"③对于清末禅门衰微、法席清冷,僧徒之不学无术的状况,杨文会居士也颇为感慨:"自试经之例停,传戒之禁弛,以致释氏之徒无论贤愚,概得度牒。于经律论毫无所知,居然作方丈,开期传戒。与之谈论,庸俗不堪,士大夫从而鄙之。""概自江河日下,后后逊于前前。即有真实参悟者,已不能如古德之精纯,何况杜撰禅和,于光影门头,稍得佳境,即以宗师自命,认贼为子,自误误人。"④

---

① 参见冢本善隆《中国近世佛教の诸问题》,《冢本善隆著作集》第五卷,东京,大东出版社,1975。
② 参见道端良秀《中国佛教史》,第 263 页,东京,法藏馆出版社,1965。又参蓝吉富《杨仁山与现代中国佛教》,载《华冈佛学学报》第 2 期,第 97 页。
③ 《八指头陀诗文集》,第 447、471 页,长沙,岳麓书社,1984。
④ 此两段引文分别见杨文会的《释氏学堂内班课程刍议》和《十宗略说·禅宗》,收在金陵刻经处本《杨仁山遗著》中。

太虚对清代佛教的衰落也曾如此地慨乎言之:"迨乎前清,其(佛教)衰也始真衰矣。迨乎近今,其衰也,始衰而濒于亡矣。从全球运开,泰西文明过渡东亚,我国之政教学术莫不瞠焉其后,而佛教实后而尤后者。"①近代以来,佛教遭受了西方文化所带来的猛烈冲击,不可忽视,但给佛教带来重创的是以下两件历史性的"劫难"。从咸丰初年到光绪年间,佛教之衰落最甚,几乎至于灭亡之境,其最重要原因则系受到太平天国战火的破坏。太平军横扫东南中国十余省,所过州县,一切寺庙、神佛像等概遭摧毁无遗。东南一带,原为清代佛教之精华地区,经过太平军一役,乃使佛教奄奄一息,几告溃灭。太平军被平定后未久,社会上又兴起"庙产兴学"的风潮,也使佛教面临着生死存亡的境地。

二、太平天国的"焚像毁庙"

咸丰、同治(1851—1874)年间的太平天国战争,时间长达十五年,战乱波及大半个中国。太平天国因信奉上帝教,视崇拜偶像为"异端"。故太平军所到之处,寺院悉遭焚毁,佛像经卷亦被毁弃无遗。因此,素有"佛教花园"之美的江南的杭州、苏州、南京,以及广东、广西、湖南、湖北、福建、云南、贵州等各地寺院,皆遭重创。1851 年,洪秀全在广西金田村起义,永安突围后一路北上,先后攻克全州、道州、岳州等地,横跨广西、湖南、湖北三省,于年底攻克湖北首府武汉。太平军一路上屡败清军,声威大震,所过之处,村野震动。如果说太平军打击清朝官军的威势给人们以政治上的极大震撼,那么太平军所到之处几乎怀着同样的热情进行焚毁寺庙、打毁神像的活动,则给老百姓以风俗习惯上的极大震撼。

太平天国领袖创立拜上帝教,其《天条书》中第一条是"崇拜皇上帝",第二天条则为"不好拜邪神"。他们主张毁灭一切以往人们所崇拜

---

① 《太虚大师全书》第四册,第 913 页。

的神圣偶像,反对"拜邪魔、信邪说"。① 引人注意的是,他们把反对和破坏神佛偶像的所谓诛灭"死妖"的斗争,放到与反对清朝统治者,即所谓"活妖"的斗争几乎同等重要的地位。太平天国首领杨秀清后曾回顾说:"故自金田首倡大义,万众欢腾,诛灭群妖,焚毁妖庙,扫清邪秽,尽返真醇。此数千年以来未有若此巍巍之功德也。"②这里所说的"诛灭群妖",是指消灭清统治者及清朝官军;而"焚毁妖庙",则是指对佛道神庙的破坏扫荡。在这种思想指导下,太平军所到之处,无论是城镇还是乡村,都雷厉风行地进行了破坏寺庙、毁坏神像的活动。

当时民间留下了许多这方面的记述。如湖南,"自孔圣不加毁灭外,其余诸神概目为邪。遇神则斩,遇庙则烧。"湖北武昌,"然不信诸神及浮屠氏,遇寺观则火之,目为妖庙"。太平军后来进军江浙、江西以后,所到之处仍然广泛推行这一活动。由于太平天国在江南一带活动的时间长,这里留下的记载就更多。如安徽,"贼勒焚神像,藏匿者有罪"。南京,"贼遇庙宇悉谓之妖,无不焚毁。……间遇神像,无不斫弃。"镇江,"贼于神像无不毁坏"。苏州,"及贼入城,庙宇寺院神像,莫不铲毁"。江苏青浦,"遇有神像则必毁坏之"。浙江绍兴,"贼最恶神佛,遇祠庙必毁,否则以刀砍塑像。或以粪污涂之,目为土妖。"浙江海宁,"毁拆观庙无算"。江西南昌,诸寺庙"类不可胜数,皆焚毁殆尽"。江西湖口,"乡下庙宇尽行拆毁"。甚至山东临清也有记载,"各庙神像皆毁,文庙大成殿焚,圣像及两庑木主无存者"。③

当时清军方面的记载也说太平军"见庙即烧,神像即毁";"所过名城繁镇,梵宫宝刹,必毁拆殆尽"。最著名的就是曾国藩的《讨粤匪檄》。1853年初,为对抗太平天国,曾国藩以在籍侍郎身份,在湖南办团练,未

---

① 参见中国史学会主编《太平天国》(一),第78页,上海人民出版社,1957。
② 《太平救世歌》,《太平天国印书》(上),第141页,南京,江苏人民出版社,1979。
③ 参见李文海《太平天国统治区社会风习素描》,载《太平天国学刊》第3辑,第7—15页,北京,中华书局,1987。

久扩编为湘军。次年发布《讨粤匪檄》，曰："粤匪窃外夷之绪，崇天主之教，自其伪君伪相，下逮兵卒贱役，皆以兄弟称之。谓惟天可称父，此外凡民之父，皆兄弟也；凡民之母，皆姊妹也。农不能自耕以纳赋，而谓田皆天主之田；商不能自贾取息，而谓货皆天主之货；士不能诵孔子之经，而别有所谓耶稣之说。新约之书，举中国数千年礼义人伦诗书典则，一旦扫地荡尽。此岂我大清之变，乃开辟以来名教之奇变，我孔子、孟子所痛哭于九泉。凡读书识字者，又乌可袖手安坐，不思一为之所也？"又说："粤匪所过郡县，先毁庙宇，即忠臣义士如关公、岳王之凛凛，亦皆污其宫室，贱其身手。以至佛寺道院，城隍神坛，无庙不焚，无像不毁。斯又鬼神所共愤，欲一雪此憾于冥冥之中者也。"①

曾国藩诉诸"为文化而战"的立场，以激起全体士绅攻击有外教色彩的太平天国。这篇著名的檄文后来经常为治近代中国佛教史的学者所引，来说明近代太平天国时期对江南佛教文物的破坏和摧残，如台湾释东初的《中国佛教近代史》和于凌波的《杨仁山居士评传》都曾引用此文，文中说及太平军所到之处，"无庙不焚，无像不灭"。由于太平天国对神佛所持的极端排斥态度，又加上清军镇压太平军的主战场是在长江中下游及东南沿海一带，双方大军云集，多年拉锯攻守，战况惨烈，而这一地区也正是历来禅宗名寺丛集之处，故兵燹所至，诸多名寺化为灰烬者实不在少数。② 据不完全统计，当时江浙一带被毁的名山大刹，若按被毁时间排序，可得下表：

地　名	寺　名	被毁时间
镇江	金山江天寺	咸丰三年(1853)
金陵	灵谷寺	咸丰三年(1853)
金陵	瓦官寺	咸丰三年(1853)

---

① 李翰章编纂，李鸿章校勘：《曾文正公全集》之文集卷三，第1579页，长春，吉林人民出版社，1995。
② 参见王广西《佛学与中国近代诗坛》，第37页，开封，河南大学出版社，1995。

续表

地　名	寺　名	被毁时间
庐山	东林寺	咸丰四年(1854)
金陵	栖霞寺	咸丰五年(1855)
金陵	大报恩寺	咸丰六年(1856)
常熟	三峰清凉寺	咸丰十年(1860)
常熟	破山兴福寺	咸丰十年(1860)
常州	天宁寺	咸丰十年(1860)
苏州	灵岩寺	咸丰十年(1860)
杭州	云栖寺	咸丰十年(1860)
宁波	天童寺	咸丰十一年(1861)
宁波	七塔寺	咸丰十一年(1861)
宁波	天宁寺	咸丰十一年(1861)
杭州	定慧寺	咸丰十一年(1861)
杭州	海潮寺	咸丰十一年(1861)
西天目山	禅源寺	咸丰十一年(1861)
杭州	上天竺寺	咸丰十一年(1861)
杭州	龙兴寺	咸丰十一年(1861)
杭州	祥符寺	咸丰十一年(1861)
杭州	莲居庵	咸丰十一年(1861)
上海	龙华寺	咸丰末至同治元年(1862)
上海	静安寺	咸丰末至同治元年(1862)

在长达十余年的战乱中，大批寺庙被废，经书散佚，僧人或死于战乱，或流离失所，无法从事正常的宗教活动。在有些情况下寺庙虽暂时未毁，但也被军队所占用，宗教活动实际上已被迫停止。如《金陵省难纪略》中记载，太平军在攻打金陵时，曾从城外的静海寺挖地道至城墙下放置炸药，炸塌城墙后攻入城内。又如《扬州御寇录》记载，咸丰三年(1853)，太平军攻占扬州后，曾在法海寺内筑垒坚守；咸丰八年(1858)

秋,清军败于扬州,曾以千人屯香积寺固守。在这种情况下,寺庙实际上成了军事据点。①

太平军毫无顾忌地毁坏一切神像的行动,无疑使人们感到触目惊心。正是由于这种活动给人们留下了如此深刻的印象,民间才留下了许多关于这方面的记载。当然,这些记载从用词和语气上看都是站在太平天国对立面的。事实证明,太平军的这种毁坏神庙运动虽然声势浩大,但并不可能在短时间内消灭已在民间延续千百年的宗教传统风习。在当时留下来的民间记载中,我们还可以看到许多记述民间隐蔽、半隐蔽甚至公开进行礼拜神佛活动的记载,且越到后期这种记载越多。这说明,随着太平天国运动的发展,在民间传统宗教习俗的顽固抵触下,亦即随着更多江浙新战士加入太平军,有些太平军的下级官兵在自己的辖区已经不再严格奉行毁灭"邪魔"的政策了,而是采取了更为宽容的态度。到太平天国后期,甚至有个别太平军官兵也参与一些礼神拜佛的活动。由此反映了拜上帝教这一教义内容和形式主要来自外来基督教的宗教形式,不仅使老百姓感到陌生而难于理解,而且由于与民间传统习俗直接相悖,而受到人们的冷淡和疏远。②

曾国藩的湘军平定太平天国以后,在南京建立毗卢寺,慰藉死于平乱之役中的英灵,又重兴镇江金山寺等江南名刹,拉开了复兴包括佛教在内的传统文化事业之序幕。然而,值得注意的是,在清史学家看来,太平天国反对"邪魔"的斗争,是被压迫的农民对封建精神牢笼的勇猛冲刺,是旧民主主义革命时期思想战线上的伟大创举。事实上,在这次革命运动中,佛教所受的打击最为沉重。不管这次运动采取了如何离奇怪诞的形式,不管它是如何不彻底,并且最后归于失败,它的进步意义应予以充分肯定,它有助于佛教摆脱封建迷信,加速近代化进程。

---

① 中国史学会主编:《太平天国》(四),第691页。
② 参见李长莉《近代中国社会文化变迁录》第一卷,第72—75页,杭州,浙江人民出版社,1997。

三、清末"庙产兴学"风潮

"庙产兴学"风潮起源于清末新政的教育改革。兴办新式学堂,是为了开民智、育人才,但经费不足是个大问题。由此,社会有识之士不约而同提出"庙产兴学"的主张。光绪二十四年(1898年),康有为、张之洞分别提出"庙产兴学"的主张。康有为所针对的庙产对象是乡村淫祠,而张之洞所提则包括地方公产和佛道寺观。康有为的主张通过戊戌年五月二十二日的上谕而颁布天下,张之洞的《劝学篇》也因受到清政府的赞许而广为刊布,实际成为各地"庙产兴学"过程中的思想资源。但不少人,包括后来的研究者,有意无意间常将这大约同时提出的主张混为一谈,且往往把张之洞的账算在康有为的头上。另一方面,甲午中日战争之后,日本在中国的影响力大为增强。一般人们多注意其在政治、军事等方面的扩张,其实日本在文化宗教方面也加强了对中国的渗透,其中净土真宗的东本愿寺更在中国开展了相当积极的传教活动。东本愿寺初来中国时只有一种不显山水的平淡,但它于20世纪初在华势力的扩张却引起了朝野的关注。"庙产兴学"运动引起江、浙三十多所寺庙的僧人因疑惧而投向日本东本愿寺恳求保护,这一因素在很大程度上促成了清政府于1905年颁布保护寺庙之产的上谕。围绕这道上谕,各方有着不同的解读,对当时和后来各地的"庙产兴学"运动影响甚大。①

光绪二十四年(1898)三月,后期洋务运动的主将张之洞撰成了传诵一时且影响深远的《劝学篇》。在这篇著作中,他明确推出了"庙产兴学"的主张:"今天下寺观何止数万,都会百余区,大县数十,小县十余,皆有田产,其物皆由布施而来,若改作学堂,则屋宇田产悉具,此亦权宜而简易之策也。方今西教日炽,二氏日微,其势不能久存,佛教已际末法中半之运,道家亦有其鬼不神之忧。若得儒风振起,中华义安,则二氏亦蒙其

---

① 参见徐跃《清末庙产兴学政策的缘起和演变》,载《社会科学研究》2007年第4期。

保护矣。大率每一县之寺观什取之七以改学堂,留什之三以处僧道;其改学堂之田产,学堂用其七,僧道仍食其三。计其田产所值,奏明朝廷旌奖僧道,不愿奖者,移奖其亲族以官职,如此则万学可一朝而起也。"①该书具有调和中西、折衷新旧的色彩,深得清廷赏识。光绪帝披览后,认为"持论平正通达,于学术人心大有裨益",并发布上谕,命各省"广为刊布,实力劝导,以重名教而杜卮言"。《劝学篇》由清廷诏示,经军机处颁发各省督抚、学正各一部,付诸实施②,掀起了近代第一次"庙产兴学"风潮。

其实,"庙产兴学"的主张不是张之洞所独有,当时维新变法人士也提出了类似的主张。这里特别提一下康有为和谭嗣同两位。康有为于光绪二十四年五月初一日曾上折请尊孔教,五月十五日上折请开学堂。前折名为《请尊孔教为国教立教部教会以孔子纪年而废淫祀折》(简称《尊孔折》),后折名为《请饬各省改书院淫祠为学堂折》。查其《自编年谱》,康有为于戊戌五月初一日曾上折请尊孔教,《戊戌奏稿》署"六月"为误。原折今见于《杰士上书汇录》,即《请商定教案法律厘正科举文体听

---

① 张之洞《劝学篇》外篇设学第三,收入《张文襄公全集》卷二〇三(台北,文海出版社,1971)。这是戊戌时期对抗变法维新思潮的代表作。全书共二十四篇,计四万余言。分内篇九:同心、教忠、明纲、知类、宗经、正权、循序、守约、去毒;外篇十五:益智、游学、设学、学制、广译、阅报、变法、变科举、农工商学、兵学、矿学、铁路、会通、非弭兵、非攻教。"内篇务本,以正人心;外篇务通,以开风气"。"本"指封建的纲常名教,"通"指有关工商业和学校报馆诸事。前者不能支援,后者则可以变通举办。该书系统阐述和发挥了"旧学为体,新学为用"的思想,主张在维护封建专制制度的前提下接受西方的科学技术。它攻击维新派"开议院、兴民权"的政治主张,断言"民权之说无一益而有百害",坚决反对变法维新运动。同时极力赞颂清王朝的"深仁厚泽",宣扬"三纲五常"的伦理道德。《劝学篇》"挟朝廷之力以行之,不胫而遍于海内"。帝国主义者对此书也很欣赏,先后译成英、法文字出版。光绪二十六年(1900),纽约出版乌特勃来基(Samuel I Woodbridge)译本,题称《中国唯一的希望》(China's only Hope: An Appeal by the Greatest Victroy Chang Chintung)。
② 《劝学篇》成书于光绪二十四年(1898)三月,经送呈御览,光绪帝大为赞赏,于六月七日上谕:"备副本四十部,由军机处颁发各省督府学政各一部,俾得广为刊布。"本书流通甚广,据估计约有百万册,且有英、德、日等文字译本流通。对张氏本人而言,其建议改革学制,提倡新式教育,创说之始,力求稳健温和,然其破坏力量则为他始料未及,不但顿绝寄食书院老儒的生路,同时也为近代佛教带来长期的困扰。然深具讽刺的是,这些影响深远的后果,竟是出自张之洞本人无心的建议。参见黄运喜《清末民初庙产兴学运动对近代佛教的影响》,载《国际佛学研究》创刊号,第294页,1991。

天下乡邑增设文庙谨写〈孔子改制考〉进呈御览以尊圣师而保大教绝祸萌折》。可见《尊孔折》并非原折,而系日后重撰。原折有两大主要内容为《尊孔折》所无:一是开孔教会以定教律、办教案,二是变科举八股之制以发明孔子大道。《请开学校折》(简称《学校折》)原载《戊戌奏稿》,署"戊戌五月"。查《自编年谱》,康有为于戊戌五月曾上折请开学堂。五月二十二日上谕改各地书院为学堂即据此折发出。《知新报》第六十三册(光绪二十四年七月十一日出版)曾载康有为于"五月"上奏的《请饬各省改书院淫祠为学堂折》,内容与《自编年谱》所记相合,可知为原折。但《知新报》所载尚非原折进呈稿;进呈稿今见于《杰士上书汇录》,即《请改直省书院为中学堂,乡邑淫祠为小学堂,令小民六岁皆入学,以广教育,以成人才折》,两相对照,文字多有差异,前者实为原折草稿。《学校折》内容则与《自编年谱》和原折皆不合,可见并非原件,而系日后重撰。原折主要内容有二:一是概言泰西各国由于教育发达而人才兴盛、国家富强,以说明兴学开民智的重要性。二是着重提出两条"兴学至速之法",其一将各书院等皆改为学校,以善后等款作经费;其二"改诸庙为学堂,以公产为公费"。《学校折》大部分内容细举欧美各国及日本学校教育情况,仅于折末提出"立学"的简单建议,而多与原折相异,且未涉及立学经费、改庙宇为学舍诸问题。①

由康有为所上二件原折或进呈折可知,康有为与张之洞的"庙产兴学"主张,各有侧重。张之洞以为若能把寺庙改作学堂,则全国教育水平必将普遍提高,则国势自能增强。国势增强,自能保护境内佛道教,使不

---

① 参见汤志钧编《康有为政论集》,第312页,北京,中华书局,1981。又参见康有为《自编年谱》及宋德华《〈戊戌奏稿〉考略》(《华南师范大学学报社科版》1988年第1期)。《戊戌奏稿》一书于宣统三年(1911)在日本出版,内收康有为戊戌年间所上奏折20篇,编书序文5篇,历来被作为研究康有为及维新派变法思想、纲领和主张的基本依据。1981年中华书局出版汤志钧编《康有为政论集》,将《戊戌奏稿》全部作为真件收入。同年,陈凤鸣发表《康有为戊戌条陈汇录》一文(《故宫博物院院刊》1981年第1期),根据故宫博物院图书馆所藏光绪二十四年内府抄本《杰士上书汇录》,指出《戊戌奏稿》与康有为戊戌年进呈原稿有不同。宋德华在《〈戊戌奏稿〉考略》中进一步对康有为戊戌年所拟上奏原件(包括草稿和进呈稿)作考订。

致受到西教的侵凌。康有为前折是为了推行孔教而涉及"废淫祀",康有为于此中指出今日淫祀遍于民间的情形,一是因为一般人民不能祀谒孔子,所以心无所归,心无所归自然就容易被巫觋所惑立庙祭拜;其次是因为朝廷没有严厉禁止,一任人民自由立庙。接着他又指出民间淫祀的无益,既不能导正俗尚又耗费巨资,为欧美所讪笑。他在《尊孔折》中,对此有十分明确的说明。也就是说,废庙的重要理由之一是耻于欧美人士的蔑视。他认为,中国民间寺庙林立,百姓日以拜神为事,此等习俗让"欧美游者,视为野蛮,拍像传观,以为笑柄";等中国于爪哇、印度、非洲之蛮俗,实是"国之大耻";况且流风所及,侨居南洋的海外华人社会也是"妖庙繁立","重为欧美所怪笑,以为无教之国民,岂不耻哉?"①因此,康有为建议罢废所有淫祀,改充孔庙或学校,以省妄费而正教俗。而后折则是为了兴办中西学校"作育人才"而"改书院淫祠",他说:"我各直省及府州县,咸有书院。……而中学小学直省无之。莫如因省府州县乡邑公私现有之书院、义学、学塾,皆改为兼习中西之学校。……并鼓励绅民创学堂。……查中国民俗惑于鬼神,淫祠遍于天下。以臣广东论之,乡必有数庙,庙必有公产。若改诸庙为学堂,以公产为公费,上法三代,旁采泰西,责令民人子弟,年至六岁者,皆必入小学读书……则人人知学、学堂遍地,不独教化易成,亦且风气遍开。"在康有为看来,变法维新当先开展启蒙工作,他认为开学校、育人才,"不当仅及于士,而当下达于民,不当仅立于国,而当遍及于乡"。他从儒家立场出发,尤其反感那些使人民惑于鬼神、昧于事理的"淫祠",故几次上书请求废淫祀,改淫祠为学堂,而使学堂遍地,人人知学。只有四亿之民皆出于学,乃"智开而才足"。他在后折中向光绪皇帝特别指出:"泰西变法三百年而强,日本变法三十年而强,我中国之地大民众,若能大变法,三年而立。"康有为废淫祠的主张

---

① 《请尊孔圣为国教立教部教会以孔子纪年而废淫祀折》,见《戊戌变法资料汇编》第二卷,第231—232页。

与正统儒家士大夫在思想上有承继关系，但与他们不同的是，康有为主张废淫祠是为了推行孔教运动，把淫祠改为孔庙和学堂。康有为于五月十五日上奏，五月二十二日，光绪皇帝颁布了兴学的上谕，两者间有着密切的联系。

总而言之，根据康有为、张之洞等人的一再吁请，光绪帝于五月二十二日发布上谕，命改各地书院为兼习中、西之学校，以省会之大书院为高等学堂，郡城之书院为中等学堂，州县之书院为小学。上谕要求"其地方自行捐办之义学、社学等，亦一律中西兼习，以广造就"。并明确指出："至于民间祠庙，其有不在祀典者，即由地方官晓谕居民，一律改为学堂，以节縻费而隆教育。"该上谕基本以康有为的奏折为蓝本，但将"淫祠"改为"不在祀典"的"民间祠庙"，前者还带有较强的儒家思想观念，后者的表述则更有分寸，其一并未如张之洞《劝学篇》中"庙产兴学"主张指涉天下所有佛道寺观，其二也不是要废除乡村所有的"民间祠庙"，所以加上了"不在祀典"的限制，实际要将乡村社会的共有资产"庙会公产"用于兴学。这也涉及国家与地方、中国传统乡间社会组织公私之间的财产关系的变动问题。① 在以祭祀为核心的礼仪活动中，朝廷强调的是礼制，而民间通行的是约定俗成的各种风俗，掺杂着佛、道及神、鬼信仰。乡村社会共有的风俗习惯，村落的神祠、会馆、宗族等社会组织涉及整个村落社会的构造。"不在祀典"之祠庙，实际上除了"淫祠"，还包含神祠、会馆、宗祠等民间共同体的财产。②

康有为后来明言方外丛林寺观不在其所谓"淫祠"的范围中。他在

---

① 参见徐跃《清末庙产兴学政策的缘起和演变》，载《社会科学研究》2007年第4期。
② 钱穆曾以"通财性"来概括中国社会的特性，即虽"不废私财"，却强调"不患寡而患不均"，民间如社仓、义庄、会馆等，"皆有通财之谊，而亦皆非政府法令之所规定，全由社会自动成立"；政府在"轻徭薄赋"的原则下止于赋税徭役的征用，而通财均富，"则社会自身之责，而由士教导之"。这虽然更多是一种理想型的描述，但在传统社会，国家除赋税徭役外基本不干预民间"公产"是长期遵行的政策。征发乡村社会共同体的共有资产，不论目的为何，多少意味着对国家与地方、民间社会公与私之间关系的重新解释和定位。

《自编年谱》中说,当时上奏请"废天下淫祠,以其室宇充学舍,以其租入供学费",奉旨允行;但"吾以乡落各学舍,意以佛寺不在淫祠之列。不意地方无赖,藉端扰挟,此则非当时意料所及矣。"①虽然这是事后的解释,但是也有理由相信,康有为当初提议罢废淫祠并无意毁佛寺,这并不是事后见到"庙产兴学"引起大风波而作的推脱之辞,因为康氏与佛教素有渊源。不料此举却为维新运动树立了意想不到的对立面。梁启超在《戊戌政变记》中将此视为发生政变的一项原因,他说:"中国之淫祠,向来最盛;虚靡钱币,供养莠民,最为国家之蠹。皇上于五月间下诏书,将天下淫祠悉改为学堂。于是奸僧恶巫,咸怀怨怼。北京及各省之大寺,其僧人最有大力,厚于贷贿,能通权贵,于是交通内监,行侵润之谮于西后,谓之皇上已从西教,此亦激变之一大原因也。"②

事实上,这种"庙产兴学"主张在当时已经成为许多人的共识。谭嗣同在光绪二十年甲午(1894)秋七月《报贝元征》中条疏变法之策,一曰筹变法之费,二曰利变法之用,三曰严变法之术,四曰求变法之才。其在"筹变法之费"中说:"除卖地以供国家巨用外,余议院学堂乡塾之所需,莫如废天下寺观庙宇诸不在祀典之列者。即在祀典,亦宜严立限制,节其侈费,以供正用。则各府州县,皆能就地筹财,无俟他顾。今之寺观庙宇,多而且侈,使悉废之,不惟财无虚掷,人无游手,而其云构崇阁,亦可

---

① 康有为:《康南海自订年谱》,第54页,台北,文海出版社。康有为的弟子麦鼎华也在《不忍杂志》登的《请尊孔圣为国教立教部教会以孔子纪年而废淫祀折》后面注说:"按淫祀与宗教有异,然奏上谕后,有司奉行不善,寺观多毁,此胥吏讹索所致"。
② 参见徐跃《清末庙产兴学政策的缘起和演变》。僧团及世人都以为康有为是首言提拔寺产者,产生这种误解主要有几方面的原因:其一,一些正统观念特别强的儒生确实把寺观视为"淫祠",而明、清两朝,僧、道早已渗透民间祭祀之中,与神祠混杂,给人一种模糊不清的印象;其二,康有为作为戊戌维新时期的核心人物,处于旋涡中心,举手投足都受各方关注,而"庙产兴学"政策确实是康有为发其端,引发类似联想也较正常;其三,光绪皇帝在将《劝学篇》颁行全国的谕旨中称其"持平通达",一般皆认为张之洞稳健甚而有些守旧,却未曾注意他在"庙产兴学"方面其实比康有为更激进。庚子(1900)后重新开始的"新政"改革,在很多方面其实继承了戊戌维新时的政策,"兴学育才"作为变革政治的先决条件,以建立近代学制为中心的教育改革迅即在全国展开。

为议院学堂诸公所之用。至民间每年所省香烛纸爆等费,尤为不可胜计。黄佩豹两至西藏及诸番部,金银之富,无与伦比。佛寺大小以万计,寺产可千万金者,随在有之。佛像屋顶,悉以赤金铸成。余黄白之属,或熔为山,或窖于地。民俗愚而勤苦,岁有赢赀,辄以献诸佛寺,堆积至厚,而不知取用。设若强邻内侵,枭雄窃据,其为借寇兵赍盗粮,害有不堪设想者。谁秉国钧,顾思冶容慢藏之训,亟有以收之,即中国自此富无与京矣。"①从时间上看,这是谭嗣同在金陵学佛以前的"旧学时期"所提出的主张。但谭嗣同的主张无疑更为激烈,他的目光除了汉地寺观庙宇外,还关注到西藏及诸番部的佛寺。谭嗣同的主张在某种程度上反映了他当时对寺观衰颓的看法,从中可以看出当时寺观在社会人士的心目中之观感:其存在价值几等于零,僧道也几与社会上的寄生虫无异。这与他后来深研佛学,弘扬佛教慈悲济世思想并不矛盾。

戊戌政变后,新政中辍。光绪二十七年(1901),清廷再令各省、府、州、县必须设立学堂,"作育人才"。于是各地纷纷组织教育会,掀起了一股"庙产兴学"的风潮。近代举办教育,国家财政无法支付地方兴学,清政府解决这一困境的办法是地方自筹经费,以各地之财供地方兴学之用。光绪二十九年(1903)颁布由张之洞主导制定的《奏定学堂章程》,把地方学堂经费分为官款、公款、私人捐助等项,经费内容则有开办经费、常支经费二种。在《奏定学堂章程》和《劝学所章程》中,涉及"庙产兴学"共有几处:(1)初等小学堂现甫创办之始,可借公所寺观等处为之,但须增改修葺,少求合格,讲堂体操场尤宜注意。(2)各省、府、厅、州、县,如尚有义塾善举经费,皆可酌量改为初等小学堂经费。如有赛会、演戏等一切无益之费,积有公款者,皆可酌提充小学堂经费。(3)计算年龄儿童之数,须立若干初等小学。查明某地不在祀典之庙宇乡社,可租赁为学堂之用。(4)考查迎神会演戏之存款,绅富出资建学,为禀请地

---

① 《思纬壹壹台短书》,见蔡尚思、方行编《谭嗣同全集》,第228—229页。

方官奖励。① 以上几条仅有"可借公所、寺观等处为之"这一条涉及动用寺产(指方外寺院庙产),而于民间庙会公产的表述也较为含糊,对实际的筹措方式、比例等细则并没有明文规定。事实上,提取地方公产兴学对政府来说只是一个大的方向,既然以地方之产办地方之事,权责也都基本属于地方。总的来说,在新政之初,清廷对是否提拔方外寺院庙产的态度模棱含糊,地方官绅多自行其是,并得到各省督抚的实际支持。因为对哪些民间祠庙属于"淫祠"或"不在祀典",清廷并没有作出后续的明确规定,故在实际运作中地方官绅推行"庙产兴学"运动对象不仅指向"民间祠庙",还牵涉到"天下寺观"。从清廷嘉许张之洞《劝学篇》来看,表明清政府对牵涉寺观的"庙产兴学"的主张是默许的。直到1905年,清廷颁发保护寺庙财产的上谕,才对"庙产兴学"作出明确表态;而日本东本愿寺僧人在中国布教,导致江南一些寺院大量投靠日本东本愿寺以寻求日本保护②,是促成此政策表态的一个重要因素。但为了解决兴学资金不足的问题,清政府并未放弃"庙产兴学"政策,只是态度更加明确,1906年又"责成各村学堂董事查明本地不在祀典庙宇乡社,可租赁为学堂之用"。③

清末"庙产兴学"运动中,各地方官绅积极推行提拔"庙产兴学"的运动引起各地寺僧的疑惧。一些日本僧人如伊藤贤道等遂利用"保护外国

---

① 转引自徐跃《清末庙产兴学政策的缘起与演变》,载《社会科学研究》2007年第4期。
② 先是同治时期小粟栖香顶提出东方中、日、印三个佛教国家连手,对抗基督国家。此时中国士大夫们关心的是西洋的技术,故中国士人和僧人对此提议没有任何回应。光绪二年(1876)七月,东本愿寺派出谷了然、小粟栖香顶、河岐显成、仓谷哲僧4名传教干部和日野顺证、崖边贤超2名年轻的留学僧共6名成员到上海创立了净土真宗的寺院,这是日本僧侣到中国布教之始。从他们寄往东本愿寺的报告书,可以看到他们初期的生活主要是学习中国语言,为传教作准备。他们在江苏设置江苏教校,但希望在北京设立学校的目标却未达成。而且在1883—1885年间,曾一度中断在中国的传教。当时,除了像杨文会因特殊的"因缘"关注东本愿寺的净土真宗外,此事似乎并未引起中国士大夫的关注,他们更注意日本政治、军事方面的动向。1895年后,挟日本甲午战争军事胜利的余威,东本愿寺在中国的传教摆脱了最初的挫折,开始进入内地各省区布教。
③ 参见[日]牧田谛亮《中国近世佛教研究》,京都,平乐寺书店,1957。

宗教"的条约诱使中国僧寺受其保护。1905年,杭州等地有30余座寺庙投归东本愿寺属下,遇事则由日本领事馆出面保护。此事在朝野引起极大震动。士绅对日本人"借教伸权"非常忧心:"中国已成种种束手之交涉,又添一日本教徒,将来何堪设法?"关于东本愿寺在中国的布教的讨论占有当时中国报纸和杂志相当的版面,有人提出:"言佛教而不借他国之国权犹可说也,佛教而借他国之国权,则其为祸必烈。"两江总督魏光焘在光绪三十一年(1905)初的奏折中说,"日本僧侣向无准在中国传教之约,乃漳州、泉州一带内地,比来竟有日僧收徒布教,赁屋设堂",其所借口,是《中日通商行船条约》第二十五款"一体均沾"之语。他列举历次中日条约,说明凡可一体均享的"优例豁除利益",均"专为通商行船转运、工艺及财产立说,与传教两不相涉"。北洋大臣袁世凯把日僧传教与日本在东亚势力扩张联系起来分析,他认为,日俄战争后,日本在东亚势力日增,然彼地狭民贫,垂涎中土,殆非一日。近日日人学汉语者颇多,欲藉日僧设堂传教,在内地长住,以考察中国各行省民情风土,其用心殊为叵测。将来该国通人学士,或隐受政府之命,群托僧侣,而分布中国内地。日使请准日僧传教,竟以利益为言,实已微露其狡猾,不可不预为防范。稍后,继任两江总督的周馥也收到外务部要求调查日僧在地方传教情形之函,他在复函中说:佛教从印度传入中国,两千年历久相安,教徒从外国来,从无仗外国保护之事。今若准日僧设堂传教,僧侣及皈依之人一体归其保护,"其愚昧者恃保护而轻犯法,其凶狡者借保护而思抗官。"周馥对日僧传教可能引起的宗教冲突和外交纷争,以及中国佛教徒藉他国国权违法抗官的忧虑并非无的放矢。[①]

鉴于以上形势,光绪三十一年(1905)三月,朝廷颁布上谕,对十方寺院提留问题作了明确表态:"前因筹办捐款,迭经谕令,不准巧立名目,苟

---

① 以上几段引文皆转引自徐跃《清末庙产兴学政策的缘起与演变》,载《社会科学研究》2007年第4期。

细病民。近闻各省办理学堂、工厂诸端,仍多苛扰,甚至捐及方外,殊属不成事体。著各该督抚饬命地方官,有大小寺院,及一切僧众产业,一律由官保护,不准刁绅蠹役,藉端滋扰。至地方要政,亦不得勒捐庙产,以端政体。"①上谕颁布后,各省提拔寺产之风稍息。但因为各地提拔"庙产兴学"已经进行了一段时间,形成了广泛的既成事实,不能不有所善后,并非清廷禁令可以当下了结。

直隶总督袁世凯对禁止捐及方外上谕的覆奏很能说明问题,也具有一定的代表性。袁世凯的奏折一面对上谕体现的"朝廷轸念民瘼,慎防流弊,感悚莫名",一面指出:伏查民间祠庙不在祀典者,由地方官晓谕民间一律改为学堂,早经奉旨通饬在案。又恭阅《钦定学堂章程》内载,创立中小学堂,皆得借用寺观公所等语。谨绎先后谕旨章程,是地方官应行保护之庙宇,系指列在祀典者而言;其未入祀典各庙宇,率由绅民禀请改设学堂,相安数年,业已允协。诚恐僧众误会圣意,纷起争端,藉开影射之门,致坏已成之局;有不得不分别办理,缕晰声明者也。臣惟兴学育才,为富强根本,军国大计,无逾于斯。直隶学务,经臣竭力经营,现始稍有规模,但终限于财力,赖有不入祀典之庙宇通融修改,早日告成。其或确载祀典暨僧人手置产业,均不得稍有侵占,必清界限。余如淫祠,本干例禁;私设庵院,律有明条。又绅民先曾布施,原无殊于善举;或僧众情殷报效,未便令其向隅者;均由公正绅耆,分投筹办,应请悉仍其旧,以昭大信。倘有刁绅蠹役,藉端滋扰,遵旨从严禁办,不稍宽容。②

此前提拔庙产是朝廷提倡,且并未制订出一套具体操作规则,已形成既成事实,袁世凯奏折中"相安数年,业已允协"是关键语。他特别指出:僧众也可能因"误会圣意"而"纷起争端",一旦其借此以"开影射之

---

① 朱寿朋纂修:《东华录》光绪朝(九),第5303页。
② 参见《袁世凯奏折专辑》,第1889页,台北,"故宫博物院",1970。

门",就可能破坏"已成之局",故"不得不分别办理"。袁世凯并婉转表明,很多僧产其实是由绅民布施之善举而来,这意味着他所说的"必清界限"是要区分绅民布施之产和"僧人手置产业",后者才"不得稍有侵占",前者若有"僧众情殷报效,未便令其向隅"。这一奏折的含义很清楚,对于"相安数年,业已允协"的"已成之局",只要不是"僧人手置产业",要维持原状,"以昭大信"。当年这类奏折不仅是写给朝廷看的,同时也是对其治下表明具体将"怎样"执行上谕。换言之,在直隶范围里,此前已提拨之庙产,大约是不能追回的;甚至寺院僧人过往在官、绅面前已认捐、具结之款项数目,恐怕也还要认缴。关于僧众可能因"误会圣意"而"纷起争端",借上谕以"开影射之门"一语,其实也隐含着某种威胁,并为州县地方官处理类似纠纷作出了提示。因此,保护庙产的上谕颁布后,只是部分遏制和减弱了各省提拨寺产之风,而寺院僧人和地方官绅围绕着对上谕含义的不同解释还有着相当一段时间的纷争。①

综上所述,自戊戌维新以来,清政府推行"庙产兴学"政策,"改淫祠为学堂",利用各地的僧道庙产兴办新式学校。清末新政兴起后,这一趋势进一步强化。虽然办新式学校是清廷自救之策,是现代化之需,对于普及教育、提高民智以及反对迷信也大有益处,但是由于在中国传统社会中庙宇是民众的一个生活重心,不仅和民众的信仰紧密相连,而且庙宇各项活动的经济资助很多也是来自民众的布施捐助,因此官绅联手借兴学的名义侵夺庙产,不仅在佛道教徒中反应甚巨,而且在民众中间也波澜四起。事实上,各地地方官员借口办学经费不足而提拨庙产的一系列举措,也引发一批地方劣绅恶痞从中渔侵的恶果。《太虚法师年谱》载:"清廷废科举,兴学堂,各地教育会每藉口经费无着,提僧产充学费,

---

① 徐跃:《清末庙产兴学政策的缘起和演变》,载《社会科学研究》2007 年第 4 期。是否为淫祠,一般看它供奉的神是否"有功德于人民",而现实中正祀与淫祀常常难以分辨,民间的庙宇常常佛道神祇相混,多尊神像一起崇拜。所以清末民初,简单地以寺观为标准来推行的"庙产兴学"政策,在地方上会引发许多的冲突。

假僧舍作学堂。僧界遑遑不可终日,日僧水野梅晓、伊藤贤道等乘机来中国,诱引中国僧寺受其保护。事发,清廷乃有保护佛教,僧众自动兴学、自护教产,另立僧教育会之明令。"① 各地教育会多为地方士绅所把持,唾骂、驱逐僧尼,毁坏佛像,强占庙宇,提取庙产,其中不乏借此中饱私囊者。短短十来年间,天下寺庙被毁无数,大批僧尼被迫还俗。虽然从历史发展的角度讲,以庙产兴办新学也许有助于社会进步,但对当时已趋衰微的佛教来说,犹如雪上加霜,无疑是一场空前的浩劫。虽然不少有识之士出头为弘护佛教而大声疾呼,但根本无法制止这股如火如荼的狂潮。经过这场"空前大劫难",全国僧尼总数从清末的80万人锐减到民国初年的20万人。② 一直到清朝灭亡后,各地掠夺庙产的风波仍然未能平息。

虽然"庙产兴学"政策对佛教界造成很大的伤害,但是也促使佛教界开始兴办僧学堂,培养出许多弘法人才,可以说是佛教迈向近现代化的"逆增上缘"。释东初在《中国佛教近代史》中也对日僧"诱引中国僧寺受其保护"一事发表议论,"凡遇占用寺庙,抢夺寺产,就由日本领事出面保护;中国佛教寺庙财产,中国政府不能保护,要赖外国人来保护,可见满清政府软弱无能到如何程度!这与日后国人每遇政治上压迫,便逃入各国租界,要求外人保护,如同一辙。因此,引起中日两国外交上的风波,地方政府既无能解决此一涉及国际纠纷,径呈报中央政府,经中日双方交涉的结果,先由日本真宗取消对中国寺庙保护事情,满清政府始允下诏保护佛教,并令佛教僧徒自动兴学,自护寺产,各省遂相继组织僧教育会。全国各省县纷起成立僧教育会,而与各省县普通教育会成了对立的形势。这说明了满清政府已无能保护佛教,要僧徒自己来保护寺产。其实,国内有识之士,早已经有此感觉,欲求振兴佛法,唯有开设释氏学堂,

---

① 释印师编著:《太虚法师年谱》,第11页,北京,宗教文化出版社,1995。
② 张曼涛主编:《民国佛教篇》,第22页,台北,大乘文化出版社,1978。

始有转机。当时杨仁山居士即有此创议,只以时节因缘犹未成熟耳。"①于此,释东初又指出,变法维新虽然带给佛教无限的困扰——庙产兴学——但也带给佛教僧徒一个自觉自救的机会,那就是依照清政府的指令,各省县成立僧教育会,以佛教寺产来兴办佛教教育,培养佛教人才,这在清政府来说,犹不失为一开明政策。各省县佛教首脑人物,亦知非兴办学堂,不足以保护佛教寺产。当时日人水野梅晓于长沙设办僧学堂,扬州僧文希于扬州天宁寺设普通学堂,浙江寄禅、松风、华山,北京觉先等亦设立学堂,南北呼应,成为当时各省僧教育会兴办僧学的领导人物。但其所办学堂,大抵为国民小学及僧徒小学。那时僧教育会组织健全,办理完善的固然也有,仅拥有虚名的亦不少。如日后各省兴办佛学院一样,都以保护寺产为目的,并无意兴办教育。其中仅有江苏省僧教育会组织较为健全,其所办僧师范学堂,颇有成绩。杨仁山居士于光绪三十三年(1907)就金陵刻经处设立祇洹精舍,招集缁素青年十数人,除佛学及国文外,并授以英文,以为进修梵文及巴利文之根基。杨仁山自讲《楞严经》,苏曼殊教英文,当时入学缁素,虽仅十数人,却为日后50年来之中国佛教领导人物。其经费全由杨仁山自己负担,因经费支绌,不二年停办。其为时虽短,却为中国佛教种下革新的种子,无论于佛学发扬,或教育施设,以及世界佛化推进,无不导源于此。②

历史的演化,往往使人无法逆料。到了20世纪20—30年代,佛教界忽然呈现出自宋以来所未曾有过的蓬勃朝气。不仅僧众里人才辈出,且居士界中的佛学者,其义学之精深博大、研佛人数之众多,都有迈越宋元明清而直逼盛唐的趋势。这种由衰而盛的突变现象,乍看之下,是颇为令人惊讶的。于此,蓝吉富指出,促使中国佛教复兴的人当然很多,但是其中最具关键性的人物,则是石埭杨文会先生。从近百年来的佛教发

---

① 释东初:《中国佛教近代史》上册,第77页。
② 参见释东初《中国佛教近代史》上册,第78—80页。

展史看,杨仁山是一位使佛教起死回生的枢纽人物。显然,如果没有杨氏其人,纵使民初佛教不一定就不会复盛,但是其局面必将大为改观。这是确可断言的。①

第二节 杨文会振兴佛教的理念和事业

杨文会是清末光绪年间名居士,其致力于振兴佛教事业起始于太平天国战争后经典残缺,而其居士佛教思想可上追乾隆年间的彭际清。其对近代维新人士的佛学思想也有深刻影响,但与维新变法人士单纯鼓吹佛教救世思想以作为推动社会变革的精神利器有所不同,他更着眼于以佛教的振兴来弘法利生,拯济世艰,以使世法、出世法相得益彰。

蒋维乔在其著《中国佛教史》中谈到杨文会时说:"佛教经太平天国摧残后,海内人士欲求一册经典,殆不可得。文会在同治、光绪年间,以一人之力,刊刻单行本藏经。于是,如扬州、常州、长沙、江西等,各地同志相继而起。数十年间,文会所刻为最多。海外之古德逸书,亦由其力得以搜回刊布,遂使佛教典籍普及全国,唤起学人之研究。愿力之宏,关系之巨,乃得如此!其生平事迹,在佛教史上,诚宜特笔大书者也。"末了又评价说:"现今各省多有流通处所,所流通之经典,远及南洋和美洲,皆以文会校刊者为多;各地继起之刻经处亦多依文会所订《大藏辑要》,赓续其未完事业。文会于兵火摧残之后,继往开来,肩荷大业,推为清末特出之居士,诚无愧色矣!"②

释东初在其著作《中国佛教近代史》中认为,彭际清和杨文会是清代居士中"研究佛学成绩最卓越者。他二人对于日后佛教启发很大。彭二林专弘净土,但其影响不及杨仁老,因杨氏不特悲智双运,且对佛法多有建树。一、创办祇洹精舍,培育僧才。二、创立金陵刻经处,专事刻经。三、从日本搜购唐

---

① 参见蓝吉富《杨仁山与现代中国佛教》,第98—99页,载《华冈佛学学报》第2期。
② 蒋维乔:《中国佛教史》卷四,第16—19页,上海书店,1989。

宋古德遗帙著疏。四、与摩诃波罗共约复兴印度佛教。其志愿恢宏,影响之大,实非二林居士所可及。允为佛教中兴之伟人,亦未尝不可!"①

一、杨文会生平略传

杨文会的一生,如果以他与佛教的关系来分期的话,大致可以分成以下几个时期:第一期,从出生到二十五岁(1861),这是学佛以前时期。第二期,边做事边学佛时期,从二十六岁到五十二岁(1862—1888),一方面挑起了家庭及社会的责任,另一方面一心学佛,并创办了金陵刻经处。第三期,是辞去公职专心学佛时期,五十三岁(1889)以后,他辞去一切公职,全心投入佛教事业;除了继续刻经之外,七十一岁(1907)时他还创办了祇洹精舍,1910年他又联合海内同志设立佛学研究会。②

杨文会(1837—1911),字仁山,安徽石埭人。其父朴庵公,与曾国藩为同年进士③。文会自幼读书能文,"雅不喜举子业"。其性任侠,熟习驰射击刺之术。生平好读奇书,凡是音韵、历算、天文、舆地,以及黄、老、庄、列之类书籍,无不悉心领会。咸丰三年(1853),太平军进攻安徽,攻破了安庆等地,与清军形成对抗之势。其家乡备受兵扰,乡里既无法安居,他便率领一家老小,辗转于安徽、江西、江苏、浙江一带,颠沛流离约十年。多次遭遇逆境,都因文会部署有方,终未罹险。同治五年(1866),文会全家迁至南京定居。

1. 做事而不为官

曾国藩在安徽攻打太平军时,杨文会与其父曾投其幕下供职,襄助曾国藩办理军粮等务,"代管粮台事"。曾国藩湘军攻下南京,平定太平

---

① 释东初:《中国佛教近代史》上册,第46页。
② 参见武延康、纯一编《杨仁山居士年谱初稿》,第21页。佛学研究会的倡立者是梅光羲(见其《自订年谱》)。
③ 曾国藩是道光十八年(1838)进士。

天国后，百废待兴，文会不愿做官，1865年曾氏就请他来南京管理工程。① 杨文会能得到曾国藩的器重，不光出于他父亲与曾氏的交情，还因为他本人的能力和素质。工程方面，文会是一把好手。前文述及他虽不喜科举之业，但生平好读奇书，喜欢看一些音韵、历算、天文、舆地方面的书，这类书籍在我国传统社会中都是对工程的勘察和建设大有帮助的。后来他两度出使西洋，不但考察彼国的"政教生业"，还精究天文、显微等学，买回了许多科学仪器，并制有天地球图和舆图尺，以备将来测绘之需。光绪二十三年（1897）五月，杨文会与谭嗣同等人组织了金陵测量会。据说这是中国近代设立的第一个测量学会。受文会的影响，他的两个儿子自新和自超也分别擅长工程测量和仪器之学。杨自新曾负责过南京下关狮子山和幕府山的炮台工程，延龄巷金陵刻经处也是自新监造的。② 杨自超曾在湖南时务学堂兼任测量教员，又将文会从英国带回来的天地球的材料做成一天球一地球，一对一对地卖给各处的新式学堂。③

杨文会既精于工程建筑，做事又极其认真负责，富有条理，而且不计名利，不图奖赏。所以，凡是经他办理的工程，均坚固而省钱，以至于曾国藩、李鸿章等皆以"国士"目之。④ 曾国藩临终之际还交代他的儿子纪泽说："杨仁山是个大有作用的人，一定要好好关照他。不过你须随他所

---

① 参见杨步伟《一个女人的自传》，第84页，台北，传记文学出版社，1969。据《曾国藩日记》，1860年曾国藩升任两江总督、钦差大臣，督办江南军务，节制皖、赣、江、浙四省军务。是年六月十□日，曾氏移军祁门（在皖南），二十日朴庵来军中见曾。八月诏罢张芾（即《杨仁山居士事略》中言及的"张小浦中丞"，此前朴庵和文会在张芾幕下任职，张当时为皖南军事总指挥，驻镇徽州府）。八月二十五日，徽州府失守。此后曾氏日记中所记与朴庵交往渐多。故可以推定，朴庵率文会投奔曾国藩幕下当在八九月间。文会那时大约二十四五岁。《杨仁山居士事略》说，同治二年（1863）秋，朴庵先生"捐馆舍"。当时杨文会二十七岁，家境贫困，"无石米储"，为谋生计，便到曾氏幕下供职。曾氏时任两江总督，驻扎安徽省城（安庆），委派文会任职于谷米局。
② 同上书，第31、38页。
③ 同上书，第37、69页。
④ 参见《杨仁山居士事略》，"李文忠函聘办工，辞不往"，载于民国元年（1912）十月初一出版的《佛学丛报》第一号；又参见欧阳渐《杨仁山居士传》（1942年5月25日），"曾文正密保不就"。参见周继旨校点《杨仁山全集》，第582页。

愿意做的事叫他做,不可勉强他。"①

曾纪泽于 1878 年放任英法钦差大臣时,首先想带的随员名单中就有杨文会,文会则仅以"做事不做官"为条件而应允了纪泽之请。② 到下任钦差大臣刘芝田于 1886 年出使英伦时,听说杨文会办事好,又指派他为随员。而文会两次使欧,圆满归来,都不愿接受保举,两位钦差只好保举他的儿子。第一次出国时,文会带了长子自新,被保举同知官衔办事;第二次带的是次子自超,被保举了知府衔。③ 文会不看重名利,心境淡泊,是远近周知的。《杨仁山居士事略》说到,早在 1853 年,里居襄办团练时,"在徽宁佐张小浦中丞、周百禄理军事,跣足荷枪,身先士卒,日夜攻守不倦;论功评赏,则固辞不受。"1866 年,到南京董理工程之后,工程办得好,"费省工坚",超过同行,曾国藩、李鸿章二公知其淡于名利,每列褒奖,都事先不让他知道。④

2. 思想开新,不忘兴国

杨文会思想极为新颖,得益于他两次出使西洋。光绪二年(1876),受聘襄赞曾惠敏(纪泽)。光绪四年(1878),曾纪泽出使欧洲,应征随赴英法,考察西欧"政教生业",精研天文、显微等学。制有天地球图并舆图尺,以备绘图之需。光绪十二年(1886)又随刘芝田出使英法,考察英国政治、制造诸学,深知列强立国之原。因此,西方著名的中国宗教研究专家韦尔慈(Holmes Welch)说他是第一个到过欧洲的中国佛教徒⑤。杨

---

① 参见杨步伟《一个女人的自传》,第 84 页。
② 参见于凌波《杨仁山居士评传》,第 90 页,台北,新文丰出版公司,1995。只要做事,不愿当官,这是杨文会对待世间生活的基本态度。"做事"是为了承担他的家庭及社会赋予他的不可推卸的责任。父亲生西后,家境贫困,生计艰窘,一家十几口人的衣食之资靠他提供。"不愿当官",既反映了他对当时政局黑暗、官场腐败的看法,也是其一生淡泊名利的具体表现。
③ 参见杨步伟《一个女人的自传》,第 87 页。
④ 参见周继旨校点《杨仁山全集》,第 581 页。周百禄即周天受,为清军骁将,乃张蒂部下。翼王石达开曾在石埭境内被周亲手击伤落马。《石埭备志稿》(1938)中有《周提督石埭战功记》专记此事。朴庵与张蒂关系极好。
⑤ 韦尔慈:《中国佛教的复兴》(*The Buddhist Revival in China*),哈佛大学出版社,1968。

文会思想开放表现在很多方面,他曾劝在南京办工程的旧同事周玉山①兴办女学,并劝人禁止女子缠足。其孙女杨步伟自幼即天足,即是拜乃祖之赐。杨步伟是她祖父最为钟爱的一位孙女,她在祖父膝下度过了快乐而顽皮的女孩时代。她说,祖父是一个"不迷信而研究佛学"的人,更重要的是一个"非常提倡新学"的人。② 维新人士如谭嗣同在书信中说,杨老居士的佛学和西学都很高明③;梁启超也说过类似的话,如说"石埭杨文会……学问博而道行高","大凡新学家有真信仰者皆皈依杨文会"云云。

杨文会爱国心殷,虽学佛而不忘兴国,几次出使欧洲,都留心考察彼国兴盛之由。他在《观未来》一文中对中国复兴满怀信心,"世间治乱莫能预知,然自冷眼人观之,则有可以逆料者。且就目前世界论之,支那之衰坏极矣,有志之士,热肠百转,痛其江河日下,不能振兴。然揣度形势,不出百年,必与欧美诸国,并驾齐驱。"④在随刘芝田访欧回国时,他曾对西学与当时国事有所感叹。据《杨仁山居士事略》载,"尝语人曰:斯世竞争,无非学问,欧洲各国,政教工商,莫不有学,吾国仿效西法,不从切实处入手,乃徒袭其皮毛。方今上下相蒙,人各自私自利,欲兴国其可得乎?"可见杨文会对国事的了解,自有比当时一般士大夫高明之处。而民初中国佛教之能在僧制、教育上都有一番新气象,这与杨氏思想的新颖和开放,自有不可忽略的关系。以杨氏的出身(父为进士)、学养(擅工程等)与受知于曾、李,又曾两度随朝廷官吏出使欧洲,这种背

---

① 周玉山,名馥,安徽人。1904年,时老友周玉山任两江总督,杨文会劝他办旅宁学堂,是为近代第一个女子学校。
② 参见杨步伟《一个女人的自传》,第83页。杨步伟说:"祖父思想非常新,从英、法归国后,虽一面研究佛学,(也)一面赞助革命,并劝办学校等事。……因祖父除刻经外,立一研究部,一教养人才部,不但对政治赞成改革,而对于佛学也要革新。所以很多学者名流长川不息地住在刻经处研究谈论,有时听祖父讲经等等。"(同书,第90页)
③ 谭嗣同在南京曾随文会学佛,他写信给欧阳中鹄说:"幸有流寓杨文会者,佛学、西学,海内有名,时相往返,差足自慰。"参见《谭嗣同全集》之《上欧阳中鹄书十》。
④ 杨文会:《等不等观杂录》卷一,见徐文蔚汇编《杨仁山居士遗著》,金陵刻经处刊本。

景,如果有意出仕,则要谋一中等官职是绝无问题的。然而他不但不热衷做官,而且对所擅的工程也未曾多所施展,结果却在光大佛教一事为世人所知。①

3. 以振兴佛教为毕生志业

杨文会与佛教结下不解之缘,始于早年读《大乘起信论》②。他在书肆中偶得该书,不知不觉爱不释手,连读了五遍,窥得奥旨。从此之后,遍求佛经,凡有亲朋往他省者,必托觅经典;见到行脚僧,必详询其从何处来,有何寺庙刹杆,寺中有无经卷。③ 在这之前,他曾阅《金刚经》茫然不契,经《大乘起信论》而悟入,此后又读《楞严经》,领悟渐深,遂决心研究佛法,"悉废其向所为学",归心净土法门。④ 同治四年(1865),杨文会初至南京,适太平天国战乱之后,江南佛教文物遭毁殆尽,到处搜索佛经不得。同治五年(1866),乃发心刻书册藏经,俾广流通。手草章程,得同志十余人分任劝募。杨文会擘画刻经之事,日则措理公事,夜则潜心佛学,校勘刻印而外,或诵经念佛,或静坐作观,往往至漏尽就寝。及至同治十二年(1873),乃摒绝世事,家居读书,专究佛乘。光绪八年(1882),至苏州元墓山香雪海,觅得藏经版。光绪十二年(1886)出使英伦时结识日人南条文雄,因得南氏协助,遂从日本搜得我国隋唐古德逸书,多达300余种。光绪十九年(1893)末,因内弟苏少坡从扶桑回国,以前一直由苏少坡中转的从日本大规模传来经籍的任务基本完成。

晚年杨文会对于佛法的志趣更大,致力于将佛法传播到西方各国,

---

① 参见蓝吉富《杨仁山与现代中国佛教》,载《华冈佛学学报》第2期,第101页。
② 参见《杨仁山居士事略》、欧阳渐《杨仁山居士传》,都说是"于皖省书肆中得之";又参见杨步伟《一个女人的自传》认为,祖父偶然在杭州书肆见《大乘起信论》一书,大为赞叹。
③ 参见周继旨校点《杨仁山全集》,第582页。
④ 据李提摩太介绍,他对杨文会作为儒家的一个秀才而变成佛教徒感到奇怪,杨氏告诉他说:"儒家回避了一些重大问题,只处理人的而不涉及人世之外的事务;有一本《大乘起信论》的书使我由儒归佛。"参见李提摩太译 The Awakening of Faith in the Mahayana Doctrine,第10页,上海,华美书局,1918。

并擘画从振兴印度佛教入手。光绪二十年(1894),先与英人李提摩太译《大乘起信论》。光绪二十一年(1895),又与锡兰人(今斯里兰卡)摩诃波罗居士会晤于上海,相约复兴印度佛教,志甚恳切。① 为此,杨文会居士大力提倡僧学,培养专门弘法的人才。光绪二十三年(1897),将金陵刻经处迁入延龄巷新居②。六月十四日,老母以九十八岁高龄生西后,他把三个儿子召到面前,对他们说:"我自二十八岁得闻佛法,已誓愿出家,而衰白在堂,鞠育之恩未报,未获如愿。今老母寿终,自身已经衰迈,不复能持出家律仪矣!汝等均已壮年,生齿日繁,应各自谋生计,分炊度日,所置房屋,作为十方公产,以后勿以世事累我也。"③武延康在《杨仁山居士年谱初稿》中说:"金陵刻经处作为杨仁山居士一切佛教事业的基础,自从迁入新址后,刻经和讲学便进入到一个崭新的阶段。"④

光绪三十二年(1906)前后,杨文会开始酝酿创办僧学堂。同年四月,他根据明末流传下来的《释教三字经》作成了《佛教初学课本》,并对其进行了详细注解。光绪三十三年(1907)春,与学佛同仁共议建立祇洹精舍。作《与释式海书》,欲请式海来精舍任佛学教师,内中说"目前英文、汉文教习,已得三位,惟佛学尚无其人",后其因故未来,居士便自任之。为了祇洹精舍能顺利开学,杨文会于1907年作《释氏学堂内班课程》,分专门学与普通学两大类,普通学三年,自第四年起,开始专门学,

---

① 参见释东初《中国佛教近代史》,第42页。据新发现的材料,1893年,在芝加哥召开世界宗教大会,与会者达摩波罗途经上海,带来复兴世界佛教的重大信息。经李提摩太介绍,杨文会是年与之会晤,相约共兴印度佛教。后文对此还有交代。
② 金陵刻经处最初设在北极阁,而1897年三月移居延龄巷新居之前,杨氏居住花牌楼池州杨公馆。参见《与日本南条文雄书十》、《与日本南条文雄书二十五》,周继旨校点《杨仁山全集》,第488、505页。
③ 参见周继旨校点《杨仁山全集》,第584页。
④ 参见武延康、纯一编《杨仁山居士年谱初稿》,第34页。金陵刻经处实际上前后共有三处地址,最先是在玄武湖畔鸡鸣寺旁边的北极阁,后搬至花牌楼,最后是在延龄巷,迄今犹存。此间"新址"是指延龄巷。

或两年,或三五年,不拘期限,学习各宗典籍,均随其自愿。总须一门通达,方可另学一门,不得急切改换,以致一事无成。他又指出,专门学者,不但要求文义精通,还须观行相应,断惑证真,始免"说食数宝"之诮。又作《释氏学堂内班课程刍议》,对僧人不学无术的状况极为痛心,提出拟乘此转动之机,开设释氏学堂,振兴佛教,以杜绝"滥附禅宗,妄谈般若"之弊。今开学堂仿照小学、中学、大学之例,能令天下僧尼,人人讲求如来教法,与经世之学,互相辉映,岂非国家之盛事乎!《支那佛教振兴策》也可能就作于此大力提倡兴办僧学之时。

光绪三十四年(1908),祇洹精舍正式开学。九月,苏曼殊应邀前来,担任英文教师;至宁后,杨老居士将十多年前达摩波罗的两封来信请他翻成中文。十月,作《祇洹精舍开学记》,内中说:"建立祇洹精舍于大江之南建业城中,兴遗教也。"祇洹精舍的开办,得到沈曾植、陈散原的支持和赞助,僧人月霞也为募资。谛闲任学监。学生有仁山、惠敏、智光、观同等缁素青年十数人,太虚则于1909年春入学祇洹精舍。杨老居士上学年讲了《起信论》,下学年开讲《楞严经》。惜乎以经费不足,祇洹精舍不到两年就停办了。复于宣统二年(1910)四月,在南洋劝业会开设佛经流通所;十月,创立佛学研究会等,开启居士群体研究佛学的新风。这些都是既在当时很新鲜又对后世产生重大影响的佛教事业。

宣统三年(辛亥,1911)八月十七日,即武昌起义前数日,杨文会安详归逝,享年七十五。杨文会居士一生致力于振兴佛教,经其刻成经典,至百余万卷,印刷佛像至千余万张。其对中国近代佛教经典整理,贡献殊大。著有《大宗地玄文本论》四卷、《等不等观杂录》、《阐教编》、《戒律发隐》、《十宗略说》、《佛教初学课本》诸书,以及《阴符经》、《道德经》、《南华经》等注,及未定稿若干卷。他的著作全集,由徐文蔚居士汇编,名曰《杨仁山居士遗著》,于1919年(民国八年)由金陵刻经处刊印成书,初木刻十册;1923年(癸亥,民国十二年)北京卧佛寺补刻一册,共十一册,廿二卷。

二、杨文会振兴佛教的理念

杨文会居士几十年如一日,呕心沥血,孜孜追求佛教在近代的振兴,细察其佛教振兴理念,大致可以概括为以下四个方面:第一,以搜罗佛典、刻经流通为佛教振兴的首务和基础;第二,以兴办学堂、培养人才为佛教振兴之重点;第三,以研治佛学、弘扬佛法为佛教振兴之关键;第四,以加强中外佛教文化交流为佛教振兴之援辅。这里必须指出,杨文会居士这些佛教振兴的理念并非形成于一朝一夕,而是在其长期从事弘扬佛教事业的过程中,因应时代的变革,适应时代的潮流,逐渐积累心得和不断总结经验的结晶。从中可以察知杨文会居士一生振兴佛教的宏伟蓝图。

1. 刻经流通,利济众生

在近代,"中国向何处去"的时代课题反映在佛教领域,便是"佛教向何处去"。换句话说,如何振兴衰颓不堪的佛教,而使其在近代中国社会焕发出新的生机,发挥积极的作用?历史资料表明,杨文会居士致力于佛教振兴事业首先是从搜罗佛教典籍、刻经流通开始的。而他之所以从刻经入手,又是以认识晚清佛教的现状为先导的。

晚清佛教有种种衰败的景象,但最突出的衰微征兆和标志,在杨文会看来,一是佛教大量经典的散佚流失,二是僧才的稀少奇缺,更遑论彼时佛教思想的停滞、研究的消沉和义理传承的中断。故而,居士以尽力搜罗佛教典籍、刻印流通而利济众生为首务,让知识人士有佛典研习,从而创发新的思想作为佛教振兴的基础。"同治五年(1866),杨文会移居金陵,复与一批同道共同研习佛学,相互讨论,'以为末法时代,全赖流通经典,利济众生'。于是发心刊印方册单行本《藏经》,手订章程,征集同志,得十余人分任劝募,创设金陵刻经处。与此相应,杨文会之友、江都郑学川因发愿刻经而出家,号'刻经僧',在扬州设立江北刻经处,与金陵刻经处分工合作,积极赞助杨文会刻经事业。"①

杨文会发愿刊刻单行本藏经,在他手订的《大藏辑要》目录内,共包含二十一种,四百六十部,三千二百二十卷。据杨文会给南条文雄的信说,"弟募刻全部藏经之举,系与一僧名妙空者同发是愿,至今十有三年,已成二千余卷……预计刊完全藏之期,或在十年二十年,尚难悬定。盖中华官宪中,信崇佛教者甚鲜,既不能得官给巨款,只有集腋成裘之法,随募随刊。"②从这封信中,杨文会流通佛书的苦心隐约可以窥见。虽然后来杨氏未能全部依计划如愿完成,但是其遗志由其弟子欧阳渐禀承而光大之,在入民国后佛学界更有一番辉煌的气象。

杨文会的刻经事业对佛教复兴贡献巨大,也最为向来研治近代佛学者所看重、所称道,清末民初佛书的刊刻流通,杨氏作始之功,实在无人可与比拟。恕这里不一一列举其刻经事迹。值得一提的是,杨文会居士对刻经事业所表现出来的巨大热忱,令人追慕钦仰。他发心创办的金陵刻经处都是靠一些志同道合者募捐筹资而成,没有任何"官给巨款"。随着刻经事业的扩大,因刻经经费不充足,他毅然卖去从欧洲千辛万苦购回的各种科学仪器以充刻资。为了发展刻经事业,他在1897年将延龄巷私宅捐献给金陵刻经处,作为永久流通经典之所;并且为了防止后裔日后收回这一房舍,他又在1901年专门为儿孙立一"分家笔据",其中注明:"金陵城中延龄巷屋宇一所,专作刻经处公业,永远作为流通经典之所,三房儿孙均不得认作己产。"

值得注意的是,杨文会居士不仅仅是一个虔诚信仰的佛教徒,对

---

① 李向平:《救世与救心》,第23页,上海人民出版社,1993。按,郑学川出家后,既号"刻经僧",而取法名妙空。杨文会后来在与日本友人的通信中说,其刻经之举,是与僧妙空"同发是愿"。
② 参见南条文雄序文中所引。南条为明治时代日本佛学界的大学者,也是净土真宗的僧人。杨氏与之缔交,二人颇为莫逆。因此杨氏大多托南条氏将中国所失传而在日本尚能觅致的佛书寄到中国来,而由杨氏加以印刷发行。而日本在纂修《卍字续藏经》时,杨氏也在中国觅取日本所无的佛典,寄给日本修纂藏经之当局。据南条文雄回忆道:"明治二十四年以后,余与道友相议,所赠居士(指杨氏)和汉内典凡二百八十三部。而居士翻刻却赠来者,殆及十余部。如昙鸾、道绰、善导、窥基、智旭之书,亦在其中。"参见日本《卍字续藏经》南条文雄序。

佛教复兴事业不仅有热忱,而且他还是一个见过世面、有眼界、有抱负的知识人士,这决定了他和传统社会民间发心刻经以积功德、以求福报者多所不同。他搜罗佛典并非漫无目的,刻经流通也是有所选择。比如他热心搜求佛教散佚经典,特别注意那些有珍贵史料价值的失传典籍。他先是国内寻访古刹,希冀发现古本秘籍,后赴英考察期间,幸遇日人南条文雄,特请其在海外广求中国失传的古本佛经,收集藏经之外的"古德逸书"。后来果然陆续由日本寻回多种我国久已佚失的隋唐古德注疏,如《中观疏》、《唯识述记》和《因明论疏》等,总数达三百余种,这对其后开近代佛学专门研治因明、唯识二学之风有重大影响。

杨文会居士不唯于搜罗典籍有这种学术的倾向,其对刻经亦不同凡俗,有严格规定。早在刻经处创办之始,他就曾公议刻经条例,规定有三不刻,"凡有疑伪者不刻,文义浅俗者不刻,乩坛之书不刻"①。这诸多事迹一方面表现了居士对搜求佛典、刻印佛经事业之严肃认真态度,另一方面也可以说明他这样做的目的就是为学人研治佛学奠定坚实基础,提供精良的材料准备。在现代佛学界,金陵刻经处的刻本具有较高的史料价值和学术价值,为人所共知,享有海内外声誉,不能不说是杨文会居士苦心经营的结果。

2. 开设释氏学堂

唐宋之后,佛教历经衰变,降至晚清,稍富学识的僧才凋零殆尽。杨文会居士对此似颇为痛心和感慨,他在《释氏学堂内班课程刍议》一文中指出,由于"自试经之例停,传戒之禁弛",释氏之徒"于经律论毫无所知,居然作方丈,开期传戒;与之谈论,庸俗不堪,士大夫从而鄙之"。更有禅徒,"稍得佳境,即以宗师自命,认贼为子,自误误人。"在杨文会居士眼中,晚清佛教,山门清寂,讲经停废,戒律松弛,释子平庸;又宗风衰颓,禅

---

① 杨文会:《与郭月楼书》,《等不等观杂录》卷六,见周继旨校点《杨仁山全集》,第467页。

僧滥竽，江河日下，再不复有昔日的盛况。杨文会指出："近世以来，僧徒安于固陋，不学无术，为佛法入支那后第一隳坏之时。"①在杨文会看来，"地球各国于世间法日求进益，出世法门，亦当求进步"②；"佛法传至今时，衰之甚矣，必有人焉以振兴之"；"方今梵刹林立，钟磬相闻，岂非遗教乎？曰：相则是也，法则未也。"③法门如此衰败，徒有空壳，从而激起了居士从兴办新式学堂、培养僧才着手，作为他振兴佛教的重点工作。

杨文会作为近代中国开明的知识分子，认为中国佛教的日益衰败，是由于没有新式学堂造就人才的缘故。他说，中国佛教由于"诸方名刹，向无学堂造就人才，所以日趋于下"。"今欲振兴，必自学堂开始"，"惟有开设释氏学堂，始有转机"。④ 而在当前社会"庙产兴学"风潮的形势下，开设释氏学堂也有重大的现实意义。为此他建议，"由各省择名胜大刹，开设释氏学堂，经费由庵观寺院田产提充，教习公同选择"⑤，欲以开设释氏学堂来抵挡社会上"庙产兴学"的风潮。在《支那佛教振兴策一》中，杨文会呼吁，"东西各国，虽变法维新，而教务仍旧不改，且从而振兴之，务使人人皆知教道之宜遵，以期造乎至善之地，我中国何独不然。今日者，百事更新矣。议之者，每欲取寺院之产业以充学堂经费。于通国民情，恐亦有所未惬也。不如因彼教之资，以兴彼教之学，而兼习新法，如耶稣天主教之设学课徒。日本佛寺，亦扩充布教之法，开设东文普通学堂，处处诱进生徒，近日创设东亚佛教会，联络中国、朝鲜，以兴隆佛法，犹之西

---

① 杨文会：《般若波罗蜜多会演说一》，《等不等观杂录》卷一，见周继旨校点《杨仁山全集》，第340页。
② 在《般若波罗密多会演说四》中亦说："自试经之例停，传戒之禁弛，渐致释氏之徒，不学无术，安于固陋。今欲振兴，必自开学堂始。"参见周继旨校点《杨仁山全集》，第342页。
③ 杨文会：《佛学研究会小引》、《送日本得大上人之武林》，《等不等观杂录》卷一，见周继旨校点《杨仁山全集》，第337、343页。
④ 参见周继旨校点《杨仁山全集》，第340页及多处。
⑤ 杨文会：《释氏学堂内班课程刍议》，《等不等观杂录》卷一，见周继旨校点《杨仁山全集》，第333页。

人推广教务之意也。我国佛教,衰坏久矣。若不及时整顿,不但贻笑邻邦,亦恐为本国权势所夺。将历代尊崇之教,一旦举而废之,岂不令度世一脉,后人无从沾益乎!"他更把开设僧尼学堂,作为中国佛教振兴之策提出,提议政府"立一新章,令通国僧道之有财产者以其半开设学堂","如是则佛教渐兴,新学日盛。世出世法,相辅而行。僧道无虚縻之产,国家得补助之益。"①

杨文会于1906年作成《佛教初学课本》,并给日本藏经书院寄赠,附书信说:"敝邦新开僧学堂,相继而起者已有四处,苦于启蒙无书,因作《初学课本》,三字韵语,便于读诵,并做注解以申其义。寄呈十册,聊供浏览,倘收入《续藏经》杂著部内,亦可备一格也。"②可见僧学堂之创办,杨文会的祇洹精舍并不是第一家,但杨文会以居士兴办新式学堂,培育佛教英才,于近代佛教复兴具有深远的历史意义和文化意义。其历史意义在于佛教教育的革新,打破了过去培养僧才的传统方式,其所授课程亦不同于传统佛教教育固守佛教经论,而增添了世学、英语及一些西方科学知识的新内容;其学制则循序渐进,完全采取新式学堂的学制,分低、中、高三级。其根本的文化意义就是,开近代创办佛学院之先风,成为培养知识居士和复兴佛教人才的摇篮。尽管杨文会居士的祇洹精舍存在时间不长,旋即因经费短绌而告辍,佛学研究会的存在也为时短暂,但它们开了个好头。释东初认为祇洹精舍为时虽短,"却为中国佛教种下革新的种子,无论于佛学的发扬,或教育施设,以及世界佛化推进,无不导源于此。"③日后,太虚和欧阳竟无也都没有忘记遵循恩师杨文会开创的办学道路,振兴佛教并将之发扬光大,他们并于同年(1922)分别创立武昌佛学院和支那内学院。这两所学

---

① 杨文会:《等不等观杂录》卷一,见周继旨校点《杨仁山全集》,第331—332页。
② 杨文会:《与日本藏经书院书一》,《等不等观杂录》卷六,见周继旨校点《杨仁山全集》,第508页。1904年,日僧水野梅晓来华,在长沙办湖南僧学堂,开我国僧寺办学保产之风。
③ 释东初:《中国佛教近代史》上册,第80页。

院后来被称为近代佛教教育史上的"双璧",它们都以护法弘法为己任,致力于佛教复兴运动,都以"阐扬佛学、育才利世"为宗旨,成就可观。

3. 研治佛学,救弊补偏

宣统二年(1910)四月十八日,南京开设南洋劝业会,杨文会作《南洋劝业会开设佛经流通所启》。十月下旬,发表《南洋劝业会演说》,内中言及"地球各国,皆以宗教维持世道人心。使人人深信善恶果报,毫发不爽,则改恶迁善之心,自然从本性发现。人人感化,便成太平之世。"之后不久,在金陵刻经处成立佛学研究会,公推杨老居士为会长。杨作《佛学研究会小引》,阐述本会宗旨在兴"本师释尊之遗教",他说:"方今梵刹林立,钟磬相闻,岂非释迦遗教乎?曰:相则是矣,法则未也。"他指出,此时设立研究会的目的,正是为了对治禅门不立文字的流弊。他认为,顿渐、权实、偏圆、显密,种种法门,皆是应机与药,浅深获益;他提倡信、解、行、证相结合而以净土为归的法门。①

祇洹精舍与佛学研究会的讲学并研究,不仅为佛教事业培养了许多优秀人才,还具有开风气之先的贡献。事实上,金陵刻经处的讲学并研究,不仅推动了近代佛教教育事业的开展,也开创了一代居士佛学研究的新风,对近代中国佛教的复兴影响甚大。欧阳竟无居士后来创办支那内学院,精研法相,使绝响千年的法相唯识学重放光华,可以直接看成是金陵刻经处研究与讲学传统的继续和发扬。② 就学术发展而言,会昌法难,武宗灭佛,使佛教蹶而不振,从此以后,繁盛的唐代佛教义学再也不能恢复。然而,至近代,学者居士于佛学思想上独辟蹊径,转出世为入世,变超越为参与,以致法轮再转,佛光重现。近代佛学以唯识、因明为显学,又是杨文会居士开其先河。杨老居士在《与桂伯华书》中,特别强调要"专心研究因明、唯识二

---

① 杨文会:《等不等观杂录》卷一,见周继旨校点《杨仁山全集》,第337、342页。
② 参见吕建福《杨仁山与金陵刻经处》,载《法音》1997年第3期。

部,期于彻底通达,为学佛之楷模",认为只有弄通了唯识思想,才能使人"不致颠顸笼统,走入外道而不自觉",并把它看作是"振兴佛法之要门"。

杨文会重视这两部佛学,明显受西学新风之影响,而力图与现实相沟通,契入近代精神。这种佛学理论上的走向,宗旨在使出世趋向的佛教变为入世救世的法门。受他的佛学思想影响,维新志士谭嗣同《仁学》之强调"心力"、"愿力",会通儒释与西学,成为其维新变法的理论依据。而欧阳竟无之能成为近代以来研究唯识学的泰斗,其思想直接渊源于杨老居士。因此,杨文会在重兴法相唯识之学,开一代佛教义理研究新风方面有其不可磨灭的贡献。杨文会堪称倡导近代佛教知识精神的伟大先驱,他本人于唯识、因明的研究成就虽不大,但他成功地使整个近代佛学以唯识、因明为重镇,掀开近代佛学的新篇章。

4. 通行无悖,莫如佛教

佛教文化交流,在中国有优良的传统,在唐代不仅有中国高僧"西行求法",且有日本、高丽僧人来华留学。杨文会居士发心弘扬佛教,于刻经流通事业用力甚巨,于兴办学堂、培育僧才也是呕心沥血,此皆因他抱有弘扬佛教文化于世界的更大志趣。在晚清政府闭关自守的年代,维新变法、洋务运动等政治、经济变革渐渐打破了封锁的局面,而在文化领域,率先冲出国门、走向世界的杨文会居士为振兴世界佛教作出了不懈努力。他力图增进世界佛教的沟通与了解,一方面固然是重兴"释迦之真义",另一方面也可给中国佛教复兴以强大援辅。

杨文会是近代中日佛教文化交流的开拓者。1878年杨氏随曾纪泽出使欧洲期间,邂逅当时正在伦敦牛津大学留学的日本真宗学僧南条文雄(1849—1927),结下深厚友谊,以后书信往来,鸿雁不断,互相讨论两国佛教之利弊和短长,使中国佛教与日本佛教得以沟通和了解。杨氏在南条文雄等人的帮助下,从日本、朝鲜访得中国唐末五代后佚失的重要经论注疏和著作约三百种,并陆续校勘选刻出版。其中包括了华严宗贤首法藏、唯识宗慈恩窥基、净土宗善导等的许多重要著作。同样,当日本京都藏经书院计划刻印《续藏经》时,杨氏也给予了大力的赞助。他不仅对《续藏经》初拟目录提出增删意见,并且在国内多方为之搜集秘籍善本,以供编者采录。对此,《续藏经》编辑主任中野达慧在《编纂印行缘起》中说:"先是介南条博士,请金陵仁山杨君搜访秘籍,未几又得与浙宁芦山寺式定禅师谛法门之交,雁鱼往来,不知几十回,二公皆嘉此举。或亲自检出,或派人旁搜,以集目录未收之书而见寄送者,前后数十次,幸而多获明清两朝之佛典。予每接一书,欢喜顶受,如获赵璧,礼拜薰诵,不忍释手。"南条文雄在《续藏经序》中也说:"(杨仁山)居士颇随喜此举,集藏外及未刊之书,邮政以充其材者,或可以十数也。""藏经书院每月未尝误其发行之期,是居士之所以随喜供给其材料也。"金陵刻经处的刻经和日本藏经书院编集《大藏经》、《续藏经》,分别是中日两国近代佛教史上的大事,而中日两国学者于其间进行了真诚、密切的合作和交流,这将永远载入史册,是值得我们怀念和发扬的。①

杨文会皈信佛教,同时又以开放的胸襟,勇于接受西方新学,具备世界性的眼光和知识。他的胸襟和识见使他认识到不能囿限于国内,必与世界佛教声气相通,遥相呼应,方能振兴佛教。他在《支那佛教振兴策二》说道:"泰西各国振兴之法,约有两端:一曰通商,一曰传教。通商以损益有无,传教以联合声气。我国推行商业者,渐有其人,而流传宗教者,独付阙如。设有人焉,欲以宗教传于各国,当以何为先?统地球大势论之,能通行而无悖者,莫如佛教。美洲阿尔格尔曾发此议,立佛教学会,从之者十余万人。然其所知,仅佛教粗迹,于精微奥妙处,未之知也,故高明特达之士仍不见信。今欲重兴释迦真实教义,当从印度入手,然后遍及全球。庶几支那声名文物,为故国所器重,不致贬为野蛮国

---

① 参见楼宇烈《中国近代佛学的振兴者——杨文会》,载《世界宗教研究》1986年第2期。

矣……为全球第一等宗教,厥功岂不伟哉!"①资料表明,杨文会具有复兴佛教的世界视野,并与当时世界上倡扬复兴佛教的著名人士颇有接触。如杨文会在文中提到的"阿尔格尔",即当时偕同达磨波罗在世界上较早提倡振兴佛教并传播到西方各国的亨瑞·斯提尔·奥科特(Henry Steel Olcott,1832—1907)。谭嗣同在《仁学》中也提到"美士阿尔格特尝纠同志创学会于印度,不数年,欧美各国遂皆立分会,凡四十余处,法国信者尤众……"②奥科特于1880年访问锡兰,会晤了后来被称为"斯里兰卡佛教复兴之父"的达磨波罗居士(Dharmapla,1864—1933),这一事件可视为世界佛教复兴之端绪。达磨波罗在1889年又陪同奥科特旅行日本,与日本佛教界建立联系。1891年,达磨波罗参观印度菩提伽耶,巡礼圣迹,目睹了释迦牟尼成道之地无比衰颓的境况,立下宏愿,为佛教的复兴而奋斗不懈。同年,他在科伦坡发起成立摩诃菩提会,1892年将其总部迁至印度加尔各答,意在以印度佛教的复兴为主要源泉。这也是第一个国际性佛教组织,旨在联合世界上所有国家的佛教徒来共同振兴佛教。③

值得注意的是,上述奥科特和达磨波罗这两位较早倡导在世界范围

---

① 《等不等观杂录》卷一,见周继旨校点《杨仁山全集》,第333页。
② 参见蔡尚思、方行编《谭嗣同全集》,第352页。此间"阿尔格尔"和"阿尔格特"乃一人,均系奥科特(Olcott),音译异也。
③ 斯里兰卡在世界佛教复兴运动中,尤其在早期阶段起了关键性的作用。这种作用主要表现在两个方面:一是成立了改革佛教和振兴佛教的世界性组织,二是成功地向西方国家输出和传播了佛教文化。18世纪在萨拉那姆卡拉(Saranamkara)倡导下进行的僧伽改革和19世纪改革派尼伽耶派(nikāyas)的创立,是斯里兰卡群岛佛教传统复活的较早信号。1849年,僧人瓦莱恩·悉达多(Valāne Siddhārtha)在科伦坡城附近创建了世界第一所现代僧伽学校。1873年和1875年,在科伦坡城及其附近,又相继创立了明增学院(Vidyodaya Piruvena)和楞伽学院(Vidyalankara Piruvena),这两所学院后来均成为伟大的佛教学术圣地,许多国家的佛教学人来此学习和进修。从1865年起,佛教的僧侣和基督教的教士就两种宗教的优势问题,展开了多次公开的辩论,其中1873年的那场辩论是锡兰岛基督教与佛教关系的一个转折点。这次辩论文集被译成英文,同年在美国密歇根州出版,引起了奥科特对佛教的关注。奥科特其人其事与佛教文化向西方世界传播关系密切。他于1875年借同布拉瓦斯基夫人(Blavatsky,1831—1891)创立了神智学会(Theosophical Society)。神智学会尽管在许多方面不像佛教,但它有力地推动了许多美国人和欧洲人对佛教产生浓厚的兴趣。

内复兴佛教的人物,引起了杨文会及谭嗣同的关注。谭嗣同说阿尔格特"纠同志"在印度创立学会,实际就是指的达磨波罗所创的摩诃菩提会,而杨文会文中所述从印度入手,然后遍及全球的复兴佛教的思路,也与达磨波罗无有二异。受奥科特的影响,欧美各国闻风而起,对佛教产生兴趣者甚众。不过,在杨文会看来,其影响还局限于佛教的"粗迹"方面,而对佛法的精微奥妙处尚不知晓。杨文会居士有鉴于此,其宏愿不啻使佛教重兴于中华,而且欲使之"超越常途",成为通行无悖的"全球第一等宗教"。而要使佛教在世界"通行而无悖",必"当从印度入手",光是振兴中国佛教还不够,还要振兴发祥地的印度佛教。杨、谭二人关于世界佛教复兴的资料来源,据推测可能得自达磨波罗。1893年,在美国芝加哥召开了世界宗教大会,这在世界佛教复兴运动中是值得关注的一年。参加此次大会的两位人物李提摩太(Timothy Richard)和达磨波罗,与我国近代佛教复兴的世界视野关系密切。李提摩太其人与维新人士多所接触,早在1884年他亦曾访问过杨文会。据李提摩太本人自述,他获悉当时在南京、苏州和杭州为弥补遭太平军毁坏的经书开设了一些佛学书局,其中最重要的是在南京的金陵刻经处,总发起人是杨文会;拜会之后,他发现杨是他曾经见过的最明事理的佛教徒[1]。1893年(一说1895年)[2],达磨波罗开完世界宗教大会归国途经上海,经李提摩太介绍,与杨文会会晤,相约共同复兴佛教。1894年,李提摩太又与杨文会合作,翻译《大乘起信论》,以期把佛教传播到西方。1907年,杨文会动议创设佛教学堂祇洹精舍,其目的之一也即为此宏愿而培养兼学中西的僧才,将来往印度和西方弘法而振兴佛教。据说,释太虚等年轻僧人即因闻该学堂

---

[1] 李提摩太译：*The Awakening of Faith in the Mahayana Doctrine*,第9—10页。
[2] 根据《杨仁山居士事略》所说:"乙未,晤印人摩诃波罗于沪渎,缘其乞法西行,兴五印佛教,志甚恳切……"乙未是1895年,摩诃波罗实即达磨波罗。韦尔慈的书对达磨波罗来华寻求中国佛教的支援一事有详细阐述,参见《中国佛教的复兴》第6—8页。现在金陵刻经处工作多年的武延康也说,达磨波罗"1893年来华,寻求支援,但在参访清廷多所寺院后,颇感失望。后来因李提摩太的介绍,结识杨仁山,才算找到同志……"

志在振兴世界佛教而前来入学,后来太虚积极参加世界佛教的活动,与达磨波罗的后继者多所交往,为佛教在世界的振兴而作出了中国应有的贡献。这些事实都有力地说明了中国佛教的复兴运动,是与世界佛教的复兴运动声气相通的,并且几乎是同步发展的。所以印顺法师说:"杨仁老……于南京成立金陵刻经处,流通佛典,民国来佛学之兴,颇得其力!光绪三十四年(1908)得锡兰摩诃菩提会达磨波罗书,约与共同复兴佛教,以弘布于世界。杨氏因于去秋成立祇洹精舍。为佛教人才而兴学,且有世界眼光者,以杨氏为第一人!"[1]杨文会居士不仅以复兴中国和印度佛教为己任,而且意欲弘扬佛法于西方世界,希望促进佛教的国际交流,这种传统亦是值得我们继承和发扬的。他的远见卓识、博大襟怀和恢弘气魄,为后世树立了典范。

三、杨文会与金陵刻经处

杨文会一生的佛教事业,可说是以他的金陵刻经处为中心而开展的。同治四年(1865),杨文会初至金陵,负责战事之后的江宁建造工程,结识了王梅叔、郑学川、魏刚己、曹镜初等学佛同道,于公务繁忙之余,互相研讨佛学。"深究宗教渊源,以为末法世界,全赖流通经典,普济众生。"于是,杨文会与同道数十人,筹划刻经事业,分任劝募,发心重刻藏经。当时刻出的第一部经典是《净土四经》。同治五年(1866)某时,杨文会在同事王梅叔家中偶然发现了以经世之学而著名的魏源所编辑的《净土四经》,不禁喜出望外,决定募资重刊。同年十二月初八"佛成道日",他撰成《重刊净土四经跋》。此年遂被定为金陵刻经处创始之年。《净土

---

[1] 释印顺编著:《太虚法师年谱》,第13页,北京,宗教文化出版社,1995。此中,印顺说杨文会于"光绪三十四年(1908)得锡兰摩诃菩提会达磨波罗书",不太确切。事实是该书信多年前早就得之,只是那年祇洹精舍开学前夕,才拿出来请苏曼殊翻译,公之于世而已。

四经》的刊刻,标志着金陵刻经处的成立。①

金陵刻经处的创立,是近代中国佛教的大事。中国近代佛教的复兴,金陵刻经处有开启之功。蔡念生(运辰)先生说:"杨居士的创立金陵刻经处,不仅是中国佛教盛衰的转折点,而且是中国佛教存亡的转折点。"②金陵刻经处草创之始,虽以刻经流通为要务,貌似后来各地之佛学书局,究其实质,刻经处有别于一般出版机构。李安居士说,金陵刻经处是一家"讲学以刻经的佛教文化机构","不是单纯的经坊,同时是佛学研究的学术场所"。③讲学与刻经,是金陵刻经处的两大佛教文化事业,讲学与刻经的基础乃在佛学的研究。这都是杨文会居士当初确立的金陵刻经处佛教文化事业的方针和路线。金陵刻经处,可谓是杨文会佛教事业之路上的第一站,这项刻经的事业伴随了他此后的一生。文会数十年如一日,呕心沥血,不唯在海内外广搜散佚佛典,募刻全藏流通,以弘法利生;还开办僧学,培育僧才,为佛教在世界的复兴而努力不懈;最后还成立佛学研究会,开启了近代佛学的研究与讲学,培养了不少佛学研究人才。可以说,他一生以振兴佛教为己任,为佛教在近代的复兴作出了筚路蓝缕的贡献。

金陵刻经处吸引了不少有维新思想的人来学佛。杨文会是第一个去过西方国家多年的佛教徒,他与近代其他佛教高僧的最大不同,不仅在于他提倡新学,倾向革命,有为国为教的忧患之志,更在于他有其他僧人不具备的开阔的视野和胸襟,以及强烈的时代意识。他的孙女杨步伟

---

① 根据武延康、纯一所编《杨仁山居士年谱初稿》,金陵刻经处作为近代中国第一家由私人创办的融雕刻、印刷、流通及研究于一体的佛经出版机构,在中国近代佛教史上享有盛誉。然其成立之初,并没有相应的实体机构,而只是印刻了一部佛经,这就是杨文会刊刻的第一部经书《净土四经》。因此经书是金陵刻经处的"版刻之祖",故后世以此年作为金陵刻经处的成立之年。始创此说者,为徐平轩居士,以后即沿用不替。此后两年未见出版任何经书。至同治七年(1868),杨文会手订《金陵刻经处章程》和《募刻全藏章程》,并有比丘妙空愿担任刻经处主僧,又为撰《募刻全藏疏》,刻经处的工作才算正式启动。
② 参见《杨仁山居士入寂五十周年纪念》,载《菩提树》九十五期。
③ 参见李安《对金陵刻经处的回顾与前瞻》,载《金陵刻经处创办130周年学术会议论文集》。

在其自传中曾谈及,到他祖父那里学佛的好多学生都有革命思想,她说:"上文说过祖父有好多学生都是有革命思想的,可是那并不是说,拿延龄巷金陵刻经处就当革命运动地下工作的地方。事实上到祖父那里学佛的,各种政派的人都有……其实祖父的学问和革命思想的关系比表面上政治活动还更深一步。那些青年看到这位先进能把佛法的普遍性和西洋的自由思想汇通在一个人身上,这个对于他们是有很深的感动的。所以他们当中就是很顽固的也不敢有什么于老师不方便的举动,而主张革新的都得了精神上的鼓励。要是当时的当局以为那么无关紧要的佛学老学究们在那里绝不会窝藏些革命党在里头,那是他们自己没有眼光,并不是祖父有意骗他们。"[1]

在中国近代佛教史上,杨文会的名字是与金陵刻经处的事业紧密联系在一起的。金陵刻经处是杨文会一生心血所系,如临终前他在病榻上遗言:我总跟着经房和经版,经版所在即我墓所在。金陵刻经处对于近代佛教复兴关系极大,称之为"近代佛教复兴的摇篮",实不为过。且不说金陵刻经处所刻的大量便于流通而又学术价值很高的佛经,为延续佛教慧命发挥了很大的作用,我们把眼光放开来看,广义的金陵刻经处还应当包括杨文会晚年所创办的祇洹精舍和佛学研究会。更宽泛一点说,以后欧阳竟无创设的支那内学院和法相大学特科,都算是金陵刻经处的延续。在中国近代佛教研究史上影响深远的支那内学院,可谓是与金陵刻经处一脉传承的学术机构。诚然,就学术成就而言,从金陵刻经处到支那内学院,从杨文会到欧阳竟无再到吕澂,也许"青出于蓝而胜于蓝",一代胜过一代,但是设若没有杨文会为后继者开辟思想路径,若不是杨老居士为他们留下的研究资产和创造下的研究环境[2],那么被视为"近代

---

[1] 杨步伟:《一个女人的自传》,第92页。
[2] 参见于凌波《杨仁山居士评传》,第265页。仁山学佛之初,求一本经书而不可得,欧阳竟无入刻经处时,刻经处已有经书十数万卷;吕澂继承欧阳竟无主持内学院,也继承了两代的研究资源,这是他们三代在佛学研究上一代胜过一代的原因。

佛学泰斗"的宜黄大师欧阳渐及其"一代佛学大师"吕澂之学术成就,是不可想象的。因而可以说,近代以杨文会和金陵刻经处为中心,形成了一个引人关注的思想的或学术的佛教"共同体"。事实上,金陵刻经处以杨老居士创立的刻经、讲学、研究为风格,这已形成一种传统,为后杨文会时代的金陵刻经处遵循不替。以致它成为近代佛教思想传播的一个中心,是近代佛教复兴运动的策源地,甚至于还有超出佛教范围的意义。这只要从上述梁任公所说晚清"新学家"大都归心于杨文会,以及当时不少学佛的僧俗新青年会聚于金陵刻经处,即可窥其一斑。

在金陵刻经处创办的僧学堂(祇洹精舍),是近代中国第一所新式佛教教育的学堂。针对当时佛徒不学无术的状况,杨文会提出整顿并振兴佛教的方法,认为唯有提倡新式的佛教教育一途。他对佛教教育有一套颇详细的计划,具载在其《支那佛教振兴策》等文中。在《支那佛教振兴策一》中,他主张令全国寺院以寺产自费兴办学校,以提高僧众的知识水平。他说:"令通国僧道之有财产者,以其半开设学堂,分教内、教外二班。外班以普通学为主,兼读佛书……内班以学佛为本,兼习普通学。"为了提高僧尼的学识水平,他还在《释氏学堂内班课程刍议》中提出下列对策:(1)由各省择名胜大刹,开设释氏学堂。经费由庵观寺院田产提充。(2)课程仿照小学、中学、大学之例,分初、中、高三级,每级读书三年。初级学成后,始准其受沙弥戒。中级学成,始准受比丘戒,给牒。高级学成后,具有讲经能力者,准其受菩萨戒,换牒。九年学成后,始有资格作方丈。祇洹精舍虽然不到二年即以经费支绌而告停办,但它为现代僧教育指引了一个新方向,启发了后来佛教界广泛创建佛学院,培育复兴佛教的人才。

如果说祇洹精舍主要是培养新的弘法僧徒的学堂,那么1910年十月创办的佛学研究会则为名流居士研究佛学的聚会。杨文会的金陵刻经处及其在该刻经处所创设的祇洹精舍与佛学研究会,开创培育佛教人才,造成学佛研佛之新风气。因此,金陵刻经处成为清朝光、宣时代的国内佛学中心,很自然的,也就成为佛教界人才荟萃之地。据太虚所记:"参与祇洹精舍诸缁素,若欧阳渐、梅光羲、释仁山、智光等,多为现今佛教中重要分子,而笔者(指太虚)亦其中之一人也。"①参与戊戌变法的谭嗣同,在他到南京为候补知府时,也曾随杨老居士学佛,并著《仁学》。欧阳渐《杨仁山居士传》谓:"唯居士之规模弘广,故门下多材,谭嗣同善华严,桂伯华善密宗,黎端甫善三论。而唯识法相之学有章太炎、孙少候、梅撷芸、李证刚、蒯若木、欧阳渐等,亦云夥矣。"除此之外,杨氏友人之知名者,又有沈曾植、夏曾佑、郑观应、周玉山等人。故而,蓝吉富在《杨仁山与现代中国佛教》一文中指出,从他这些学生、友人的阵容上看,稍谙现代中国佛教大势的人,大概可以看出杨氏与现代中国佛教是如何的息息相关了。例如太虚,是进入民国后佛教改革运动的领袖人物,欧阳渐是玄奘、窥基以后复兴唯识学的大师,此二人及其门下是民国佛教界的两大主流。其他如章太炎、桂伯华、梅撷芸、李证刚、释仁山、智光等人,也都是现代中国佛教界或佛学界的著名人物。由此可见,杨氏是中国佛教复兴的催生者。诚如哈佛大学东亚研究中心的韦尔慈所说:"一个通常被称为中国佛教复兴之父的人,就是杨文会(仁山)先生。"②

第三节 杨文会与近代佛学思想

楼宇烈先生在20世纪80年代较早论述杨文会为近代佛学振兴所作的贡献,他在文章中写道:中国佛教发展到清代,其学理方面已极为衰微,高僧不多,而且与思想界关系很少。乾嘉时期,在一部分理学家中,如彭绍升、罗有高、汪缙等,对佛学有极浓厚的兴趣,大力予以提倡,其影响且沿及龚自珍、魏源等。至清末,佛学出现了一个新的振兴的局面,并

---

① 太虚:《三十年来之中国佛教》,《太虚大师全书》第57册,台北,善导寺佛经流通处发行,1998。
② 韦尔慈:《中国佛教的复兴》,第2页。原文说:"人们常称杨文会是中国佛教复兴之父,即便他不是其父,至少也展示了它的早期阶段,并提供了一个适切的出发点。"

在近代中国思想界、学术界发生了广泛的影响,成为近代中国一股不可忽视的思潮。佛学在中国近代得以重新振兴,原因是多方面的:诸如当传统的理学思想受到冲击后,人们想以佛学来填补思想上的空白;随着西方学术思想的传入,也受到了当时西方学者研究佛学兴趣的影响等。但其中与杨文会居士为振兴佛学而献出毕生精力的辛勤工作也是分不开的。①

杨文会为振兴佛学,一生从事刻经事业,兴办佛学研究会,创设佛教学堂等,在近代中国文化界、学术界、思想界发生了相当广泛而深入的影响。此是就杨文会的佛教事业方面来谈论其佛学思想。可见杨文会的佛教事业是和他的佛学思想紧密联系在一起的。然而,遍览中外学者写的有关杨文会居士的中国佛教史书,对杨文会的佛学思想较少论述,而大多强调杨氏的佛教事业对中国近代佛教复兴的贡献。其实,在中国近代佛学思想史上,杨文会的佛学思想具有承前启后的先师地位,其思想特点以融合贯通见长。兹举其佛学思想特征鲜明者,略述几端。

一、尊崇《大乘起信论》的思想

杨文会居士悉心学佛研佛,是从《大乘起信论》开始的,这在略传中已经提到过。杨文会曾述及自己的学行,说"大乘之机,启自马鸣;净土之缘,因于莲池",②这指的就是他因读《大乘起信论》而开启信佛之机。也正由于此,他对《起信论》及其作者马鸣,推崇备至,自始至终,一生未变。可以说,在杨文会早期的佛教思想中,基本上是起信(或华严)思想和净土思想平分秋色。如果说前者使他逐渐深入了佛教思想的堂奥,那么后者无疑提供了他佛教实践的修持法门。在义解上,杨文会由初始的推崇《起信论》,进展到以贤首为尊而教宗贤首,再发展至提出建立马鸣

---

① 楼宇烈:《中国近代佛学的振兴者——杨文会》,载《世界宗教研究》1986 年第 2 期。
② 参见杨文会《与日本南条文雄书二》,《等不等观杂录》卷七,见周继旨校点《杨仁山全集》,第 478 页。

宗的构想,可谓三步一曲,步步深入,境界愈来愈圆融宽广。

1. 起信思想的形成

根据《杨仁山居士事略》的记载,杨文会最初读《大乘起信论》,一连读了五遍,窥得奥旨。从他所写的两篇关于《起信论》的跋文(即《起信论疏法数别录跋》和《起信论真妄生灭法相图跋》)中,我们可以约略推知其究竟。1876年,他的学佛朋友曹镜初(曾参与成立金陵刻经处的创议),邀请他来湖南协助处理长沙刻经处的有关事宜。当时,长沙刻经处正在刊刻《大乘起信论疏》,这部论疏"二卷,马鸣造论,真谛译文,宗密录注,袾宏重辑",杨文会为之修定科文并录法数,作《起信论疏法数别录跋》;又为此书所附录之清续法辑《起信论法相图》,作《起信论真妄生灭法相图跋》。这两篇文献现都存于《等不等观杂录》卷三之中,大概是杨文会学佛以来第一次以文字形式对《起信论》发表看法。

在前一篇跋记中,他说:"《起信论》虽专诠性宗,然亦兼唯识法相。盖相非性不融,性非相不显。"由此可见,杨文会认为《起信论》是一部以性宗为主,而倡导性相融通的佛学著作。在后一篇跋记中,他又说:"马鸣大士撰《起信论》贯通宗教,为学佛初阶。不明斯义,则经中奥窔(音杳,深远义)无由通达。"由此又见,在杨文会看来,《大乘起信论》是学佛的入门书,是融通教宗、贯彻群经的大乘佛教的根本论典。并且从这后一篇跋文中,我们还得知"贤首国师特为造疏,判属大乘终教。盖下接小始,上通顿圆也。"原来长沙刻经处的这个本子,是唐法藏所注疏的,而又经过了几代佛教大师的修订和重辑。后来当杨文会从日本得到贤首古本起信论疏时,发现这个本子并不是善本。但在贤首法藏的判教系统中,《起信论》是属于上承小、始而下通顿、圆的"大乘终教",这一点是杨文会从此本论疏中得到的一个重要观点。

从上所述,我们可以看出杨文会早期佛教思想中所形成的有关起信思想的几个要点:其一,《起信论》的思想内容主要是讲性相融通而以性宗为主的;其二,《起信论》是一部可以深入佛教思想堂奥,统摄包括宗门和教下在内的全体佛教,而引发大乘信仰的基本论典;其三,《起信论》的义理定位在法藏的判教系统中属于"下接小始,上通顿圆"的大乘终教。①郭朋认为,杨文会所说"以《起信》为代表的'性宗',乃属于大乘有宗的性宗,也就是比较标准意义上的'性宗'",这与传统中国佛学界所说的"所谓'性宗',实指空宗",是颇多异趣的。可是郭朋又指出,杨文会把《起信》与唯识"扯在一起",这是包括他的弟子(以及再传弟子)在内的唯识宗人未必会赞同的。② 这似乎是对近世欧阳竟无挑起起信与唯识之争的说明。我们保守地说,从杨文会此时尚未得到法藏疏释《起信论》之古本来看,他现在所理解的性宗多半是经过晚明诸师阐释的性相融通意义上的。

2. 对《起信论》版本的考订和精研

杨文会的佛学思想大都建立在他对文本考订精研基础上。1879年,杨文会43岁时,随曾纪泽出使英国,正月初四抵达伦敦。在伦敦期间,经日人末松谦澄介绍,得与当时在牛津大学师从马克斯·缪勒学梵文的南条文雄(1849—1927)相识。③ 据南条《怀旧录》回忆,他们初次会面是

---

① 大乘终教相对于被判为"权教"的"始教"而言,亦称"实教";始教典籍有《般若经》、《中论》和《解深密经》、《成唯识论》等,主要是中观、唯识两系的,《起信论》则属于如来藏系的典籍。在法藏的五位判教系统中,置于顶端的是其所尊崇的圆教典籍《华严经》,而该论则被列在通于圆教的终教地位;法藏没有把它归诸圆教之列,说明其所宣说的义理固然是圆教之基,但离圆教毕竟还有一箭之遥。
② 参见郭朋等著《中国近代佛学思想史稿》,第10页,成都,巴蜀书社,1989。
③ 南条文雄是日本净土真宗僧、近代著名佛教学者,因他与杨文会关系密切,故此不惜笔墨,对其相关资料多加介绍,以彰贤者之德也。其主要著作有《大明三藏圣教目录》、《校订梵文法华经》、《校刊梵本楞伽经》(此本现存,1923年版,我国吕澂曾据以勘定魏译、宋译和唐译诸本《楞伽》的中坚部分,从而论证《起信》与魏译楞伽的继承关系,考订起信伪论之由。参见黄夏年主编《吕澂集》,第183页,北京,中国社会科学出版社,1995)。先是杨氏在上海交日本学僧松本白华,得知南条文雄、笠原研寿等在伦敦,后于伦敦末松谦澄处进一步得知南条文雄等在牛津大学学梵文,于是修书致意。不久,杨氏在末松寓所与南条会晤,连夜畅叙,结下了深厚的友谊。按,中国佛教协会编《中国佛教(二)》第313页说,杨氏于"光绪十二年(1886)又再去伦敦,认识了日本留学僧人南条文雄"。此说有误。南条氏于1876年赴英留学,在英共逗留9年,1885年返国。杨氏第二次赴欧时,南条已不在伦敦。杨氏于二次赴欧前,曾给南条氏一信说:"后接松江君寄到尊函二件……展阅之余,欣慰弥深,方知大驾回国……弟现承刘星使之召,又当从事英伦"云云,可为证。(《与日本南条文雄书五》,《等不等观杂录》卷七)

在末松谦澄的寓所,通过笔谈的方式,"仁山君将自己刊行的一册《大乘起信论序》(实际上就是1876年长沙刻经处刻成的《大乘起信论疏》——笔者注)赠与我,告诉我他是依据《大乘起信论》而皈依佛教的,并询问其梵本存否之事。我不曾听说此书梵本仍现存于世,故如实地作了回答。闻此,仁山君显出相当失望的样子。"①后来,杨文会又去牛津参观了马克斯·缪勒校订出版的《梨俱吠陀》梵字的活字。另外有一次,受杨文会的委托,南条将《阿弥陀经》的梵文直译成汉文,以使《阿弥陀经》"梵、汉、罗马字合璧"。这些都表明杨文会已经接触到,并开始关注西方学者从语言文献角度研究佛学的方法。他询问《起信论》梵本是否存在,也许就像他嘱托学梵文的南条文雄把《阿弥陀经》从梵文直译成汉文一样,他的目的是"华梵融通义自圆",是为了更好地把握佛法经典的真义;而后来,《起信论》梵本问题,在某种意义上却成为近代中日学者争论《起信论》真伪之导火索。

　　南条说杨文会听到《起信论》梵本未曾见过,显得失望,这可能是实情。但他并未由此而怀疑《起信论》的真伪,相反还兴起依照梁译《起信论》,把它翻成英文以向西方传播佛法的念头。在《与日本南条文雄书二》中,他说:"《大乘起信论》既不能得梵本,将来即据梁译翻成英文,或亦欧人入道之胜缘也。"1894年初,有英人李提摩太在上海约请杨文会同译《大乘起信论》,他便欣然应允。在《与日本南条文雄书十二》中,他也提及此事,并说"李君写出英文,刊布欧洲,应用华、梵、英合璧字典。李君有一本,系前时西人在香港印行者……"云云。根据《杨仁山居士遗著》的编辑者转述,杨文会对此次翻译似乎不太满意,因为李君"以私见穿凿",颇有"援佛入耶"之嫌。1900年,日人铃木大拙将《大乘起信论》翻译成英文,这是杨文会翻译成英文的第一部佛典。铃木大拙的英译佛典

---

① 参见陈继东《有关日本举行的杨文会居士追悼会之资料》,见周继旨校点《杨仁山全集》附录,第628页。

一时风靡西方,为把大乘佛教传播到西方世界作出了巨大贡献。但不知他首选《大乘起信论》作为英译原本,是否与杨文会在近代倡导此论有一定的关系?抑或他们是"英雄所见略同",不谋而合?

杨文会在英伦与南条结下的交谊,为他的佛教刻经事业开创了新的局面,使他的典籍整理和佛学研究有了新的飞跃。最重要的是南条归国后,受杨文会之委托,帮他搜罗了许多中国散佚的唐古德注疏。其中有他心仪的唐法藏撰的《大乘起信论义记》和《别记》,这使他对起信思想的理解上了一个台阶。在这之前,1885年,杨文会刻成了明真界撰的《起信论纂注》(二卷);1890年,又刻成了明德清撰的《大乘起信论直解》(二卷)。明智旭撰的《大乘起信论裂网疏》,至迟可以确定在1894年初之前刻成。这表明他在努力搜寻前人对起信思想的理解,然而他只能得到明代大德的注解。1893年,他的内弟从日本归来,给他带来了他向南条等日本友人请购的,包括《大乘起信论义记》在内的大量唐古德注疏;对这些珍贵的典籍,一旦失而复得,他欣喜的心情难以言表。

得到《大乘起信论义记》和《别记》之后,通过贤首法藏的疏解,杨文会对《起信论》的思想义理有了较为完整准确的把握,对各种起信典籍的甄别也逐渐精审而明朗。首先,他发现长沙刻经处最先刊刻的《大乘起信论疏》有重要缺陷。1898年,他将贤首法藏撰的《大乘起信论义记》和《别记》刻成,并作《会刊古本起信论义记缘起》,内中说:

> 大藏教典,卷帙浩繁,求其简要精深者,莫如《起信论》。而解释此论者,自隋唐以来,无虑数十家,虽各有所长,然比之贤首,则瞠乎其后矣。藏内贤首疏五卷,人皆病其割裂太碎,语意不贯,盖圭峰科会之本也,莲池重加修辑,刻于云栖。憨山治为疏略,刻于径山。文义虽觉稍联,总不能如原作之一气呵成也。

> 近年求得古逸内典于日本,自六朝以迄元明,凡数百种,内有《起信论义记》,以十门开释,始知圭峰删削颇多,致失原本规模。然经日本僧徒和会,仍不免割裂之病。求之数年,复获别行古本,真藏

公原文也。雠校再三,重加排定,务使论文、记文自成段落。庶几作者义味,溢于行间。后之览者,恍如亲承指教也。另有《别记》一卷,似作于《义记》之先。盖《别记》所详者,《义记》则略之,遂并刊以成完璧云。日本南条文雄与余友善,此记赖以得之,其嘉惠后学,岂浅鲜哉!①

这篇叙述,带给我们许多重要的信息,使我们觉察杨文会已经对《起信论》在整个大藏教典中的位置以及前人注疏,都有了全面的把握和通贯的理解,以致我们可作出推断,他的起信思想于焉成熟。比较明显的表征是,不久他对各种《起信论》注疏作出了分判,尤其推崇贤首法藏疏。在他看来,《大乘起信论》总括群经要义,法藏作记,曲尽其妙。学者熟读深思,自能通达三藏教海。而他前此所刻的《起信论纂注》,从内容上看,主要是取唐贤首疏和宋长水(子璿)《笔削记》(全称《起信疏笔削记》),删繁就简,纂辑成文,以便于初学。而明德清的《起信论直解》,则称性直谈,雅合禅门之机。以上二种,可作《义记》之先导。② 这种分判见解,被他后来用以作为开示初学者的学佛门径,如他在《与吕勉夫佩璜书》中,回答读经、坐禅和念佛三种学佛方法,何者适于初学时,直接指出"入门方法,以研究内典为本。须将《大乘起信论》读诵纯熟,再看《纂注》、《直解》、《义记》三种注解。由浅而深,次第研究。此论一通,则一切皆有门径矣。"在《与陈大镫、心来书》中说,"《大乘起信论》一卷,为学佛之纲宗,先将正文读诵纯熟,再将《义记》、《别记》悉心研究,于出世之道,思过半矣。"

值得注意的是,在1898年的五月刻成了唐实叉难陀译的《大乘起信论》,杨文会在书后附言:"依宋、元、明、丽四藏雠校,择其善者从之。"唐译与梁译的不同,很容易使人去追究此论梵本来源的问题。在次年的正

---

① 《等不等观杂录》卷三,见周继旨校点《杨仁山全集》附录,第370页。
② 《等不等观杂录》卷二之《佛学书目表》,见周继旨校点《杨仁山全集》,第356—357页。

月,又刻成了《起信论海东疏》(全称《大乘起信论疏记会本》,六卷,唐元晓撰),并作《书起信论海东疏记后》。《海东疏》也是一部很重要的起信疏记,号称隋唐"起信三疏"(唐贤首疏外,还有隋慧远疏)之一,但杨文会对它似乎没有作更多的评价,他只是在上述"书后"中陈述,元晓与法藏同受学于至相(智俨)之门,并由此而悟原来传记所说,入唐参禅的义相与元晓,实乃一人也(由于所依资料不足,杨文会此说有误——笔者注)。杨文会对法藏及其起信疏的推崇,还表现在其后他汇刊了《贤首法集》,其中也收有《大乘起信论义记》(古本三卷,今作七卷)和《别记》(一卷)。他说:"此论古疏传,至今时者,仅见三家:隋之净影、唐之贤首、海东之元晓,称'起信三古疏'。虽各有所长,而以贤首为巨擘。后世作者,何能企及?今于东瀛得贤首原本,会而刊之,实为学摩诃衍(大乘)之要门也。"①

3. 起信思想之进展

晚年的杨文会对《起信论》所做最重要工作,是汇刻他搜集的各种起信论注疏,如他汇刻了《大乘起信论疏解汇集》,其中包括梁译《起信论》(真谛译)、唐译《起信论》(实叉难陀译)、《释摩诃衍论》(马鸣造,龙树释)、《起信论义记》和《别记》(唐法藏撰)、《大乘起信论疏记会本》(即海东疏,新罗元晓撰)、《大乘起信论纂记》(明真界撰)、《大乘起信论直解》(明德清撰)、《大乘起信论裂网疏》(明智旭撰)等八种。汇集的动机,自然是为学人提供研究起信思想的系统资料。而这之后他在起信思想上的进展,主要表现在以下两个方面:

其一,杨文会通过校勘和整理各种起信注疏,形成了他的学佛次第思想。《大乘起信论》的初阶地位愈来愈明确,他也更加坚信此论有统摄佛教、贯通群经的功用和价值。这主要表现在,他此后不断地向他的一

---

① 《等不等观杂录》卷三之《贤首法集叙》,见周继旨校点《杨仁山全集》,第377页。对起信三古疏,近代争议起信的学人也多有涉及,但看法已有颇大差别。如吕澂在《起信与楞伽》一文中认为,《起信》之说应于慧远《大乘义章》等籍寻之,时近而有师承也。元晓、贤首皆好奇矜异。起信明明非佛家言,而不惜曲为援引,以与慈恩相抗,此岂但为佛学旁门,抑亦《起信》之罪人矣。(黄夏年主编:《吕澂集》,第199页)

些亲朋好友以及来信请教的学佛者极力推介《大乘起信论》。例如，他在《答释德高质疑十八问》中说："《起信论》者，马鸣菩萨之所作也。……此论宗教圆融，为学佛之要典。"在《与黎端甫书》中说："欲明佛法深义，须研究《起信论》。"在《与李质卿书》中说："通达此论，则一切经典，易于入门矣。"在《与吕勉夫（佩璜）书》中说："《楞严》、《维摩》二经，初学难得头绪。文约义丰者，无过于《大乘起信论》，熟读深思，必能贯通佛教原委。"在《与李澹缘书》中说："通达此论，则《楞严》、《楞伽》、《华严》、《法华》等经，自易明了。"在《与郑陶斋书》中说："鄙人常以《大乘起信论》为师，仅仅万余言，遍能贯通三藏圣教。凡习此论者，皆马鸣之徒。"①另外，在文章注疏中，他也寻找机会，不放过推介《起信论》。如在《三身义》中说："内典繁多，从何入手，用功省而收效速也？曰：有马鸣菩萨所作《起信论》，文仅一卷，字仅万言，精微奥妙，贯彻群经。"②在《佛教初学课本注》中说："马鸣大士宗百部大乘经，造《起信论》，以一心二门总括佛教大纲。学者能以此论为宗，教律禅净莫不贯通，转小成大，破邪显正，允为如来真子矣。"③此类事例，不胜枚举。

其二，杨文会进一步把这种起信思想与其他经论，和他早年就形成的净土思想融会贯通，构成了他指导学人的独特而有阶可循的学佛修行体系。在《学佛浅说》中，他指出学佛者随人根器而各有不同。他把学佛者分成如下三类：首先是"利根上智之士"，能"直下断知解，彻见本源性地，体用全彰，不涉修证，生死涅槃，平等一如"。但是在他看来，这种利根上智之士，"近世罕见矣"。其次是"从解路入"的一类，即"先读《大乘起信论》，研究明了，再阅《楞严》、《圆觉》、《楞伽》、《维摩》等经，渐及《金刚》、《法华》、《华严》、《涅槃》诸部，以至《瑜伽》、《智度》等论。然后以解起行，行起解绝，证入一真法界。"但他认为，这一类根器的人，最后"仍须回向净土，面觐弥陀，

---

① 以上书信均收在《等不等观杂录》中，见周继旨校点《杨仁山全集》。
② 《等不等观杂录》卷一，见周继旨校点《杨仁山全集》，第323页。
③ 在"造起信，大乘兴"条下小字注，见周继旨校点《杨仁山全集》，第118页。

方能永断生死,成无上道"。又其次者,则须"用普度法门,专信阿弥陀佛接引神力,发愿往生"。并根据自己的能力,"或读净土经论,或阅浅近书籍,否则单持弥陀名号,一心专念,亦得往生净土。虽见佛证道有迟速不同,其超脱生死,永免轮回,一也。"①这就是说,除"利根上智之士"外,对大多数一般人来说,净土法门则是学佛修行最根本的途径。可见,杨文会之起信思想不仅开出了他的"教宗华严",而且也是其"行在弥陀"之源。

从以上所述中,或不难明白,杨文会佛学思想的形成,乃至他的整个佛学思想建构(包括华严、净土、唯识及马鸣宗等),都是与《大乘起信论》有莫大的关系。联系他以后的思想进展来看,一方面他由尊《起信论》而学法藏,从而教宗贤首;另一方面,又由推崇《起信论》而成为"马鸣之徒",倡导建立马鸣宗。他在《与李小芸书》中说:"仆建立马鸣宗,以大乘起信论为本。"以起信思想来统合其他佛教思想,可谓是杨文会佛学思想最明显的特征之一。其实,杨文会之推崇《起信论》,是有中国佛教的深厚历史作基础的;他的思想中无疑有革新的因素,但也立足于优秀的中国思想文化传统以为依托。

4. 推崇起信论不遗余力

杨文会因《起信论》而悟入佛门,得力于起信思想甚多,故而他向世人推介《起信论》,不遗余力。蓝吉富说,遍观杨氏全部遗著,被他称赞最多的佛书就是《起信论》。他对每一位初学者推荐佛典时,几乎没有一次漏掉这书。该书也是他从发心学佛,到他逝世为止,一直极重视的论典。而且他曾与英国教士李提摩太将该书合译成英文。其重视该书的程度,由此可见一斑。杨文会对《起信论》的赞语,在其文集《等不等观杂录》中记载最多,可谓俯拾皆是。② 根据杨文会的《遗著》,我们作不完全统计,在与杨文会通信的三十多人当中,他至少向十三人,在二十一封书信中

---

① 《等不等观杂录》卷一,见周继旨校点《杨仁山全集》,第326—327页。
② 参见蓝吉富《杨仁山与现代中国佛教》,载《华冈佛学学报》第2期,第104页。

推荐了《起信论》，或谈论有关起信的思想，并向不下于十六人次寄赠了《起信论》或《起信论义记》等书本经籍。在国际上，他向日本的南条文雄和英国的李提摩太，以及可能还有其他一些国际友人，竭诚推荐《大乘起信论》，引起他们浓厚的兴趣。他几乎向南条文雄赠送了所有的起信论典籍，从最初长沙刻经处本《大乘起信论疏》到《起信论纂记》、《起信论直解》和《起信论裂网疏》，再到贤首疏、海东疏。①

对于杨文会推崇起信论，随侍他身边的门人和亲人也有一些记载。他的弟子欧阳竟无，在近代以非议《起信》而钻研唯识著名。然而一般人可能想象不到，欧阳竟无同样是因《起信》而入佛门。欧阳学佛始由桂伯华导引，在这之前，他是坚定地尊崇阳明学的。可是有一次他的好友桂伯华送给他《起信》、《楞严》二书，让他"姑置床头作引睡书读"。欧阳后来在《桂伯华行述》一文中提及此事，坦言道"予不觉为之牵转也"。②1904年，欧阳竟无初次来南京拜谒杨文会，询问：学佛当以何为入门次第？文会告诉他说，先学《大乘起信论》，此论为学佛之纲宗；通达此论，则一切经典易于入门矣。③ 杨步伟在其自传中，也给我们提供了一条不大为人所注意的资料，说明杨文会在临死之前还在向别人推荐阅读《起信论》。步伟写道，辛亥革命前夕，她的好友林贯虹（据说是林则徐的后裔）从日本归来，听说祖父病重就来探望，她告诉祖父"有时也和她九哥、十四哥三个人看看佛经的书，研究研究佛学"。祖父问她要不要《起信论》和祖父自编的一些书？她说要，祖父就叫五叔去经房拿了很多种给贯虹。④

这既可说明《起信论》在中国近代佛学思想转型过程中所起的巨大

---

① 这些赠送都有可确定的时间。《大乘起信论疏》是在英国时赠送。《起信论纂记》、《起信论直解》是在1891年赠送（参见武延康所编年谱，第25页）。《起信论裂网疏》是明智旭撰，可断定时间在1894年初之前刻成并赠送（参见《与日本南条文雄书十三》）。贤首疏、海东疏是在1899年新刻成后即赠送（参见《与日本南条文雄书二十三》）。
② 参见欧阳竟无《竟无诗文》，金陵刻经处本。
③ 参见徐清祥、王国炎著《欧阳竟无评传》，第47—48页，南昌，百花洲文艺出版社，1995。
④ 参见杨步伟《一个女人的自传》，第97页。

作用,同时也给我们带来一个不得不回答的重大问题:一部受到"近代中国佛教复兴之父"杨文会如此始终不渝、终生服膺的大乘论典,却何以在近代中日佛学界引起了异常激烈的怀疑和论战呢?《起信论》是中国佛教史上颇受欢迎的佛典,再加上杨文会的大力鼓吹,更使该书成为清末民初佛教徒最流行的读物之一。但是该书内容历来也引起不少争论。古来即有怀疑该书为伪书者。民国以后,考证学与唯识学兴起,杨氏的及门弟子欧阳竟无抱着"吾爱吾师,吾尤爱真理"的态度去辟斥该书,挑起这场《起信论》真伪的大论战,可以说是杨氏所间接促成的。纵然杨氏的尊崇《起信论》不是促成这次论战的主因,至少也是一种助缘。①

印顺法师在《起信平议》一文中说:"本论在过去中国佛学界,有崇高的地位;民国以来,由于考证学与唯识学的兴起,开始遭遇恶运,受到多方面的怀疑和批评。"②古代虽然也有人怀疑《起信论》的作者、译者和成书时地,但经一些佛教大师如法藏等确认,唐以后便信之不疑,崇之如故;并且他们远未如近代人对《起信论》批评那样激烈,乃至于从根本上颠覆《起信论》素来享有的崇高地位,不唯判断其是中国人的"伪作",还甚而破斥其是不符正法的"伪论"。印顺把《起信论》在入民国后受到多方面怀疑和批评的原因,归于"考证学和唯识学的兴起",此诚不诬。但这主要是从学术的方面来考虑的,其实还应该更深一层地看到,这可能与佛教思想的近代转型有关。也就是说,犹如近现代中国思想界发生的其他论战一样,在某种程度上它反映了社会转型时代历史理性和信仰价值的冲突。③

---

① 参见蓝吉富《杨仁山与现代中国佛教》,载《华冈佛学学报》第2期,第105页。
② 参见张曼涛主编《中国现代佛教丛刊》第35册,《大乘起信论与楞严经考辨》,第285页,台北,大乘文化出版社,1981。本文原收印顺《大乘起信论讲记》(1950),列于开讲正文之前的"悬论","起信平议"之题可能是丛刊编者所拟定。
③ 关于考证学和唯识学如何导致了《起信论》的近代厄运,以及历史理性与信仰价值的问题,可参见张华《杨文会与中国近代佛教思想转型》第二章第三节《近世关于起信的争论》及第四节《对起信论近代意义的理解》,第97—134页,北京,宗教文化出版社,2004。

杨文会对《起信论》的考订虽然未涉及真伪问题,但其明显受到了西方佛学研究方法的影响。其从语言学、版本学等角度研究、甄别佛典思想,亦对后继者从事佛学研究有启导作用。从《等不等观杂录》中杨文会与南条文雄的来往信札中,我们不难获知,杨文会对语言学与佛教研究的关系,尤其是梵文与佛典的关系,有多么明确的认识。他曾经通过南条寻找有无《大乘起信论》的梵本,又委托南条翻译《阿弥陀经》,使其梵、汉、罗马字合璧。可以说正是由于他最先关注西洋学者治佛学的方法,才导致了后来支那内学院佛学研究跳出信仰论的窠臼而具有近代学术化的色彩。《起信论》在近代虽遭受非议,但也正因此而大放光明。于此,杨文会无疑有倡导之功,参与争论的梁启超等新思潮家也有推波助澜之力。经过多方辩论,中国佛学的特点和近代佛教思想的发展方向可谓愈来愈明确。这样看来,《起信论》争辩,与其说是考证学究们的争论,或者是纯粹佛教的法义之争,倒不如说,它正反映了佛教思想的近代转型。

二、建构马鸣宗的思想

王恩洋说欧阳竟无师"善成石埭大师未竟之志";吕澂又说"故师宏法数十年,唯光大是务","师亦可谓善于继述者矣"。细细想之,这确有道理。若不是欧阳竟无禀承杨老居士遗志,专心彻底地研究唯识学,失传千年的唯识学不会在近代得到中兴,金陵刻经处不会成为近代唯识学研究的重镇,近代佛教思想也不会因之而获得一线生机,从而使整个近代佛教呈现出一派复兴的气象。杨文会之所以倡导唯识学的研究,是在通盘考虑全体佛教思想状况后有所抉择的结果,他发现唯识学"实振兴佛法之要门",可以药治中国人思想的"颠顶笼统";故他多方物色人才,希望对唯识学作彻底通达的研究,以成为当今"学佛者之楷模"。桂伯华、欧阳竟无等就是他看好的钻研唯识的人才,但桂伯华后来没有深究唯识,欧阳竟无则抱着深沉的使命感全身心投入了续绝学、兴佛法的实际行动。世人都只看到了欧阳竟无抉择唯识、非议《起信》的一面,而不知以唯识研究为振兴佛法的重心和突破口,其实也是杨老居士的一个未了心愿。对此,欧阳及其弟子已经讲得很多了,如欧阳说,杨老居士临终时将一切法事托付于学唯识的欧阳渐,由此也可以体察到居士之心矣;王恩洋说,老居士慧日将西,以法事付嘱我亲教欧阳竟无师,《瑜伽》半部特在叮咛。

1. 建构马鸣宗和倡研唯识学

事实上,在杨文会的整个佛教思想系统中,的确有两条线:倡导唯识研究,重续千古绝学,是其中的一条;而另一条就是沿着早年开启他信佛之机的《大乘起信论》的路线发展下来,直至晚年他提出以《起信论》为宗本,依《大宗地玄文本论》的"五位判教"来统摄全体佛教,建立马鸣宗的构想。资料表明,这两条线在杨文会那里是同时并存,而似乎又并不矛盾的。1901 年,他向郑官应(即著《盛世危言》之郑观应)推荐《大乘起信论》,说"凡习此论者,皆马鸣大士之徒";同年,他又函招桂伯华来南京,鼓励其彻底通达地研究"因明、唯识之学"。1906 年,他撰《大宗地玄文本论略注》之"序说",也希望有利根上智之士对此论彻底通达,顿入甚深法界。① 总之,杨文会认为,马鸣宗和慈恩宗(又称法相唯识宗)都需要作彻底通达的研究。他在七十岁时对《大宗地玄文本论》作了虽然简略但很精心的注解,算是对马鸣宗有了一个交代;而唯识宗的深入研究,他则移交给了专攻唯识学的弟子如欧阳竟无等人。

建构马鸣宗和倡研唯识学,被杨文会当作是末法救弊的两味灵药。马鸣宗治"分河饮水、互相是非"之弊;唯识学则药"颟顸佛性、笼统真如"之病。② 这也许说明了杨文会佛教思想中有一种"新旧杂陈"的特点;不

---

① 杨文会在"序说"中慨叹本论千余年来无人提倡,他本着儒门"知之为知之,不知为不知,是知也"的精神,对此论略加注释,所未知者,断不强解。庶几后学得一隙明,或有利根上智,顿入甚深法界,彻底通达,是所望也。参见周继旨校点《杨仁山全集》,第 8 页。
② 杨文会在为《大宗地玄文本论》写的"序说"中,指出"金刚五位"为佛法总纲,摄尽一切破障法门,该括一切称性法门,纤毫无遗;若明此义,则谈宗说教,说有说空,皆不相妨,何有分河饮水、互相是非之弊哉? 在《十宗略说》中又说:法相(唯识)宗以五位百法摄一切教门,立三支比量摧邪显正,远离依他及遍计执,证入圆成实性,诚末法救弊之良药也;参禅习教之士,苟研究此道而有得焉,自不至颟顸佛性、笼统真如,为法门之大幸矣。

过这种新旧杂陈,并不像一些人说的"驳杂不纯",其实还是非常严整而有统系的。马鸣宗可谓是他继承了中国佛教的融合思想传统所作的最后努力,或者说是其一生佛学思想积累而成,用徐文蔚的话说是他生平学佛"所深造而自得者"①;具体言之,则是在"教宗贤首、行在弥陀"基础上思想统合的结果。② 而倡研唯识则既是他在先贤倡导基础上主张性相融通的夙愿,抑或代表了他为未来佛教思想的发展所作的接应时代的新开拓。当然,马鸣宗中也包含着其创新的思想,而他所倡导的唯识学中也有其挖掘传统思想资源的一面。但是无论如何,不妨说,他既是传统佛教思想的继承者,又是近代佛教思想的启导者。

(1) 马鸣宗构想的提出

杨文会何时萌生了建立马鸣宗的构想,难以断定,但从现存的文献资料来看,他的这个构想似乎是与兴办新式的释氏学堂、振兴佛教的宏愿紧密联系在一起的。徐文蔚在《杨居士事略书后》一文中谈到了杨氏一生"所深造而自得"的佛学,他说:"自大乘教义盛于中土,若禅若净若密以及教下诸家,率祖马鸣、龙树,然而建立马鸣一宗以融摄诸宗,则自先生始。"③在他看来,杨文会以马鸣为宗最早可以追溯到他五十岁前在英伦写给南条上人的书信,曰:"大乘之机启自马鸣,净土之缘因于莲池,华严则遵循方山……"晚岁的杨文会对此作了更为清晰的表述,"鄙人初学佛法,私淑莲池、憨山;推而上之,宗贤首、清凉;再溯其源,则宗马鸣、龙树。"资料表明,杨文会最早明确提出建立马鸣宗的构想,大约是在

---

① 参见《香光庄严杂著》所收《杨居士事略书后》,第 10 页上,民国二十年(1931)冬月,天津刻经处刊刻。
② 沈曾植在《杨仁山居士塔铭》中说:"其学以马鸣为理宗,以普贤(原文是法藏)为行愿,以贤首、莲池为本师,性相圆融,禅净彻证。"又说"五教五宗,摄之二论";"万行所则,普贤愿嘉"。沈氏所言五教五宗,与我们现在的看法颇有出入,然其语诚多造极之谈。本人断言马鸣宗乃建立在文会一生学行基础上,以会通性相禅净为标的,即得其启示。
③ 参见《香光庄严杂著》所收,第 10 页上、下。

1904年他六十八岁的时候。这一年,他写信给一位朋友李小芸(国治)①,在信中主要提到了三件事:一是近年来在敝寓学佛的人当中,以九江桂伯华最为猛利,已经相依两载了;二是现在打算添造房屋,能住二十人,造就佛学导师,为开释氏学堂作准备;三是"仆建立马鸣宗,以《大乘起信论》为本,依《大宗地玄文本论》中五位判教,总括释迦如来大法,无欠无余,诚救弊补偏之要道也"。②前面两条我们暂不作详细讨论,只要知道桂伯华本是他意欲培养成彻底研究唯识的专门人才,同时也是为开办新式佛教学堂准备佛学导师就足够了。因为由此可知,倡导唯识研究、创办佛教学堂,与马鸣宗构想一起,同时萌蘖于杨文会所规划的振兴佛教的宏伟蓝图之中。

由第三条可见,杨文会提出建立马鸣宗的构想,是以题为马鸣造的两部论典为根本依据的。尽管此二论是否为马鸣所造,在后杨文会时代受到重大的怀疑,但杨文会当时丝毫没有怀疑。诚然,对于杨文会来说,它们是不是马鸣所造并不重要,重要的是其提供了适合近代佛教发展所需要的思想纲领。他明确指出,马鸣宗的宗旨是为了"总括如来大法",实际的目的也是针对中国佛教的存在状况而提出的"救弊补偏之要道"。在杨文会看来,佛教在思想理论上的最大矛盾,莫过于性相二宗的不能融通,以致末流僧徒"分河饮水,互相是非"。马鸣的这两部论典有一个相同特点,就是提供了融通性相、统摄全体佛教的思想纲领,前者有"一心二门",后者有"金刚五位"。在杨文会未发现《大宗地玄文本论》之前,他一直就把《大乘起信论》当作学佛初阶、贯彻群经的基本典籍来看待。从高丽藏中得到《大宗地玄文本论》后,他于1906年对此论作了精心注

---

① 《等不等观杂录》卷五现收杨文会与李小芸两封书信,第一信盖写于"甲辰之岁"(1904),彼时居士正酝酿开办祇洹精舍;第二信写于1908年,居士是年72岁。由此二信可知,李氏乃捐助文会刻经的功德主之一,李氏在北为官,年岁略小于文会。文会在第二封书信中告诉他:"南方有人发愿重新印度佛教,选才教授,敝处独肩其任。"并向他发出邀请,"台驾南来,共襄盛举,是所愿也"。参见周继旨校点《杨仁山全集》,第440页。
② 《等不等观杂录》卷五之《与李小芸书一》,见周继旨校点《杨仁山全集》,第439页。

解,认为此论穷微极妙,是专接利根上智的,兼为凡小权渐之机,作一乘胜因①。而综观杨文会一生的佛学成就,从《大乘起信论》引导他走上佛教之路,到最后也是其最重要的一部佛学著作《大宗地玄文本论略注》完成,这一学佛历程昭示我们:马鸣宗构想,其实是其一生佛学思想积累而成。因此,尽管后杨文会时代很少再提马鸣宗,响应者寥寥,但对其构想我们今天仍有加以检讨的必要,因为其中含有许多宝贵的思想经验。并且通过杨文会的这个构想,我们也可以看到唐以后中国佛教思想发展大势,看到近代佛教思想转型的一些特点。不难明白,杨文会的所谓马鸣宗并非传统佛教的所谓宗派,充其量不过是思想宗趣而言。而这个思想宗趣又是有实际目的的,和他倡研唯识学一样具有治病救弊的针对性。

(2) 融会华严与净土思想建构马鸣宗

马鸣宗显然继承了中国佛教"解行并重"的传统,其中一个重大组成部分,就是杨文会自述学行时所说的"教宗贤首",这是他对全体大藏,尤其各宗派典籍作甄综会通后教理上的宗趣所在。另一方面,在实践修持上,他"行在弥陀",以净土为归宿。上文我们指出,马鸣宗在佛教思想理论上的一个目标,旨在融通性相二宗之间的矛盾。而在实践修持上,它也有一个实际的目的,就是要纠正末流禅徒空腹高心、不重经教而轻慢净土的弊病。这也就是为什么杨文会要以禅宗公认的印度祖师马鸣、龙树来"现身说法",说马鸣、龙树宗净土诸经,劝人念佛往生。杨文会将马鸣和龙树联系在一起,可能不仅仅因为他们都归宗净土,还因为其与起信和华严的一层关系。相传《华严经》本秘于龙宫,是龙树"乘神通力诵出略本"而流传人间的。马鸣大士造《起信论》,龙树则为之作论疏释,这就是《释摩诃衍论》。日本人曾怀疑此论为伪书,杨文会于1905年6月在致南条文雄的书信中说:若将原书寄至敝处一阅,是否伪作,当能辨之。1906年12月,他在给日本藏经书院的复信中表示,拟作《释摩诃衍

---

① 《大宗地玄文本论目录叙》,见周继旨校点《杨仁山全集》,第3页。

论集注》一部。① 1907年顷,他撰作《释氏学堂内班课程》,便将于此前不久刊刻的《释摩诃衍论》列于"专门学"之贤首宗下。②

事实上,杨文会的华严和净土思想,都是由《大乘起信论》引发开来的,而最后在《大宗地玄文本论略注》中亦多所发挥;他认为后者在本论之外,也应有释论以伸其义,惜未传来(这也可能是他根据《起信》有龙树作《释论》而来的观念)。由推崇《起信论》,结果他发现了唐贤首法藏的《起信论义记》和《别记》。法藏借《起信论》以阐发《华严经》的思想,建立起具有中国特色的华严宗教理。如杨文会在《佛教初学课本注》中说:"信、解、行、证四门次第出《起信论》,贤首宗之释《华严经》,此古今不易之法也。"③杨文会试图继承和发扬贤首这一传统,且欲由贤首上溯至于马鸣。而从杨文会设置的释氏学堂内班课程中,我们看到,他也将《大宗地玄文本论》及其《略注》归于"专门学"之贤首宗下,可见《大宗地玄文本论》像《起信论》一样,也与华严思想有紧密联系。

再说,《起信论》本就是一部理论与实践兼备的佛书,其最后以净土极乐为归,这启发了杨文会的佛教修行思想。不久他发现了莲池大师,以莲池为本师,他又上追到成立本宗的净土三师:唐之善导、道绰与北魏之昙鸾,发掘净土宗形成的经论根源。在杨文会净土思想的发展过程中,最令人瞩目的是他与日本净土真宗的法义辩论,这不唯使他清晰地认识到了日本净土真宗之思想底蕴,正如他所说,支那净土根本宗旨和修行方法也因此而愈辩愈明。④

---

① 以上两信分别参《等不等观杂录》卷八之《与日本南条文雄书十六》和《与日本藏经书院书二》,见周继旨校点《杨仁山全集》,第496、508页。
② 《等不等观杂录》卷一,见周继旨校点《杨仁山全集》,第336页。
③ 见周继旨校点《杨仁山全集》,第143页。
④ 在《阐教编》之《杂评》中最后说:"弟于佛法,最为慎重,与人接纳,不轻谈论。虽有新学问道,亦不收作门徒。南条、北方诸君,往返二十年,未尝讲论佛法。兹因机缘触发,不惜一番话堕,引出无限是非,然愈辩愈明,彼此均有利益。幸承详细开示,得见贵宗之底蕴……"在《等不等观杂录》卷四之《答廖迪心偈》中则说:"日本传佛教,共有十四宗。唯净土真宗,弘扬最为盛。纯提他力教,全废圣道门。与支那莲宗,判然分二途。"此两段文字,分别见周继旨校点《杨仁山全集》,第559、414页。

他把握了净土思想发展的脉络和特点后,还常常以起信、华严来疏释净土思想①,乃至于认为唯识"于净土道理也深为有益"②。1906年冬十月他七十岁时,撰成《大宗地玄文本论略注》,其中亦多依《起信论》和《华严经》思想。因此可以说,若不了解起信、华严以及净土思想,就无法读懂《大宗地玄文本论略注》的宗旨;而一般人士不经由该《略注》,则其《本论》就无异于如看天书。贤首借《大乘起信论》发挥《华严经》思想,建立起具有中国特色的华严宗教理,杨文会正是继承和发扬了这一传统,并欲由贤首直溯马鸣。综而言之,杨文会的马鸣宗建构实际立基于华严和净土思想。

2. "教宗贤首"的华严思想

杨文会一生的学佛都是靠自己摸索得来,他主要以经籍为师。他一面精选佛经刊刻流通,一面也从这些经籍中汲取思想营养。他学华严虽然最终以贤首为尊,但在这之前,由于搜集不到早于宋代的华严宗人的著述,他的华严思想还是历经了一段曲折的过程。具体地说,他开始由李通玄《华严经合论》等而崇信华严教义,以后读清凉澄观著述,十分钦佩,最后看到贤首法藏的各种论疏,才知华严教旨奠基于法藏,于是专崇贤首。后世有人因看了清凉澄观的《华严疏钞》,而欲易"贤首宗"为"清凉宗",他认为那是由于人们不曾看见清凉《华严疏钞》都本于贤首的《华严探玄记》所致。彭际清在《书贤首华严三要后》中记述:"云栖所刊《贤首华严三要》,为清凉《疏钞》所从出。文简义周,卓绝千古,业华严者,俱宜顶受。"末后又说:"从上诸师,善说此经大意者,诚莫如贤首矣。然清凉《玄谈》,尽有微言奥义,在学者善取之。"杨文会在校刊此段文字时作

---

① 在《十宗略说》中,杨文会指出:"《华严经》末,普贤以十大愿王导归极乐,故净土宗应以普贤为初祖也。厥后马鸣大士造《起信论》,亦以极乐为归。"在《佛教初学课本注》中,所述净土法门的修行阶次,即来源于《起信论》开示的十信、十住、十行,以至等觉、妙觉的次第,而最终又以华严思想来圆摄之。
② 《等不等观杂录》卷六,原文出自《与桂伯华书二》。杨文会认为,唯识之对净土有益,"盖庄严净土,总不离唯识变现也"。

"谨案"曰:"明清间贤首《探玄记》久佚,先生未及见,故此篇所论不无出入,阅者分别观之可也。"①

(1) 从方山到贤首

阅读杨文会的遗著,我们发现他曾不止一次述及自己的学行,在《等不等观杂录》卷七之《与日本南条文雄书二》中,他说:"大乘之机,启自马鸣;净土之缘,因于莲池;学华严则遵循方山;参祖印则景仰高峰。他如明之憨山,亦素所钦佩者也。"又如,他在《等不等观杂录》卷六之《与某君书》中也说道:"鄙人初学佛法,私淑莲池、憨山,推而上之,宗贤首、清凉,再溯其源,则宗马鸣、龙树。此二菩萨,释迦遗教中之大导师也。西天东土,教律禅净,莫不宗之。遵其轨则,教授学徒,决不误人。"综合这两种略微不同的叙述,我们看到杨文会的学佛之路,始自马鸣,也终于马鸣,而中间的过渡环节是学华严和修净土。前书是杨文会在英伦时所作,故所说"学华严遵循方山",表明他的华严思想是从方山起步的,而后来专宗贤首(法藏)和清凉(澄观),则是在杨文会从日本得到贤首《起信论义记》等唐古德著述之后。

方山,即唐李通玄(约635—730),杨文会在《佛教初学课本注》中叙述古德垂范时列举十人,其中有"神解者,李通玄;华严论,千古传"。注曰:李长者乃唐宗室子,学无常师,迹不可测;尝游五台逢异僧,授以华严大旨,后人称方山长者,云云。② 其主要著作是注解唐译《华严经》而成的《新华严经论》四十卷和《略释新译华严经修行次第决疑论》四卷。唐宣宗大中年间(847—859),福州开元寺沙门志宁将《新华严经论》的注疏部分会于经文之下,合成一百二十卷。北宋乾德五年(967),惠研予以整理,题名《华严经合论》,为后世所重,流通颇广。查1902年印于沪渎的《佛学书目表》"华严部",列有杨文会金陵刻经处所刊刻的《华严合论》一

---

① 参见彭际清《一行居集》,第110、115页,1921年金陵刻经处本,台北佛陀教育基金会印赠。
② 见周继旨校点《杨仁山全集》,第145页。

百二十卷。从北宋开始，李通玄的著作与华严宗人的著作并行于世。至明代佛教复兴的浪潮中，李通玄的著作在受学僧逐步重视的同时，也引起士大夫的关注。其中著名人士如李贽，有《华严经合论简要》四卷，其序曰："善说华严，无如长者。"李贽看重《华严经》的"无尽藏之法界"说，同时注重《起信论》的"真心"说，在明末以来的居士中产生了广泛的影响。乾隆朝的彭际清撰《居士传》，把李长者专列一章，其在"发凡"中说："庞居士之于宗，李长者之于教，刘遗民之于净土，百世之师矣。三公者，各专传，尊师也。"由此可见，彭际清对李通玄华严教思想的重视。其在传后又记曰："予读《华严经》，悲悔故见狭劣，暗大方，不知局此几何世。然而，浑乎其无涯，郁郁乎，渊渊乎，无所施吾视听也，久之，得李长者论抽绎之，恍乎其有会焉。吾愿生生穷游华藏海中，其庶几乎！"①有理由说，杨文会学华严遵循方山，很可能是受了彭际清居士佛教的影响，因为从杨文会所接触的佛教文献来看，近世没有谁比彭际清更推崇李长者华严思想的了。如他在上述李通玄传后记中就说，读《华严经》开始时不明大方，直到得见李长者所论，才恍然有会。彭际清本人对华严思想也颇有研究，曾著有《华严念佛三昧论》一卷和《一乘决疑论》一卷，是其代表作。杨文会不仅刊刻了他的《华严念佛论》，还刊刻了他的其他著作，如《居士传》、《善女人传》和《一行居集》等多种。

在得到从日本传来的许多散佚的华严典籍之前，除了李通玄外，还有其他华严宗人受到杨文会的关注，其一是宋代的道通，其二是清代的续法（1641—1728）。道通有华严著作《华严经吞海集》三卷和《法界观披云集》一卷，杨文会分别于光绪十三年（1887）和十六年（1890）刻成，这可能是杨文会最早刊刻的华严著作。续法字柏亭，撰有《法界宗五祖略记》一卷和《贤首五教仪》六卷、《贤首五教仪科注》四十卷；后二书乃总结华严教理之作，因几番讲习，听众都茫然不解，故于康熙八年（1669）他又作

---

① 彭绍升著，赵嗣沧点校：《居士传》，第7、83页。

略本,即为《贤首五教仪开蒙》。杨文会开始接触续法的撰述,是在1876年的长沙与曹镜初刻《大乘起信论疏》之时,曹请他为此书所附之《起信论法相图》作《起信论真妄生灭法相图跋》,此《起信论法相图》即续法辑。杨文会对华严思想感兴趣之后,便将续法的《法界宗五祖略记》和《贤首五教仪开蒙》锓诸梨枣。后来他编《华严著述集要》,荟萃各家撰述,搜罗以唐法藏、澄观等华严宗人为主共二十九种著作,上述道通、续法等的著作也收在其内。

(2) 华严是"经中之王"

梁启超在《大乘起信论考证》中,虽从文献和义理两方面,尽考证《起信论》为伪书之能事,但并不否认此论的思想价值,而称曰:"起信一册,实论中王。"杨文会尽管未明确称道《起信论》为论中之王,可他在近代推崇《起信论》不遗余力,也是众所周知的。他由《起信论》进而尊重《华严经》,认为华严是"经中之王"。杨文会遗著中有好几处提到这一点,如在《佛学书目表》"唐译《华严》"条下,有识语曰:"佛初成道时,七处九会,说圆融无尽法门,为诸经之王。"晚年杨文会在拟编大藏时,将华严部列在群经之首,他在《大藏辑要叙例》中说:"经分大小二乘,大乘以华严为首。"而在《十宗略说》中又说:"华严为经中之王,秘于龙宫,龙树菩萨乘神通力,诵出略本,流传人间。"在《佛教初学课本注》中,注曰:"华严为诸经之王,无尽教海,皆从此经流出。"[①]杨文会对《华严经》如此推重,以致他将各种重要的华严注疏搜罗殆尽,编成《华严著述集要》,计有二十九种。他认为,华严教义圆融深奥,若非借助疏论著述,鲜能通其义也。而促使他对华严思想有透彻理解的一个重大因素,是他从日本得到了唐古德特别是其心仪的贤首法藏的有关著述。杨文会一旦得到唐贤首各种古疏,其起信和华严思想便都有了明显改

[①] 此处引文分别见周继旨校点《杨仁山全集》,第344、373、152、125页。其实,早在1896年作成的《阴符经发隐》,杨文会就有推崇《华严经》之意,如说:"夫论道之书,莫精于佛经,佛经多种,莫妙于华严。悟华严宗旨者,始可与谈此道矣。"

观。他对《起信论》诸多注疏最重视法藏记,而在华严各注疏中,他也同样给了法藏疏以至上的位置。他拟将法藏著述辑成专集,题名曰《贤首法集》,惜未全功。不过在其遗著中留有一篇《贤首法集叙》,从中可窥见其大概内容。内中说:

> 世之学华严者,莫不以贤首为宗。而贤首之书,传至今日者,仅藏内十余卷耳。后人阅清凉大疏,咸谓青出于蓝而青于蓝,因欲易贤首宗为清凉宗。盖未见藏公全书故也。近年四海交通,得与东瀛南条文雄游,求觅古德逸书数百种。所谓贤首十疏者,已得其六。方知清凉大疏皆本于《探玄记》也。贤首作新华严疏,未竟而卒。后二十七年,清凉乃生,及其作疏,一宗贤首,岂非乘愿再来,阐发大经乎?今将贤首著述,去伪存真,汇而刊之,名曰《贤首法集》。世之学华严者,其以是为圭臬也可。①

华严宗人历来尊崇《起信论》,自法藏开始几乎成为定规,杨文会说:"信、解、行、证,四门次第出《起信论》,贤首宗之,释《华严经》,此古今不易之法也。"②法藏之后推崇《起信论》,以澄观、宗密为最。澄观早年曾在金陵瓦官寺学《起信》和《涅槃》,后又随法藏学新罗(今朝鲜)元晓著《大乘起信论疏记》,所以他受起信思想影响很深。澄观注疏华严多依《起信论》"一心二门"义,就心、佛、众生三者关系来立论,谓众生与诸佛都从心而造。然心是总相,悟之名佛,成净缘起;迷作众生,成染缘起。缘起虽有染净,心体不殊。宗密的华严著作有《普贤行愿品别行疏钞》、《华严原人论》和《华严法界观注》,均收入杨文会所辑的《华严著述集要》。宗密沿着澄观《华严经疏》的思路,继续吸纳起信思想,将华严四法界完全建立在"一心"基础上,精辨心与理、事二范畴之关系。这对后世的禅教合一和宋明理学都有很大启发。

---

① 《等不等观杂录》卷三,见周继旨校点《杨仁山全集》,第375—376页。
② 《佛教初学课本注》,见周继旨校点《杨仁山全集》,第143页。

唐代华严学说中,渗透了《起信论》的多种思想因素。到了宋代,讲习华严教义的学僧中兼重此论者也不乏其人。如长水子璿撰有《楞严经疏》十卷和《大乘起信论笔削记》二十卷,其弟子净源从他习《起信》,后成为宋代华严宗的"中兴教主"。经历唐末五代的动乱和灭佛之劫难,华严典籍多有散失,净源颇致力于华严典籍的搜集和整理,得高丽义天赠《华严经》一百八十卷,即六十、四十、八十华严三译,亦即世称"三大华严"者。净源所居杭州慧因寺,因此成为宋代中兴华严的重镇。净源又整理和注解唐代华严宗人的著述,并且提出新的华严谱系,将乃师长水子璿列于宗密之后。尤可注意者,他受子璿重《起信论》的影响,在《华严还原观疏钞补解序》中,结合对杜顺《法界观》和法藏《妄尽还原观》的理解,提出了以马鸣为华严宗初祖说,其曰:"帝心(即杜顺)冥挟《起信》,集三重法界于前;贤首显用论文,述六门还原于后。由此推之,以马鸣大士为吾宗初祖,其谁谓之不然?"杨文会虽然在《起信论疏会刊》中涉及长水《笔削记》,但并无资料表明其后提出马鸣宗的构想,与净源确定马鸣为华严初祖有任何直接的联系。不过,文会由起信而华严而马鸣宗的思想路径,与其颇有相通之处,这至少可说明文会之宗马鸣也非前无古人吧。

华严宗至明末,虽尚有学者,然式微已极。迨清初有续法出,世称"柏亭大师",为此宗之巨擘。其华严著述亦为杨文会多所刊刻,已如上述。事实上,杨文会本人也因对华严学之穷深研几而颇有成就,如文会遗著的编者徐文蔚居士在一篇文章中表彰杨氏对华严典籍的搜集汇刻之功,说"经纬于疏钞之海,华严奥旨已如日丽中天。故惟弘扬佚书,不更有所撰著。然于其他经论与夫儒家道家言,悉以华严真俗圆融、理事无碍、事事无碍之旨通之。说者谓有清一代贤(首)宗巨子,柏亭大师而外,断推先生焉。"①

---

① 参见《香光庄严杂著》所收《杨居士事略书后》,第14页下。

(3) 教宗贤首之宗趣

杨文会之"教宗贤首",如同他整理各种华严典籍之后推崇法藏注疏一样,这是在比较诸宗教义之后所得出的结论。然而,杨文会之教宗贤首,主要是就其平生得力处而言,并非像法藏的判教,置华严于诸教宗之上而有贬低他宗的倾向。本质上说,杨文会对待各种宗派是持平等不二态度的,这从他的《十宗略说》中可以看出,他是十宗平等或实际上(大乘)八宗兼弘的。《十宗略说》中没有交代明确的写作时间,但可以肯定,至少是在1891年5月,他得到日本传来的凝然上人所著《八宗纲要》之后,因为《十宗略说》参照了《八宗纲要》。杨文会在《十宗略说》前言中交代,本书之作在"求其简而易晓也。以前之九宗分摄群机,以后之一宗普摄群机。随修何法,皆作净土资粮,则九宗入一宗。生净土后,门门皆得圆证,则一宗入九宗。融通无碍,涉入交参。"显然,杨文会于此间所运用的,是华严十玄门的圆融无碍思想。十宗之间虽然排序先后有讲究,然是"融通无碍,涉入交参"的关系,故此他提醒学者,"慎勿入主出奴,互相颉颃也"。①

杨文会最所宗奉华严的,是其从无尽教海中流出的圆融思想。杨文会在1906年改作的《佛教初学课本》中说:"四法界,十玄门,暨六相,义最纯。因该果,果彻因,摄万法,归一真。"圆融之教是华严极境,用他的话来说,臻至此境时,"一位即一切位,一切位即一位"。依普贤法界,性相圆融,主伴无尽,身刹尘毛,交遍互入,故名圆教。在他看来,贤首立小、始、终、顿、圆五位判教,以顿教摄禅宗,以圆教统前四教,较他宗立教更为完备,故当时从之者甚众。而贤首以华严配圆教,实有睥睨群经之心。华严开宗判教,至贤首而大备,故以贤首名宗。后来,杨文会提出建立马鸣宗的构想,依《大宗地玄文本论》中五位判教来统摄全体佛教,虽有贤首五位判教的影子,但以性相融通、普融无尽为宗趣,则是其新创。

---

① 《十宗略说》,见周继旨校点《杨仁山全集》,第149页。

究实而言,说是"新创"并不很准确,其实他不过是将华严理事圆融之思想贯摄于马鸣宗构想的"全体佛教"之中而已。

3. "行在弥陀"的净土思想

杨文会是因阅读云栖袾宏之著述而起信净土的人士之一。就杨文会来说,决不只是因净土方便简易而生起信心,更因为他真正体察到了净土教理的圆融深妙及其行门的广被普摄。对于杨文会的净土思想历程,我们大致可以浓缩成"以莲池为本师,归宿净土"这一句话。莲池即云栖袾宏。这既表明杨文会以净土为归的思想,是从莲池起步的,是依莲池而发挥的;又可理解成他本人的佛教信仰和实践,因受莲池的启发,而实有以净土为归宿的意义。较之于其他宗派,除了在教理上尊崇华严之外,净土的信仰和实践在杨文会的整个佛教思想系统中占有相当突出的位置,他对净土的理论作了比较深入的研究,提出了许多前人未曾发明的见解。晚明以来,倡导净土最为有力者,即为莲池。所谓从莲池起步、依莲池发挥,是说杨文会一方面并没有停留于莲池的思想阶段,他还从莲池而上追到成立本宗的净土三师(昙鸾、道绰和善导),乃至更远的时代;另一方面,他又没有越出莲池的思想路径,其融会教宗禅净的思想风格,就明显继承了以莲池为代表的近世佛教融合的思想传统。而全面地看来,杨文会以净土为归的思想固然得自莲池乃至以上诸师,但他在近代对净土法门特加提倡,则有其不同于前人之处,他更为注重现实的针对性,如树立包括净土"三经一论"在内的一切经典的权威,同时倡导人们把学佛修净与实际生活结合起来,又设法提高净土修行的思想内涵。

进而言之,杨文会对于净土法门的认识,并不同于一般单纯的净土信仰者,他在理论和实践两方面都有其独到的见地。特别值得一提的是,净土宗在中国佛教各宗中有比较广大的民间基础,它与禅宗一样以平实易行的法门引起民众的信仰,近世以来有超出诸宗而独擅胜场的态势。具体地说,自从永明、云栖诸师倡导禅净合修以来,净土宗得到人们新的认识而再度风靡于世,以致其他宗派为了普及,亦无不融摄净土法门,以满足一般信众的宗教信仰。然其在行法上偏重于宣扬持名念佛,讲述多陈陈相因,无所发挥,积久自不免流于形式。杨文会有感于此,在近代社会条件下倡归净土时,便处处和他的刻藏兴学的弘法利生事业相结合,既拓展和充实净土法门的实践内容,同时也注意提高这一法门的思想品位,为包括净土法门在内的近代佛教转型提供了可资借鉴的思路。海外华裔著名学者陈荣捷博士在《近现代中国的宗教趋势》一书中,认为中国近代佛教复兴运动,使净土宗由形式主义转向虔信修行的关键,是印光大师(1862—1940)在红螺山资福寺的净土道场激发的。① 其实这话只说对了一半,陈先生如果掌握资料更为全面的话,不能不把杨文会在近代对净土的竭力推赞和实行也算在内。以下我们就追踪杨文会净土思想的形成和发展,以论述其净土思想的特点。

(1) 潜心净域十余年:1866—1879

杨文会的刻经事业和思想发展,以其出使欧洲而视野大大开拓为转折点,尤其是与南条文雄在英国结下的"太旷友谊"②,以致南条归国后为其搜得了三百余种珍贵典籍,因而无论在佛典的刊刻上,还是在思想方面,都更加开创了一个新的局面。然就净土思想而言,在未遭遇南条之前,杨文会已经潜心净域十余年,他在这段时间主要接受的是以莲池为代表的净土思想,并潜心研究了魏源辑的《净土四经》。一些证据显示,他可能还涉猎过彭际清的几乎所有著述及其相关思想。

早在宋初,被后世尊为"莲宗七祖"的省常,就依据《华严经》之《净行品》来弘扬净土,结"净行社",创造了华严思想和净土信仰相融合的一种形态,在后世佛教界和社会各阶层产生了深远的影响。然而杨文会的净土信仰和修行,明显受到了云栖袾宏(世称"莲池大师"、"莲宗八祖")的

---

① 陈荣捷(Wing-tsit Chan):*Religious trends in modern China*,第 65—66 页,New York:Octagon Books,1978。
② 《与日本南条文雄书二》附来书,见周继旨校点《杨仁山全集》,第 474 页。

启发。他曾表述过自己"私淑莲池"。1879 年他首次出使英法,从上海乘轮出发时遭逢日本松本(白华)上人,得悉真宗学僧笠原研寿和南条文雄在英国深造。到伦敦后不久,会晤末松谦澄,询知二公居住牛津,精习梵文。于是他写信向其表示钦仰之意,并说"弟潜心净域十余年矣。愿持迦文遗教,阐扬于泰西诸国,苦于言语不通,无从启发"云云。① 他们初次会面后,南条在给杨文会的信中陈述自己读过《莲宗宝鉴》,但不知杨文会是属于庐山派还是自成一家? 杨文会即复信告之:"弟闻法以来,世业多而学力浅,大乘之机启自马鸣,净土之缘因于莲池……用力不专而岁月虚度,如来说谓可怜悯者。庐山之书,未曾多见。"② 南条信中提到的《莲宗宝鉴》是南宋元初庐山普度撰,普度依之创白莲教,杨文会之信净土与此无关。1864—1866 年之间某时,杨文会得到了云栖祩宏所著的《云栖法汇》或《阿弥陀经疏钞》,激发了他的净土信仰。确切地说,云栖祩宏之著述使他纠正了过去对净土"著相庄严"所持有的偏见。这在1866 年他所撰写的《重刊净土四经跋》中说得清楚,其大意是:我初闻佛法,只崇尚宗乘(禅宗等),见到净土经论则不太介意,以为著相庄严(如崇拜佛菩萨妙相、观想极乐世界庄严等)非了义说。及见云栖诸书阐发净土奥旨,始知净土一门普被群机,最适合在末法世界广为流播。依他看,净土教实是苦海之舟航、入道之阶梯。后来在与一位学佛者的通信中,他也提到自己初学佛法时重性理而轻净土,直至阅读《阿弥陀经疏钞》,方始改变了这种偏见而悉知净土之深妙。③

杨文会发心以流通经典来弘法利生后,首刊的佛经是《净土四经》,此乃清末经世之学名家魏源所辑,其意义在他看来非同寻常。杨文会说:"魏公经世之学,人所共知,而不知其本源心地,净业圆成,乃由体以

---

① 参见《与日本笠原研寿、南条文雄书》,这封书信作于 1879 年正月杨文会初到伦敦时,见周继旨校点《杨仁山全集》,第 472 页。
② 《与日本南条文雄书二》附来书,见周继旨校点《杨仁山全集》,第 478 页。
③ 见周继旨校点《杨仁山全集》,第 388、443 页。

起用也。世缘将尽,心切利人,遂取《无量寿经》,参会数译,删繁就简,订为善本。复以《十六观经》(即《观无量寿佛经》),及《阿弥陀经》、《普贤行愿品》,合为一集,名曰《净土四经》。使世之习净业者,无不具足。"①杨文会看出魏源的经世之学原来依托于净土信仰,可谓别具只眼。资料表明,杨文会最初在工程局同事王梅叔家发现魏源辑的《净土四经》之前,就已经接触到云栖诸书,并对《阿弥陀经疏钞》尤为印象深刻,因为这使他改变了过去重宗乘而轻净土的观念,引发了他的净土信仰和实践,以至终身不渝。实际上,这个观念的转变里包含着很丰富的思想内容。在《重刊净土四经跋》中,杨文会述说了自己在佛教信仰重心上的这种转变。一些传记都说他信仰净土后,昼则董理工程,夜则念佛诵经,静坐观想,往往漏尽更深才就寝。不久,于1873年,他首次摒绝世事,家居读书。这期间,他参考《造像量度经》及净土诸经,审定章法,延请画家绘成"极乐世界依正庄严图"、"十一面大悲观音像",并觅得古时名人所绘佛菩萨像,刊布流通,以资信众供奉。次年,他又自己捐资刻成《造像量度经》一卷。早年,他对净土的"著相庄严"是不以为然的,可现在他却亲自如法制造、刊刻佛菩萨像,让现在、未来一切众生都能瞻礼供养诸佛菩萨胜妙相,以发无上菩提心,速成正觉。

这一转变,据杨文会自述,是因为受到了云栖诸书的启发,实是悟得了融会著相净土的华严圆旨。诚如其在《与冯华甫书》中批评古来参禅之徒"扫除经教,轻蔑净土"时所说,"以一切佛法入念佛一门,即《华严经》融摄无碍之旨也"②。而云栖用华严教理来疏释净土,并弘通念佛往生净土,直接地说,受到了彼世华严宗匠遍融(一作"辨融")的影响,《续稽古略》称遍融"证华严三昧,得大解脱法门"。云栖曾在《竹窗随笔》中记述当初参谒遍融时所受的教诲:"不要贪图名利,勿攀缘权贵之门。唯

---
① 见周继旨校点《杨仁山全集》,第388页。
② 同上书,第437页。

一心办道,老实持戒念佛。"这个教诲,他一直铭记在心,至死还留下"老实念佛"的遗诫。而放眼历史长河看,云栖是吸纳了唐宋以来的教宗合一和禅净同归的思想潮流,以去狂禅之流弊:先是澄观、宗密等华严宗人用华严思想来解禅,倡禅教合一之旨;然后永明出来以宗匠身份也赞同禅教合一,同时又倡导禅净同归;以至云栖综合前代思想,将华严思想融入净土理论之中。清代彭际清作《华严念佛三昧论》,同样可在这个思想潮流下来考察。杨文会接受云栖对净土的疏释,由欣慕禅宗性理,而归向念佛净土,似乎也可作同样意义的理解。

杨文会受莲池大师的影响是多方面的,也许具体的修净活动有某些变化,但归于净土的观念则无大改变。袾宏一生倡导以净土念佛法门为归,认为念佛之功最为往生净土之要。但他也十分注重僧人的清规戒律和居士信众的社会道德。对于前者,他撰述了《梵网戒疏发隐》、《沙弥要略》、《具戒便蒙》,并制定了寺院的日常课诵仪规等,一直为后世所遵循;对于后者,他著有《自知录》和《戒杀放生文》等加以引导。憨山德清在《古杭云栖莲池大师塔铭》中称誉袾宏:"戒足以护法,操足以励世,规足以救弊。"[1]再者,袾宏虽以净土为归,但仍然十分重视禅教。他倡导禅净同归,认为参禅不碍念佛,念佛不障修禅;一面反对轻视净土,阐发净土中深隐之义,一面又批判禅宗流弊,对禅徒的空腹高心不以为然。有人曾问他,净土与禅孰优孰劣,他回答:"归元性无二,方便有多门。今之执禅谤净土者,即不曾真参实究;执净土谤禅者,亦不曾真实念佛。若各各做工夫到彻底穷源处,则知两条门路原不差毫厘也。"[2]另外,他也常教人读经教著作,在《竹窗随笔》中有"经教"一则,他批评了一个自负参禅的人和一个自负念佛的人,他说:"予一生崇尚念佛,然勤勤恳恳劝人看教。何以故?念佛之说,何自来乎?非金口所宣,明载简册,今日众生何由而

---

[1] 石峻、楼宇烈等编:《中国佛教思想资料选编》,第285页。
[2]《云栖法汇》之《遗稿三》,第38页,光绪二十五年(1899)冬十月金陵刻经处刊本。

知十万亿刹之外有阿弥陀也?其参禅者,藉口教外别传,不知离教而参,是邪因也;离教而悟,是邪解也。饶汝参而得悟,必须以教印证,不与教合,悉邪也。"①由此,他教导学佛者,"必以三藏十二部为模楷"。他还说,"通宗不通教,开口便乱道"。杨文会在其著述(如《十宗略说》等)中对袾宏的这些思想有所体现,既平等对待各宗,又认为"出世三学,以持戒为本,故首标律宗"。而无论教下三家,还是教外别传,"只要专修一门,皆能证道;但根有利钝,学有深浅,其未出生死者,亟须念佛生西,以防退堕。即已登不退者,正好面觐弥陀,亲承法印,故以净土为归焉。"②

1906年杨文会七十岁时,为开办释氏学堂而准备的《佛教初学课本》作注。其课本参仿世俗训蒙之书而作,依次叙述佛教历史、诸宗源流、基本名相和古德垂范。内中对经典和戒律亦都十分重视,认为"佛敕弟子以戒为师,戒律精严,则佛法能久住也";"三藏教典流传世间,能令正法常住不灭"。他又说到教禅净三者之间的关系,"禅与教,无两样",皆以性相融通为归趣,认为两者"并说三界唯心,万法唯识,以融宗教"。而对于禅与净土,他认为,"佛学之高,莫如禅宗;佛学之广,莫如净土。禅宗拣根器,净土则普摄。"对于今时禅宗轻视净土的现象,他引用禅宗公认的祖师来批驳。他认为马鸣、龙树都"现身说法",早已"双轮齐运"。③ 他说,马鸣大士宗百部大乘经,造《起信论》,教律禅净莫不贯通;龙树菩萨既传佛心宗,又生安乐国,承事阿弥陀佛。禅宗后学可不以此为法乎?再以菩提达磨为例,从上来世世相承,莫不造论释经,宗说兼畅。达磨西来,得其传者为精通内典之慧可。倘慧可未通教义,岂能识达磨之高深哉?及至六祖始示现不识文字之相,以显无上妙道,要在离言亲证,非文字所能及。后人不达此意,辄以不识字比于六祖,何其谬哉?他对达磨"只履西归"的典故解释,别出心裁,认为其所表意义在于,以宗、教二门

---

① 《云栖法汇》之《竹窗随笔》卷一,第37页。
② 见周继旨校点《杨仁山全集》,第156页。
③ 同上书,第114、115、122页。

传于东土者,结果只存下一门(宗乘)。而当时宋云问达磨何处去? 答曰"西天去",其所云西天正指阿弥陀佛极乐世界(暗示着归于净土)。①

此外,杨文会也以自身经历现身说法,他认为"净土一门,括尽一切法门;一切法门,皆趋净土一门。此是纯杂无碍,利根上智所行之道也。"但是,一般学佛之人"往往轻净土而崇性理",就连他本人,在初学佛时也有此见,只是在"阅《弥陀疏钞》后,始知净土深妙,从前偏见消灭无余"。②在《代陈栖莲答黄掇焦书一》中,他又写道:"崇禅宗而轻净土,大凡学佛者往往有此见解。仁山长者发心之初,亦复如是。直至用心既久,阅历较深,始知旧日之非,翻然改悔。盖净土法门,非大乘根器,不能领会。故《华严经》末,普贤以十大愿王导归极乐,为五十三参之极至也。至于《观经》,在净土经典中,尤为超妙,从凡夫地,修至第九观,即蒙佛授记,已入初住位矣。若禅宗在唐时出现诸大宗师,皆是菩萨应身,非浅机所能企及。近代自命大彻大悟为人天师者,命终之后,难免隔阴之迷,随业流转。较之往生净土,直登不退者,相去奚啻霄壤哉!"③

在杨文会看来,人们所以轻视净土,主要是由于对净土深妙理论了解不够,对佛教圆融之旨理解不透所造成的。如他在《西方极乐世界依正庄严圆图跋》中说:"若夫利根之士,高谈性理,轻视莲邦,是皆未达空有圆融之旨,弃大海而认涓滴者也。"④此中,杨文会认为,佛法如大海,深妙浩瀚,就在于其"空有圆融之旨",舍此而他求,则无异于"弃大海而认涓滴";而要正确体认净土深义,就必须对净土经论熟读深思,尤其要以"三经一论"为准绳。他认为,"从上诸师,开宗判教,必将所依之经,全体透彻,方能破立自由,纵横无碍。"⑤因此,他十分重视对净土经论的搜集、

---

① 见周继旨校点《杨仁山全集》,第118、119页。
② 这两段文字分别参见《与李澹缘书一》和《与刘次饶书》,见周继旨校点《杨仁山全集》,第452、443页。
③ 《等不等观杂录》卷六,见周继旨校点《杨仁山全集》,第470页。
④ 《等不等观杂录》卷三,见周继旨校点《杨仁山全集》,第390页。
⑤ 《评小栗栖阳驳阴资辩》,见周继旨校点《杨仁山全集》,第537页。

整理和研究。自从在英国遇到南条文雄后,他的刻经事业忽然别开生面,天地变得宽广起来。他在重刻了魏源辑的《净土四经》之后,又先后汇刻《净土经论十四种》和《古逸净土十书》,可谓将净土经论之菁华搜罗殆尽,而这都是与南条文雄的帮助分不开的。

(2) 汇刻净土经论和古逸净土书

对于净土所依经典,杨文会主张,"净土门以三经一论为依,切须体究经论意旨,方名如来真子也。"①所谓三经一论,是指《无量寿经》、《观无量寿佛经》、《阿弥陀经》和《往生论》。杨文会在《佛教初学课本注》中,述说了庐山慧远之后倡导专修净土的昙鸾等三师,接着对净土三部经的内容和特点作了简要注解。他认为三经专阐净土法门,但是各有特点:"大经该,小经切;观经语,最惊人。"②其注解曰:《无量寿经》二卷,人称为大本,说弥陀因地修行,果满成佛,国土庄严,摄受十方念佛众生往生彼国等事,该括无遗。所摄之机,通于圣凡,凡位具摄三辈,唯独除去五逆之中诽谤正法者,其余均为所摄,可谓广矣。《阿弥陀经》一千八百余言,人称为小本,略说西方净土依正庄严等事。令人执持名号,一心不乱,即得往生,最为切要。此经所摄,拣除小善根福德因缘,只摄一类纯笃之机。《观无量寿佛经》摄机最广,其惊世骇俗之处,在于许可十恶五逆之人,在临终苦逼之际,十声称念佛名,即得往生。《观无量寿佛经》,又称为"十六观经",因其中宣讲西方极乐世界的日、水、地、树,以及三辈往生等十六种观想,故而名之。《往生论》是世亲菩萨所撰《无量寿经优婆提舍愿生偈》,又称《无量寿经论》或《净土经论》。对于《十六观经》和《往生论》,杨文会分别作有略论和略释。在《观无量寿佛经略论》中,他指出"净土宗旨,三经为本。大经推崇本愿,此(观)经专重观想,小经专主持名。"③在《无量寿经优婆提舍愿生偈略释》中,他说:"此偈深妙难解,须读诵通

---

① 《阐教编》之《评真宗教旨》,见周继旨校点《杨仁山全集》,第 523 页。
② 见周继旨校点《杨仁山全集》,第 131 页。
③ 同上书,第 163 页。

利,然后取昙鸾法师《往生论注》阅之,自能了达。古之修净业者,依三经一论(原文作'经'),《阿弥陀》等(原文无此'等'字)经及此论也。"①

　　杨文会对净土经论的刊刻,从重刊魏源辑《净土四经》起,至汇刻《净土经论十四种》和《古逸净土十书》,可谓将净土宗重要经论搜罗无遗。其在《汇刻古逸净土十书缘起》②中叙述,净土家言流传于世者,以天台智者的《观经疏》和《净土十疑论》为最古,嗣后作者寥寥,都以为是学道之士群趋于禅,而净业中衰了。他对这种看法并不相信。果不其然,近代四海交通后,因与日本净土宗杰士南条文雄的交游,而得到了日本传来的中华古德逸书,多达300余种。他从其中专谈净土之书中,自元魏以迄南宋,择其尤雅者得十种,汇而刊之。兹将此十逸书列之于后:

《无量寿经义疏》,隋沙门慧远撰

《观无量寿佛经疏》,唐沙门善导撰

《阿弥陀经义疏》,宋沙门元照疏

《称赞净土佛摄受经疏》,唐沙门靖迈撰

《往生论注》,元魏沙门昙鸾撰

《安乐集》,唐沙门道绰撰

《西方要决》,唐沙门窥基撰

《游心安乐道》,唐新罗沙门元晓撰

《净土论》,唐沙门迦才撰

《释净土群疑论》,唐沙门怀感撰

　　经杨文会精选而刊出的《古逸净土十书》中,几乎包含了晋慧远之后各种主要流派的净土理论,那是他越过宋明净土思潮而溯至隋唐寻根的结果,也是他净土思想深入堂奥并一贯融会诸家的一种标志。由此可

---

① 见周继旨校点《杨仁山全集》,第185页。如果说古人依净土三经中的一经《阿弥陀经》和《往生论》,似乎也可,但时间上必须有所限定,如说莲池专弘《弥陀》之后。但依照杨文会一贯的思想,都是认为学净土,必得依三经一论,故而校改。
② 《等不等观杂录》卷三,见周继旨校点《杨仁山全集》,第369页。

见,杨文会整理典籍用力之勤,其刻本深具学术价值而为学界所重,除校勘精审外此为主因。从最初重刊《净土四经》,到后来在南条等日本友人的协助下搜集和汇刻《古逸净土十书》,以及《净土经论十四种》,这显然反映了杨文会对净土宗的重视,及其思想重心所在。这些典籍经杨文会去芜存菁,不唯对近代学佛者研习净土法门带来很大的便利,其本人也通过此种经论整理而全面深刻地把握了净土理论,并提出了许多前人未发明的见解。尤其在与日本净土真宗的法义辩论中,他立足经典,遵循经义,依据圣言格量,合者遵之,否者置之①;以一人之力抵彼三数人的联合攻难,充分显示了他宏护正法的热诚和圆通无碍的智慧。诚如他在《评小栗栖阳驳阴资辩》中所说:"从上诸师开宗判教,必将所依之经,全体透彻,方能破立自由,纵横无碍。"②与此类似,如果没有熟读经论而把握佛法深妙之义作为功底,要在辩论中立于不败之地,那是难以想象的。更难能可贵的是,这种通过疑义相析的辩论而在佛法教理方面与日本学者的密切交流,诚如杨文会所言,只会"愈辩而愈明,彼此均有利"。此正所谓"以文会友,以友辅仁"。这个传统是值得后世继承发扬的。

(3) 与日本净土真宗辩论法义:1898—1900

杨文会与日本净土真宗僧人的辩论,主要集中在 1898—1900 年这三年之间,从 1898 年末他写《阐教刍言》开始,到 1900 年作《与日本龙舟书》,于信中说:"弟一介俗流,未全道力,惟有丹心一点,可对十方诸佛。际此大法衰微,发心护教,虽粉骨碎身,在所不惜,故于前岁(1898)有《阐教刍言》及《选择集》、《真宗教旨》之辩,逮顶师(即小栗栖香顶)二书既到,又不能已于言。既而思之,讲论佛法者,期有益于人也,闻者既不见

---

① 杨文会在《与日本后藤葆真书》中说:弟总以圣言格量,合者遵之,否者置之,虽晋宋以来诸大名家,间有出入,亦必指摘。如弥勒、马鸣、龙树、天亲等诸大菩萨,造论弘经,何等严谨,处处以佛语为宗,故能作万古法式也。鄙人懔遵其意,与人谈论,未敢稍呈己见,偶失片言,立即救正。见人肆口妄谈,坏佛正法,如三百锋刺心、千刀万杖打拍其身,等无有异。参见周继旨校点《杨仁山全集》,第 512 页。
② 见周继旨校点《杨仁山全集》,第 537 页。

信,则所言便为无益。若再置辩不休,岂非同于流俗争论是非乎?……弟以释迦遗教为归,不敢丝毫逾越;贵宗另出手眼,虽欲强之,其可得乎?"①此番议论叙述了辩论的始末、他主动结束辩论的原委,可视作杨文会与日本真宗辩论的终结。辩论的材料后来主要编集在《阐教编》一卷之中。依据这些保存得相当完好的材料,我们大体上可以明了辩论的起因,把握双方辩论的立场、观点,并从中察知我们所关心的杨文会净土思想经由此番辩论后的深化发展。②

当时日本净土真宗先后在上海、杭州、苏州、南京等地设立本愿寺,宣扬纯他力净土法门。杨氏认为,真宗教义把圣道门与净土门对立起来,把净土门中自力与他力对立起来,是有违经教的。他指出,"极乐净土,由弥陀愿力所成。弥陀既发大愿,勤修圣道,方得圆满。"所以,"生西方净土之人,亦由圣道而证妙果","净土亦是圣道无量门中之一门"。日本真宗立净土门而废圣道门,在净土门中又舍菩提心及诸行,认为发菩提心等诸行是"杂行杂修"。杨文会认为,这在实践上会导致修行的人不得往生,不修行者反而往生。真宗之纯依本愿他力、单唱念佛往生,都是因为其在判教时废除了圣道门,舍弃了菩提心。而杨文会恰恰从此出发批评《真宗教旨》和《选择集》,以之作为突破口,而提出了不同于日本净土宗和真宗的独到见解,这就是以菩提心为净土往生正因、勤修菩萨道的思想。日本的净土宗,尤其真宗推崇十八愿,而杨文会认为十八愿中的"乃至十念",从古德疏为"下至十声"来看,实是"至浅之行",而真宗却

---

① 见周继旨校点《杨仁山全集》,第515页。
② 详见张华《杨文会与中国近代佛教思想转型》,第198—232页,北京,宗教文化出版社,2004。《阐教编》包括以下内容,即《阐教刍言》、《评〈真宗教旨〉》、《评〈选择本愿念佛集〉》、《评小栗栖〈阳驳阴资辨〉》、《评小栗栖〈念佛圆通〉》,以及《杂评》等。其中《评〈真宗教旨〉》、《评〈选择本愿念佛集〉》等都是根据书信和手稿辑出,其评论文字,连同对方辩答之文,一并收录。此外在其他书信和评论中也有一些材料,如《等不等观杂录》卷八中所收的《与日本后藤葆真书》和《与日本龙舟书》,再如同书卷四中所收的《评日本僧一柳读观经眼》和《评日本僧一柳纯他力论》。再者,从《与日本南条文雄书》中,我们也可得到一些相关材料。

以此行驾九品之上。①

总而言之,在圣道和净土关系这一系列问题上的根本分歧,实是真宗未能采纳杨文会意见的主要原因。但杨文会为何强调修净土须发菩提心而圣道不可废,这的确是值得我们认真思考的。日本净土真宗在适应近现代社会转型,如开设学堂、振兴佛教、密切关心社会、世出世法并用等等方面,无疑是有许多可借鉴之处的。但对其过分世俗化的倾向,杨文会不以为然。如小栗栖在辩论中,似乎带着有些自矜的标榜口气说道:"方今圣道之一门,不合时机。独我真宗,何肉周妻,为国家奔走。不啻说出离之法,并亦说忠君爱国之事,毫不剩坐深山。"②在杨文会看来,其公开声明"娶妻食肉"、"为国家奔走",便是扫了出世行,而未扫的恰恰是世间行。杨文会认为,于佛教门中专重净土,于净土中专重他力信心,可谓简而又简,捷而又捷矣。但此法在家二众行之相宜,出家五众,自有清规。若一概效之,则住世僧宝断矣。末法万年仪表,不可废也!③再者,僧俗二众,佛有遗规。僧则守出家律仪,不干世务;俗则依在家道理,致君泽民,二者不相滥也。④

通过这番辩论,杨文会不仅彻见了日本净土宗和真宗的底蕴,而且对中国传统净土宗之理论得失也有了新的认识。在《杂评》中他自述,"非但黑谷(指源空)之书,评其瑕疵,即道绰、善导之书,亦有检点处。"如道绰《安乐集》下卷"纵令一生造恶"之语,经文中无此六字,中土大德见之,皆以为不足训。又如,善导《观经疏》,以"三福、九品"判作"散善",宋元照已辨其错。至于南岳慧思在《大乘止观》中引《起信论》中"能生一切世出世间善因果故",于"善"字下加一"恶"字,莲池亦屡指其错。杨文会曰:"大凡违经之语,有识不能默然,从古如是也。"⑤杨曾文先生曾指出,

---

① 《评〈选择本愿念佛集〉》,见周继旨校点《杨仁山全集》,第531页。
② 《评小栗栖〈阳驳阴资辨〉》,见周继旨校点《杨仁山全集》,第536页。
③ 《阐教刍言》,见周继旨校点《杨仁山全集》,第524页。
④ 《评小栗栖〈阳驳阴资辨〉》,见周继旨校点《杨仁山全集》,第535页。
⑤ 《杂评》,见周继旨校点《杨仁山全集》,第558页。

从杨文会对日本净土真宗教义的批评看来,他似乎还没有触及真宗的往生成佛超越于善恶和"恶人正机"说①。此诚不诬。可由此观之,他对道绰在愿文内加"纵令一生造恶"六字已经不以为然,认为其"开后人放肆之门,不可不辩"②,况乎公开正面地提倡"恶人正机"之说呢?

更深一层说,杨文会指出十八愿中所说的"十念往生",在《大经》、《观经》中都是属于下品,只有发菩提心,修诸功德,方生中上品。今真宗废菩提心及诸行,是专摄下辈而不摄中上矣。③ 从此类言论判断,杨文会之所以提倡发菩提心、修六度行,乃试图从根本上扭转从中国到日本净土法门简而又简、偏于接引下机的趋向,不仅使净土宗变成真正三根普摄的法门,而且也注意提高净土宗的思想品位,设法充实其思想内涵和实践品质,努力将净土宗变成真正既有菩提心又有大悲心的"悲智双修"的大乘法门。尽管发菩提心并不属于杨文会首倡,经文中也处处可见劝发菩提心④,但他从日本真宗的单极化发展中,领悟到了菩提心对于佛教、对于净土的深刻意义,对此有了不同于传统净土诸师的深切独到之认识。这对于努力从净土自身的教义的调整来改变人们长期以来轻视净土的观念,也是有重大意义的。而对于扭转近世以来宗教过度世俗化倾向,发扬佛教真精神济世利人,也提供了十分清晰的思路。

杨文会在《杂评》中最后总结这场辩论,自称于佛法最为慎重,与人接纳,一般不轻易谈论;与南条、北方等人往返二十年,都未尝讲论佛法。兹因机缘触发,与真宗展开辩论,结果是"愈辩而愈明,彼此均有利益"⑤。

---

① 参见杨曾文《杨文会的日本真宗观》,第86页,见《金陵刻经处130周年学术研讨会论文集》,1996。
② 见周继旨校点《杨仁山全集》,第549页。
③ 原文是,"佛灭度后二千九百余年,现为末法之初,实证者虽觉罕见,而信解观行者不乏其人。若除称佛名号外一概遮尽,是行末法万年后之道也。岂非将释迦遗教,促短七千余年哉?"见周继旨校点《杨仁山全集》,第513页。
④ 如道绰在《安乐集》卷上,第二大门中,专门阐明发菩提心。其引《大经》云:"凡欲往生净土,要须发菩提心为源。"近世彭际清居士也很重视发菩提心,专从诸大乘经中辑出《发菩提心章》。
⑤ 见周继旨校点《杨仁山全集》,第559页。

此外，他也得到一些宝贵的思维经验，诸如："圆融不妨差别，差别不妨圆融是也。小栗栖只许差别，不许圆融，所以差别与圆融相妨矣。"①此诚为造极之谈，对于他在下一阶段，归宿净土法门，融摄各宗思想，无疑有重大意义。梁启超曾为杨氏《阐教篇》写一书跋曰："……佛教，本纯倡自力，净土一门，像季后起，接引凡机，龙树所以有易行品之作也。我国净宗，已嫌他力气味太重，滋生流弊。日本真宗之拨无圣道，失之益远矣。居士兹作，可谓洞中症结。今国中托净门者日多，而自力日替，此编宁久闷耶？十年五月十五日。"②

(4) 西方净土是极大学堂

杨文会的净土思想，上述评论日本净土真宗教旨的《阐教编》无疑是最为系统的重要文献。此外，除了散见于《等不等观杂录》的许多书信、序跋中的，尚有专著《观无量寿佛经略论》、《无量寿经优婆提舍愿生偈略释》、《坛经略释》(专释"身中净土"一节)，以及《十宗略说》中的《净土宗略说》也值得关注。在写作的时间上看，《净土宗略说》略微早于《阐教编》，而《观无量寿佛经略论》、《无量寿经优婆提舍愿生偈略释》可能是与《阐教编》同时或稍后的。③ 但是最能反映杨文会晚年净土思想有新颖独到之见的著作，应当是在《佛教初学课本注》中的净土思想。

引人瞩目的是，其提出"西方净土是极大学堂"的说法。在《佛教初学课本注》中，杨文会对净土宗推崇备至，认为佛教诸宗中，求其至简至

---

① 见周继旨校点《杨仁山全集》，第559页。另杨文会还有多处说小栗栖和真宗者，如"经言众生处处著，引之令得出。贵君之病，只大处处执著也。""真宗不能合于经意，即此固执之病也。以凡夫情量来判如来圣教，远之远矣。""将佛法妙用，作凡夫见解，十万亿佛刹，何时得到？""不达佛法开合之妙，所以触途成滞也。"(第555页)
② 此中"十年五月十五日"，指此文写作时间在民国十年(1921)。参见梁启超《杨仁山阐教篇》，《饮冰室文集》之四十四下，书跋，第10页。《饮冰室合集》第5册，中华书局版。
③ 从杨文会与老友周玉山的通信中，我们得知他在60岁(1896年)时寄呈自作《阴符经发隐》和《十宗略说》给周公，以此断定《十宗略说》或是1896年作，最迟不会晚于1896年，这是在1898年底写《阐教刍言》之前。而《观无量寿佛经略论》、《无量寿经优婆提舍愿生偈略释》的写作时间，从其与真宗僧人的辩论中间有提及，可以断定大致成于辩论的过程中或之后不久。

要者,无过于此宗;又认为净土法门深妙,最切合当今时机,佛法虽无一不妙,而净土法门尤众妙中之最妙。或曰:佛法普遍平等,君为何独称赞净土?他回答说:今时有识之士莫不以学堂为重,我就以学堂来作譬喻,西方净土实是极大学堂。弥陀接引十方众生往此土就学,供给饮食衣服,不需学费,不定人数,不限年时。其地界广阔,清净无边,其建立长远无极。入其校者,无论何等根器,至证入"无生忍"(不退转位)时,为初次毕业。然后,或在此土继续修行,或往他方教化众生,均随其愿。自此以后,历十住、十行、十回向,三贤位满时,将入初地时,为第二次毕业。再从初地认真修行,直至等觉后心,证入妙觉果海,为第三次毕业。以上"三次毕业"的说法,是从修行次第门来说;若论圆顿门,则一修一切修,一证一切证。圆顿与次第二门,互融互摄。极而言之,在净土法门中,十方三世种种教法,无一不备,因此一切诸佛莫不赞叹。① 此种譬喻形象生动,读来可知杨文会对普被群机而又阶次可循的净土法门之推崇,特别是他联系当时颇具新意的"大学堂"的概念来说明净土法门的普摄深妙。而从理论上看,他其实禀承了早年以莲池为本师,以净土来融摄一切法门、普摄群机的宗旨。其中最主要的是融入了起信、华严的义理和修行思想。

在《净土宗略说》中,杨文会认为,以念佛明心地,是净土宗与其他宗派的共同点;而以念佛生净土,是净土宗区别于他宗的独特之点。其根源最早可追溯到《华严经》末,普贤以"十大愿王"导归极乐。由此他认为,净土宗当以普贤为初祖。其后马鸣、龙树,亦都指归净土,不一而足。② 东土则以庐山慧远为初祖,然后昙鸾、道绰、善导三师,次第相承。至宋之永明,明之莲池,其乃近世弘扬净土尤著者。在此值得注意的是,

---

① 见周继旨校点《杨仁山全集》,第132页。
② 从印度以来,弥陀净土特别盛行,龙树之《十住毗婆沙论》、坚慧之《究竟一乘宝性论》和世亲之《无量寿经优婆提舍愿生偈》等,皆表明发愿往生西方净土之志向。迄至流传中国,导俗归向者不可胜数。参见望月信亨著,释印海译《中国净土宗教理史》,第1页,台北,华宇出版社,1987。

杨文会并没有像历史上的谱系作者那样,确立本门宗派世代相承的祖师系谱,认定或推尊某某是第几祖,但在某种程度上,可以认为他在为净土宗发展勾勒思想谱系。不难察知,他是把从印度到中国的净土思想发展的诸多流派融会贯通在一起的。以开创本宗的"净土三师"昙鸾、道绰、善导为中心,上承慧远,远追马鸣、龙树,乃至普贤菩萨,而下则启永明、莲池。因慧远于庐山结莲社念佛对后世影响深远,故净土宗又可称为"莲宗";又因慧远念佛本于最先传来中土的《般舟三昧经》(汉支娄迦谶译),故可将"般舟行者"亦摄于此宗。① 由此,杨文会大致形成了一个从古到今、历历分明、有案可稽的净土宗史观。

以华严思想来疏释净土,在《观经略论》和《坛经略释》中表现得最为明显。如在《观经略论》中疏论第十二观"普观想"时,杨文会就以华严思想来融会净土观法。他说:"此位行人,入观时即娑婆现极乐,出观时即极乐现娑婆。娑婆、极乐相即相入,无碍无杂,以华严十玄门准之,岂非事事无碍法界耶!"②他认为,达到此行者,已超上品上生,而所以如此,是由于这种观想所达到的境界是"事事无碍法界"。又如,他在疏论第十三观"杂想观"时,特别提出华严与极乐在教理上的一致性。他说:"菩萨行门,不出二种:一者上求佛道,二者下化众生。……前之观法,全以自心投入弥陀愿海;后之观法,全摄弥陀愿海归入自心。如是重重涉入,周遍含容,谁谓华严、极乐有二致耶?"这里所谓全以自心投入弥陀愿海,即是指修行前十二观,全身心去体验弥陀发愿之心境,是为"上求佛道"的极功。而以下九品往生观,全摄弥陀愿海归入自心,是将弥陀大愿内化为自心中的愿望,也即观中摄化众生之行。杨文会由此认为,第十三观实际上是十六观法中的"过脉",因第十二观修成后,虽可超上品上生,但仍

---

① 《十宗略说》,见周继旨校点《杨仁山全集》,第155页。经近代中日学者研究,汉灵帝光和二年(179),支娄迦谶译出《般舟三昧经》,为净土教传来之嚆矢。而最早倡导往生西方净土的著名人物慧远大师,其念佛所本即是《般舟三昧经》。参见望月信亨著,释印海译《中国净土宗教理史》之总叙,第1—2页。
② 《佛说观无量寿佛经略论》,见周继旨校点《杨仁山全集》,第173页。

然须修以下诸观,这样才符合菩萨"上求下化"的行法。杨文会以华严融摄无碍之教理成功地解释了净土观法之奥妙,所以他觉得华严与净土的宗趣无有二致。又说:"观行者,从无始时来,具有种种善恶之业,无量差别,今于一念观中,九品往生而度脱之,所谓法界众生即自性众生,无二无别,非一非异。如此妙法,非入不思议解脱境界,其孰能与于斯!"①这是说,修第十四至第十六之九品往生观想,于一念中即摄九界种性入于一佛法界,于此可见,净土观想法门深妙之处,与华严圆融无碍之旨,同入不思议解脱境界,并无二致。这完全是杨文会以华严教理对《观经》理论的一种发展。

此外,杨文会在《坛经略释》中也运用华严理事思想来疏释"身中净土"。《坛经》中借六祖之口说的一段关于修念佛净土的话,大凡信仰净土者都绕不过去,而不得不曲尽其解,杨文会也作了这种努力,他所运用的理论武器就是华严思想。如以华严教"事能显理门"疏释"迷人念佛求生于彼",以"理能夺事门"疏释"悟人自净其心"。六祖说:"东方人造罪,念佛求生西方,西方人造罪,念佛求生何国?"杨文会疏释曰:"一往以理夺事,正与以事显理相反。净土人不造罪,故栖神微妙。入华严之玄,圆超东土西方,何肯造罪?"②在杨文会看来,六祖是一贯地从"以理夺事"来立说,正好与净土教从"以事显理"的角度相反,如果从华严事理圆融看,就超越东土与西方的差别;如果以念佛心得了不退转之"正定聚",那么六祖再厉害也肯定骂不着了。

(5) 劝人修净土法门

从1900年与日本真宗法义辩论结束之后,杨文会开始有意识地物色和培养振兴佛教的人才,同时劝一些青年才俊实修净土。尽管他曾表示对佛法一向取慎重态度,与人接纳,不轻易谈论,虽有新学问道,亦不

---

① 《佛说观无量寿佛经略论》,见周继旨校点《杨仁山全集》,第174页。
② 《坛经略释》,见周继旨校点《杨仁山全集》,第186页。

收作门徒①,可是不少学佛者都深以忝列其门墙为幸。其中最可注意者,是大约1899年末至1900年初,开始从杨文会学佛的江西桂伯华,以及由其引荐的李澹缘、黎端甫和梅撷芸诸君。此四人中,除李澹缘外,其余三人后来都亲至金陵刻经处师从杨文会,并在佛学上取得一定成就。披阅杨文会与此数人的通信材料,再参以其他相关资料,基本上可以发现,他所开示的念佛法门,决不凌虚踏空,而相当的切实可行。原因就是他在深刻体察日本净土真宗之弊,又在反思中国禅宗之失的基础上,融摄了禅宗顿悟见性的修证工夫,而使其落到了实处。具体言之,他将"发菩提心"和"当念一句",恰到好处地和学人的实际事行,以及真实受用结合在一起。一方面,既以四弘誓愿为本,以发菩提心为因,来贯穿诸行,则一切世间应作的事,无非菩萨行门,以致"俗务"可不废,而念佛时时可行;另一方面又念念归向于净土,而着重于当念,以当念一句为主,主张"日日念佛,日日往生",而不必期待收效于数十年之后。

1899年岁末,李澹缘(名息)初次给杨文会写信说:"屡闻桂伯华言及先生理解圆融,导引恳切,为当代昌明佛法第一导师,不胜倾慕,每以不得随侍左右为恨。……息自闻先生诲人之旨,又得桂伯华鞭策,遂发一念归西之心,迩日更觉净土一门,为世尊方便度世之苦心,众生归宗离浊之捷径。其他诸宗教虽善,然当此时世,有不暇为者矣。想先生诲人心切,净课之暇,可否诲息数言,使归西之心,益加警策,得以归于净土。将来转娑婆为净土之际,得以预于其间,稍助微力,曷胜幸甚!"②杨文会接读此信,第一个感觉是,当今娑婆浊世中,难得有这样一位青年发心向道,专修净土,正如他在复函中开头所说的一句话:"发心向道,已属甚难,专修净土,更属难中之难。"为什么这样说呢?净土一门,《阿弥陀经》叹为难信之法,龙树《毗婆沙论》说为易行之道,知此二言,即可晓其大

---

① 《阐教编》之《杂评》,见周继旨校点《杨仁山全集》,第559页。
② 见周继旨校点《杨仁山全集》,第452—453页。

半。更何况近人学佛,挂碍多多。所以桂伯华在与杨文会的通信中,既赞叹"澹缘勇猛,同辈中实罕其匹",但又述其甚至连亲身去金陵参学,与夫子"畅谈一切"的方便都不可得。因其父"邪见甚深,多所妨碍",以致往返的书函都要由伯华来转达。伯华自己也有不少难处,因而他说:"识飏神飞,非出家离俗,断难一心。而家贫亲老,又不得不勉强从俗,以博取升斗。然既已从俗,则目所见,耳所闻,身所接,罔非退道之缘,进退两难,无计可设。……"①桂伯华的问题带有一定的普遍性,黎端甫在来信中也说:"养正久发出世心,奈何俗缘牵绊,有名无实……加以宿业深重,心易走作。诚恐颓隳日下,光景易移,不早办前程,自误误人……吾师向来念佛得力,果从何处下手,幸请详示。"②

今人学佛既有如许难处,那么,诚心学佛者当从何处下手?杨文会开示李澹缘:"念佛法门,普摄三根,中人以上,宜以三经一论为津梁:《无量寿经》、《十六观经》、《阿弥陀经》、《往生论》。更以《大乘起信论》为入道之门,通达此论,则《楞严》、《楞伽》、《华严》、《法华》等经,自易明了。"这是示以从读诵大乘经论入手,尤以《大乘起信论》为入道之门,而以净土之三经一论为津梁。在杨文会看来,"弥陀因地修行,不外此道,往生西方之人,在彼土修行,亦不外此道。是为师资道合,生品必高也。"也许有人怀疑这样的修法为"杂修",不如专修之纯、之切。杨文会认为,这是由于不了解净土一门,以回向指归于究竟成佛为宗,正可以括尽一切法门,把一切法门汇归于净土一门而纯杂无碍,此乃利根上智所行之道。若不如是,恐日久生疲,不见升进,必至退转。这是修净业者不可不知的。③ 这种看法,杨文会另在《学佛浅说》中加以具体解释,认为中下之根当然也可以单持弥陀名号,一心专念,亦得往生净土。尽管见佛证道有迟速不同,但其超脱生死、永免轮回是一样的。然而一般凡夫习气最重,

---

① 见周继旨校点《杨仁山全集》,第 450 页。
② 同上书,第 460 页。
③ 同上书,第 453 页。

若令其专念佛名号,日久会疲懈,心逐境转,往往走入歧路而不自觉。故必以深经妙论,消去妄情,策励志气,勇锐直前,方免中途退堕。① 以此观之,杨文会提出以菩提心为因来融摄六度万行的修法,实是一项极认真踏实的提示,也正是修行净土法门者所应该努力的方向。唯其如此,故欧阳渐在杨文会的传记中才说:"与日人论十念往生,而必发菩提心,然后净土之宗践实。"②学佛要发菩提心、修六度行,原是老生常谈,一般于此都习焉不察,其实这是最值得学佛者深刻体认的根本道理。印顺法师曾讲太虚大师的晚年定论是"菩萨学处",也即学菩萨发心修行,最根本的就是发菩提心、修六度行。这是太虚倡导人生佛教的重心和立足点,而与杨老居士在这里的谆谆提示可谓同一归趣。

净土法门,除读诵大乘之外,尚有严持戒律。李澹缘在给杨文会的第二封书信中引用《袁氏纪梦》中所云"乘急生最高,戒急生最隐,少戒者生边地,甚至堕天龙八部",故而认为"是戒亦净业最要之事",得到杨文会的首肯。不过,杨文会认为,戒律一门,受持不易,一受便不能犯。与其受而不能持,不如学而能遵。而对于在家人来说,虽未受戒,亦可学戒。戒律多种,当以《梵网经》内"十重、四十八轻"为主,有贤首之《梵网戒经疏》可为准绳。其他如《菩萨戒本经》,亦最宜读诵,不但学道人宜遵,即世俗人学之,亦可渐入圣贤之域。至于受戒一层,必从师受。若千里内无师,允许在佛前自受。但须要见相好,否则不得戒。③ 对于戒律与净土之关系,杨文会后来在《佛教初学课本注》中,从更一般的意义上作了解释,而予以高度重视。如他说:"佛敕弟子以戒为师,戒律精严,则佛法能久住";又说,佛教三学中,"未有不持戒而能骤得定慧者"。④ 他还特别举出继唐道宣之后兼弘律学与净土的宋元照作为楷模,注文曰:元照

---

① 见周继旨校点《杨仁山全集》,第326页。
② 见周继旨校点《杨仁山全集》之附录,第586页。
③ 《与李澹缘书二》,见周继旨校点《杨仁山全集》,第454—455页。
④ 见周继旨校点《杨仁山全集》,第114、119页。

"专学毗尼,博究南山一宗;住西湖昭庆寺,结莲社。尝云:'生宏律范,死归安养。平生所得,唯二法门。'先后主灵芝寺三十年,时人称为灵芝大师。宣公所著律门典籍,元照剖析精微,辅翼流传。今从海东得来,律学其再兴乎!"①由此可见,杨文会把律学的再兴,寄托在修净业者的身上。

对于桂伯华的问题,杨文会提供的意见是:"足下嫌俗事为累,难得一心;鄙见当以四弘愿为本,时时研究佛法深义,彻见六尘境界当体空寂。一切烦杂世务,无非菩萨行门。念念回向净土,信口称佛一句,孤孤另另,无依无傍,即是往生之捷径也。若必待屏除万缘,方能修行,则佛法不普,恐千万人中难得一二矣!"②李澹缘看了杨文会给伯华的回函,对此深有同感,然他以为,"万缘皆是前孽,前孽尽,而后万缘可除"。杨文会知悉后,又开示之说:"来函所云,前孽尽而后万缘可除,不知孽缘本空,但随妄念而起。若能观心无念,则罪福皆不可得,倘心存孽缘除尽之见,虽经无量劫,亦无除尽之日也。所发四誓,皆作助道因缘,但不可执,执之则妨道。"③以此可见,杨文会一贯主张不抛开"俗事"、"世务"来修净土④,而应当"以四弘愿为本,时时研究佛法深义",实即以发菩提心为因来贯穿诸行,然又主张从当下一念中去体认,念念回向净土,而以究竟成佛为归。杨文会在《与吕勉夫书》中亦说:"念佛法门时时可行,得力甚速,入门方法,以研究内典为本。……惟有念佛一门,无论作何事业,皆可兼修。且收效最速,一生净土,即登不退也。"⑤这仍然是说,修净业之人,可一面工作,一面修持而不相碍;在念佛往生的同时,以弘法度生为助缘。这其实是杨文会从自己亲身的经历中得出的一个真实结论。

除了俗缘世务之牵缠,家庭生计之艰难,使净业修行易退难进外,修行

---

① 《佛教初学课本注》,见周继旨校点《杨仁山全集》,第124页。
② 见周继旨校点《杨仁山全集》,第451页。
③ 同上书,第458—459页。
④ 虽然如此,他又主张,行菩萨道者,与世俗心路,迥然不同。参见《与陈栖莲书一》,周继旨校点《杨仁山全集》,第469页。
⑤ 见周继旨校点《杨仁山全集》,第464页。

者多数还以为修净见效是将来之事。如李澹缘"将来转娑婆为净土"之说，黎端甫"光景易移，不早办前程……"之语，都没有把念佛修行当作当下真实受用之事，而是为了将来作打算，甚或期望死后的往生净土。杨文会在《与李澹缘书》中明确认为，这是"见道未深，故作此想。当知娑婆是众生妄业所感，犹如空华，本无实体。净法界中，极乐、娑婆皆不可得。而弥陀以大愿力，显现极乐国土，如镜花水月，摄受众生，入不退地。若以质碍心求之，去道远矣。娑婆世界，释迦佛大悲心所化之境，一切菩萨，修种种难行苦行，均于此土修之。菩萨入空三昧，则世界了不可得；入如幻三昧，则世界宛然。是谓空有无碍，一念全收，不待将来转移也。"①杨文会对极乐与娑婆的解释，诚是深中肯綮之谈，不能不令李澹缘信然，而承认自己是"尚未达平等一法界之理，而厌苦求乐之心过胜"。② 而在《与黎端甫书》中，杨文会依据昙鸾法师关于"无后心、无间心"之说，指出端甫信内"光景易移，不早办前程"等语，"是有后心也"。他提出，"人命在呼吸间，何能存此后心？无论千念万念，只用当念一句以为往生正因。前句已过，后句正出，亦在当念。如是，则心不缘过去，不缘未来，专注当念一句，是谓'事一心'，无论何时，可以往生。久久纯熟，当念亦脱，便入'理一心'，生品必高。其无间心，即是'无后心'之纯一境界也。"③其后，他复函李澹缘，告之"念佛法门，欲得心心相续，先事一心而后入理一心，非屏除万缘不可。然在俗者，此境难得。"但是，"用当念一句为主，截断前后际，是烦杂中念佛之捷径。"由此"当念一句"，即可"自知事一心、理一心之妙境"。④ 杨文会重视念佛的真实受用，主张在当下一念上体认，这无疑也是一个切实可行的提示。

1906年，杨文会在《与李质卿书》和《与廖迪心书》等友人的通信中，

---

① 见周继旨校点《杨仁山全集》，第453页。
② 同上书，第454页。
③ 《等不等观杂录》卷六之《与黎端甫书》，见周继旨校点《杨仁山全集》，第462页。
④ 《与李澹缘书四》，见周继旨校点《杨仁山全集》，第459页。

对自己一生自闻法以来,即以"念佛往生为正宗,以弘法度生为助缘"①的学佛历程做了回顾和总结,认为此时学佛法,不能急求证道,若是如此反滋魔障。但须专念弥陀,求生净土,解脱生死轮回。如果要断绝世务方能学佛,则举世之人能解脱轮回者极少。"我于二十六岁学佛,二十七岁担任家务,十余口衣食之资,全仗办公而得。日日办公,日日学佛,未尝懈退。至五十三岁,始能求出世之道,然不能求现证,只在弘法利生上用心,以为往生净土之资粮。此是超出三界之捷径也。若心欲参禅悟道,心如止水,亦不能免于转世。……函中所云收效于数十年之后,非也。一日念佛,一日往生。日日念佛,日日往生。无论何时,命根一断,即生净土矣。何须数十年之后耶?"②在《与李质卿书》中他说:"三界轮回中,肯信出世妙法,是为难中之难。弟学佛以来将近四十载,苦心孤诣,流通经典,为烦恼海中设一慈航,普度含灵,无如信之者寡。纵有信心,能虚心用功,经久不退者,更属寥寥。"③在《与梅撷芸书》中他说:"防退之法,无如念佛生西,不论何等根器,信入此门,便能直超三界。但智愚不等,各有障阂,欲破其障,甚不容易。惟以大悲愿力,随机化导,不以法缘通塞易其心也。"④

杨文会从未刻意提出什么新的净土理论,他曾给南条文雄写信说:"学无专师,但求不背经旨而已。"⑤然其既熟读经论而了其宗趣,所处时代又与古德大不相同,不经意间在对经文的注疏和与友人门生的通信中,亦增添了一些新的内容。综而观之,在杨文会的学佛思想系统中,《起信论》是学佛初阶,而归于净土则如百川异流汇归大海。事实上,当

---

① 《与日本南条文雄书二》,见周继旨校点《杨仁山全集》,第478页。
② 见周继旨校点《杨仁山全集》,第467—468页。
③ 同上书,第466页。
④ 同上书,第463页。
⑤ 《与日本南条文雄书二》,见周继旨校点《杨仁山全集》,第478页。

他的净土思想渐趋成熟时,他的起信思想也进入佳境。① 故他往往将《起信论》与净土法门相提并论,而同时开示于学人,既劝读《起信论》,复又劝归向净土。如他认为,学者如果对《起信论》"能熟读深思,如法修行,从十信满心,得六根清净,证入初住,见少分法身。历十住、十行、十回向、十地、等觉、妙觉,彻证满分法身,现圆满报身。以大悲心起类随用,即现千百亿化身。与十方诸佛,无二无别也。……然须多劫修行,方成佛道。更有净土一门,不假勤修,不废俗谛,一念净信,顿超彼岸。可谓方便中之大方便,直捷中之最直捷矣,学者可不勉哉!"②他于多处明示学人:"先读《起信论》,研究明了……然后依解起行,行起解绝,证入一真法界。仍须回向净土,面觐弥陀,方能永断生死,成无上道。此乃由约而博、由博而约之法也。"③或说:"顿渐、权实、偏圆、显密,种种法门,应机与药,浅深获益。由信而解,由解而行,由行而证。欲一生成办,径登不退,要以净土为归,此系最捷之径也。"④"欲明佛法深义,须研究《起信论》,并将净土三经,及《往生论》,时时阅之,于出世法门,自能通达矣。"⑤此类例子,枚不胜举。可以说,这在一定程度上是对传统净土理论的一种发展。其发展也许不在提出什么新的理论,但却融进了不少传统净土教法中所没有的新的内容。

总的说来,杨文会注意吸纳会通诸宗思想,对以前净土思想诸多流派,亦皆兼收并蓄,一一销归性海⑥;同时又联系实际,补偏救弊,而提炼出富有独到见解的理论。他在综合经论、融会教宗的基础上,提倡自性弥陀、

---

① 与日本真宗的辩论,标志着杨文会的净土思想趋向成熟。而与此同时,他也得到了贤首《起信义记疏》古本,从而对起信、华严思想的理解上了一个新的台阶。
②《三身义》,见周继旨校点《杨仁山全集》,第323—324页。
③《学佛浅说》,见周继旨校点《杨仁山全集》,第326页。
④《佛学研究会小引》,见周继旨校点《杨仁山全集》,第337页。
⑤《与黎端甫书》,见周继旨校点《杨仁山全集》,第462页。
⑥ 在杨文会看来,(华严)性海是学人修证的最圆满境界。他认为,"既入佛性海中,释迦现身,一切法趋释迦;弥勒现身,一切法趋弥勒。无量诸佛,莫不皆然。"见《起信论证果》,周继旨校点《杨仁山全集》,第323页。

唯心净土与西方弥陀净土不二之旨,宣扬以"四弘誓愿"为基,以"发菩提心"为本,以"至心净念"或"当下一念、现前一句"为往生之正因。而于具体实践法中,则突出地强调了以观想、持名兼修为上,以自他二力并重为不易之定论,以持戒、读经为本务和津梁。观想、持名兼修,改变了以往偏重持名为往生最胜因,纠正了现实的念佛者"心口不一"、"口念无行"的流弊;自力、他力并重,虽针对日本净土真宗的"纯他力教"而提出,但无疑也适用于中国莲宗,而其所说自力,与末流禅徒高唱"即心是佛"而实"空腹高心"者居多又不同,颇注重于有阶可循的实修次第门和圆顿门之互融互摄。

4. 以马鸣宗统摄全体佛教

蒋维乔在其名作《中国佛教史》中说,杨文会自道其生平得力处曰:"教宗贤首,行在弥陀。"蒋认为这是杨文会对大小乘经论遍观博究而以此为归宿。[①] 既为归宿,故其晚年复倡建构马鸣宗,而以华严、净土为其理、行两足,即是题中应有之义。然观其马鸣宗的明确构想,以马鸣造的两论为宗依,亦是其实。1904 年,他在给李小芸的书信中说:"近年尝有就学于敝寓者,九江桂伯华最为猛利,已相依两载矣。现拟添造房舍,能住二十人,造就佛学导师,为开释氏学堂计也。"并告知他要"建立马鸣宗",主张"以《大乘起信论》为本,以《大宗地玄文本论》中五位判教,总括释迦如来大法,无欠无余,诚救弊补偏之要道也"。[②] 究实而言,杨文会提出建立马鸣宗的构想,又是与其办学兴教的思想联系在一起的。从杨文会给祇洹精舍设置的内班课程,我们看到两论中《大乘起信论》是学佛初阶,被列在"普通学"第一年所学的经论之中;而《大宗地玄文本论》则列于"专门学"之贤首宗下。由此可知,两论的思想性质虽然相同,但义理有深浅,学习上亦当分先后阶次。在 1906 年冬十月,杨文会作《大宗地玄文本论略注》既成,叹曰:"佛法之妙,有如是耶! 夫佛法何以妙? 心法

---

① 蒋维乔:《中国佛教史》卷四,第 19 页,上海书店,1989。
② 《等不等观杂录》卷五之《与李小芸书一》,见周继旨校点《杨仁山全集》,第 439 页。

之妙也;心法何以妙?自性本具也。自性虽具,非修莫显。经中每云,佛神力故,法如是故。佛神力者,修德也;法如是者,性德也。诸佛正遍知海,入一切众生心想中,是故众生修因契果,皆佛加持之力也。"由此他认为,"此论为佛法宗本,穷微极奥,故称玄文。……欲知玄妙法门,请观此论。"①此中值得注意的是,杨文会强调性非"修"莫显,可与上述《起信论》修行思想相贯通。下文着重阐述本论中不仅有"金刚五位",作为统摄全体佛教的思想纲领,而且对人的实修亦具有一定的指导意义和参考价值。

(1)金刚五位说及三十四法

"金刚五位"说,出自《大宗地玄文本论》卷一第三分之《一种金刚道路大抉择》,杨文会对此分题名注曰:"唯此一乘,无二无三,故称一种。究竟坚固,不可破坏,喻如金刚。千圣所由,纵横无碍,名为道路。"仅以此题名可见所说金刚五位之殊胜,难怪杨文会归宿于此,依之判教,据之修行。到底是哪金刚五位呢?偈曰:"一种金刚地,总有五种位。谓渐次究竟,及圆满等非,并及等是位。如是五种位,诸修多罗中,具足无余说。"②

此偈中"渐次"即本论所说无超次第渐转位,"究竟"即无余究竟总持位,"圆满"即周遍圆满广大位,"等非"即一切诸法俱非位,"等是"即一切诸法俱是位。杨文会在为本论略注所写的序言中说:"《大宗地玄文本论》建立金刚五位:以众生无量劫来业果相续,非三僧祇修证之功,不能尽除,故立无超次第渐转位;以众生一念相应即同诸佛,故立无余究竟总持位;以众生心含法界,普融无尽,故立周遍圆满广大位;以众生念念著有,违解脱门,故立一切诸法俱非位;以众生弃有著空,趣于断灭,故立一切诸法俱是位。"③在注文中,杨文会则用《起信论》中真如、生灭二门义来解释五位,指出第一、第五两位是就生灭门说,第二、第四两位是就真如门说,而第三位是就真如、生灭二门和合说。由此可见二论思想的贯通

---

① 见周继旨校点《杨仁山全集》,第97页。
② 同上书,第17页。
③ 同上书,第7页。

性。以下对杨文会的有关见解综合概说之:

其一,无超次第渐转位,是就生灭门说。从圆教的观点来看,既一位中具一切位,然亦摄一切权小诸教。因此,所谓人天善法、声闻缘觉等种种渐教法门,均是此位之初方便,以此引导群机,悉入圆融法界。杨文会认为,《起信论》中说三阿僧祇,《梵网经》说百阿僧祇,方证佛果,皆属此门。良以圆满报身,非经永劫修菩萨行不能证得。他强调,缺行成佛,不合道理;是故一切菩萨修因契果,皆以此位为宗本法。

其二,无余究竟总持位,是依真如门说。杨文会注曰:随入一位,即全彰性德,所谓以少方便,疾得菩提也。此义经中往往有之,后人不达,曲为解释。此论一出,方知奇特之法超越常情,非通途教义所能该摄。有人解释为钝根历位,利根不历位,盖未明此义。密宗所言即身成佛即此位摄。

其三,周遍圆满广大位,是就真如、生灭二门和合说。《华严经》中纯谈此义,行布圆融,圆融行布,即渐即顿,亦权亦实,重重无尽。一切经中,凡说多劫修行,位位圆证者,皆属此门。贤首、清凉盛弘此道。

其四,一切诸法俱非位,是依真如门说。此位是为众生著有者痛下针砭。杨文会注曰:般若波罗蜜如大火聚,烧尽一切世间悉无有余,而不损一草。故菩萨行深般若义,证入空如来藏,四句离,百非遣,何有一法当情耶?《般若经》六百卷纯谈此义,禅宗说无位真人,亦正符合此义。

其五,一切诸法俱是位,是就生灭门说。在杨文会看来,众生弃有著空则成断灭,故以此法对治之,令其心顺不空如来藏,修习普贤万行,随愿往生极乐国土,自度度他,同证妙觉果海。天台智者所谓"一色一香无非中道"者,盖有见于此也。[①]

以上虽是对金刚五位的解释,但由此也可察知杨文会所说"以《大乘起信论》为本,以《大宗地玄文本论》中五位判教"之大要。《本论》又进一

[①] 见周继旨校点《杨仁山全集》,第23—24页及多处。

步阐明，五位所立依止于五十一心，也即一切佛法之所依的"根本五十一位"。杨文会认为，若非根本五十一位，则金刚五位无所依止，因为论中所阐，重在金刚五位，故先列之；次列五十一位以为依止，犹如一经纬，相织而成一杂华云锦。此分初立根本五十一位，以地前四十心名为虚假光明，以地上十心名为真金刚。如果依一般教义而言，自第七分至论终，则五十一种皆名真金刚位，方显此论之玄宗。而此论从一信心，具余五十位；又位位中，具金刚五位，以此称佛菩萨，亦名圆满大士。杨文会由此发现该论的独胜之处，是在马鸣大士所言说的"信位便该果海"。他认为，此"实大法东来所未闻也"。盖一信心即具五十一位，因果交彻，这不同于其他宗派判十信为内凡、十住行向为三贤、地上为十圣那样，天地悬隔。《华严论疏》说初住成佛，摄四十二位，以十信为相似觉，未入分证位。此论则以信心统摄真金刚位，"诚圆中之圆、顿中之顿也"。① 本论所说地前四十心和地上十心，也即《起信论》所说的信解行证的修行系列，包括十信、十解（亦名十住）、十行、十回向和十地。此五十位，复加无上地妙觉位（佛位），成五十一位。

综上所述，杨文会通过精心注解，而将台、贤、禅、净、密等教、宗二家巧妙地摄入了金刚五位之中，故他敢说依《大宗地玄文本论》中五位判教来统摄释迦如来大法，是"无欠无余"。再者，金刚五位中他比较重视无超次第渐转位，他说若非此位，则一切佛法，无可安立，故居五位之首。他认为该位是入道之要门，"如大王路，人所共由也"。他谆谆告诫后世浅学之士，"慎勿妄贪高举，承虚掠影"。他引用《起信论》说："一切菩萨皆经三阿僧祇劫，无有超过之法。非菩萨行满，不能成佛。近世宗、教二家，每斥三祇历位为劣，高谈一念顿超为胜，请洗心涤虑，观于此论。"②由此种种，不难察知杨文会的宗本所在。

---

① 见周继旨校点《杨仁山全集》，第18—19页。
② 同上书，第38页。

所谓三十四法,即一部《大宗地玄文本论》三十四分所说。本论初二分是序分,以下正宗分中,前四分为一论佛法之总纲。第三分开演正宗,首举金刚五位,普摄经中差别门径。次列根本五十一位,以为依止,则无尽教海纲举目张。第四分总括前文,详示转相。第五分就五位中开出十五种作用,为无边妙用之根源。第六分明位位互具,为后文广大法数之张本。此分末以六个"一"和六个"无量"来说明此位相,杨文会注曰:心真如门,为万法之本,平等无二,故说为一;信、住、行、向、地、佛,有六位,故以六个"一"字括之。心生灭门,显示差别相用,不可穷尽,故以六个"无量"括之。纯粹至精,称之为一;万物资生,故称无量。一部论义,揭示昭然。这就是所谓大宗地的蕴意。以下三十分,层层阐扬,皆从此中流出。①

杨文会之所以重重无尽地揭出此论中的"金刚五位"说加以表扬,主要是因他认为此"五位判教,总括释迦如来大法。无欠无余,诚救弊补偏之要道也。"至此可以更加具体地说,此论所建立的金刚五位,"为佛法之总纲,摄尽一切破障法门,该括一切称性法门,纤毫无遗。"杨文会认为,如果明白了这个道理,则谈宗谈教,说有说空,皆不相妨,哪里还有"分河饮水,互相是非"之弊呢!② 在《大宗地玄文本论目录叙》中,杨文会又一次加按语指出:"此论穷微极妙,专接利根上智,兼为凡小权渐之机作一乘胜因。伏愿见者闻者,熏习成种,久久纯熟,心光发宣,即能顿入金刚信位,圆修圆证,五位齐彰,与论主大愿,注者诚心,交光相罗,如宝丝网,辗转开导,无有既极。"③对此论可谓推崇备至。

(2) 圆满大海论

杨文会注解《大宗地玄文本论》之题名曰:"大宗地者,一切法门之总纲,如地发生万物;义理深微,故称玄文;千枝万叶从此分布,故名为本;

---

① 见周继旨校点《杨仁山全集》,第29页。
②《大宗地玄文本论略注序说》,见周继旨校点《杨仁山全集》,第7页。
③《大宗地玄文本论目录叙》,见周继旨校点《杨仁山全集》,第3页。

论者,抉择征释,翼赞佛经也。"由此题名注释,可以约略想见本论之内涵和宗旨。然本论之殊胜,非读竟全文不能尽知。本论最后四分属流通分,叙劝修功德和造论缘起。在第三十九分中有一段话,谓此论金刚五位、三十四法,是一切法门大海之宗本,世尊名之为"圆满大海论",此即本论之宗眼所在。

> 尔时世尊告我言:法门大海虽无量,有摄无量宗本法。若具摄此宗本法,是名说摄诸法藏。我亦更作如是白:云何名为宗本法?其数几有可知不?尔时世尊告我言:所言宗本法体者,谓三十四法大海。若有论者具此法,名言圆满大海论。若有论者不具者,名言一分小智论。以如是大要因缘,我今依三十四法,该摄安立无余说。因缘品类虽无量,而总言略说如是。①

佛教在印度,发展到大乘阶段,最后可归约成性相二宗;传至中土,衍化成台、贤、禅、净、律、密和慈恩(即唯识)等宗。义路多歧,行解分离,令后学莫适所从。杨文会奋起于近代末法苍茫之世,在佛教理论和实践上,他一生"教宗贤首,行在弥陀",但同时对唯识、天台和禅宗等各宗派也悉心研究,意在融通诸家,并以解起行,以免"说食数宝"之诮。早年他心仪《大乘起信论》,晚年则倾其一生心力和所学注《大宗地玄文本论》,并欲以此建立马鸣宗,皆因此二论和会性相,融通百家。此外更有深隐之义,就是要禀承马鸣大士的大乘菩萨精神,济世利人,振兴佛教。如他在《与某君书》中所表示的,以马鸣、龙树作大导师,遵其规则,决不误人:"鄙人所期于后学者,将来可作人天师表,开阐如来正教。不入歧途,不落权小,则末法衰颓之象,或可振兴乎!"②

---

① 见周继旨校点《杨仁山全集》,第95—96页。
② 《与某君书》,见周继旨校点《杨仁山全集》,第468页。

三、倡研唯识学

对于杨文会来讲,由马鸣宗构想所建立起来的近代佛学思想大厦,既然奠定了融通性相二宗、统摄全体佛教的纲骨,那么以性宗为主而融通性相的方面,已有他以贤首、莲池为本师而从起信到华严、净土,再臻极于马鸣宗一系的思想来支撑,而另一个不可或缺的支撑点,莫非就是代表相宗的慈恩宗或曰法相、唯识宗? 这是现在最薄弱而最需要深究的。① 故此,欧阳竟无在杨文会的传记中,既说他"刻《玄文本论》,而详论五位,以笼罩一切法门",又接着说他给桂伯华写信,希望"研究因明、唯识,期必彻底……明末诸老,仗《宗镜录》研唯识,以故《相宗八要》诸多错谬。居士得《唯识述记》而刊之,然后圭臬不遗,奘、基之研讨有路。刻《门论》、《百论》,然后中观之学有籍,而三论之宗复明。"②

正如杨文会在1901年的《与郑观应书》中劝其读《起信》、修净土,提出"凡习此论者,皆马鸣大士之徒"③,但他在同一年写的《与桂伯华书二》中也发出了倡研唯识,赓续千古绝学而振兴佛法的重大信号。他在该信中说:"兹有友人深愿学佛者精通唯识一门,以续千年之坠绪。"其实,这是杨文会本人假托友人之名,给桂伯华提供资助,一方面为他解决实际困难,使其不致舍亲入山,而世出世法两全其美;另一方面也是杨文会深

---

① 唯识宗之外,还有代表性宗的三论宗,也是千古绝学,很受杨文会之重视,这可见他写的《中论疏叙》,内中曰:三论宗之弘传,从罗什到吉藏,一时兴盛,但自天台和禅宗兴起后,取而代之,遂成绝学。近代从海外得到吉藏古疏,以及《大乘中观释论景疏》等典籍,他刊刻流行,以期三论复兴。其弟子中,有黎端甫善三论,梅撷芸也喜之,但以研究唯识者为人数最多,也最有成就。这都是与杨文会的提倡分不开的。
② 参见欧阳渐《杨仁山居士传》,周继旨校点《杨仁山全集》附录,第586—587页。
③ 原文曰:"鄙人常以《大乘起信论》为师,仅万余言,遍能贯通三藏圣教,凡习此论者皆马鸣大士之徒……《起信论》末提出净土一门,为超脱轮回之捷径,昔昙鸾法师舍陶宏景所传之仙诀,专修十六观法,往生净土,岂非人杰也哉! 愿与同志者效之。"参见周继旨校点《杨仁山全集》,第446页。

切地感到,因明、唯识学需要有志者专心研究,期于彻底通达,以作为学佛者之楷模,使其不致颟顸笼统,走入外道而不自觉。在杨文会看来,这实际上是振兴佛法之要门,而且它对净土道理也深为有益,因为"庄严净土,总不离唯识变现也"。① 此中,杨文会认为唯识学研究是当今振兴佛法的"要门",主要是从相对于中国传统佛学偏重于性宗而相宗发展严重不足这一方面来考虑的;再就是认为唯识思想有助于说明近世以来大为流行的净土教义。其实还有另外一面杨文会没有言明,那就是唯识学可以和现代思潮相接通而又有某些超胜之处,这一点我们从他一贯主张佛学作为出世法,也要与世法共同维新而互相辉映中看得出来。

1. 法相宗晦而复明

早在1871年,杨文会就刻成了唐玄奘译的五卷本相宗经典《解深密经》,他认为学法相者当以此为宗经②。至1891年,从日本传来了不少净土和唯识典籍,其中有《成唯识论述记》、《因明入正理论疏》和《瑜伽论略纂》等③。这些久在中土失传的唯识学论疏之返归,很容易激起近代知识人士把它们当作失而复得的"国宝"来对待,从而对唯识学发生深厚的兴趣,使杨文会感到唯识学之中兴有望;还有一部日本凝然上人著的《八宗纲要》也随同这批书籍传来,对杨文会日后作成《十宗略说》具有重大的参考价值。

大约在1896年,杨文会撰成《十宗略说》,内中说到慈恩宗,亦称法相宗,"天竺有性相二宗,性宗即是前之三论,相宗则从《楞伽》、《深密》、《密严》等经流出,有《瑜伽》、《显扬》诸论。而其文约义丰,莫妙于《成唯识论》也。以弥勒为初祖,无著、天亲、护法等菩萨相继弘扬。唐之玄奘,

---

① 《与桂伯华书二》,见周继旨校点《杨仁山全集》,第452页。
② 《等不等观杂录》卷二之《佛学书目表》,见周继旨校点《杨仁山全集》,第349页。后来杨文会的弟子欧阳渐搜罗诸家,汇成《解深密经注》,并专门作了详叙,金陵刻经处有刻本。欧阳在叙中说,"三时教尊深密,六经此为第一";又曰,"深密全经,瑜伽尽引;凡注瑜伽,必注深密"。
③ 参见陈继东《清末日本传来佛教典籍考》,见周继旨校点《杨仁山全集》附录,第665—666页。

至中印度,就学于戒贤论师,精通其法。归国译传,是为慈恩宗。窥基、慧沼、智周,次第相承。论疏流传日本,今始取回。宋以后提倡者渐稀,至明季而大振,著述甚富,皆有可观。此宗以五位百法,摄一切教门;立三支比量,摧邪显正,远离依他及遍计执,证入圆成实性。诚末法救弊之良药也。参禅习教之士,苟研究此道而得焉,自不至颟顸佛性,笼统真如,为法门之大幸矣。"①此中可注意者有以下三点:

其一,杨文会仍然以性相二宗来概括一代佛教,但对于性宗,他已经比以前有了更加明确的所指,他交代说是"前之三论",即龙树一系所传的《中论》、《百论》和《十二门论》。这一宗专破外道小乘,以无所得为究竟,正合般若真空之旨,故亦称为性空宗。杨文会认为,文殊师利实为此宗初祖,马鸣、龙树、清辨等菩萨继之。鸠摩罗什至中土盛弘此道,一时学者宗之,生、肇、融、叡并肩相承。道生门下昙济辗转传持,以至唐之吉藏(按,实为隋),专以此宗提振学徒。三论之旨,于斯为盛。天台亦提《中论》,其教广行于世,而习三论者渐渐稀。吉藏有疏若干卷,今从日本传来,有可能是此宗再兴的机缘!② 由此可见,杨文会在关注唯识学中兴之际,对三论宗复兴亦寄予了希望。

其二,相宗典籍有经有论,在杨文会看来,依经造论,开宗立派,是佛教思想发展的普遍现象。相宗就从《楞伽》、《深密》、《密严》等经中流出,论典中有《瑜伽》、《显扬》诸论,而以《成唯识论》最为文约义丰。此宗的弘传以弥勒为初祖,印度有无著、天亲、护法和戒贤,中土则有玄奘、窥基等相继传承。因论疏失传,宋以后提倡相宗者渐稀,至于明末因诸师皆唱性相融通,故而都重视相宗的著述,但学相宗者都深以不见唐疏为恨。唯识学典籍于近代方始从日本传回,这给唯识学中兴提供了充分的条件。

---

① 见周继旨校点《杨仁山全集》,第152—153页。
② 同上书,第150—151页。

其三,唯识学有补于禅教末法之流弊,依杨文会看,其流弊主要在"颟顸佛性,笼统真如",故他说参禅习教之士,苟研究此道而有得,自不至颟顸佛性、笼统真如,此乃法门之大幸。由此可知,杨文会对唐唯识学中衰后中国佛教的思想状况有着较为清醒和准确的诊断。

资料表明,从1896年顷开始,杨文会整理和刊刻了大量重要的唯识典籍。如同年三月,刻成唐玄奘译的十卷《成唯识论》,该本系以宋、明、元、丽四藏雠校,丽藏最善,兼参考窥基《唯识述记》,然后改定;十月刻成唐窥基撰的《因明入正理论疏》。1897年,刻成唐不空译的三卷《大乘密严经》,也是以宋、明、元、丽四藏雠校,择其善者而从之。查阅杨文会与南条文雄的通信,此前不久,他还根据日本《弘教书院目录》所载,托南条求购法藏《密严疏》之全本四卷和窥基《密严经述赞》三卷[①]。1899年底,他写信给南条说:"《唯识述记》,现已开雕,本年可成。支那学佛者,得贵邦邮来古本,同深欣庆,咸感大德弘通之益,东向礼谢于不既也。"未久,又去信说:"贵国寄来之《因明大疏》,有比丘松岩者爱而刊之……《唯识述记》等,续有人刻,法相一宗,晦而复明,非上人购寄之力,曷克臻此!"并且,不同寻常的是,杨文会在此信末特记如下数语:"时值严冬,雪意正浓,梅花欲吐。仙山风景,想在高人奚囊中矣。"法相宗晦而复明,写景寄怀,可以推想居士当时是何等样的心情。

2. 千年绝学复兴之机

正是因为有了唯识、因明典籍的刊刻,所以才有杨文会函招桂伯华来金陵,专研因明、唯识二部的倡议。而窥基的《成唯识论述记》一书的刊出,在某种程度上也的确给唯识千年绝学带来复兴之机。杨文会很是推崇这部著作,它对于唯识宗的意义,就相当于法藏的《起信论义记》对于华严宗的意义。而这两部古疏几乎同时从日本传来并刊刻问世,所以杨文会对它们能推动中国佛学的复兴都特别寄予厚望。在1902年印于

---

① 《与日本南条文雄书十二》,见周继旨校点《杨仁山全集》,第490页。

沪渎的《佛学书目表》中,我们看到《成唯识论述记》之下,有如是识语:"此书元末失传,后人以不见为憾。今从日本传来,慈恩一宗,其再兴乎!"①杨文会认为,学法相者最宜深究《成唯识论》,而窥基对该论的述记,则是学相宗者奉为准绳之作。《成唯识论述记》于1901年八月间刻成,前三十卷由扬州藏经院刊刻,后三十卷由金陵刻经处刻竟。杨文会为此书的刊行专门作了叙文,阐述性相二宗无异之宗趣,并指出此书在元末失传,"好学之士每以为憾",今幸流传世间,后学切勿等闲视之。其文曰:

> 性相二宗,有以异乎?无以异也。性宗直下明空,空至极处,真性自显;相宗先破我法,后彰圆实,以无所得而为究竟。乃知执有执空,互相乖角者,皆门外汉也。唐以前,相宗典籍未被东土,自玄奘法师西游印度,而后唯识一宗,辉映于震旦矣。有窥基法师者,奘公之高弟也,亲承师命,翻译《成唯识论》,荟萃十家而成一部。并以闻于师者,著为《述记》,学相宗者,奉为准绳。迨元季而失传,五百年来无人得见,好学之士每以为憾。……此书失之如此其久,得之如此其难,而倡刻之人皆不见其成。以是见唯识一宗,流传于世,非偶然也。后之览者,其勿等闲视之。②

此中,杨文会指陈"执有执空,互相乖角者"皆是未掌握佛法真髓的"门外汉",显见他一贯的融通性相二宗的理路。他又提到《成唯识论》之作,是窥基奉玄奘师命,荟萃十家而成,并以平常听闻于师者,著成《述记》疏释此论。唯识一宗,即由此而开创。在此有必要稍作详细地交代一下有关的历史事实,以使读者明了唯识学成宗的情形。该宗的法脉传承基本上是可确定的,弥勒为始祖,实际是无著、天亲开宗,护法、戒贤等相继弘扬;玄奘西游印度,前后达17年,就学于戒贤,禀得真传,归长安

---

① 见周继旨校点《杨仁山全集》,第350页。
② 《等不等观杂录》卷三,见周继旨校点《杨仁山全集》,第382—383页。按,此书明清大藏中均已失载,故时人以为国内已无其书。1933年发现赵城广胜寺金藏,其中有《成唯识论述记》(存七卷),以及窥基其他著作多种,后均影印入《宋藏遗珍》中。

后专心译经课徒,传于窥基、圆测等弟子。窥基乃鄂国公尉迟敬德之侄子,英敏绝伦,深得奘公之道。圆测则新罗王孙,生于隋大业八年,长于窥基20岁,亦是人中俊杰。杨文会给该宗取了三个名称:一名慈恩宗,一名法相宗,一名唯识宗。① 慈恩宗是因玄奘法师住慈恩寺得名。在杨文会看来,名虽有三,实则无异。从历史上看来,无论法相宗还是唯识宗,都以《瑜伽师地论》和《成唯识论》为根本典籍。

杨文会在《佛教初学课本注》中说,窥基通因明学,善用三支(即宗、因、喻)比量之法,能立能破。他在"通因明、善三支"下注曰:"奘公译《瑜伽论》未毕,有僧盗听,归而宣讲。门人以告,奘曰:彼虽能讲,未通因明,不足取也。乃以因明传于窥基。"② 按赞宁《宋高僧传》卷四曰,是译《成唯识论》时盗听。《成唯识论》是世亲《唯识三十颂》之释,总括十家之言糅合而成。窥基撰《成唯识论掌中枢要》详记其事,曰:最初翻译时,十家注释分别翻译,四人分任润饰、执笔、检文和纂义之职。数日后,窥基求退,奘师固问之,乃请参糅十释。奘公许之,窥基自任纂辑之事,而成此论。以此可知,窥基并没有"翻译"《成唯识论》,而只是对此论做了"纂辑之事"。根据杨文会注解,因此论系窥基撷十家精华糅合成一部,故梵筴中无有此本。此言诚然。汤用彤先生在其著作中,亦谈到这段故事,指出:《宋高僧传》卷四《窥基传》载,译此论时,窥基不愿四人分职,请一人独任其事。此自系误解《枢要》之本。《宋高僧传》又谓译时,圆测以金赂门侍,潜听得其义,后乃造疏先讲。窥基憾之,玄奘乃授因明以慰之,云云。此自是附会。汤先生举出三点理由证之,有兴趣的读者可进寻其书观看,此不赘述。③ 窥基糅成此论后,又以平时所闻于师者,多西竺口授之义,于是作成《述记》,以释论文。杨文会注曰:"此书一出,邪宗尽破,正

---

① 杨文会在1896年的《十宗略说》中"慈恩宗"下小字注曰:"一名法相宗";然在1906年的《佛教初学课本注》中"慈恩宗"下"一名法相宗"之后,又加上"一名唯识宗"。见周继旨校点《杨仁山全集》,第128、152页。
② 见周继旨校点《杨仁山全集》,第128页。
③ 参见《汤用彤全集》第二卷,第157—158页,石家庄,河北人民出版社,2000。

义全伸,释门之伟烈也。"颇多推许之意。在"先谈相,后显真"下注曰:"相不自相,全从识变;识不自识,全依性起;相识俱空,不真何待?"①以此可见法相唯识宗相识无异、性相不二之旨。

3. 以"治经学、小学之心"治唯识

杨文会对唯识学复兴的重视,至迟可追溯到1900年左右,与日本真宗辩论之后。1900年仲夏间,杨文会与夏曾佑的通信可以让我们看出一些端倪。夏曾佑在来书中说:"弟子十年以来,深观宗教……惟有佛法,法中之王,此语不诬,至斯益信。而此道之衰,则实由禅宗而起。明末,唯识宗稍有述者,未及百年,寻复废绝,然衰于支那,而盛于日本。近年来书册之东返者不少,若能集众力刻之,移士夫治经学、小学之心治此事,则于世道人心当有大益。知此理者,其居士乎!《述记》刻成几何?其原书论、记别行,古书皆尔,然学者颇不便,新刻似可相合。《地论》文广理赜,此时读者恐稀,不如以《因明论》先之。尊处所刻《大疏》,尚恐其简。前见日本人所开现存因明学各家有七十余种,直当广行十数种,使人衍熟其法,则以后可读慈恩各种书矣。近来国家之祸,实由全国民人太不明宗教之理之故所致,非宗教之理大明,必不足以图治也。至于出世,更不待言矣。"②

夏曾佑从杨文会寄给他的金陵刻经处刊出书目中得知,该处刻有《瑜伽师地论》、《成唯识论》和《成唯识论述记》这几部最为重要的唯识学典籍,深深理解杨文会居士之以佛法深义利济世道人心,并主张移士大夫治经学、小学之心治唯识学。他在同信中写道:"知仁者弘法度人,本誓无尽,何幸末法,有此智灯!当与六道众生,同作踊跃。"他又提出将窥基的《述记》和本论合并刊行等具体建议,杨文会在复函中告知他说:"唯识古书,亡于元末,明季诸师深以不见为恨。近从日本得来者有十余种,

---

① 见周继旨校点《杨仁山全集》,第128页。
② 《与夏曾佑书》,见周继旨校点《杨仁山全集》,第447页。

已将《述记》合《论》付梓,现已刻至四分之三,来岁(1901)五六月间,可出书矣。《因明大疏》之外,尚有义断前后记等,皆唐人所作,有款当续刻之。《地论》百卷,因无巨款,久久未成。尊示云,佛教之衰实由禅宗,支那固然,而日本则衰于净土真宗。近阅真宗之书,与经意大相违背,层层辩驳,冀得改正。接得复函,知彼决不能改,亦无可如何耳。"①1901年,梅撷芸也来函说:"窃念今日娑婆世界,现身人世,破邪说,立正义,普救群生者,惟我师一人而已。……窃闻相宗各书,以《成唯识论》及《瑜伽师地论》为最要。《成唯识论》已有窥基大师之《述记》,而《瑜伽师地论》尚未见有注释,我师达一切法,具一切智,可否将此《瑜伽师地论》详加注释,俾诸众生有所仰赖。此固我师之慈悲,亦即弟子之所请求者也。"②可见杨文会倡导唯识学的研究,在当时也是深得一些有识之士的支持和赞赏的。

当然,近代对唯识学的深入研究是杨文会弟子们完成的,但这与老师杨文会的倡导分不开。除了倡导之外,杨文会通过唯识典籍的搜集和整理,还为唯识学研究指示了具体的路径。如他认为,《楞伽经》"性相并谈,文义简古",而相宗的"宗经"是《解深密经》。《成唯识论》"文约义丰","剖析精微,学法相者,最宜深究",而《瑜伽师地论》则是"相宗之祖"。《成唯识论》有唐窥基作《述记》,可为学相宗者"奉为准绳";《瑜伽师地论》则有唐遁伦作《论记》,可补"世人苦于无疏"之缺憾。③ 这些议论,于法相典籍,皆可谓造极之谈。后来欧阳竟无就沿着杨文会所开辟的路径,由治《瑜伽师地论》入手,而开拓出唯识学中兴的局面来。从金陵刻经处,我们还发现了欧阳竟无搜罗唐古德各家注疏而汇成《解深密经注》,

---

① 《与夏曾佑书》,见周继旨校点《杨仁山全集》,第448页。《成唯识论》既已与《述记》合刊付梓,但《瑜珈》百卷久久未成,一者因无巨款支持,二者由于部头较大,校勘方面甚费心力。而杨文会认为,此论是"相宗之祖",故此不畏艰辛,独任其难。以致临终之际,尚以半部《瑜珈》叮咛欧阳续刻完成。又世人患其无疏,杨文会从日本得来唐僧遁伦作记,约80万字,亦拟刻之,惜未全功。又参见《等不等观杂录》卷五之《与释自真智圆国瑛书》。
② 《与梅撷芸书》,见周继旨校点《杨仁山全集》,第462—463页。
③ 见周继旨校点《杨仁山全集》,第349、350、430页。

并作了详叙(1917),这并未收入《欧阳竟无内外学》之中,所以不大为人注意,而其实正反映了欧阳恂恂于恩师教诲,对唯识法相作穷深极几的研究。

4. "唯识于净土道理深为有益"

世亲既作《往生论》,又有《唯识三十颂》,表明唯识与净土似乎有某种特殊的联系。事实上,马鸣、龙树等也倡导归向净土。这一点,杨文会在其著述中已经屡屡指出过,此不赘述。可见净土是大乘佛教性相二宗共有的法门。杨文会在《十宗略说》中"慈恩宗"下注曰:"奘师虽生兜率,不别立宗。其徒著述,仍以极乐为胜也。"①对杨文会来说,玄奘师徒虽是印度法相唯识学的忠实的传承者,但也是归宗净土、以极乐为胜的人。然杨文会在近代重视唯识学之复兴,并不仅仅因为唯识与净土有这种历史上的联系,更因为他深刻体察到了唯识与净土之间的理论上的密切关联。这在一定程度上也反映了他将唯识与净土融通的归趣。上述杨文会在《与桂伯华书二》中说的,"唯识于净土道理深为有益",既是他倡导唯识学研究的一个主要原因,也是我们判断他融通净土与唯识的重要依据之一。另一个引人注目的证据,是他在与日本真宗辩论时所说的一句话,即"净土若缺唯识,则弥陀佛法有欠矣"。② 杨文会之所以持这种观点,是因为他主张庄严净土,不外唯识所变现。这得力于他一贯融合教宗禅净的思想。诚如他在《佛教初学课本》中所说:"禅与教,无两样",他在此句下自注曰:"并说三界唯心,万法唯识,以融宗教。"③一切宗教,包括唯识与净土,都可在"三界唯心,万法唯识"的理论层面上互融互摄。

第四节 杨文会:中国佛教复兴的巨擘

杨文会居士所生活的晚清时代,大体上和史学界所划分的我国近代

---

① 见周继旨校点《杨仁山全集》,第152页。玄奘倡归的是与"弥陀净土"有别的"兜率净土",窥基作有《西方要诀》,被杨文会收入《古逸净土十书》。
② 《评小栗栖念佛圆通》,见周继旨校点《杨仁山全集》,第550页。
③ 见周继旨校点《杨仁山全集》,第122页。

的历史时期相重合,而他的一生几乎是与整个中国近代史相始终的,他出生后两三年不到就爆发了鸦片战争,他生西后两天辛亥革命的枪声就在武昌响起来了①。从有关杨文会的生平传记材料中,可以看到他与近代史上一些重要人物如曾国藩、李鸿章等有密切的联系,他的朋友、同事和学生中知名人物的名单可以列出一长串,他的佛学思想在当时的学术界、文化界和思想界产生了广泛的社会影响。但他最重要而深远的影响无疑还是在佛教界,具体地说,就是他为中国近代佛教的复兴所作出的杰出贡献。对此海内外无论是学术界还是佛教界也已经有不少人作出了比较中肯的评价②,这里我们主要评价他在中国近代佛教思想史上的地位和影响。

一、奋起于末法苍茫之世

杨文会临终时已经预感到了风雨欲来,将有大事发生,但他没有看到新民国的诞生即往生西天。民国建立后未久,就有人开始给他建塔立传。《杨仁山居士事略》(1912年作)③虽然简略,但是较为全面地叙述了杨文会的生平事迹,然对其思想未多涉及。《杨仁山居士塔铭》(以

---

① 杨文会去世时间为旧历八月十七日,传记说刚过完中秋不久,阳历为1911年10月8日(此年闰六月)。陈继东在有关资料中误以为杨文会生前的日本友人在两个月后为其举办追悼会,不知此年闰月时间之差。
② 在此仅举一些有代表性的言论,如太虚认为他是"中国佛学重昌关系最巨一人"(太虚《中国佛学》)。赵朴初评价,"近世佛教昌明,义学振兴,居士之功居首"(《金陵刻经处重印经书因缘略记》)。蓝吉富在《杨仁山与现代中国佛教》中说:"从百年来的佛教发展史看,杨仁山是一位使佛教起死回生的枢纽人物。"韦尔慈在《中国佛教的复兴》一书中,说他是"中国佛教复兴之父"。
③ 《事略》作者并未署名。据杨氏后人言,作者为濮伯欣,此说可信。濮伯欣(字一乘,江苏溧水人)是杨文会的学佛弟子、佛学研究会成员,在其去世后成立的金陵刻经处第一届董事会担任董事。民国元年,狄楚青在上海主办《佛学丛报》,聘请濮氏为主编。该报为中国最早的佛教刊物。有关杨文会的传记中,以《事略》出现最早。从史料角度看,亦以濮氏所撰《事略》最为平实(其中也有个别错误)。参见周继旨校点《杨仁山全集》附录(第585页),该传说是欧阳渐所作,从文风看不太像欧阳的手笔;于凌波《杨仁山居士评传》(第13页)则说是徐文蔚居士所撰,查徐之《杨仁山居士事略书后》文首提及"《杨仁山居士事略》一卷,尝印入上海第一期《佛学丛报》者也",并不表明这是他自己所著。

下简称《塔铭》)乃1918年近世大儒沈曾植所作,该篇文字不愧为大手笔,气势恢宏,语言精练。他从印度佛教有史以来法宝的三次结集,谈到我国宋、辽、元、明、清历朝的敕修大藏;又谈民间僧俗发愿刻经,从隋之静琬刻石经于云居,谈到晚明密藏道开等刊方册于径山。沈氏认为佛教三宝,"佛宝绝思量,僧宝有隆替。弘济万类,传佛种性者,其法宝乎!"①他感叹佛法的兴衰,"盖一度结集,即一度光明",而上下数千年,做这样事的人,"甚难稀有,卓哉!"读来令人回肠荡气,可歌可泣。今时杨文会居士"奋起于末法苍茫、宗风歇绝之会",刊《大藏辑要》兼刻全藏于金陵,其事比前人倍难,然其见效却倍疾于前人。这都要归功于居士以身任道,"论师、法将、藏主和经坊"四事勇兼之气概,精诚不倦之行愿;而其校刻大藏,寓抉择于甄综宏通之中,至精且当,又非前人能比。这种评价,应该说是比较贴切的,而并非过誉之词。

二、甄综会通,规模弘扩

《塔铭》作者虽然盛赞杨文会刻经之功德,但是也提供了我们评价文会的思想线索,文曰:"其学以马鸣为理宗,以法藏为行愿,以贤首、莲池为本师,性相圆融,禅净彻证。"②这是杨文会生前自述学行之后,国内第一次正式地对他的佛教思想谱系进行肯定,这无疑有助于我们评价他的思想地位。所谓"以马鸣为理宗",指的是杨文会心仪的马鸣大师的两部

---

① 本段有关引文都来自《塔铭》,下面不一一注明,见周继旨校点《杨仁山全集》,第572—573页。
② 见周继旨校点《杨仁山全集》,第573页。原文"以法藏为行愿",参照上下文并居士学行实际,宜校改为"以普贤为行愿"。对照一下作者下文的铭辞就可明白,如上面说了"五教五宗,摄之二论"(对应于"马鸣理宗"),下面接着说"万行所则,普贤愿嘉"。《净土四经》中的《普贤行愿品》也可以说明问题,此品来源于《华严经》。另外,1912年9月,在《续藏经》即将刊成之际,南条文雄撰《大日本续藏经序》,回忆了与杨文会相识的经过和互相寄赠典籍之事,以及杨文会刊刻经籍的艰辛,文中也提到了他的学行,但没有沈曾植所述这样秩序井然、理行并举。

论典,一是早年给他智慧启示、引他进入佛门的《大乘起信论》,二是晚年他精心注解而已经失传千有余年的《大宗地玄文本论》。对这两部论典,杨文会都高度重视和竭力推赞,不仅因为他对它们有切身的体验和会心的研究,还可能由于这两部(在他看来)出自同一个作者之手的大乘论典提供了融通性相、统摄全体佛教的思想纲领,如前者有"一心二门",后者有"金刚五位",这无论是对初学者还是思想成熟者,把握和融会贯通纷繁复杂的庞大佛教思想体系,都是大有助益的。从佛教思想史来看,马鸣的思想出现在印度大乘佛教思想的发轫时期①,对龙树、无著的性相二宗、空有之说都有深刻的影响;唐以后,中国佛教思想发生大转型,一些思想大德都提倡性相融通的思想方案,来统合歧见百出、门户森严的各宗派思想,一方面为顺应统一社会的潮流,另一方面也有利于佛教自身的协调发展。因此杨文会生当近代社会发生巨变、末法苍茫时代,继承佛教融合思想的传统,提出建立"马鸣宗"的构想,是有思想理论基础和历史依据的。1904年他曾与一位通信者说:"仆建立马鸣宗,以《大乘起信论》为本,依《大宗地玄文本论》中五位判教总括释迦如来大法,无欠无余,诚救弊补偏之要道也。"②在《大宗地玄文本论序说》中,他明确指出要救治的佛教思想弊端,是"谈宗谈教、说有说空,分河饮水、互相是非之弊"。③ 杨文会在1906年四月刻成的《佛教初学课本注》中说:"马鸣大士宗百部大乘经,造《起信论》,以一心二门总括佛教大纲。学者能以此论为宗,教律禅净莫不贯通,转小成大,破邪显正,允为如来真子矣。"④

由上可见,杨文会的佛学思想至少有两个特点:一是甄综会通,二是救弊补偏。他的甄综会通既体现在佛典的汇刻和甄别中,也体

---

① 梁启超说:"佛徒所艳称之马鸣,大率谓生于龙树前百余年,为大乘佛教中兴之第一人物。"参见梁著《大乘起信论考证》,第13页,上海,商务印书馆,1924年。
② 文出自《与李小芸书》,见周继旨校点《杨仁山全集》,第439页。
③ 见周继旨校点《杨仁山全集》,第7页。
④ 同上书,第118页。

现在教律禅净融会贯通的佛学思想中。《十宗略说》是杨文会佛教著作中成书较早的一部。此书的最大思想特点，是十宗平等，融会一体。其作虽参考日本凝然上人所著《八宗纲要》而成，但《八宗纲要》"引证详明"，而《十宗略说》则力求"简而易晓"。另外一个显著特点，就是将八宗扩成十宗，并在结构上贯彻华严十玄门的思想。再有就是在诸宗平等基础上，突出了净土宗的重要性，最明显的表征是把净土宗列之最后，"以前之九宗分摄群机，以后之一宗（即净土宗）普摄群机。随修何法，皆作净土资粮，则九宗入一宗。生净土后，门门皆得圆证，则一宗入九宗。融通无碍，涉入交参。"由此，他主张诸宗平等，学者慎勿"入主出奴，互相颉颃"。所以他在叙完各宗思想和特点后总结说："以上各宗，专修一门，皆能证道。但根有利钝，学有浅深，其未出生死者，亟须念佛生西，以防退堕。即已登不退者，正好面觐弥陀，亲承法印，故以净土为归矣。"①

我们由此看他对各宗先后次序的安排，在一定意义上显示出他的新的判教思想。他认为："出世三学，以持戒为本，故首标律宗。佛转法轮，先度声闻，故次之以小乘二宗。东土学者，罗什之徒，首称兴盛，故次以三论宗。建立教观，天台方备；贤首阐华严，慈恩弘法相，传习至今，称为教下三家。拈花一脉，教外别传；灌顶一宗，金刚密授，故列于三家之后。"②此中"教下三家"、"教外别传"，基本上是传统佛教的判教之说。净土宗原有圣道和净土二门的判教思想，但是他没有完全采用，不过他仍给予净土一个比较特别的地位。后来他将净土宗从印度到中土的弘传，判为"教内别传"。如在《与冯华甫书》中，他说："释迦佛出现世间，应病与药，初无定法。佛灭度后，诸大弟子结集三藏，是为教内正传。后来东土天台、贤首、慈恩诸师所阐扬者是也。摩诃迦叶传佛心印，

---

① 见周继旨校点《杨仁山全集》，第149、156页。
② 同上书，第156页。

是为教外别传,东土六代祖师及五宗提唱者是也。马鸣、龙树宗净土诸经,劝人念佛往生,是为教内别传,东土远公、昙鸾而后诸师弘扬者是也。"①杨文会把数千年来从印度到中国流传的全体佛教,分判为"教内正传"、"教外别传"和"教内别传"三大系列,这在某种程度上可视为杨文会在新时代所依的判教观。特别是判净土宗为教内别传,可谓发前人之所未发。这种判教观为他平等弘扬各宗,而又突出以净土为归的思想奠定了理论基础。

其实,就杨文会的整个佛教思想系统来看,他不只是融会起信、华严于净土,他还竭力融通净土与禅和唯识,进而把教律禅净都融会贯通。这里着重阐述杨文会晚年在批判禅宗流弊的同时,而对禅净融会所做的努力。诚然,对于禅宗他的确多所批评,尝有"佛法在中国是衰于禅宗,在日本是衰于净土真宗"的言论。但是他也说过"佛法之高莫高于禅宗,佛法之广莫广于净土"之类的话②。他不满意的主要是末流禅徒的"空腹高心,西来大意,几成画饼"③;他对当时禅门宗风也颇致不满,曾说:"禅门扫除文字,单提'念佛的是谁'一句话头,以为成佛作祖之基,试问三藏圣教有是法乎?"④他不敢苟同的是,"今时禅侣未开正眼,辄以宗师自命,扫除经教,轻蔑净土",认为"其不损善根而招恶果者几希"。⑤ 他大为感叹的是,"近世以来,僧徒安于固陋,不学无术";"于经律论毫无所知,居然作方丈,开期传戒。与之谈论,庸俗不堪,士大夫从而鄙之。西来的旨,无处问津矣!"⑥他曾经总结出后世参禅者之弊有二:一者错认六尘缘影为自心相,以为现前知觉之心,即是教外别传之心;二者但阅宗门语

---

① 《与冯华甫书》,见周继旨校点《杨仁山全集》,第434页。
② 见周继旨校点《杨仁山全集》,第123页。
③ 《等不等观杂录》卷八《与日本南条文雄书二十二》,见周继旨校点《杨仁山全集》,第503页。
④ 《佛学研究会小引》,《等不等观杂录》卷一,见周继旨校点《杨仁山全集》,第337页。
⑤ 《等不等观杂录》卷五《与陈仲培书》,见周继旨校点《杨仁山全集》,第437页。
⑥ 分别参见《般若波罗蜜多会演说一》和《释氏学堂内班课程刍议》,见周继旨校点《杨仁山全集》,第333、340页。

录,于经论未曾措心,不分解行,不明浅深,处处扞格,无由通达。① 在他看来,禅宗一门,直指人心,见性成佛,虽云教外别传,实是般若法门,观五祖、六祖之语就可得知;而禅人之见性,大有浅深,晚唐以后,利根已渐渐稀少。虽云见性,如暗室中钻凿小孔,得一隙之明,若比之于太虚空旷,日月星辰旋转其中,风云雷雨变化其际,自是不可同日而语。明虽是同,而大小有异,犹如初生婴孩比之于成人。摩诃迦叶为禅宗第一祖,阿难为第二祖,法华会上授记其成佛,均是在久远劫后;十二祖马鸣是八地菩萨,十四祖龙树是初地菩萨,都是历位修行而得大果。可见,禅宗即使"证入深深性海,仍然须历劫而修,始臻妙觉极果,不宜笼统和会"。② 总而言之,对杨文会来说,唐宋后佛教禅宗的衰微,在某种程度上是其主张读诵经论,十宗平等或大乘八宗兼弘,而倡导以净土为归的要因之一。

然而他之融会禅净,不仅是出于对禅宗衰微的判定,还立足于对禅净各自特点的认识。他认为,禅宗拣根器,净土则普摄。而现在一般崇尚禅宗的人大都轻视净土,不知马鸣、龙树现身说法,早就"双轮齐运"。他通过经论的熟读深思和生平所见所闻,深刻体悟到禅宗之最难处,是在"不受后有"一著,倘死生不能自由,则"隔阴之迷"决不能免。但是如何解决禅宗的这个难免"受后有"的问题呢?杨文会找到切实可行的一个办法,是在"随根授法"③,认为利根上智方可学教外别传之法,至彻悟心源后,仍然须看教念佛,期生净土,以免退堕;而中下之机,唯依教勤修,不可妄希顿悟。他谆谆教示人们:法不投机,徒劳无益。欲习禅定,

---

① 《答释德高质疑十八问》,见周继旨校点《杨仁山全集》,第412页。
② 《与释幻人书一》,见周继旨校点《杨仁山全集》,第427页。
③ 杨文会认为,释尊灭度二千年后的今天,"利根渐渐稀","以今昔人物之根器相比,其"高下大悬殊"。当今之世,参禅者虽众,终因"根发不相宜,得道甚为难"(《答廖迪心偈》,《等不等观杂录》卷四)。因此,他认为,"修习法门,以称机为贵"(《与陈仲培书》,《等不等观杂录》卷五),"中下之机,唯应依教勤修,不可妄希顿悟。法不投机,徒劳无益。"(《佛教初学课本注》)唯有念佛往生净土法门,则普摄三根,为"末法修行"中"速成不退,直趣佛果"的"普度法门"(《般若波罗蜜多会演说三》,《等不等观杂录》卷一)。由此,杨文会大力宣扬净土法门,一生皈依净土法门。

有天台止观可学,次第禅、圆顿禅,行之均能获益。究极而言,必以净土为归,所谓百川异流,同会于海。① 由之,有人也许以为杨文会意在摄禅归净,但须知目前这个"净",早已不是传统意义上以持名念佛为主要内容的净土宗。他依据华严经融摄无碍之旨,将原来用之于标榜宗派的念佛法门组织成了一个"圆摄无遗",融纳一切佛法的法门②,并提供了一个普被三根,既有圆顿之机,又有阶次可循的修学系统。在他看来,"如来教化,皆有次第,由浅而深"③;"修道之士,若未证无生法忍,轮回终不能脱",这时唯有净土横超一门,是"出火宅之捷径",是"至极至妙之法",不然,"虽透末后牢关,稍有业识未净,亦不免于轮转耳"。④

杨文会倡导归宿净土,主张诸宗平等兼弘,在某种程度上说就是救弊补偏。究实说来,杨文会对华严思想旨趣的把握和净土教理的研习,都是颇为深入的,其对唯识思想也有深刻的洞察力。以致日本的南条文雄认为他是华严学者,望月信亨则把他列入清末归向净土的居士之列,我国的梁启超在其学术著作中也指出:文会深通法相、华严两宗,而以净土教学者,学者渐敬信之。诚然,杨文会生平著作多以"略注"、"略释"或"略论"、"略说"而命名,如《大宗地玄文本论略注》、《十宗略说》、《观无量寿佛经略注》、《无量寿经优婆提舍愿生偈略释》、《坛经略释》等。但对于学佛,他特别强调"入手切须纯正",或者"入手切须的当"。⑤ 并且,其每立一言一论,几乎都是在广泛涉猎经论注疏,融会贯通之后,针对偏弊之见而发。如他在与一位学佛者的通信中曾自述:"间尝讨论今古,偏者斥

---
① 《佛教初学课本注》,见周继旨校点《杨仁山全集》,第122—123页。
② 《等不等观杂录》卷五《与陈仲培书》,见周继旨校点《杨仁山全集》,第437页。此中说,以一切佛法入念佛一门,即华严经融摄无碍之旨也;又说,间尝讨论今古,偏者斥之,弊者救之,弃粗浅而求精深,舍浮泛而求真实,期与如来教法毫不相违,允为净土资粮。……念佛法门圆摄无遗,不假他求也。
③ 《与释幻人书一》,见周继旨校点《杨仁山全集》,第426页。
④ 《与冯华甫书》,见周继旨校点《杨仁山全集》,第435—437页。
⑤ 《等不等观杂录》卷五《与冯华甫书》和卷六《与黎端甫书》,见周继旨校点《杨仁山全集》,第434、460页。

之,弊者救之,弃粗浅而求精深,舍浮泛而取真实。期与如来教法毫不相违,允为净土资粮。"①此外,欲求简易弘通,以接引末法众生,也是一个重要原因。杨文会学问的规模弘扩,是早就得到公认的。唯其"等不等观",故而诸法毕竟平等;唯其气度恢宏,故门下多有英彦俊杰。

三、薪火相传,后继有人

1910年,宣统二年庚戌,杨老居士七十四岁,作《报告同人书》,讲述心愿中未了之事:一编辑大藏、续藏提要,仿《四库提要》之例;二编《大藏集要》,日本《续藏》搜求甚富,但须甄别为必刊、可刊、不刊三类,于是作《大藏辑要叙例》示范。是年,欧阳渐三赴南京,侬侍杨老居士,决心舍身为法。1911年,宣统三年辛亥八月十七(10月8日),杨老居士七十五岁往生。居士遗命欧阳渐负责校刻经典,叮嘱续刻尚未完成的半部《瑜伽》。11月8日,南条文雄、赤松连诚等会同章太炎,在日本东京举行杨文会的追悼会,参加者大多是日本学者名流及与杨文会生前交好者,如高楠顺次郎、水野梅晓、村上专精、妻木直良等。赤松君有挽诗一首:呜呼杨君,宗门之彦,身在金陵,德化远传。尝游泰西,百研千炼,虽则研炼,素质无变。深信真乘,弘通经卷,至老益坚,孜孜不倦。神交多年,未曾识面,通信惠书,不见犹见。嗟君逝矣,何耐悲恋?聊陈微词,以代菲奠。②

1. 石埭门下多才俊

杨文会逝世后,弟子尊称为"石埭大师",又因其生前居深柳堂读书,或称为"深柳大师"。欧阳竟无在给杨文会所作的传记中写道:"唯居士之规模弘广,故门下多材;谭嗣同善华严,桂伯华善密宗,黎端甫善三论,而唯识法相之学有章太炎、孙少侯、梅撷芸、李证刚、蒯若木、欧阳渐等,

---

① 《与冯华甫书》,见周继旨校点《杨仁山全集》,第437页。
② 参见张华《杨文会与中国近代佛教思想转型》,第432页。

亦云夥矣。"①欧阳在此所列的文会弟子名单大都是其建立金陵刻经处以来就结下善缘的"居士道场"中的著名人物,而当时来祇洹精舍就学的缁素弟子未包括在内。事实上,这批弟子大都满怀抱负,要为佛教做一番革新的事业,不啻振兴中国佛教,而且弘扬佛教于世界。当时来祇洹精舍先后就学的缁素共有20余人②,其中居士2人(邱晞明、谢无量),余皆为僧徒,如释仁山、太虚、观同、智光等,日后都成为鼓吹中国佛教改革的主将。

石埭门下杰出弟子很多,皆能继承师志,光大所学。首应一提的是浏阳谭嗣同,其次是九江桂伯华,他们二人不仅是最早来依侍杨老居士学佛的入门弟子,亦可谓居士生前弟子中使金陵刻经处声誉远播的人。桂伯华与杨文会相依最久,为杨门引进了许多江西籍弟子是他最大的贡献,如欧阳竟无、李证刚、黎端甫、梅撷芸等,日后这批弟子都大放光芒,这在近代佛教史上是很引人注目的一个现象。谭嗣同在金陵刻经处学佛的时间虽不很长(大约一年不到),但他的维新事业,他的慷慨赴难和英勇就义,因其与杨老居士一段学佛之缘,而激发了不少维新人士向往到金陵刻经处来学佛论道。梁启超就是其中之一。有一条资料是从佛教角度来评价谭嗣同在金陵学佛之后的影响的,颇有价值,内中说道:"他从杨居士求学时,致力于华严、唯识的研究,以其杰出的智慧,很快地抓到了大乘佛法超迈世出世间的精神,更进而以儒家学说为方便,构成他有名的《仁学》的思想。这一路线,或者说他的学说在佛教内外,都掀起了历时久远的波澜。惜乎谭君年事方盛,便惨死在清廷手中,未能继续完成他那伟大的菩萨入世事业。"③

桂伯华(1861—1915),是杨文会遴选来专攻因明、唯识二部,并作为

---

① 见周继旨校点《杨仁山全集》附录,第586页。
② 参见《杨仁山居士事略》说"就学者二十余人",而欧阳渐《杨仁山居士传》说"僧十一人,居士一人",见周继旨校点《杨仁山全集》附录,第584、587页。
③ 书新:《开国时期的佛教与佛教徒》,见张曼涛主编《现代佛教学术丛刊》之《民国佛教篇》,第4页,台北,大乘文化出版社,1978。

将来的"佛学导师"来培养的第一人。桂伯华得杨文会资助,举家移住在金陵刻经处内,边校点经文,边随师学佛。事实上,在这之前,他在学术上已有所成就,被金溪知县聘为书院山长。其学宗顾亭林,解经主今文经家言,诗崇杜、苏。欧阳渐说他:"凡注疏诗集,无不全部录读。生平不草一字,造次执笔,皆工整。教人有法度,以点书入门,而一驭以开合法:篇开而章,章开而句,句开而字,必使开无可开而止,然后合字为句,合句为章,合章为篇,而筋髓毕露。"①在他主持的书院,诸生未通文法者,数月斐然能文,其弟妹亦皆能文。因为甲午战败而受很大刺激,戊戌年间(1898),追从康梁变法,在沪萃报馆任主笔。梁任公在湖南长沙办时务学堂,离去时,举桂伯华以代之。变法失败,戊戌六君子死,朝廷缉拿康党急,伯华匿于乡间。岁暮病虐,中夜孤灯依床褥,得《金刚经》一册,晨夕读,恍然于人生虚幻。病愈之后,即趋金陵依杨文会学佛。

学佛之后,桂伯华不仅思想上产生了大变化,而且成为弘扬佛法的积极行动者。他以其猛利强毅而虔敬真诚的性格,影响了身边的亲人、周围的朋友。欧阳渐在《九江桂伯华行述》中说:以前伯华恐乡野僻陋,将会堕其志,故举家移南昌,藉书院膏火存活。现在则为学佛,全眷住金陵。昔日以文学遍导弟妹,今则以佛学遍化家人,以致父母兄弟姊妹,无不素食、持名(即念佛)、大阅经论。伯华为人口吃,然雄健于谈,语语从肺腑出,娓娓动人;教人则孜孜不倦,知无不言,言无不尽,唯恐人不知,而设多方便。欧阳渐信入佛门,即受伯华之感染。欧阳谈到,当时他以王阳明哲学与桂伯华相争,而伯华不争辩,"但纳予《起信》、《楞严》曰:'姑置床头,作引睡书读,如何?'予不觉为之牵转也。"②欧阳又谈到生平所受两大刺激:其一是他少时"为人曝(晒)书,拂拭不经意,叔父忽瞋目

---

① 欧阳渐:《九江桂伯华居士行述》,见《竟无诗文》,第3页,金陵刻经处本,1935。
② 同上书,第4页。又参见《竟无小品》卷下第10页云:"戊戌变政,事败,株治康党。伯华感人情冷暖,成败无常,遂学佛于金陵。于时学风简陋,斥佛异端……予时治阳明学,伯华不能屈,然强聒不舍,导拜杨门,竟也为之转移。"

大呼,'尔奈何为人不出力?'持书紧拍声彻于庭。予陡然悚惕,魂为之夺。自此数十年,小事不敢忽……"另一大刺激,就是说的他和桂伯华的一次经历,他们二人同去拜谒云照律师,人未遇而遇其像,欧阳亦不太经意,伯华则忽然"委身扑地,如泰山崩"。至此,欧阳深惭自己"我慢"之性盘结于衷而不可解,"不觉受其摧动,随彼身而降。清凉冰释,帖然而拜。自此数十年待人接物,不敢庞然自大也。"①

随杨文会学佛的江西籍弟子比较多,这都跟桂伯华大有关系,多为桂伯华所引进,如李澹缘、黎端甫、梅撷芸、李证刚、欧阳渐等。民国初年,桂伯华、李证刚和欧阳渐三人在佛学上各有成就,而桂伯华以年长及先入石埭门下之故,位居三杰之首。②桂伯华生平著述,因临殁前寓所失火,以致无片纸只字留存世间,仅《杨仁山居士遗著》中保存了他致杨文会的一封书信。还有《海潮音文库》第四编中,收有他的遗诗数首,悟理透彻,悱恻动人。现仅录一首《次韵酬杨昀谷》,以见其才情和造诣:

诗心淡后无奇句,世事谈多有泪痕。
与子细寻无味味,共余相喻不言言。
当来弥勒终生世,过去巫咸尚理冤。
试把十方三世看,铁浑仑亦不须吞。③

在桂伯华致杨文会的书信中,我们看到桂伯华推荐了李澹缘、黎端甫,还有"九江城内一少年徐子鸿",说此数人"宿根最深"。李澹缘受其影响,最先与杨文会通信,求教学佛,专修净土。资料表明,李澹缘资质甚佳,学佛勇猛,"同辈中实罕其匹",惜乎后来不知所终。从桂伯华的介绍中可知,黎端甫也是一难得的人才,桂伯华说"同辈中闻佛法者,以彼为最早,气质亦以彼为最纯"。④黎端甫后来在石埭门下,以治三论而著

---

① 欧阳渐:《见闻琐录叙》,见《竟无诗文》,第7页。
② 参见欧阳渐《杨仁山居士传》,又参见于凌波著《中国近现代佛教人物志》,第324页。
③ 参见于凌波《中国近现代佛教人物志》,第327页。
④ 见周继旨校点《杨仁山全集》附录,第449—450页。

称。欧阳渐说:"江西三居士,伯华、端甫、晞明,皆刚健、笃实、孤僻。苟充其用,皆足以光大法事。伯华治华严,端甫治中观,晞明治小乘。然皆不尽其天年,而中道夭。悲夫!"①此中,晞明姓邱,先入祇洹精舍学习,精舍停办后未久,则依欧阳入支那内学院,学法相唯识,但他认为"佛法不遑大而先小,行戒律而义阿含",故最终刻《杂阿含经》,得四十卷而卒。

而桂伯华一生之佛学,不光在"治华严",最早他受杨老居士影响,以净土为归而修持名,入金陵后则学因明、唯识,同时学华严等,末了复学日本真言(密宗)以终焉。早年他曾在给杨文会的书函中,说自己"识飚神飞",然考其一生,实亦多受"博取升斗"之累。如欧阳渐在1935年1月作《九江桂伯华行述》,上来先说,"无一廛之居、一瓶之粟,父母兄弟亲戚,所资以事蓄者,不下十余人,乃不以夺其志,废其学。"②后来他与其弟去日本留学,藉官费以存活,与《民报》诸革命家友善,相感以佛化,最终客死东洋。欧阳渐在《桂伯华行述》中记载了他临死前的所学:"伯华分疏经论,淹通条贯,诚不餍寻常讲经法师所谈,将安心著述,尽贡所学以饷世。元度(伯华弟)不能为兄所为,走归故国,冰炭填膺,郁悒侘傺,发狂死。伯华哀之,以为方便不足疗治疾于生前,神通不能了彻其趣于死后,日夜疏剔文字奚益?乃尽弃其所学,从事真言,日夜持咒观想。"③故此,欧阳在开列石埭门下弟子所学时,又说桂伯华"善密宗",而其实伯华生平著述都为大火焚为灰烬,密宗之外的思想,世人不复见其存耳。欧阳小伯华十多岁,然引其为知心友,深赞其节操,说九江名士蔡泽宾因悦伯华之才,而将爱女许以为妻,未婚而女死,伯华感知遇,终身不娶。④ 欧阳亦叹其人生末途、贫病交加的悲惨境遇,说其母临终时,垂念桂氏后,伯华哀之,将谋所谓娶妻生子者,因为"俯蓄艰难"而未果。伯华留东洋

---

① 欧阳渐:《邱晞明居士墓志铭》,见《竟无诗文》,第16页。
② 欧阳渐:《九江桂伯华居士行述》,见《竟无诗文》,第3页。
③ 欧阳渐:《竟无诗文》,第4—5页。
④ 同上书,第3页。

十余年,住楼下三铺席,饮食、居处、读书、会客,全部在于此。久之,得"湿偏枯溃烂"之病症,因此丧其命。然民国四年(1915)三月五日伯华临终时安然,先自挽句云:"无限惭惶,试回思曩日壮心,只余一恸;有何建白,惟收拾此番残局,准备重来。"①

杨文会生前对桂伯华期许甚高。1900年初,他函招桂伯华来金陵专攻唯识。1904年,在《与李小芸书》中,他说:"近年尝有就学于敝寓者,九江桂伯华最为猛利,已相依两载矣。"②1906年,在《与某君书》中,他又说:"近年自远方来就学于敝处者,颇不乏人。住时长短,各听其便。有九江桂伯华者,相依最久,用心恳切。将来造诣,未可量也。"③由此可知,桂伯华在石埭门下专习唯识,又圆通各宗,实甚为杨文会居士所期待;然桂伯华命途多舛,郁悒惭惶而终,亦实是杨文会所始料未及。谭嗣同、桂伯华皆倾心维新,有志佛学,然不幸早死。传石埭之学者,唯有居士欧阳竟无和僧人太虚,最为卓著。

2. 入民国后有接棒人

杨文会的事业和思想入民国后有接棒的人,最为杰出者,僧界有太虚法师,居士有欧阳竟无。太虚在近代佛教史上,不唯以倡导佛教(教理、教产、教制)"三大革命"而著称,而且被视为近代较早弘扬人间佛教的一代宗师和领袖;欧阳竟无则被称为"宜黄大师",是世所公认的近代研究唯识学的泰斗。太虚之学虽然来源广泛,然其长于融贯统摄,不拘泥于台贤禅净,卓然成家,这显然和杨文会是同一个思想路线;并且一再为《起信》、《楞严》等释难扶宗,亦足以见其宗本之所在。欧阳竟无的佛教思想很大程度上受杨文会的思想影响。虽然欧阳对起信思想颇多非议,抉择起信与唯识之真伪,在近代佛学界掀起轩然大波。但是他在晚年所作的《杨仁山居士传》中说:"……然其临寂遗嘱,一切法事乃托付于唯识学之欧阳渐,是亦可以见

---

① 欧阳渐:《竟无诗文》,第6页。又参见《竟无小品》卷下第10页云,伯华死前谓东渡看望他的陈铭枢:当回国,先住宁半年,养病研教,然后垦植东北,弘化蒙藏也。
② 见周继旨校点《杨仁山全集》附录,第439页。
③ 同上书,第468页。

居士心欤！"①此语意味深长。欧阳虽以专精于法相唯识学而著称于世，但他并不局限于唯识一家，而是治龙树、无著学于一炉，其实也是走的"性相融通"的路子。（欧阳于晚年融通儒佛思想，可能还与杨文会有一定关联。）当然，同样是讲性相融通，不同的思想者，其宗本可能不一样，其思想结构还是有差异的。不过有一点可以肯定：他们都有一个共同的思想目标或共同特点，就是如何对整个佛教思想进行融会贯通的理解，对纷乱淆然的思想作出"契理契机"的最优化组合。

杨文会接触佛教，最先读的两部经典，一是《起信论》，二是《楞严经》。此一经一论，连同也为他所欣赏和重视的《大宗地玄文本论》及《释摩诃衍论》，在后杨文会时代的佛学界一概被判为"伪经伪论"，但实际上它们对杨文会一生的佛教思想影响很大，或者在晚年杨文会马鸣宗的构想中占有重要的地位。直到1906年他七十岁时，在《答廖迪心偈》中，他还说："若欲通佛教，《起信论》为最。既通《起信论》，然后读《楞严》。此一经一论，简要便初学。"②故而在1908年祇洹精舍开学后，上学年杨文会给学生讲《起信论》，下学年讲《楞严经》。③而《大宗地玄文本论》和《释摩诃衍论》等典籍，按照《释氏学堂内班课程》的设置，要在普通学三年之后的第四年，进入专门学阶段，学贤首宗者才能学习。然而，祇洹精舍办了不到两年，主要因为经费短绌而停办。此后未久，杨文会生西，两千多年的帝制终结，进入民国时代，佛学也随之进入了一个新的时代。

令人深思的是，以上几部与杨文会佛教思想有密切关系的经论，虽然并非在入民国后才遭到怀疑并被判入伪书之列，但民国初年的批判却有某种特殊的意义，很大程度上反映了中国近代佛教思想的进一步转型。有理由说，《起信论》在近代受到杨文会等人竭力推崇的主要原因，

---

① 参见周继旨校点《杨仁山全集》，第587页。
② 同上书，第414页。
③ 从印顺作《太虚大师年谱》中得知，太虚因迟半年才来祇洹精舍，故他只听到了《楞严经》。而太虚的佛学思想，即以《楞严经》为宗本。

一是因为该论简明扼要地提供了融摄各宗的思想纲领,二是出于信仰实践上的需要。关于前者,我们在前文已作了很多论述,现对后者试作一些简单说明。值得注意的是,《起信论》和《大宗地玄文本论》除了思想上的融贯诸宗教外,另外一个共同点就是它们都特别强调"信"的重要性。对大乘佛法生起信心也许是《起信》立论的根本宗旨,可以说《起信论》除了阐明佛教的一些基本哲学(如"真如缘起"、"一心二门"等)外,一以贯之的就是对信心和修行的重视。这一点从《起信论》的基本结构也可以看出,《起信论》共有五分,除初分说明造论缘起外,第二立义分和第三解释分主要是阐述其基本义理,第四、五分则分别论述修行信心和劝修功德。杨文会经过对"支那佛教衰于禅宗"的反思,而重新树立经典的权威确实不假,但他也突出信仰和修行实践方面的内容,他"转禅归净"足以说明这点。故他能对《起信论》中倡导往生净土特别感到兴趣;同样他从《大宗地玄文本论》中也能独具只眼地发现"东土谈教义者,以十住初心便成正觉,为圆顿极则;马鸣大士则言信位便该果海,实大法东来所未闻也"。① 如果从中国佛教发展的历史脉络来看,那其实是对末流禅风狂诞空疏和形式主义的反动。然而在后杨文会时代,情况发生了变化,大约从 1917 年新文化运动开始后,科学和民主成了时代的最强音;随后不久,新青年知识分子开展了轰轰烈烈的反帝反封建的五四运动,接着又掀起了反宗教迷信运动,中国成了一个思想飙进的时代。对新青年知识分子来说,"有信无智"是盲目的、空洞的,甚至是危险的。新生代的佛教知识分子(尤以支那内学院为主)不可避免地受到时代思潮的影响,他们不仅对《起信论》之强调信仰不以为然,而且要超越《起信论》的义理而寻找一种新的哲学。最终,他们转向了唯识学。其实,对于这种佛教思想的现代转型,我们从梁启超曾经发表的对新时代佛教信仰的"六点认识"即可略知其风向,其中第一点认识就说到"佛教之信仰乃智信而非迷信";而且,梁氏把

---

① 参见《大宗地玄文本论略注》,见周继旨校点《杨仁山全集》,第 16 页。

佛教之"起信"与其他宗教之"强信"作了比较,认为他教之信仰,是"以为教主之智慧万非教徒之所能及,故以强信为究竟",而佛教之信仰,则以为"教徒之智慧必可与教主相平等,故以起信为法门"。①

《起信论》和《楞严经》因有太虚及其武昌佛学院师生出来"释难扶宗",还未至于坠落;《大宗地玄文本论》和《释摩诃衍论》就全因伪作之"铁证如山"而被打入了"冷宫",从此依两论而立的马鸣宗,几乎再也无人问津。诚然,杨文会在近代佛教史上的"先师"地位,并不因其依奉两部"伪论"来建立马鸣宗而有丝毫的贬损,但如何理解近代佛教史上这一重大公案,也确乎牵涉到如何适当评价杨文会在近代佛教思想上的地位。从近代佛教思想大转型的角度来看,此两论之所以受到杨文会的重视,主要因为其倡导性相融通、统摄全体佛教的思想性质。也就是说,杨文会之所以表彰《大乘起信论》和《大宗地玄文本论》,乃因为他强调大乘各派在根本宗旨上是一致的,各种入佛法门是互不相妨的,不应当发生"分河饮水,互相是非"的宗派门户之争。而马鸣所造的这两部大乘论,恰好能贯通大乘空有、性相、教宗等等两相对立的派别。从另一角度来看,如果说早年杨文会由《大乘起信论》而开启了信佛之机,因而对《起信论》及其作者马鸣产生了终身仰慕和推崇的心情,以致连带与马鸣有关的一切他也"爱屋及乌",但晚年他弘扬两论,则其思想的融通性和统摄性要占主导地位,因为这一点在杨文会看来是有深厚的理论基础和历史依据的。如他在《与某君书》中对其一生佛学追根溯源,由莲池、憨山而上溯贤首、清凉,终以马鸣、龙树为宗,那是因为"此二菩萨,释迦遗教中之大导师也。西天东土,教律禅净,莫不宗之。遵其轨则,教授学徒,决不误人。"②

3. 唯识学应时而兴

近代以来,万国交通,新思潮迭起,以佛法救世济人之思想亦颇流

---

① 参见梁启超《论佛学与群治之关系》,见《饮冰室合集》第2册文集之十,第46页。
② 见周继旨校点《杨仁山全集》,第468页。

行。但政学各界,稍有知识而对佛法怀疑者,也实不在少数。此种怀疑意见,大约不出两端:一说佛法是消极的,二疑佛法是迷信的。依照唯识学,佛法不消极,因其主张菩萨行广修"五明",以摄受一切众生(五明中的"内明"指佛学,"因明"相当于今逻辑学,"声明"是音韵学等,"工巧明"是工艺、历算等技术,"医方明"指医药医学);佛法也不迷信,因其强调"理"解,主张"智"信,认为理既未明,信不能深,信尚未坚,而欲使之不迷惑则难。在一些研究唯识学的人看来,对于今日的科学、哲学等理论,唯识学理论也有优胜之处,因其(从宗教角度)洞察了人类的深层心理世界,研究了科学和哲学未曾触及的第七、第八识。再者,其万法唯识的核心思想,对科学、哲学上所涉及的主观世界与客观世界、物质与意识等等基本问题,也不乏可资之处。

对于佛法与西学的差别而又有优胜之处,杨文会有所注意。我们在其遗著中看到一则资料说,杨文会对近时那些把佛法与哲学相提并论的做法,颇不以为然。在《佛法大旨》中,他谈到佛法大旨在引导世人解脱生死轮回,无论何人依教修行,皆得成佛。但入门有难易之分,证道有浅深之别,及其成功是一样的。如来设教,义有多门,譬如医师,应病与药。但佛法旨趣玄奥,非深心研究,不能畅达,因为"出世妙道,与世俗知见,大相悬殊。西洋哲学家,数千年来精思妙想,不能入其堂奥。盖因所用之思想,是生灭妄心,与不生不灭常住真心,全不相应。是以三身四智、五眼六通,非哲学家所能企及也。近时讲求心理学者,每以佛法与哲学相提并论,故章末特为拈出,以示区别。"[①]

另外,对西方人研究佛学的方法,杨文会也发表了自己的一些独到看法。在《与夏曾佑书》中,谈到佛教是否源出于婆罗门教的问题时,他认为:"西人在印度考求各教,但求形迹可据者载之,谓佛教后出,遂以婆罗门为其源,信有声闻法,而不信有菩萨法。以菩萨法系文殊、阿难在铁

[①] 见周继旨校点《杨仁山全集》,第325—326页。

围山结集,诸大菩萨以神通力流传世间,凡夫始得见闻。西人不明其理,往往疑而不信也。"①在《与释遐山书》中则说:"西人在印度考究佛生时代,多种不同,莫衷一是。可见后人记往古之事,不能执为孰是孰非也。尝见今人述数十年内之事,亦不能得其真,但如烟云过眼而已。若于此等言句计较真妄,则唯识理不成。《金刚经》云:一切有为法,如梦幻泡影,如露亦如电,应作如是观。请深味乎其言也。"②

由以上杨文会对西方传来的哲学、心理学,以及西人研究佛教的看法中,我们不难察知他的思想中,一定程度上已经折射出这个时代的思想意识,反映出佛学与西学的冲撞和交锋的思想痕迹。事实上,杨文会在当世就素以善通西学与佛学而著称,如以杨文会为学佛导师的谭嗣同就曾与人说他"佛学、西学,海内有名",谭嗣同并受杨文会佛学思想的影响而著《仁学》,将孔学、佛学与西学熔于一炉。历史表明,在近代中国社会和文化受到西方文化强烈冲击的过程中,佛教扮演了一个比较特殊的角色。近代中国之所以发生前所未有的巨变,是因为遭遇了西方强大的物质和精神文明,由此中国的先进知识分子开始对传统文化失望而转向西方寻找救国救民的真理,而这时的佛教(尤其唯识学)在他们的思想里,不同程度地被用来作为他们沟通西学的桥梁,正是在这个意义上,我们看到了佛教在近代散发的特别光彩和所表现出来的某些积极作用。

从佛教本身来讲,佛教人士遭遇西方文化要稍早一些,这主要指明代中叶后,与来华基督教传教士的交锋。但这主要限于宗教领域,由于宗教固有的范围而对近代佛教的思想转型影响不是很大,后来情势变化,则逸出了宗教范围而进入思想文化的领域。尤其第一次世界大战之后,随着西方文明破产论调的上升,佛教遂变成我国一些有识之士抵抗西方文化冲击,并能弥补和救治西方文明之不足的一种精神工具。帝制

---

① 见周继旨校点《杨仁山全集》,第448页。
② 同上书,第429页。

崩解后,传统文化儒释道三足鼎立而以儒学为正统和主流的思想格局终于瓦解,佛教率先迎接了西方文化的挑战而开了改革的先河。在儒家思想遭到普遍怀疑和责难的同时,佛教思想却迸发出活力,发挥了千余年来少有的积极作用,以致梁启超视之为我们传统文化的"第二源泉"①。五四新文化运动后,有一些人如梁漱溟、熊十力等,站出来维护传统文化命脉,弘扬儒家思想的优秀传统。值得注意的是,梁漱溟、熊十力都与唯识学有不解之缘,他们浸润于儒佛思想,虽对近代佛教多所批评,但无疑受到唯识学思维方式影响很大。他们二人在北大都先后讲授过唯识学,且形成专著(梁著《唯识述义》,熊著《新唯识论》)。尽管他们所阐释的唯识思想不见得为唯识家所赞同,但这的确说明了唯识学对现代新儒学的成立具有某种不可忽视的意义。

从具体思想层面来分析,近代佛学不仅与西方的社会政治理论相接通,而且与西方的人文科学,乃至自然科学都有正面交锋。前者主要指近代维新志士和资产阶级革命者如谭嗣同、梁启超和章太炎等,都倡导和鼓吹佛教的平等、无我和大雄无畏之类思想,以鼓铸国民道德,重振民族精神。后者则集中反映在"佛法是宗教还是哲学"、"佛教是科学还是迷信"等争论之中。如杨文会的弟子欧阳渐提出"佛法非宗教非哲学"的观点,超越了争论的偏执一隅,因为他认为"佛法之晦,一晦于望风下拜之佛徒,有精理而不研,妄自蹈于一般迷信之臼;二晦于迷信科哲之学者,有精理而不研,妄自屏之门墙之外。若能研法相学,则无所谓宗教之神秘;若能研唯识学,则无所谓宗教之迷信感情。其精深有据,足以破笼统支离;其超活如量,足以药方隅固执。用科、哲学之理智以为治,而所

---

① 参见梁启超《治国学的两条大路》,"我们国学的第二源泉就是佛教。佛(教)本传于印度,但是盛于中国,现在大乘各派,五印全绝,正法一派,全在中国。欧洲人研究佛学的甚多,梵文所有的经典差不多都翻出来,但向梵文里头求大乘,能得多少?"此是1923年1月9日梁在东南大学做的国学演讲。《饮冰室合集》第5册文集之三十九,第118页,北京,中华书局,1989。

趣不同。是故,佛法于宗教科哲学外,别为一学也。"①因此,这种争论不仅仅有学术意义,还有其他方面的重大意义。而这几个层面都可在唯识学中找到思想资源和接通之处。以此观之,唯识学在近代得到诸多有识之士的倡导和研究,而成为一时显学,实有时代方面的背景,是适应时代和社会的需要而起也。

在中国近代佛教思想史上,杨文会算得上是一位先师、一个启蒙者,而从唐以后佛教思想大转型来看,他则是承前启后的枢纽性人物。又综观其一生,他虽然以身任道,以振兴佛教为己任,但从未以宗师自命。他只是默默地为百废待兴的佛教事业鞠躬尽瘁。他曾对人说:"吾在世一分时,当于佛法尽一分时之力。"②临终他又遗嘱家人和弟子:"经版所在,即吾之遗体所在。"③杨文会毕生以弘护正法、振兴佛教为使命,他曾经说:"摧邪显正,责在僧伽;救弊补偏,功归檀越。"④他给自己居士身份的定位是"救弊补偏"。综观他半个多世纪的学佛成就,诚如他的遗著的整理者所说:"自佛法入中国千八百余载,宗龙义虎,后先辈出,何可胜数!然而以居士身,具择法眼,旁搜远绍,续佛慧命,如先生者,前古未尝有也。"⑤必须承认,尽管杨文会开创了佛教的一个新时代,但他的工作没有完成;但从杨文会及其弟子们的薪火相传的共同努力中,可以发现由杨文会展开的中国近代佛教史,实际上就是一部兴遗教、继绝学、续慧命的光辉历史。

---

① 欧阳渐:《与章行严书》,见王雷泉编选《欧阳渐文选:悲愤而后有学》,第315页,上海远东出版社,1996。
② 语出《事略》,见周继旨校点《杨仁山全集》,第584页。
③ 参见武延康、纯一编《杨仁山居士年谱初稿》(未刊稿),第71页。
④ 见周继旨校点《杨仁山全集》,第375页。
⑤ 徐文蔚:《杨居士事略书后》,收入《香光庄严杂著》,第7页上。

第四章 清代民国时期佛教的寺院经济

清代佛教的发展,除了社会、政治、文化环境因素之外,还有必要结合佛教寺院经济来进行考察。寺院经济是佛教赖以存在和发展的基础。一般而言,清代寺院大都有自己的田产,通过出租给佃农耕种收租来获得稳定的收入,维持自己的生存和发展。因此,寺院经济是封建经济的重要组成部分,寺院上层僧侣也成为封建统治者的重要成员。清代前期,清政府对寺院的田产等实施了保护措施。但鸦片战争后,随着中国封建社会一步步变成半殖民地半封建社会,清王朝陷入危机四伏的境地,内忧外患不断。为了维持摇摇欲坠的统治,清末统治者采纳了"庙产兴学"的动议和相关政策,社会上遂出现大量侵吞占用寺产的现象,从而使佛教的命运遭遇重大危机和转折。

第一节 清代前期佛教寺院经济

清廷首次统计各省寺庙和僧众数量是在康熙六年(1667),康熙朝《大清会典事例》记载:"礼部通计直省敕建大寺庙共六千七十有三,小寺庙共六千四百有九。私建大寺庙共八千四百五十有八,小寺庙共五万八千六百八十有二。僧十有一万二百九十二名,道二万一千二百八十六名,尼八千六百十有五名。共计寺庙七万九千六百二十有二,僧尼道士十有四万一百九十三名。"①直省各类寺庙加起来有近八万座,总数不小。需要说明的是,这个寺庙和僧道总数基本上为汉地寺庙的统计,还不包括广大蒙藏地区的喇嘛寺庙。另外,大寺庙中有不少属于前代敕建,其中属于本朝兴建的大、小寺庙数据并未显示。数据表示,寺庙私建的比敕建的多,而小寺庙的总数目远远多于大寺庙。

从这个统计中可看到,清政府对汉地寺庙的分类采用了两个基本标准:一是根据它属于敕建还是私建,二是看它的规模大小。这与明代将寺院严格分为禅、讲、教三类,并以此实施不同管理策略的做法有异。其实,根据是否纳入官方祭祀系统,清代寺院可分成官方寺院和非官方寺院,敕建与私建的分别大体上可视为官方寺院和非官方寺院的划分。官方寺院有以下主要特点:第一,纳入了官方的祭祀系统。官方寺院每逢帝王诞辰以及佛诞、元旦等特定日期都要按照官方的定例进行佛事活动。第二,在经济方面,官方寺院要么以一定时间从官方领到一定数量的钱粮财物来维持寺院的日常开支,如进行佛事活动的需要、僧人的衣食所费等等,要么在寺院的修缮等方面得到官方的经济支助,同时还容易得到帝王的赏赐。至于非官方寺院,它们数量更多,没有纳入官方的祭祀系统,主要依靠寺产及信众们的施舍等方式维持生存。

根据与帝王的关系程度,官方寺院又可进一步分成皇家寺院和一般性官方寺院。皇家寺院包括北京的故宫,皇家园林中的佛寺、佛楼、经堂,以及兴京、盛京和承德避暑山庄里的佛寺等与清朝帝王关系最密切的寺院。根据佛教传承关系,可分成藏传佛教寺庙和汉传佛教寺院,上述这些皇家寺院大部分属于藏传佛教寺庙。一般性官方寺院往往是京城及地方上的著名古刹。地方官往往以官员身份在这里举行佛事活动,

---

① 《大清会典事例·礼部·方伎》卷五百一,第1—2页。也参见伊桑阿等纂修(康熙朝)《大清会典·礼部·祠祭司·僧道(喇嘛附)》卷七一,收入《近代中国史料丛刊》三编,第七十二辑,第720册,第3624—3625页,台北,文海出版有限公司,1992。

如为皇帝举办万寿道场,举行仪式悬挂清帝赏赐的御书、匾额,祈祷雨雪等。这些活动属于官方性质,公开而合法。一般性官方寺院在寺院的修缮、寺产的扩充等方面往往能得到官方的支持。①

清统治者试图用僧数来确定寺庙的等次。康熙四年(1665)题准,兴京、盛京及京师寺庙僧道均遵旨建设外,其前代敕建寺庙各设僧道10名,私建大寺庙各设僧道8名,次等寺庙各设僧道6名,小寺庙各设僧道4名,最小寺庙各设僧道2名。事实上,官方文献和公牍奏章中除了以敕建、私建来划分寺院外,更多地从规模大小上来识别寺院,往往用丛林寺院来指称那些规模较大的寺院,而规模小的则称为庵或庙等等。清代的寺院经济,与寺院之公私性质和规模有一定联系,往往因其性质、规模及所在不同地区,而形成结构上和来源上等等差异,但拥有田产则是上述不论哪种寺院的共通点。

一、寺院之田产

清代官书中保存了不少皇家寺院拥有田产、租户并征租赋的记录。例如,雍正三年(1725)定,每年于丰泽园后演耕耤礼,种旱地一亩三分,所种早稻熟时,碾得细米,供献奉先殿、寿皇殿、恩佑寺、福佑寺、安佑宫五处各一斗,交送尚膳房二斗,余尽交奉先殿,备每月供献之用。淑清院旱地七分三厘,每年委会计司庄头一名种麦;大光明殿旱地四亩二分,每年委会计司庄头一名种瓜,于进鲜之前,交送甜瓜两个,供献慈宁宫佛前。② 乾隆八年(1743)奏准,瀛台、永安寺等处小修工程所需银两,于稻

---

① 参见杨健《清王朝佛教事务管理》,第315—321页,北京,社会科学文献出版社,2008。将官方寺院进一步分类的原因在于:清王朝对这两类寺院的管理也有区别。例如,中正殿以及慈宁宫中供皇太后、太妃等人拜佛的经堂等处,僧人均由太监担任,所以称为太监喇嘛、太监和尚。清代帝王对官方寺院的赏赐方式概括而言主要有四种:第一,赐银。第二,赐经、赐字或赐匾。第三,赐佛像或牌位。第四,赐名。
② 《大清会典事例·内务府·园囿》卷一一九四,第1页。参见《周叔迦佛学论著全集》第7册《清代佛教史料辑稿》,第3123页。

田场地亩银内,动用六百两,存留备用。奉旨:著照所请,动支稻田场款项,不必拘数,岁终即行奏销。这显示皇家寺田除了实物供应皇家寺院所需外,还征收租银以支持寺院建设或其他事项。此外,乾隆三十二年(1967)奏准,圣化寺内外水田三顷四十二亩二分六厘,岁征租银一百九十两九钱四分。又,圣化寺东门外并巴沟村等处水田三顷六十六亩四分三厘,岁征租银二百十九两八钱五分八厘。①

清代皇家园林寺院又设园户耕种寺田,供寺院所需。康熙五十六年(1717),永慕寺设苑户十名。乾隆十一年(1746),阐福寺设园户十名;乾隆十六年(1751)奏准,永安寺设园户十四名;乾隆二十三年(1758),阐福寺增设园户十六名;乾隆三十五年(1770),又增设园户十名。在承德等边地寺院,还设置了千总和兵户。乾隆二十三年(1758)议准:普宁寺原设千总一人,委署千总一人,兵二十名外,再增设兵十名,照例给予地亩奉饷。乾隆年间从二十五年到四十五年,相继照例给普佑寺、安远庙、普乐寺、普陀宗乘之庙、殊像寺、须弥福寿之庙等,均设置千总兵户,并给予地亩奉饷。②

清代一般寺院,不论大小都普遍置办农业田产。山东府县志中记载了一个并不太著名的乡村寺院,晚明时虽被赐额"弥陀禅寺",但远近仍以旧名"麻院"称之,屡经兴废而不改其名。麻院之创兴和绵延,即充分说明了寺院与以耕织为本的农业社会的紧密联系。牟庭撰《重修麻院寺记》深刻阐明了两者的关系,他认为,昔人论释氏"不耕而食,不织而衣",以为病,诚如麻院之遗教,遵循"农而自养",则"释氏亦何病于农,而何惭于养"。他指出,麻院几经废兴而百世长存,"此其农业浸兴、香火富盛之效也"。③

寺院置办田产,与传统中国农业文明有莫大关系,寺院的农业经济

---

① 《大清会典事例·内务府·园囿》卷一一九四,第2页。参见《周叔迦佛学论著全集》第7册《清代佛教史料辑稿》,第3124页。
② 《大清会典事例·内务府·园囿》卷一一九四,第7页。参见《周叔迦佛学论著全集》第7册《清代佛教史料辑稿》,第3125页。
③ 牟庭撰:《重修麻院寺记》,载《中国地方志集成》第51册山东府县志辑,见《光绪栖霞县续志》卷一〇,第64—66页。

无疑是僧众衣食和佛教慧命延续的根本保障。这里我们从僧家史传中摘录一些寺院田亩较大的实例,并述及其置办田亩之时节缘由和兴废,加以印证。

在喻谦撰《新续高僧传》卷二十六《清衡阳岐山仁瑞寺沙门释无来传(附懒放)》称:"……寺田千余亩,土豪觊觎之。咸丰间,粤寇起,托称军饷,遂占其业,寺以颓废。"①卷四十六《清淮安诞登寺沙门万清传》称,"己亥岁(康熙五十八年,1719)大歉稍稔之际,因竭余财建大雄殿,及藏楼、禅堂、方丈、厨院,次第落成。更置西庄土田二千余亩。……"②卷四十七《清金陵鹫峰寺沙门释正真传》称,荐绅先生请其住持鹫峰古刹,"至则颓垣坏井,老屋数椽。人所不能堪,而正真处之晏然。未几,檀施日至,百废俱兴,次第建诸殿阁,金涂丹雘,一改昔观。复置良田数百顷。……"③卷五十八《清维扬智珠寺沙门释性贤传》记曰:"……于是创造戒坛,并构精蓝五处,增扩斋田四百余亩。资给禀戒禅众,食指数千,寂然无哗。……"同卷《清燕京潭柘岫云寺沙门释圆琳传》称,圆琳"惟用志苦修,殚思建置,殿堂寮舍,百废俱兴。……自有丛林以来,不居丈席,而荷天恩之渥,迭未之前闻。其任院事前后,增广租地二百余顷,虽资出檀施,非盛德感人,何以致此?"④

以上数例中,寺院广置田亩,或源于僧人住持的感召力,或是属地的大檀护信施,更有帝王优渥、宰官庇荫。上述寺田分布于不同地区,仁瑞寺在湘衡,故有"寺田千余亩",直至太平军兴起后托称军饷占领才废。潭柘岫云寺位处京畿,圆琳住持少年出家就发愿"增置香租",几十年如一日精进苦修,方能"增广租地二百余顷"。其他三例分别来自江苏地区的淮安、金陵和维扬。诞登寺能在灾年稍稍复原后就兴建殿堂,"更置西

---

① 喻谦撰:《新续高僧传》四集,第 862 页中,见《高僧传合集》,上海古籍出版社,1991。
② 同上书,第 907 页中、下。
③ 同上书,第 911 页中。
④ 同上书,第 938 页中。

庄土田二千余亩",鹫峰寺"复置良田数百顷",智珠寺"增扩斋田四百余亩",皆有宰官士绅信施之背景。

田产是清代寺院经济的一项可靠的来源。清朝前期,清政府对寺产采取保护性措施,明确规定寺田免交租赋的权利。《清朝通典》记载了官田之制,其中寺观田地与文庙、学校、祠墓等田被列为公地,"均为公田,除其租赋","免其征科"。① 了解清代寺院获得田地和经营田产的过程,分析施主捐赠斋田的动机及其相应的保护机制,将有助于洞察清代寺院经济的全貌和实质。

二、寺田之捐赠

寺院接受田地布施,租给佃户耕种,获得维持之生资,这是历史上普遍流行的一种佛教寺院经济模式。寺田除了皇帝赐田,大多是接受善信徒布施田地作为斋田。虽然寺院规模不同,维持生计的经济形式差异也比较大,但置办斋田成为清代寺院经济最为重要的方式。明清之际,捐赠田地给寺院的多为士绅,有时虽可见到地方官僚的名字出现在功德碑上,但是他们的角色多半是监督者或担保人而不是捐赠人。② 寺院捐赠田地的功德碑上往往也出现僧人的名字,但他们通常是挂名,更多的情形可能是通过募集资金来买捐土地。"或施自缙绅,或集从缁侣"。③

从寺院功德碑及募田缘疏,可以反映寺田捐赠的情况。功德碑记载了捐赠田地的施主姓名和捐赠田亩数,从中不仅可以知道捐赠者的大致情况,还可以分析寺院的社会关系网络。募田缘疏及其他类似文书,则

---

① 参见《清代佛教史料辑稿》,《周叔迦佛学论著全集》第七册,第 3170 页。"凡藉田及在京坛墠,直省社稷、山川、厉坛、祠墓、寺观、文庙、学校等田并部寺公用,太仆寺牧厂及在官地,均为公田,除其租赋。"(《皇朝通典》卷三,第 4 页)"凡在京坛墠等处、在官地亩不纳粮,其直省社稷、山川、厉坛、祠墓、寺观、祭田亦为公地,免其征科。祠墓、寺观、祭田亦有纳粮者,与民田同,兹不备载。"(《皇朝通考》卷一二,第 1 页)。
② 参见黄六鸿《福惠全书》,第 221 页。
③ 《理安寺志》(1762)卷四,第 9 页上。

着重说明捐赠田地的现实缘由。募田缘疏一般请当地有社会影响力的著名人士撰写，或以住持名义发布，有些则住持本人亲自主笔，且大都有特定的预设对象。

常州《天宁寺志》中保存了两块功德碑，一是天宁寺念佛堂、安乐堂功德芳名碑，二是四众捐助饭僧田功德芳名碑。① 前碑是乾隆壬申(十七年，1752)间释实彻大晓立的，后碑则没有立碑人署名和时间，但大致也是实彻住持天宁寺时所立。兹用列表将此二碑录之于下：

表1 天宁寺念佛堂、安乐堂功德芳名碑

地 区	捐 助 人	捐田亩数
	道源和尚捐	5亩
浙江绍兴府萧山县断云崖象王墩	就岸和尚领众姓捐	5亩
	念修大师捐	10亩
庐州府合肥县天福庵	觉岸和尚捐	2亩
	宗涛大师捐	2亩
	修成大师捐	10亩
	性善大师捐	8亩
	可心大师捐	1亩
	天霞师捐	1亩
	宗慧善人捐	2亩
	朗明师捐	6亩
	明贤师捐	4亩
	天一师捐	2亩
	沈正乾同室上官氏男茂生茂玉捐	3亩5分
	黄嘉祥捐	2亩
	松林师捐	1亩
	庄广德捐	2亩
	闵广仁捐	1亩
	普修捐	7亩

① 濮一乘编著：《武进天宁寺志》卷一〇《文告》，第5—8页，中华大典编印会印行，1973。

续表

地 区	捐 助 人	捐田亩数
	普福捐	3亩
	普性捐	2亩
	张广福捐	4亩
	潘广智捐	2亩
	潘广修捐	2亩
	广寿捐	2亩
	杨佛慧捐	1亩
	徐王氏捐	1亩
	徐杨氏捐	1亩
	蒋袁氏捐	1亩
	宋福海捐	2亩
	吴云涛捐	1亩
	广福捐	2亩
	吉善捐	2亩
	李薛氏捐	2亩
	孙冯氏捐	1亩
	普善捐	3亩
	广源捐	2亩
	刘瑞祥捐	2亩
	徐赵氏捐	1亩
	陈强氏捐	1亩
	清修师捐	2亩
	杨永太捐	1亩2分
	严马氏捐	3亩
	体如师捐	2亩
	自余师捐	5亩
	了禅师捐	3亩5分,又2亩8分
	东传师捐	5亩
	达因居士捐	24亩
	方辉师捐	5亩
	曹寅发捐	3亩
	何达道捐	5亩
		总计165亩

资料来源:濮一乘编著《武进天宁寺志》。

表 2 天宁寺四众捐助饭僧田功德芳名碑

捐 助 人	字号田和永业田	捐田亩数
蒋府杨太夫人捐		3 亩
有成师捐		8 亩
吴丕显捐		2 亩
亨如师捐		21 亩
超尘师捐		3 亩
周士芳全室邵氏捐		5 亩
盘松师捐	弗字号田	6 亩
真修大师捐		100 亩
正广学师捐		3 亩
九如师捐		2 亩
正宝如师捐		2 亩 5 分
薛文宗捐		10 亩
明贤师捐		4 亩
文旭师捐		17 亩 7 分
定明师捐		5 亩
松云师捐		3 亩,又 2 亩
道源和尚捐		7 亩 5 分
明见师捐		5 亩
道明师、广聚师共捐		8 亩 5 分
性如师捐		2 亩
性空师捐		3 亩
智真师捐		2 亩
常公良捐		2 亩
天然师捐		5 亩
见顺师捐		3 亩
定安师捐		10 亩 3 分
张达正捐		4 亩
却尘师捐		4 亩
频伽师捐		3 亩
	古遗永业田	630 亩
	增捐永业田	163 亩
	又增捐永业田	118 亩 5 分

续表

捐助人	字号田和永业田	捐田亩数
李悟福捐		11亩1分
潘达庵捐		11亩8分
玉峰和尚捐		10亩
净安师捐		3亩
慧广师捐		3亩
太平山义云大师捐		6亩
洪道师捐		10亩
尼净修捐		2亩
		总计1224.9亩

资料来源：濮一乘编著《武进天宁寺志》。

天宁寺乃唐季创建，蔚为名刹，屡遭兵劫，屡废屡兴。阳湖钱人麟在《重修天宁寺记》中揭示了本寺中兴之因缘。内中述说："乾隆甲子(1744)德弘(洪)禅师初转法轮，明年敦请磐山宗大晓和尚瓶钵莅止。大公(实彻大晓)主持法席，提唱宗风；德公(际圆德洪)专职院事，佐以扶助禅师。一时善信檀那，响臻影辏，辇金输粟，捐材助工。虽非无因至前，竟若不招而集。盖由诚心积行，恍有神者相之。"二公紧密合作，十余年间，百废俱举，所糜金钱以巨万计。念佛堂、安乐堂乃于乾隆壬申(十七年，1752)建造，念佛堂之建是为了使"年高力疲者一意勤修"，安乐堂则可使"病苦癃残者得所安居"。实彻规定在此二堂勤修安居者都可得单银一两二钱，岁分四月十五、十月十五两期分发。钱氏评论说："……又增置膳田一百六十亩，通旧存共八百二十七亩有奇。僧徒日盛，礼诵益虔，不缺于供，自非德公愿力显大神通，何以能视昔增华，自他有耀若此！我皇上省方观民，两幸兹寺，大公亲承圣训，获赐紫衣。示寂以后，德公遂领袖尊宿……吾郡宰官居士念德公，事若中兴，势同创业，缅功德之无量，冀护持之有永。爰铨端末，俾勒贞珉。……"①

---

① 濮一乘编著：《武进天宁寺志》卷六《艺文》，第10—12页。

武进刘纶作《天宁寺饭僧田碑记》，则称："……天宁寺代远浸废，住持际圆(德公)矢大愿力，一葺而新之。会鼓城导师际洼来主大席，督住子修戒律唯谨。寺故有田五百亩，今增倍之，通计凡一千亩。师及僧合十来告曰：寺之产殷，其折而散也。请首疏永业田若干，次疏典业田若干，遇操券理赎者，即依数别置，如额无者，主席、住持均执其咎。吾向者日戒诸僧，无私炊，无私财……众执事俾务刻苦，节缩锱铢，规益尺寸，历年于兹，其积之艰也如此。……吾天宁旦旦引为蓍鉴，庶其永而鸠吾业乎！予曰：夫予之记不能更有进已，彼家之产，独不犹寺之产乎？遂书之，为寺僧劝，且重为有家者劝。"①刘纶记把寺产与家产并论，谆谆告诫佛子知恩报恩，语重心长。

实彻方丈劝善信捐斋田，建安乐堂、念佛堂，并选有德者经管办理田亩，岁取租子供给，还一年两次发给安居勤修者单银。天宁寺志中收有实彻作的《建立安乐堂念佛堂关房记》载："盖闻福田有种，恤患为先；幻海无涯，结缘宜广。善由以造，事在人为。……山僧因斯立愿，倘有开堂驻锡之日，必建安乐堂，俾病苦癃残者随时医治；并设念佛堂，俾年高力倦者一意勤修。更立关房，俾决志上乘者，专心参悟。前历住数刹，皆如其愿。至尔天宁，告诸执事，备述前因，都监德洪、监院天成、扶功等，无不欣从。同心经理，开建三堂。劝诸善信，捐助斋田。选有德者经营办理，岁收租子，供给三处茶汤药饵、炒米香灯并延医调理之费。又给念佛堂中诸师及瞽者，逐年每位单银一两二钱，逢四月十五按期给付。立定规条，不得紊乱。只虑年深果昧，日久弊生，故勒石永垂，使共知遵守。倘后有不能似山僧并今执事之实心经理，有负施主良因，背山僧素愿者，祈龙天鉴察，生则必遭法网，死则必堕泥犁。并祈别选有德者承当，务使福缘远庆，道果长馨，庄严海中，功德莫大矣。"②

---

① 濮一乘编著：《武进天宁寺志》卷六《艺文》，第12—13页。
② 同上书，第31—32页。

天宁寺志中还存有一篇《乔刘夫人施田说》,从施主的角度说明了置田养僧之功德。该文记曰:山西徐沟人乔鹤侪中丞,先为常镇观察,关心民生,民怀其惠。其配刘夫人勤修梵行,为缁素所敬仰。乔公后擢升安徽巡抚,又调任秦中,以病告归,侨寓海陵。同治己巳(1869)仲冬,乔公受妻临终遗嘱,捐舍其毕生节衣缩食之积蓄,给天宁寺买田斋僧。乔公寓书曰:"余妻告终矣。临逝之际,神明不乱,谓余曰:'我节盐米之余,积有千金,将以备凶荒之赈贷。今请施于常州天宁寺,俾置田以养众,庶副我志。'今不拂其意,以其资送寺,请置田焉。"天宁寺僧衲如中丞公所言,以此净财,尽买毗陵田,用助斋僧饭食。碑记作者于文末曰:"窃叹刘夫人不以生死介怀,而以利济为念。中丞公不负夫人所托,无靳惜之心,皆可谓难能矣。爰记之石,以告诸大檀越,必同生欢喜心也。"①该文提示了外地檀信捐金给天宁寺以买本地田供养僧众的办法,同时也说明施主置田养众的做法直至同治年间还在进行。

清代有些地处山林的寺院,不仅置办田亩供养僧众,还购买大量山地,或建殿舍以安僧住,或增收入再买斋田。如光绪年间重修的常熟《三峰寺志》,提供了从晚明到晚清该寺拥有田亩山场的长时段记录。该寺志专门列有寺产这一部分,并且将田亩和山地及捐施姓氏分列,记载颇详。② 旧志寺产自明天启元年辛酉(1621)至清道光十二年壬辰(1832)止,田亩只载坐落某处;重修寺志对道光壬辰之后直至光绪十三年(1887)为止的续增寺产做了补充,均照常住开单补入,未注都图亦依据官册补注。由此可见,三峰寺田产捐赠持续了260多年。

清代寺院接受施田,大致具有下述一套程序:接待施主时,住持命侍者请两序班首,及知会客堂、库房、书记、知产,齐列方丈,酬谢施主。即写舍书,以为凭照。施主、住持及在会者,俱签押。并给原契券、亲供、粮

---

① 濮一乘编著:《武进天宁寺志》卷六《艺文》,第32—33页。
② 《常熟三峰清凉寺志》卷三《寺产》。

券、税票,俱收齐。住持上堂说法,以报施恩。事竟,在会众人,与施主同往看产。随带竹签十余枝,以插标记,使界限分明。不得浸混他界,以致争讼。每年春季,会两序众执,同看界限一次。当年监院将舍契报税,即过寺户,勒石,入万年簿。①

从斋田捐赠的施主看,多为佛教四众弟子,有出家僧尼,也有在家居士,而可以明确捐赠最大的施主身份则是士绅。从性别和宗族看,女性施主和家族同捐者,其数量也颇为可观。

寺产关乎寺院生存及佛教慧命的延续,但饭僧斋田作为千年香火,往往也因岁久年远而易受到各种侵蚀乃至吞没。或遭地方豪右或袗棍人等诡寄侵夺,或因施主不肖子孙抗赖罢施,甚至被婪僧败德私卖。康熙朝《大清会典》对私自变卖寺观田地的犯罪行为已有明确的法律规定:"僧道将寺观各田地……朦胧投献王府及内外官豪势要之家,私捏文契典卖者,投献之人,问发边卫,永远充军。"将私自典卖寺院田地的僧人发配边地永远充军,田地给还各寺观。诸方贤德亦设计对斋田的种种保护和防卫措施,请求官方给示免除租赋杂役,再邀地方名人著文,勒石刻碑以垂永久,这些都成为清代寺院通行的做法。此外,丛林寺院还在清规戒约中设置相关条款,对损害斋田之行为加以禁约。

三、斋田之保护

清朝典例明确规定寺田免征租赋。寺观田地与文庙、学校、祠墓等

---

① 参见《百丈清规证义记》卷五"施斋田"。证义曰:施斋田,上施也。护持三宝宏法利生,俱赖是,乃真正福田。盖设斋饭僧,止于一时。若施斋田,延于敷世,功德尤大。施地、施荡、施屋,类此可推。故当上供陈疏,以报施恩也。昔疎山性禅师,为施主施田上堂云:人人一坐具,方圆俨今昔。行坐不曾移,岁寒消劫石。更不属阴阳,又不输粮役。四至既分明,契券亲委悉。复证者田地,大自在休息,那个不具足?受用无穷极。如是布施汝,如何不感激?养十方佛种,常生大智食。转施诸凡圣,不思议功德。不是有心求,不是无心得。须悟春风意,莫认春山碧。无上大因缘,知恩念来历。因果既无差,宜应全道力。较彼来处功,美饭铜铁汁。蓦然画断三轮,虚空争觅踪迹。灯笼露住秋收,依旧山堆岳积。柳絮随风,葵花向日。如此说法,可谓不负施主也。收入《卍新纂续藏经》第63册。

田被列为公地,"除其租赋"、"免其征科";祠墓、寺观、祭田亦有纳粮者,则与民田同。但由于寺院种类繁多,各地执行政策,往往情形不一。

顺治十六年(1659),福建海防同知蔡行馨奏疏:"寺僧之田惟闽独多,合一省而计之,不下数万亩。自兵荒之后,僧佃多死亡,间存一、二管理之人,是僧去而田存、田荒而粮存也。臣每见县官催科比征、继缧敲扑,而粮仍逋欠如故。查明季有将田六分充饷、四分焚修之旨,曾下抚院通行载案,而中寝焉。今若仍效前议,许听寺僧自存四分为焚修之资,自报本户最荒者,约六分为率,另编造一册,招募有力者开垦,免其初年之籽粒以抵牛种,次年则输谷若干石为官租,以充兵饷,一如租种学田之例。其田给予帖照,永远得业以膳八口。或有投诚之兵愿开荒田者,亦如前法给予帖照,令其永远归农,仍编入就近寺田之家甲册中,责令该里长收租入官。仍着稽其出入,不许妄作非为。如是行之既久,则投诚之羽翼渐散,贫僧之积累渐豁,境内之荒田渐熟,兵马之粮饷渐增,并两省协济之饷可渐减。此一举而数善备,似可急举而力行之可也。"①

蔡行馨指出,福建省的寺田多达数万亩,但经过明末清初巨大的社会动荡之后,多数僧佃死亡,出现了"僧去而田存、田荒而粮存"的情况。他看见县官一直催征田赋,但征收的粮食仍然达不到数额。明代有将寺田六分充饷、四分给僧人留作资产的做法。现在仍然可以仿效前明的做法,寺田四分归僧,另外六分额外造册,招募人员进行耕种,次年就可以缴纳谷物作为官租,用来充作兵饷。如果投降的士兵愿意开荒,就让他们永远归农,编入就近寺田的家甲造册,令里长进行管理。这样一来,投降的士兵安心务农,僧人的资产逐渐增加,荒芜的田地得到耕种,兵马的粮饷有了补充,可谓一举四得。蔡行馨的建议得到了顺治帝的批准。

到了雍正朝,福建寺田出现了新的情况。雍正七年(1730)十一月十

---

① 席裕福、沈师徐辑:《皇朝政典类纂・田赋十七・官田》卷一七,收入《近代中国史料丛刊》续编第88辑第873册,第446页,台北,文海出版有限公司,1982。参见杨健《清王朝佛教事务管理》,第342页。

七日,福建巡抚刘世明在给雍正帝的奏折中说:"……更有寺田归官,征收谷石。臣已檄行藩司,彻底清查。凡无寺无僧,为衿棍人等侵蚀中饱者,令其全数报出,毋致颗粒隐漏。此亦无碍于民,均应归公,以杜积弊,并遵照部行,于岁底造册题报。"刘世明呈奏说,他让地方官彻底清查,将属于无寺无僧被衿棍人等侵吞的寺田一律归公,征收粮食。他认为自己的做法对百姓没有妨碍,并打算将这样的寺田在年底造册上报户部。雍正帝对此朱批曰:"寺田归公,甚觉不雅。若果无寺无僧为衿棍侵蚀者,或查其原委,或仍布施大丛林为是。此办理与朕意未洽。"①雍正帝认为将寺田归公不妥。如果寺田确实被侵吞,应该查明事情的原委,或者仍旧将寺田施舍给大丛林寺院。

乾隆初,改变了福建寺田的管理措施,将前明以来四分归僧、六分归官的租赋制改为"僧收僧纳"另征租银制,并进一步对无寺无僧田和有寺有僧田做了分别处理。乾隆元年(1736)三月,"户部议复福建巡抚卢焯疏称,闽省寺田,向系四分租给僧,六分租归官。僧人应收之租,官为代征。僧人应纳之粮,向佃追比。寺佃深受其累,请将租谷征粮全归僧收僧纳,每亩征粮二钱。应如所请,从之。"②卢焯指出,福建省的寺田一直是四分租给僧,六分租给官。僧人应收之租由官方代征,僧人应纳的粮食向寺佃追比,结果寺佃深受其累,请求将租谷、征粮全部由僧收僧纳。户部建议乾隆帝认可卢焯的提议,乾隆帝同意了。

乾隆元年又谕准,有寺有僧之田,特免充饷,全归僧管,每亩纳正粮外,另加租银名目。福建地方志对此有详细记载。作者说,宋以来田有官庄田、赡学田、垦田、沙洲田、海田等,赋之名目繁多,其纳法不外夏秋两税,夏税随地贡所产之物,后亦折钱名曰产钱,秋税则征米、麦等。后来,土田之目有二,曰官田、民田。若赋田、学田、废寺田、没官田,以及官

---

① 《宫中档雍正朝奏折》第15辑,第59页,台北,"故宫博物院",1979。
② 《清实录九·高宗纯皇帝实录一》卷一五,第412页,北京,中华书局,1985。

租地,皆系于官而佃于民者。赋率以米起科,官田有科米三斗上下者,征银三钱五分为率,五斗则征三钱,七斗仅二钱五分,而上统之称"官折"而蠲其别差。

再如号称"僧海"之地的浙江,其寺院都有大量斋田。此外,还有许多庵观、茶亭、社庙、净室等,或是僧人清修之地,或为应酬经忏之所,比较混杂,也不同程度地拥有斋田。对于丛林寺院的斋田,雍正帝有特谕曰:"直省向来各处丛林寺院有斋田者,皆系历代住持、优僧募化所置,或系地方善姓所施,永存常住,为香灯、僧斋之用。至历年久远,或为本寺之不肖僧徒、施主之不孝子孙私行变卖,以致败缺善缘,毁损常住。闻得本地之人亦多以此为憾。著地方官留意清查。其已经卖出者,若一概令还,则滋烦扰。至于典出者,应令设法募化,给价赎回,归于本寺。其各丛林寺院,即今现有之斋田,俱著查明,登记档册,永为常住之产业,不许售卖。将来有续置者,亦报明地方官,申明上司,载入册内。该督抚等留心访察保护,倘有仍蹈前辙,私相授受者,将卖田及买田之人,一同治罪。或不安分僧人,因朕此旨,借端假捏生事,亦一并严惩。"

雍正帝指出,直省各寺院的斋田,要么是历代住持募化而来,要么是地方善信所施舍,永为常住作香灯、斋僧之用。对于不肖僧徒和不孝子孙已经卖出去的斋田,不便于一概追还;而典当出去的斋田,应该设法赎买回来,归还本寺。各处丛林寺院现有的斋田都要查明登记入册,永远作为常住产业,不许售卖。将来斋田增加时,也要报明地方官,呈报上司,记入档册。雍正帝要求各省督抚留心访查保护斋田,如果发现仍然有僧人私自变卖斋田,要将买卖双方一同治罪,不安分的僧人借端生事也要惩处。

雍正十三年(1735)五月二十八日,浙江布政使张若震奏曰:

> 臣查丛林寺院原为高僧焚修之地,僧徒众多,全赖斋田以为香灯、斋供之用。兹奉上谕,著地方官清查保护,诚万世不朽之洪恩。浙省敬礼神佛,丛林寺院之外,尚有庵观、茶亭、社庙、净室等项。一

邑之中，盈千累百。住持则为僧为道、为比丘尼，名目不同。奉行之后，臣密加体察，地方官经理未宜，不无纷纷差扰者。臣荷蒙圣恩，畀以藩司重任，惟期地方官办理妥适。恭绎上谕，系指丛林寺院，他如庵观、茶亭、社庙、净室等项，或延二三众以奉香火，或招一两人喜舍茶汤，或筑室数间以为一己清修，或应酬经忏，不奉宗门戒律，虽亦间称寺院，而实非高僧焚修之寺院可比。若一概清查，头绪繁多，弊端易起，必致丛林寺院之斋田翻不能专心体察。臣随详奉督抚，批令将丛林寺院之斋田，逐一清理造册，申报院、司、道、府，察核保护，并禁胥役、地保，不许借端索诈。其庵观、茶亭、社庙、净室，遍行出示晓谕，听该住持开明产业数目造册，自赴州县呈明立案，不必概行清查。如此分别之后，地方官各知境内丛林寺院乃佛门祖庭，且为数不多，俱得专心查办，毫无烦扰。而将来之访察保护，督抚司道等更可随时随事，留心料理。举凡丛林寺院之僧众，顶戴天恩于亿万斯年矣。惟是浙江初办此事，地方官经理未协，推之他省或有应行调剂之处，亦未可定。可否敕谕各省督抚，酌量分别办理。伏乞皇上睿鉴施行。臣谨奏。

朱批："所奏甚是。另有谕旨颁发。"①

雍正帝发布特谕的目的是保护寺院斋田，防止不肖僧俗人等私自变卖牟利。张若震呈奏说，丛林寺院是高僧焚修之所，僧徒众多，经济上完全依赖斋田作为香灯、斋供之用。皇上下令清查保护斋田是对僧人的洪恩，浙江省已经遵谕认真贯彻。但浙江除了丛林寺院外还有庵观、茶亭、社庙、净室等，张若震认为它们不能和丛林寺院相提并论，主张分类处置。如果一律清查则头绪繁多，容易引起弊端，反而不能专心清查保护丛林寺院之斋田。因此批令将丛林寺院斋田逐一清理造册，逐级申报，核查保护，并严禁胥役借端索诈，而对庵观、茶亭、净室等，"遍行出示晓

---

① 《宫中档雍正朝奏折》第 24 辑，第 745—746 页，台北，"故宫博物院"，1979。

谕,听该住持开明产业数目造册,自赴州县呈明立案,不必概行清查"。张若震还指出,浙江省初次办理此事,处理未必妥洽,其他各省恐怕也有类似情形,故请皇上考虑,是否可以敕谕各省督抚也酌量"分别办理"。雍正帝对张若震的建议非常同意,但没来得及另外颁发谕旨,他就去世了。

雍正十三年(1735)九月,乾隆登基之初即颁旨,谕总理事务王大臣:

> 各直省丛林古刹所有斋田,原为高僧焚修之地,僧徒众多,借此以资香灯、斋供之用。至历年久远,其本寺僧徒及施主之子孙或私行变卖,以致佛门祖庭常住无资。是以皇考曾降谕旨,令地方官留意清查。将现在之斋田,查明登记册档,不许售卖。将来续置者,亦报明地方官,载入册内。并令该督抚等留意稽察。此皇考护持法教、利益宗徒之盛心也。但直省地方,丛林古刹之外,多有庵观、茶亭、社庙、净室等项,或筑室数间,随缘施舍;或应酬经忏,不事戒行。若一概清查,头绪繁多。不肖之人,因而作奸,必滋纷扰。我皇考圣鉴及此,原欲降旨申明,未及颁发。今朕仰承先志,详绎圣训,明白晓示。著各地方官,将丛林古刹之斋田,应行清查者,秉公清查,编入册籍,禁止售卖。并严禁胥役、地保恐吓索诈等弊。其庵观、茶亭、社庙、净室等处,止令该住持,将现在产业开明数目,自赴州县呈明立案。官吏不必概行清查,以致生事之徒,借称功令,互相告奸,扰累地方。著该部通行各直省督抚,转饬所属,分析办理,实力遵行。倘有借端生事者,必重治其罪。①

同年十一月,乾隆帝再次发布有关整理寺产的谕旨,主要内容是重申将丛林清修守戒者,同"荡检逾闲"的游僧及不守清规戒律之房头应付僧、火居道士分别处理。他指出:"今僧中有号为应付者,各分房头,世守田宅,饮酒食肉,并无顾忌,甚者且蓄妻子。道士之火居者亦然。夫一夫

---

① 《清实录九:高宗纯皇帝实录一》卷三,第198—199页。

不耕或受之饥,一女不织或受之寒,多一僧道即少一农民。乃若辈不惟不耕而食,且食必精良;不惟不织而衣,且衣必细美,室庐、器用、玩好,百物争取华靡。计上农夫三人肉袒深耕,尚不足以给僧道一人,不亦悖乎!"①因此,乾隆帝命直省督抚饬各州县按籍稽查,除名山古刹或十方丛林遵守戒律、闭户清修者不问外,其余房头应付僧、火居道士,皆集众面问,愿还俗者听之,愿守寺院者亦听之,但身领度牒,不得招受僧徒。所有资产,除量给还俗及留寺院者为衣食计,其余归公,留为地方养济穷民之用。未料该旨传达后,引起僧道惶惑不安,"恐将资产归公,遂尔弊端百出,有将己身田宅诡寄他人户下希图藏匿者,有谋嘱书吏分立花户诡名以多报少者,有减债速求售卖变银入橐者,且有局外匪类从中借口索诈者"。乾隆帝对僧道如此"谋利敛财"感到失望,导致该寺产清理之策最终流产。但雍正、乾隆年间形成的这种分别"应付僧"和"修行僧"的办法并未流失,而一直贯穿在清代制定的各项佛教政策中,并对后世佛教寺院形成深刻影响。

　　清代时期,作为高僧梵修之地的丛林寺院,一方面得到四众善信拥护,同时官府对其也有所保护。寺田收入中,除了用来缴纳赋税和杂役外,主要用以护持千年香火和供养僧众饭食。因此,有些寺院就会请求政府免除杂役和蠲免钱粮。

　　顺治九年(1652),常熟县生员袁默等100余人联名具呈,为三峰禅寺禀求免役。内中提到,苏州府邓尉山圣恩寺、尧峰山尧峰寺、长洲县接待寺、吴县瑞光寺,本县兴福、维摩二寺,皆有士民喜舍僧田,皆蒙抚按各院批准,免役给贴勒碑,守为定例。袁默等在呈文中指出:"盖以非寺不能存佛,非僧不能存寺,非施田不能存僧,非免役不能存田。惟奉宪檄明文,可杜差徭之扰;更允勒珉镌石,保无干没之虞。"又曰:"不经宪批则徭

---

① 《清朝续文献通考》,第8487—8488页。另见《周叔迦佛学论著全集》第七册,第3220—3221页。

役之累渐至,是以舍田而困僧也;不严禁谕,则盗卖之弊或生,是以饭僧而养奸也。"①袁默等呈请官府宪批给示,其理由既为禅宗绵延香火,也为地方长治久安。顺治十年(1653),官府颁发了免役公牒,勒石在西廊底。乾隆十八年(1753),又给免役公帖,勒石在大雄殿前。并公帖告示各刹,僧图田地不论施舍还是自置,永为饭僧供佛斋田,不得盗废及混派差徭。

在清代,僧人开垦荒地为农田进行耕种,作为寺庙经济来源者也有不少。对此清政府同样考虑给免除租赋的优惠。普陀山普济寺和法雨寺的僧人曾经开垦荒地成为农田。两寺僧人心明和性统向康熙帝申请蠲免已开垦田地的钱粮。康熙帝恩准呈请,并令杭州织造孙文成和浙江巡抚朱轼前去丈量田亩,予以办理。此事的来龙去脉在《圣恩宽免普陀钱粮碑记》中有详细记载:"康熙五十七年(1718)十一月二十五日,准内务府移咨内开康熙五十七年十月二十日侍卫魏珠将南海普陀洛迦山普济寺心明,法雨寺僧空怀,空明等所奏汉字黄折子发出,交与十二阿哥转传旨:将此著阿哥亲自会同包衣昂邦询明,将御书之处议奏。钦此钦遵。臣等会议得:明季藏经皆是明朝皇帝所送,所有御书亦随带去。今僧人等虽请御书,然此藏经乃公主为父皇万寿送去之经,再写御书必须交与内阁衙门用宝。或可照去岁移咨孙文成会同地方巡抚等,将旧年宽免开垦田地钱粮数目、情由,并善为保诵藏经,不许僧人胡乱生事,立碑永垂,为此请旨。"②

普陀山僧人提出蠲免开垦田地钱粮的请求后,根据康熙五十六年(1717)十一月十五日内务府的清字咨文,康熙帝传旨将普济、法雨两寺僧人心明、性统的原折交给杭州织造孙文成和浙江巡抚朱轼查明情况,提出意见呈上奏折。孙文成和朱轼令定海县知县亲自前去丈量僧人开垦的田地。田地涂山共有三十三顷多。其中,已报起征的有二十八顷

---

① 《三峰清凉寺志》卷三《袁默等禀求免役公呈》,第10—11页。
② 《宫中档康熙朝奏折》第7辑,第422页,台北,"故宫博物院",1976。

多,应征银六十一两多、米一十四石多。已报申科尚未起征的有四顷多,应征银七两多,米二石多。还有未开垦的田地十三顷多。这些田地经过知县丈量清楚,造好清册,汇报给了孙文成和朱轼。经孙文成的奏请,康熙帝蠲免了已开垦和未开垦的四十六顷多田地应征的钱粮。之后普陀僧人还上奏康熙帝,请求御书立碑。康熙五十八年(1719)正月,浙江巡抚朱轼和杭州织造孙文成恭撰碑文,上面详细记载了饬僧免赋之情由,并要求僧人们虔诚诵经,祝皇上万寿无疆,告诫僧人不可游惰而丧失正业,不可滋生事端而作违规之事。

四、寺产关乎慧命

对于侵害斋田,不仅官方申令保护,就连寺院清规也有禁约。尽管规约不是直接针对斋田保护而设计,但斋田是重要的寺产,"寺产关慧命也"①,其中体现了对寺院重财还是重德、僧众逐利养还是求祖道之类问题的看法。如汉月法藏禅师曾手订《初居三峰约》,其序称:

> ……末法变坏,重师财不重师德,爱徒子不爱传道,以师住处为己家,以徒皈依为爱子。出家入家,割爱生爱,心俗而貌僧,名脱而实缚,古之黄发外道亦所耻为,而今习为公行,不知惭愧,良可慨也!故吾祖百丈出世,设钟板,建清规,以住处为公共丛林,推道德者住持。其处唱其法道,革其弊恶,公财食,分职事。虽有师承之法恩而无私爱,有住持之尊位而无私家。一针一芥,无非估唱;一椽一瓦,莫非常住。夫僧者清静众也,常住者非私有也,又何有党占者哉?迩来祖道大坏,缁衣窜入恶道,甚至出家者不论道德。但见丛林热闹,财施殷繁,酸寒伛偻,丑态百入,钻结权奸为党,苞苴谀诈为恭,布置于外,篡夺其内,黜贤德擅住持,驱参众树己子,为千年计于狐

---

① 《三峰清凉寺志·凡例》,第3页。

穴,稍不遂即挟党以争夺。种种不肖,于戏! 道法狼狈,一至此哉。①

法藏禅师遂决定遵袾宏在云栖寺所制定的"僧约"十章,稍加损益,施行适合本院,此为《初居三峰约》。其主要内容包括敦尚戒德约、安贫乐道约、省缘务本约、奉公谨守约、柔和忍辱约、威仪整肃约、勤修行业约、直心虑众约、安分小心约和随顺规制约。严重违犯者,俱以出院论处。②

第二节　清末民国时期佛教寺院经济

清代佛教寺院经济发生转折,所遭遇的重大历史事件首推为太平军兴后的"兵燹"之难。有一些文献记载,"粤寇"乱时,大半个中国的佛寺被焚毁,僧人离散,更遑论寺田之完存。这虽不免有点夸张,但也道出了部分实情。至少太平天国颁布《天朝田亩制度》,实施"凡天下田,天下人同耕"、"无处不均匀,无人不饱暖"的社会理想,对寺院拥有大量田地是有冲击力的。以曾国藩为首的湘军平定太平天国后,在复兴传统文化的名义下,尽管不少寺院恢复重建,但都不复往日之旧观,而且所中兴者,亦大都是前代"敕建敕赐"的寺院。例如,光绪年间宜兴地方志对此涉及云:

> 仙佛之说,肇于东西京,故寺观汉已有之。佛舍谓之寺,以其森严同于府廷,谓因舍经鸿胪寺而得名者,傅会之词也。观则高望远眺,甲乙之观旧画,仙灵仙好,栖居供奉者,所为适其性已。自汉以后,二氏之风渐识,鹤馆雁堂,金碧望于道,宋设宫刹以奉祖,故缁衣黄冠之庐,所在皆以祝圣名,千百年来未之改也。粤贼之变,蹂躏半天下,所至毁寺观几尽。克平后,朝廷用言官言,僧道所居,非敕建

---

① 《三峰清凉寺志》卷二《清规》,第1—2页。
② 同上书,第3页。

敕赐者,不得更造。阳羡故号灵区,仙岩佛窟之名,今虽不改,而琳宫梵宇,寥如阒如。过碧云而问千僧之宅,访元寂而叩贰卿之钟,山色湖光,徒增凄怆。其偶有建复者,或以为名贤驻迹之所经,或以为里老议事之所聚,聊构小筑,未还旧观也。①

斋田固然是清代佛教寺院的基本生资来源,但并非是佛教寺院经济的唯一内容和形式。清末民国时期,土地作为生产资料因战乱而动荡,"耕者有其田"的观念革新也正在日益冲击和影响着寺院的传统经济模式。这时,清代政府一贯鼓励寺僧"丛林清修"而打压"应付僧"的佛教政策导向也开始松动,长期压抑的"应付僧"渐渐抬头,在城市乡村有了市场,佛事收入遂成为近代佛教寺院经济的一项重要来源。

一、寺院经济与佛事法会

佛事活动向来是佛教寺院经济中最基础的经济活动和经济来源。佛事活动是展示其宗教性的一个主要方面,同时也是有可能败坏其宗教形象的一个直接方面。佛事活动之大者是为国祝釐,为帝祝寿;通常的即为百姓宗教需要服务的经忏之类。但是宗教性却往往在这类最频繁发生的佛事活动中被消解,问题即由于经忏佛事往往流于寺僧挣钱牟利的营生。历来朝廷若有宗教政策出台,必要有很重的篇幅来约束佛事活动,明太祖朱元璋甚至亲自过问佛事活动的价目表。经营经忏的寺僧,一直都是既为社会所需又为社会所鄙的一部分。显然,问题不出在经忏,而是一般的从事这类佛事活动的寺僧忽视或没能力在宗教神圣性的问题上有较多考虑,而确实是拿

---

① 参见《光绪宜兴荆溪县新志》卷二《寺观》,载入《中国地方志集成》第40册。

经忏作为营生。①

日本学者中村元在其著作中说,中国人接纳佛教后给诸佛菩萨设定诞辰,可说是一种中国风味十足的表现。自古以来中国人就形成佛诞节,纪念四月八日释迦牟尼佛圣诞,《魏书·释老志》记载,北魏朝廷的天子还亲自参加过这种活动。此风渐次扩大后,阿弥陀佛、弥勒佛、药师佛、观音菩萨乃至阴府审判亡灵的十王都有了诞辰的设定。各寺庙按日举行纪念的庆典,在清代就完全定型化了。兹将诸佛菩萨农历诞辰列表于下,以供参考。

表5 诸佛菩萨诞辰表历

月份	日期	佛菩萨诞辰	备注
正月	初一	弥勒佛圣诞	
	初六	定光佛圣诞	
	初八	五殿阎罗天子圣诞	
二月	初八	释迦牟尼佛出家纪念日	此日诵经一卷,可比常日百千万卷之功德
	十五	释迦牟尼佛涅槃日	同上
	十八	四殿五官王圣诞	
	十九	观音菩萨圣诞	
	二十一	普贤菩萨圣诞	
三月	初一	二殿淡江王圣诞	
	初八	六殿卞城王圣诞	
	十六	准提菩萨圣诞	
	十七	七殿泰山王圣诞	
四月	初四	文殊菩萨圣诞	
	十七	十殿转轮王圣诞	
	二十八	药王菩萨圣诞	

① 参见周齐《佛教的经济理念与中国历史上的佛教经济问题之审视》,见王志远主编《宗风·春之卷》,第314—315页,北京,宗教文化出版社,2009。

续表

月份	日期	佛菩萨诞辰	备注
五月	十一	都城隍圣诞	
	十三	伽蓝菩萨圣诞,关圣帝君降神	
六月	初三	护法韦陀天尊圣诞	
	初四	南赡部洲转大法轮	
	十九	观音菩萨成道	此日放生、念佛,有不可思议之功德
	二十四	关圣帝君圣诞	
	二十六	协天大帝圣诞	
七月	十三	大势至菩萨圣诞	
	二十四	龙树菩萨圣诞	
	三十	地藏菩萨圣诞	此日诵地藏经一部,胜过建造恒沙七宝塔之功德
八月	二十二	燃灯佛圣诞	
九月	三十	药师琉璃光如来圣诞	
十月	初五	达摩祖师圣诞	
十一月	十七	阿弥陀佛圣诞	
十二月	初八	释迦如来成道	此日诵经一卷,可比常日百千万亿之功德
	二十九	华严菩萨圣诞	
	三十	持斋念佛以求诸佛菩萨下界访察人间善恶	

资料来源:中村元主编《中国佛教发展史》,第501—503页。

佛事法会收入为清末民国时期寺院重要经济来源之一。早在明朝初期就有各种佛事、法会,连价目都有所规定。清代佛事的形态则已经完全定型,每逢佛菩萨诞辰,大小寺庙一般都有佛事或法会。今举其佛事种类如下:

表 6 佛事种类及价目简表

佛事名称	僧众数	供物	价格标准(元)
焰口(普度的一种)	8人	有	100
焰口(普度的一种)	8人	无	80
打水陆昼七夜(水陆法会)	6人	有	170
打水陆昼七夜(水陆法会)	6人	无	140
打水陆昼七夜(水陆法会)	8人	有	170
打水陆昼七夜(水陆法会)	8人	无	150
本堂焰口 (在寺院正堂所举办的普度法会)	8人	有	110
本堂昼七夜 (在寺院正堂所举办的水陆法会)	8人	有	200
本堂昼七夜 (在寺院正堂所举办的水陆法会)	6人	有	180
系念焰口	8人	有	180
华严忏昼七夜	8人	有	360
华严忏昼七夜	8人	无	280
(破)血湖	7人	有	80
法华经	1人	有	40
地藏经每日一部	1人	有	30
金刚经讽诵	1人	有	20
梁皇忏	1人	有	20

资料来源:(日)中村元主编《中国佛教发展史》,第505页。

中村元陈述,此表价格根据第二次世界大战中派驻上海的藤本智董在南京调查所获资料(1940年5月,与亚院华中联络部,调查报告集第二十二辑),至于法会种类则实乃中国人长年社会习惯之下的佛教信仰累积而成。此言诚然不虚。而美国学者霍姆斯·韦尔慈则将清末佛事与中国传统的孝道文化联系起来论说。他早年在中国实地考察清末以来的佛教实践,参访接触了不少寺院和僧人。他观察到,由于中国人重孝道,所以愿意为死者做法事,超度亡灵。孝顺的子女在亡灵牌前上供,并报告家中大事。在父亲死后四十九天内请和尚做佛事,以帮助亡魂转生到好的地方,同时减轻他的痛苦。

韦尔慈认为有三种可能的超度方法:其一,和尚做法事,将菩萨及自己所做的善业转到死者账户上,以消除其恶业;其二,向死者说法,祛除其愚昧无知,不令无明障碍他们获得较好的转生;其三,若死者已成饿鬼,正饱受折磨,就无法专注聆听说法,因此和尚先施给饮食,减轻其痛苦。很多中国人似乎将法事视为一种孝行。没有人因追思缅怀亡者而被指为迷信。①

而在中村元看来,请和尚做佛事、办法会不仅仅是民间百姓之行为,宫廷皇室也经常举行。宫中内道场的佛事,乃以皇帝及王室私人祈愿与求福为目的,因皇族无法亲临参与城外寺院及他地举行的佛教信仰仪式。此内道场制起源于隋唐,远传至于日本。唐朝的内道场,除儒释道三教演法及讲经外,佛诞会与盂兰盆会亦于此举行。当然,先帝忌日及当今帝王的生辰日等的佛事,亦经常在此举行。不过此种法会也可在各州府寺观中举行。②

据观察,时至清末,民俗较为普遍的佛事形态是"放焰口"。焰口本是一种密教仪式,费时3—5个小时,而且都是在饿鬼外出活动的晚上举行。主其事的和尚头戴金红相间的五顶冠,面前摆镜子、法杖、汤匙等。在旁协助的和尚一般有6—18位,备有金刚杵及金刚铃。仪式前半段,主持者祈求三宝加持。后半段,他们冲破地狱的大门,以法器及法印打开那些受苦者的嘴,食以甘露。甘露是用咒语加持过的圣水。他们驱除饿鬼的罪业,主持三皈依,让饿鬼获得菩萨的救助。最后,为他们说法。如果这些都如法进行,饿鬼可以即时转生为人,甚至往生西方极乐。施

---

① 韦尔慈:《中国佛教的实践》(1900—1950),第184页,哈佛大学出版社,1967。下文关于佛事问题,多处参考此作,不再一一注明。
② 中村元主编:《中国佛教发展史》,第216页,台北,天华出版事业股份有限公司,1984。

主做佛事所得功德,自然回向给亡故的亲人。但放焰口不仅是为某个特定的对象带来利益,它也是每年农历七月十五日盂兰盆节(也称饿鬼节)造福乡里的法事。

日本江户时代(1600—1867)长崎通事中川忠英著《清俗纪闻》,卷十二中描述了清代民间佛教的焰口普度仪式:设一佛座于宽阔处,立牌位,点灯,置花瓶一对、烛台一对,还有香炉,再摆上各种供物。其前另设十二尺见方、高约六尺的焰口普度坛,正面安奉观音像,置佛具,同样布置鲜花、灯烛及例行的供物,如米一盆、馒头七个、洒水器等。对面设毗卢坛,上坛张挂释迦、观音、阿弥陀、地藏、阿难、引魂及十方诸佛等七佛名号,下坛竖立面燃大士、护法龙天的牌位,同样供以鲜花、点灯、供物等。旁边设置餐台,立一个写有"水陆一切男女孤魂等位"的牌子,当然也免不了供花等设备和供物。例行供物是,在一个大容器里装满堆如山高的米饭,供洒水,前面放置两个高约六尺、周围九尺大小的山形竹笼,竹笼外面贴满金银箔纸、纸钱(冥币)和冥衣等,再立两杆旗,其一写有"金银山",另一写"钱衣山"。诵经之僧五七人,走上焰口坛,金刚上师(主持僧)以下,各按所定位置坐下,适时鸣打大鼓、小磬、木鱼等法具,诵经中一面抛出所供的米饭,一面洒净水在馒头上写梵字,向着餐台丢过去,绕行到阴府途中该丢弃金银钱币衣服的地方时,焚烧它们,借以超度冥府的亡魂。民间百姓特别重视这项佛事,夜间举行,为时达三四个小时。

趣味较少但效益不减的是拜忏。拜忏乃是借助佛菩萨无尽无量的功德,消除死者所积集的业障。忏有很多种,如拜水忏就具有洗除罪业的殊胜功能。拜水忏并不是葬仪中所使用的唯一方法。一般认为和尚只要念佛名,就可以造功德。因此死者家属往往请和尚念佛一星期(念佛七),然后将功德回向死者。有时也诵经,如让亡魂听《金刚经》、《地藏经》或《阿弥陀经》等。诵经不但可造功德,同时也是一种教育方式,后者尤能令死者往生西方极乐世界。

上述各种仪式总称佛事或经忏。其行事依据地方习俗、死者亲属的财富及诚意而定。如果死者家属经济尚丰,可以请和尚从早到晚做全天候的佛事;要不然,就是在死者三七、五七或七七四十九天中做几个佛七的法会。举例来说,头七之时,和尚也许诵《楞严经》及《法华经》;到了三七,和尚们白天拜忏或念佛,晚上放焰口。北方人在五七放焰口,焚烧由观音菩萨领航的纸船,而在南方,放焰口可能提早两周举行。经济能力不好的人家,也勉力请和尚到家里做佛事。和尚们诵《阿弥陀经》之类的小经,围绕死者遗体一面念佛,一面敲木鱼,引磬击节。念一小时,休息一小时,如此再三反复,直到天明。这意味着家属不必亲自守灵。七七四十九天之后,死者灵牌安奉在佛龛上,每逢重要忌日,尤其百日及周年、三周年忌日,仍然要做法会。三年守祭是中国传统的哀悼亡人之期限。

参与佛事法会的和尚越多,所能回向的功德也就越大。当然这必须假设和尚们都恪守戒律、精进修行才能成立。人数可能是五、七、十二、二十四、四十八不等。佛事法会可在家里做,也可在寺院做。贫苦人家也许没有空间可设佛龛或安置和尚。富有人家为应付需要,有时将房舍的一部分改装为小庙。这是依家境或地方习俗而定的。

各种佛事仪式中最精心用力的要数水陆法会了。水陆法会规模最大,费时颇长,而且费用高。从头至尾共需七天七夜,七座佛龛前各做不同的法事,一般是同时进行:念佛、诵经、拜忏以及放焰口。每种法事都依据仪轨上规定的人数进行,寺内所有和尚则迤逦而行并口念佛号(俗称普佛)。水陆法会的目的是在拯救水上、陆上所有的亡灵,故以水陆为名。但所造的功德照例回向给施主的过世亲人。施主所付做法事的酬劳不薄。以金山为例,一场水陆的价码是1200元,动用和尚至少有60位,包括禅堂、念佛堂或退居的和尚。人数不够时,再从云水堂找人或到其他寺院借人。金山每年要办十场水陆法会,共耗时70日,一般在农历二月、三月、八月及九月举行,但从不在禅七期间举行。金山水陆在清代是出了名的,所开价码并不算过分。小庙也许可以再酌减一点,有的大寺院一开价就是五千,甚至无议价余地。虽然酬劳的半数为寺院所得收入,但寺院要支付的也不在少数:如必须付给参与法事的和尚衬钱;要供应给施主斋饭,还要准备法事用的精巧的纸质供品,等等。

为死者所做的佛事,有时称为"白事",因为白色在中国代表哀悼。为活人所做的法事则称为"红事"。活人一样可以从拜忏中获益,因为拜忏可以洗除罪业而消灾。因此祈雨时,和尚念"三千佛忏",即要借助过去、现在、未来三世诸佛的甚深功德,消除导致干旱的恶业。诵念、拜忏也可疗疾、驱鬼或止战。即使是佛菩萨生日或寺庙落成做红事志庆,念佛拜忏也很相宜,因为这可以化解潜在的或尚未降临的灾厄。一般做红事要拜延寿祛病止灾的东方药师佛,而白事往往念往生西方极乐的阿弥陀佛。自然,如果是为年高而逝的人做佛事,气氛不像为早夭者做法事那样哀伤,因为家属觉得应该感谢老天厚佑死者得享天年。

二、经忏佛事的演变

水陆法会被公认为中国佛教寺院举办的各种佛事收入中最丰的一项,在寺院经济来源中占据重要地位。其起源最早可追溯到梁武帝时代。此项法会诚然为佛寺与民间百姓架设了最好的桥梁,足资促进两者间的紧密联系。铃木大拙在1934年刊的《中国佛教印象记》中,录有见闻于浙江天童寺的水陆法会。这是属于第二次世界大战之前的记录。而李宝嘉(1876—1906)的《官场现形记》揭露了清末同治、光绪年间官场的内幕情形,其中第三十八回提到佛事道场一节,对清代佛教寺庙水陆法会施行的缘由和经过记述颇为详尽。现将大致情形略述于下:

武昌城宾阳门内坐落着一座龙华寺,乃是个大丛林寺院,据说已有千几百年的香火了。寺里居中大雄宝殿,此外观音殿、罗汉堂、斋堂、客堂、禅堂、僧寮等房舍林立,曲曲弯弯,甚至还有精舍,专备接待女客。因这龙华寺是武昌名胜所在,所以合城文武官员空闲时候都愿来随喜随喜,就是过往的游客亦都有慕名而来的。寺里有方丈,专门只管清修,不问别事。执事的另有其人,其中最能大显身手的算是知客,专管应酬宾客以及同各衙门来往，大小事无一不精。因此，地方总督、巡抚以下位居要津的文武官员，他几乎全都认得。

话说宝小姐者，初为湍制台九姨太的婢女，后以制台干女儿的身份下嫁戴世昌。当她确立制台养女的地位后，就常周旋于有志仕途者之间，经收财物，代谋官职，颇具权势。这位宝小姐最喜欢到寺院烧香膜拜，举凡大小寺庙，她都不吝惜捐献善款。假定宝小姐乐捐某寺一万元，寺方必按惯例回赠给公馆里的管家以及侍候小姐的老妈子、丫环等各一个红包。因此每当小姐捐款给寺院，大概其中就有两三成会转到佣人的荷包里。利之所趋，管家和佣人们用尽心计，图使宝小姐多捐些钱给寺院。于是乎，彼此心照不宣之下，互惠之势遂成。宝小姐爱面子，愈捐愈勤而乐此不疲；寺方和佣人也再接再厉，怂恿她大笔大笔捐赠，志在各自的收益。那些利禄之徒，希望通过宝小姐的斡旋获得一官半职，又来贿赂。寺院的知客侧身其间，在滚滚而至的财源之中，巧妙腾挪应对，屡以捐建法会道场和素食为媒介，大举开辟寺院经济增长之财路。

单说龙华寺的新任知客，法号善哉，是镇江人氏。自少在金山寺出家，眉清目秀，仪表非凡，而且能言会道。二十三岁时，因往四川朝山回来，路过武昌，就在这龙华寺内挂单。龙华寺当家老和尚赏识其才干，便给金山寺写一封书信，留他在龙华寺里执事。过了几个月，当家老和尚见他着实来得，而委以寺务重任，升他为知客和尚。他的人缘极好，不上一年，凡是湖北省里的贵显官宦，豪贾富商，没有一个不认得，而且还没有一个不同他说得来。他更有一件本事是，这些大人老爷们的太太，尤其没有一个不喜欢到龙华寺里走动。不说别的布施，单是佛事一项，已经比前头要多出好几倍了。此时善哉和尚打听得宝小姐是制台干小姐，乃湖北首屈一指的实力人物，便以启建水陆功德为名，给宝小姐送去礼物和请帖。开忏那一天，宝小姐到场，只吃了一顿饭，便捐了五百两银子。还有许多跟宝小姐沾上关系的人亦都来随缘乐助。恰巧四十九天法会功德圆满，善哉知客又把当家老和尚弄出来，说是要传戒。预先刻了传单,外府州县,分头叫人去贴。这个风声一出,那些愿意受戒的善男信女,果然不远千里而来。凡来受戒者,按照规例交一些戒钱当然是少不了的。交钱之外还要吃些苦头烫戒疤,俗称"烧香洞"。凡烧香洞的和尚,到哪里都好挂单,有斋饭吃,大家都肯来布施;而没有香洞,大家都叫他"野和尚"。烧香洞之后还要进禅堂,禅堂规矩是,坐一炷香,跪一炷香,轮流到九天九夜之后,方算圆满。①

李宝嘉《官场现形记》是清末谴责小说中最早、最有代表性的一部。谴责小说这个名字,是鲁迅先生在《中国小说史略》中提出来的。鲁迅先生深刻分析了这类小说在清末盛行的原因:"光绪庚子(1900)后,谴责小说之出特盛。盖嘉庆以来……屡挫于外敌……有识者则已翻然思改革,凭敌忾之心,呼维新与爱国,而于富强尤致意焉。戊戌变政既不成,越二年而有义和团之变,群乃知政府不足与图治,顿有掊击之意矣。其在小说,则揭发伏藏,显其弊恶,而于时政严加纠弹,或更扩充,并及风俗。"②故李宝嘉小说中连佛门之事也要揭露,识者借此观世风之变。诚如中村元所指出,上述描写显示出清末佛教大寺院有关水陆法会和传戒坐禅的内情甚详,"这是足资获悉清末寺院佛事法会另一面的、极为有趣的记述,同时也可以借此推察当时佛教僧团与社会人士之间结合的实情。"③

近代以来,有些较好的寺院已拒绝派遣和尚到信徒家里,或是在寺内做小型佛事如拜忏,除非是为重要的施主而做。少数寺院根本不做任何佛事。高旻寺的规约就明载:本寺以习禅为务,不应赴大小佛事。它基本上保持了清代政府要求的主流丛林寺院对经忏佛事的态度。自从民国时期来果禅师接任方丈后,这条规约一直被遵守着。高旻寺绝对不办水陆法会、拜忏、放焰口。有研究者认为,丛林乃参禅学道之处,香板连响终年,促使用功精进,早日见性成佛,以免自误误他。岂有时光设经

---

① 李宝嘉:《官场现形记》,第640—656页,北京,人民文学出版社,1957。
② 引文见《官场现形记》出版说明,第1页。
③ 参见中村元主编《中国佛教发展史》,第509—510页。

忏，做佛事、办法会呢？故十方各大丛林总以维系佛教慧命为宗旨，藉经忏收入自不加考虑。但有以经忏收入来维持日用，或因社会习尚所需，往往大雄殿变成功德堂，做佛事、打水陆，这种现象多半出现在子孙庙寺，"已沦入市井之俗务"。而丛林寺院如高旻寺则宣称，"为永久参禅学道之丛林，任何大经忏小佛事不接受，永不应酬。宁可开水过堂，饿腹坐香，自顾守道而死，不可违道而生。如是可以喜诸佛，可以感龙天，其道大兴，其德大振。光明世界，静镇尘区，诸佛从此而生，众生从此而了，何幸如也！"高旻禅寺素来以不应赴经忏为精修禅窟，僧众以无经忏骚扰为乐处修心，赢得海内外赞声传道，碑口传闻。① 少数其他寺院如南岳祝圣寺、衡阳仁瑞寺，据说也有相同的规约。所提出的理由大同小异，一般都是认为经忏佛事会干扰寺院的清修生活作息，有碍僧众专心修行。不过这些禁例可能是清末倡导佛教革新之风兴起后才树立的。

清末、民国时期，一些思想敏锐的和尚已经感到佛事商业化对佛教僧团造成的不良影响。最为著名的是倡导佛教"教理、教产、教制"三大革命的太虚法师，他提出不为死人做佛事，而呼吁提倡"人生佛教"的口号。当太虚这样的有革新精神的佛教徒渐渐在社会上扩大影响后，那些一般被人称为"应赴僧"的和尚就越来越受到轻视，以此区别于那些专心在寺院内清修、潜心研读佛经的"修行僧"，后者仍然是广受虔诚信仰者尊重的对象。然而，应赴僧构成僧团基层的多数，他们对经典和教理的无知，并未损及他们在民间的地位。一些人对这些出于生计需要而为社会提供佛事服务的职业化僧侣也往往寄予理解和同情。虽然佛教圈内人士往往视之为"污点"，但这并不一定意指僧团内的精英分子怀疑佛事的效验。

问题不在佛事的效用，而在佛事已经商业化了。一些没有田产收入

---

① 参见吴永猛《中国佛教经济之发展》，见张曼涛主编《佛教经济论集》附录通论，第361—362页，台北，大乘文化出版社，1977。

的城市大寺院,不得不以佛事为优先,对其中一些寺院来说,佛事已然变成"大事业"。曾在上海法藏寺住过一年的一位和尚提供了其有关佛事的略带苦痛的描述。法藏寺位于法国租界内一栋建筑物内,外观与其他砖房没有两样。这位和尚于1938年入法藏寺,当时那里有上百位和尚。以下是他的描述:

> 这是个真正以做佛事赚钱的地方。从早到晚,从年初到岁末,水陆法会终年不断。我是一个普通和尚,白天念忏,晚上放焰口,没有休息的时间。想休息就得请假,但很难获准。如果你以生病为由,他们会说既然不能念忏,那就到念佛堂念佛。有时你打瞌睡,仍然拿到一天25分的薪资。信徒愿意花这种钱,因为所造的功德可以回向给已故亲人。寺方向施主收取的佛事费用:一个和尚工作一天,白天收一元钱,其中25分给和尚本人,其他归寺里;晚上收两元钱,下桌的和尚每人分得40分,三位主事的上首和尚每人得80分。一天下来,每位和尚可得65分,这在当时是一个合理的价钱。到施主家中做佛事,酬劳略高一点……和尚们平时不可离开寺院,除非到施主家中做佛事。寺内有座禅堂,但用来做佛事。法藏寺的生活比金山更为艰苦,但赚得钱更多。①

另一位和尚说,法藏寺是上海最严格的三座寺院之一。它的工作几乎全是做佛事。但不这样,它怎能生存? 法藏寺没有田地,情形与留云寺有所不同。留云寺从上海南部收回的谷租,每年可供寺里的僧众吃食四个月。因此,它有能力经营禅堂,让禅僧不参加佛事。这位和尚在法藏寺担任知宾期间,经常要与施主洽谈佛事订单,在佛事期间与顾客保持联络,事后还得负责收款。他叙述了与佛事施主的典型对谈,大致如下:

施主:十八日是家父六十大寿,我想做一场佛事。

---

① 韦尔慈:《中国佛教的实践》(1900—1950),第199—201。

知宾:您是要我们拜一天延寿忏,还是念一天延寿经?

施主:我想请您们念延寿经。

知宾:您想请几位师父?

施主:最少几位?

知宾:在我们这里,最少是7位。

施主:最多几位呢?

知宾:随您意愿,例如108位。

施主:目前我恐怕不能请这么多。

知宾:那么请24位,或12位?

施主:如果是24位,要付多少钱?

知宾:现在每位师父拿40分。

施主:每天拿40分吗?

知宾:那是做佛事的师父得的,寺院要收一元钱。

施主:好的,那请12位师父。我们还想吃斋。

知宾:您吃斋要特别一点,还是普通就好?

施主:我要特别的。

知宾:一桌算您12元。

施主:我们30个人,要开三桌。我算算看,一共是50元。

知宾:阿弥陀佛。①

城市大寺院的和尚们在接洽佛事及斋饭时,不像乡间寺院的和尚在招待朝山进香者时那么羞于谈到收费。但对后者而言,做佛事也是一项重要的经济来源。据说,做佛事曾经是苏州灵岩山这个净土道场最大的财源之一,尽管它500亩田地的田租已经很可观了。但自从近代印光法师住持灵岩寺后,就明确规定不做佛事了。民国十五年(1926),在印光

---

① 韦尔慈:《中国佛教的实践》(1900—1950),第201—202。见包可华、阿含译《近代中国的佛教制度》,第275—276页,收入蓝吉富主编《世界佛学名著译丛》,台北,华宇出版社,1988。

法师的奔走劝说下,灵岩山寺始为专修念佛行者而开放,乃当时中国罕见的十方专修净业丛林,不作经忏等佛业,专以称名念佛为宗旨。在《灵岩山寺共住规约》中,其第四条明载,专一念佛,除佛七法会外,概不应酬经忏佛事。这一条规定也如同前述三峰法藏修订的类似规约,是参考了云栖祩宏《僧约十章》中的第二约安贫乐道约所规定,"为俗世斋法者出院"。可见这条规定由来有自,唯独例外的是灵岩山寺规约破例允许做"佛七"。所谓佛七,乃寺院应施主之请,为了荐先亡(敬悼祖先的祭祀)或祝亲寿(祈愿父母延寿),祭祀往生位、延生位两种牌位,而举行长达七天的特别法事。这是一种与中国传统的孝道文化紧密相联的佛事活动。故日本学者说:"此种崇拜祖先及为亲祈福的孝行,其所求利益至少遍霑二世,诚为近代中国佛教庶民化后最普遍的一种形式。专修念佛者的大本营灵岩山寺,特别应允举办此种法式,确实为亟待研讨的趣味性现象。"①

寺院与佛事相关的收入,还有安置往生堂和延寿堂的牌位,及存放骨灰的普同塔等,此外还有寺院经营墓园来增辟财源。我们曾谈到中国传统认为,孝子有责任在已故父母亲牌位前上供,并报告家中大小事情。根据佛教的观点,身为人子不仅应该供奉斋食,还要请和尚诵经说法,回向功德,帮助父母转生到更好的地方。通常一般人在家里的佛堂践行第一项义务,而于第二项义务,由于时间和能力的不允许,人们都向寺院购买在寺里安放牌位的权利,由和尚代为履行,每到初一、十五,以及清明、饿鬼等节,和尚们都会替施主上供,并念佛诵经,回向功德。寺院无疑为亡灵提供了食物和听法的最好机会。有一位施主为他亡故的父母花100元在南华寺安放了牌位,同时又在高旻寺花200元安放另一组牌位。

往生堂牌位为绿色或深蓝色,最大、价钱最贵的牌位通常放在中间,周缘加有精雕细琢的框,并装上亡者的画像或照片。最便宜的一种供奉

---

① [日]中村元主编:《中国佛教发展史》,第538—539页。

是在团体牌位中加上死者的姓名,价钱在 50 元左右。延寿堂的牌位属于另一类,全都漆成红色,而且是在人生前就安放的。往生堂由西方阿弥陀佛接引,延寿堂则由疗疾延寿的药师佛统理,这里也念祈祷词回向功德,但不上供。有时延寿堂的这些牌位还可以移形换位,牌位漆成绿色,但以红纸加以包裹,纸上写着:"本寺施主某某先生及某某夫人长寿位,愿佛光普照。"等他们去世后,再将牌位移到往生堂供奉,撕去红纸,牌位上早就写着:"净土信徒亡父亡母某某与某某往生莲花座"。安放在延寿堂和往生堂的牌位,款项一次付清,移动时就不再付钱了。在小庙里,牌位可能安置在大殿,死者牌位排列在西方,生者牌位排列在东方。小庙可能比大寺院更倚赖牌位供奉所得的收益。小庙显然没有足够的场地或人手举行获利较高的水陆法会。

往生堂的大小往往与寺院的大小没有一定的关联,大型往生堂安放许多牌位的景象,在大寺小庙里一样普遍。普同塔虽然不若往生堂普遍,但也是寺院一项很普遍的经济来源。普同塔里寄放盛装骨灰的盒子,款项一次付清,有些则按年缴付。湖北一座小庙的普同塔里存放了两千个骨灰盒,一年收入也相当可观。死者冥诞,家属前来祭拜,往往也会额外付钱请和尚念经,自己则一边点香、跪拜。骨灰盒上一般都贴有名条,安置在普同塔的地藏龛上。

以上谈到佛事是寺院经济的主要收入来源,末了要提醒读者注意:我们在分析佛事经济效益的同时暗藏着忽视其本质的危险。就像我们将医疗行为当作医生的收入途径来讨论时一样。从佛教徒的观点来看,即使佛事很敷衍潦草,即使是由有生意头脑的和尚主持佛事,对于正在受苦的亡灵来说仍然有所助益;就像我们看医生有时看重金钱超过疗疾,但他们毕竟还能祛除疾病。虽然佛事涉及金钱交易,但基本上它还是出自慈悲之心。这是过去一些正统的保守佛教徒的看法。

现在有研究者从社会经济角度审视,认为佛教经济的发展,有为满足自身生存发展之基本需求而从事的因由,更有与世俗的一般经济一样的目的,因而有与世俗社会政治、经济等扭结在一起的同构的部分。虽然这类通过接受施田以及经营佛事活动等维持寺院经济和佛教发展的经济运行模式,仍然不外是在"布施—功德"的逻辑关系线索上延伸,但是佛教经济经营之既久,神圣的宗教外衣往往裹不住经济的世俗实质的膨胀,从而将宗教神圣性与世俗性之间的张力加大,矛盾加深,直至引出诸多困扰而陷入困境。①

三、寺院经济的趋势

民国年间,各地掠夺庙产风波四起,寺产问题成为那一时期困扰佛教的最大难题,这从反面说明了寺院经济有极为深厚的基础,而星罗棋布的寺庙经过沧桑兴废仍然广布中国大地更是佛教坚实的物质见证。

美国著名的中国近代宗教研究专家韦尔慈在其著作中对民国时期佛教寺院经济做了专门考察。他认为,佛事是星散于乡间城镇的子孙庙(为数最多的一类寺院)最主要的经济来源。但是这些小庙另外还有稳固的香油钱作为收入,有的甚至还拥有田地。佛事、香油钱及田地,在经济上的重要性,视寺院类型、规模大小及所在地点而有所不同。坐落于朝山圣地的十方大丛林,有的可能就没有任何田地,而以香油钱为主要收益。而有些主要赖田地为生的十方丛林则不欢迎香客,甚至明文规定不做佛事,但仍然接受香油钱。不论形式为何,接受香油钱则是各地寺庙共通的现象。②

1. 化缘

化缘给人的观感与托钵乞讨不同。和尚们劝募兴建、整修寺庙的善款时,对方知道自己的钱将被用在有形而永久的地方,而且只要该建筑

---

① 参见周齐《佛教的经济理念与中国历史上的佛教经济问题之审视》,见王志远主编《宗风·春之卷》,第315页。
② 韦尔慈的三部著作中第一部就是1961年开始写作、1967年哈佛大学出版社出版的《中国佛教的实践》,其他两部分别是《中国佛教的复兴》和《毛泽东时代的佛教》。本节主要参考《中国佛教的实践》第八章寺院经济,笔者对某些地方做了修改补充。

继续存在，施主的功德就不断增长。另外，寺院可以点缀乡里景观，自己的名字及捐献款额又会铭刻在纪念碑上。因此很少有人以为托钵乞讨与化缘是一回事。

民国以来，经常有名山大寺的僧人到远处化缘，他们先向当地富有的佛教信徒作一番适当的介绍，然后为此行的目的募款。举例来说，20世纪20年代，宁波观宗寺的住持为筹集购置大藏经的费用，特地前往北平，结果募得了所需要的五千元，其中还包括段祺瑞执政的一笔捐款。1931年，扬州高旻寺筹建新宝塔，一位和尚千里迢迢去远方募来捐款。事实上，有些例子说明，寺院不一定要主动向人募缘。安徽有位富绅梦见观音菩萨劝他打消搭乘轮船的计划，梦醒后，他就改变主意，结果那艘船被炮艇撞毁，好几百人罹难。满怀感激之余，这位富绅主动自愿捐出数千元给迎江寺，作为修补寺塔之用。

有些人捐钱并非为了支持某项工程或计划，而是为了资助寺院的日常开销。北平净莲寺在20世纪30年代，有三位在家居士轮流负担该寺所有的日常用度。高旻寺虽是典范的十方丛林寺院，但每年收的谷租只够僧众食用九个月，前面曾说高旻寺是不做佛事的，余下的支出要由南京、上海的有钱居士定期捐款布施。协助兴建青岛湛山寺的在家众经常到该寺院走动，询问寺院储藏的米粮是否充足。如果米仓不足，在家众就会主动送几袋米过来；如果还需要更多，就传话给其他虔诚的道友。湛山寺这种为生之道颇不稳定，因为它本身没有田地，除功德捐金外，就完全倚赖供奉牌位及佛事法会。

位于城区或刚兴建的寺院，往往没有田产，争取在家众的支持就愈形重要。争取的方式林林总总，其中之一是举办讲经法会，另一种更传统的方法是举办庙会或请戏团演戏。上海及北平很多寺院，每年总有一度或更常会在寺院外搭建起数以百计的戏棚。许多到这里买廉价货的人，往往顺道到庙里拜拜。北平一座尼庵经常演戏娱神。从外请来的戏班在台上演戏之时，比丘尼则在台下招呼观众。所得的利润可平衡庵寺支出。上海有座寺院特辟小房间,让施主供奉所请的佛像,定期前往礼拜。施主只要每月付几块功德钱及香钱,香灯每天为其上两次香,与此同时施主在家里也供奉佛像,这样就可以获得双份的功德。

2. 香油钱

香油钱一般指到庙里烧香捐给寺庙功德箱,或朝山进香的香客用来请香购物以及付给寺庙食宿费用等等的概称。

即使寺院不在吸引香客上用心,钱币还是会投入功德箱或侍从的手里。在大丛林或大寺庙里,侍从就是执事香灯。如果是小庙,侍从也许是该庙的拥有者或他指派的居士。侍从的工作是招呼前来朝拜的信徒。信徒之中,往往女多于男。中国妇女遇到家人生病,或其他恼人的问题时,第一个念头就是到最近或相关的庙里朝拜。她们也许会买点水果,供在佛龛前,但不论如何,请香是不可或缺的。点燃三炷香,插入香炉后,她们跪在佛像前祈求,或抽签占卜命运。这是进入任何一座寺庙都能看到的司空见惯的现象。在小庙里,香油钱或抽签费也许就够其开销了。而寺院越大,这种不固定的收入在全部收入中所占比重也就越小。比较正统的十方丛林寺院很少在主佛龛前摆置功德箱,以免造成不调和的商业气息。即使有功德箱,也是放置在次要佛龛前或是四大天王之类的附属殿堂里。

在朝山圣地,捐款以另一种方式献给寺院,对于各寺的重要性也轻重不一。其中大部分是朝山香客答谢寺院方供给食宿而捐献的。以普陀山为例,该山耕地稀少,这笔收入可能与佛事同等重要。朝山香客成千成百地登上普陀山,参拜观音菩萨。山上没有旅馆,朝山香客都住在寺庙里。她们视自己的经济能力,捐钱酬谢寺院方的招待。清朝到过中国的一些西方人士记载,有些寺院索取定额的食宿费用,另外也有人述说香客们必须为住宿费讨价还价一番。近数十年来,大多数朝山圣地都是听凭香客游客随缘乐助。有钱人应该多付一点,贫穷人可以少出一点,但是有钱人可以享受丰厚的款待,一般人自然住在普通寮房里。寺院接受捐款时,将所得款项登记在功德簿子上,通常由香客亲自填写。

提供食宿可为寺院带来一笔利润，但有些人不明就里，可能误以为这种做法太过商业化。从寺院的立场说，为香客提供方便乃是寺院的责任；而就朝山香客的想法说，他除了付出食宿费外，还供养了僧侣。他希望自己在经过长途跋涉后，能获得一些功德。如果他所付的钱只够补偿寺院为他所做的，如何能产生功德？因此很多香客事前就准备慷慨一番了。在同样的原则下，他们也喜欢在功德箱里掷币为善，或者买一些纪念品回家，譬如印有寺院图章的卷轴等。

在朝山圣地，有钱的施主若想做大功德，可以捐献白米或现金"谢常住"，或是"打斋"。打斋的意思是香客出钱，以上好斋食宴请寺内所有僧众，有时也请香客用斋。所造的功德一般回向给施主已故的亲人。斋饭分为三等：以最上等的斋饭供养数百位僧侣可能要花好几百甚至上千元，其中一部分由常住净赚。这称作"千僧斋"，不过不一定有千位和尚出席。打斋的施主也另在每位和尚座上备一份小礼（通常是红包），有时也附赠衣物及其他必需品。所以要借打斋来做功德的一个特殊原因，是因为信徒相信吃斋饭的和尚也许是阿罗汉，而供养阿罗汉可获得甚深功德。

3. 僧众自耕

置办田地的寺院，其收入一部分是谷租，另一部分是僧众自己种植的作物。明清以来佛教徒一直引用百丈为丛林寺院制定的清规："一日不作，一日不食。"不只是佛教徒，就连其他人也以此证明唐朝百丈禅师实施农禅制度以来，和尚们便开始自食其力，栽种自己的食粮，像周遭的农夫一样下田耕种。如果这不是实情，与百丈同时代的人就不会以耕种杀害昆虫及田间动物为由指责他违反戒律。根据普利浦·摩勒的观察：寺院附近的小部分田地由和尚自己耕种，远处的大片田亩照例是租给佃农，田租大多是实物，一年一付。杨庆堃（C.K.Yang）曾引用一段描述，指出河北有24位和尚"平时在寺里的田地工作，偶尔也到丧家做佛事"。

另一方面，也有证据显示和尚下田耕种仅仅是特例。从清朝前期的敕令和谕旨中，我们可以获悉对僧道"不务耕种，不事经商，衣食全赖人给"的指责。雍正十三年(1735)十一月,乾隆帝的谕旨指出:"多一僧道即少一农民。乃若辈不惟不耕而食,且食必精良;不惟不织而衣,且衣必细美,室庐、器用、玩好,百物争取华靡。"更早的证据是和尚们过堂吃饭时的"五观",五观中的第一观是"量己功德多少,思食出自何方",就是说,当观这些食物是其他人辛劳耕种的成果,僧人应将自己修行的功德回向那些种田的辛勤劳作者。

寺院里也有和尚不赞同百丈要出家人自己耕种粮食的主张。在他们的想法里,百丈的意思只是要他们居安思危。要调和这两种矛盾的证据,可举一例加以说明。乡下寺院几乎都在附近开垦菜园。如果寺里有数百住众,菜园的面积必须相当广大,菜园由雇工耕种,园头负责监工。较贫穷的寺院,雇工越少,园头负担的工作也越多。和尚到附近的田里帮农是有可能的,但当寺院大部分农田分布远在数十里外时,要和尚们长途跋涉去耕种行不通。有些寺院定期雇佣人工到附近田里做工,栖霞山、金山和福州附近的鼓山就是如此。事实上,涉及农事的和尚不多,而且他们的职责也只是监督雇工工作。拥有田地的寺院几乎都是将田地租给佃农,靠田租维生。

4. 田租

各省各县的租地方式、收租系统、赋税及度量衡因地而异。据笔者汇得的资料,大致可描绘出四座有田寺院的经济全貌,其中有三座寺院位于江苏。在江苏一地,各寺之间的不同点仍远多于共通之处,因此要概括该省的寺院经济乃是唐突之举,遑论其余各省。顶多只能据此论定,这三大寺院及少数其他富裕寺院都拥有占地百亩以上的大片农田,租给佃农耕作;冬天,佃农缴付定量的稻米,春天缴小麦或大麦。

概括寺院经济趋势较为容易。民国年间,人口、土地不平衡的现象加剧。因为战争时断时续,谷物、农具波及遭殃,佃农收入减少,赋税反而加重。佃农收入减少起因于战事影响谷物运往市场(如果谷物的生产未受到战争影响)。一些地区的土地价值因而锐减,但另外一些地区的地价却又被在乡间寻找出路的新资本家炒哄上涨。蔓延于农民之间的不满情绪被各类组织团体加以利用，作为推进政治改革的原动力。由于1922年掀起的反宗教运动及破除迷信风潮波及，寺院发觉征收田租的工作日益艰难。1937年日军占领中国中心城市后，困难程度每况愈下。自此以后，离城镇越远的田地，地租越难征收，要将谷租运往市场或寺院仓房更是难上加难。寺田的收入不仅因时而异，也因地而变。

常州天宁寺是民国时期首屈一指的大寺院①，其收入来源主要靠田租与田产收成及放贷所得，而做佛事一年可得净利一万元。佛事价码不定，视情形与檀主而定。通常是以油、米缴付。一场水陆法会，一般要付一百到三百石米，等于一千到三千元。这和其他寺院的价码相当。天宁寺接一些小佛事如放焰口及经忏比其他寺院更爽快，若如此，那可能是因为寺院经常需要增辟财源。虽然拥有面积广大的稻田，但它没有林地或山场，而生火用的柴草每年要耗费三千元。因为没有附属作物，建材也得从外购入。天宁寺要维持住有上千人的寺院经费是相当庞大的。除了生活费用外，经常用的原料有待购买。单是作豆制品，就需要三万斤大豆。另外还有雇工薪水要付。寺院开办了小学与佛学院，所有小学教师和佛学院教师都是在家人，必须付给一定的薪水。

天宁寺应付这些庞大开销的唯一经济来源是土地经营与佛事收入。平时的香油钱微不足道，因为游客稀少。寺院只能坚持自食其力。如在1937年以前，天宁寺一年的收入在六万到七万银元之间：

---

① 参喻谦撰《新续高僧传》四集卷三五《清常州天宁寺释沙门清镕传》，曰："常州天宁，昔号完富，尤为人所窥伺……"载《高僧传合集》，第882页中，上海古籍出版社，1991。据《江苏省宗教志》(第82页，南京，江苏古籍出版社，2001)记载，常州天宁寺于明崇祯四年(1631)郡守程九万和邑绅共置饭僧田520亩，光绪二十二年(1896)增至8600余亩，年租谷1.2万多石，约值大洋2.6万多元，年收入达五、六万元。民国十三年(1924)又购田1000亩。这样加起来，天宁寺总共有田地9600亩，故有"吃不尽的常州天宁寺的米"之说。另外该志还说，宝华山隆昌寺有山林万亩，满山茶、竹作物，有"烧不尽宝华山隆昌寺的柴"之说。

1937 年前天宁寺年收入分类

地　租	20000
放贷金钱所得的利息	20000
放贷稻谷所得利息	5000
买卖稻谷	5000
作佛事收入	10000
共计	60000

少数富有的寺院在经济上往往不需要仰仗在家众常施,不用靠做佛事赚钱,但大多数寺院仍然这样做。部分因为这是习俗,也是慈悲之行;部分是想结交有影响力的在家人护法。一座寺院不论何等富有,都得仰仗护法保护,免受潜在的敌意波及。事实上,寺院越是富有,也就越需要富有影响力的护法施以监督和保护。

与这些富有的少数寺院形成对比,中国大部分的十方丛林或多或少要倚赖信徒的经常性支持。寺院虽有些土地收益,但往往不足以养活寺里的僧众。不论情愿与否,他们必须做佛事、安奉牌位、吸引信徒捐献。扬州高旻寺收的谷租只够寺里和尚吃食九个月,其余的生活开销全有赖于信徒的布施。峨嵋南普陀寺的佃租只够僧众吃食三个月,其余 40% 来自佛事与安奉牌位,60% 来自信徒捐献。另一个例子是杭州灵隐寺,几乎没有农出,但是佛事与捐赠献金带来大笔收入。名山名寺或朝山圣地,往往倚赖用膳、寄宿的香客所付的香油钱捐款。坐落于大城市的寺院,有些来自佛事与房地产的丰富财源,经济拮据的寺院可以出租空房间来维持僧众基本生活。

小寺庙或子孙庙不论位于城市、郊区或乡村,都要比大寺院更依赖佛事。很多小庙还经营丧葬方面的生意。一般寺院不论大小或坐落地点,除佛事、献金与土地外,便很少再有其他经济来源。天宁寺是个例外。笔者还不曾发现,近代有任何大小寺院像唐宋佛寺那样,经营典当生意,或是借拍卖、彩券、互助会赚钱。

现在根据如上陈述得出两个最重要的结论:其一,大多数寺院的经济状态如佛事、田地等大笔收入于民国年间解体;其二,从此之后,寺院比以往更倚重信徒的资助,这也许从经济方面暗示了佛教必须走向人间的转型,而不能宴坐山林清修了。

清廷对寺院的财产曾给予保护,但是到了清末、民国,"庙产兴学"运动风波四起,政府只给予偶尔滞后的、地区性的保护。经常充耳的是寺僧抗议提拨寺产、征用寺庙的投诉,争讼多年而无果;寺院土地所有权与收租权更常遭土豪劣绅侵犯,和尚们对此束手无策。土地改革的新政策对一般世俗地主与寺院地主不加区别,但很明显的是,前者的地租只供少数人豪奢度日,后者收到的地租却要供数百僧众过简朴的宗教生活。1930年通过立法,保护佃农免于因不纳地租而遭驱逐(除非佃农拖欠田租两年,否则不可将他驱逐),并限定地租为收成的37.5%。即使租约期满,地主也不可以驱逐佃农,除非土地所有者准备亲自经营(对土地远隔的寺院不切实际)。如果地主想卖地,佃农享有先购权。这道法令从未全面实施,因此它给予寺院的影响还不及此时农村的骚动不安。不过这一法令确实降低了寺院对土地投资的兴趣。1942年,原先的法令经过修正,准备重新分配土地。民国政府打算以现金与债券收购土地,再以分期付款办法卖给佃农。法律的实行因内战而延搁。但最终寺院落到空有契据、没有土地的结局。

在寺院佛教逐渐丧失经济基础时,在家居士佛教则方兴未艾。城市地区信徒日益增多的捐金在乡村寺院土地收益递减时,正好派上用场。这是佛教僧团走向人间和民众而获得新生的一个重大原因。

第三节 清代藏传佛教的寺庙经济

整体而言,较之汉传佛教寺院经济,清代藏传佛教寺庙经济更为兴盛,因为后者受到了清王朝更持久的、更强有力的支持。有研究者认为,

"清得天下,蒙古之力为最大;清得西藏,西藏黄教之功不可没。"①这里所谓西藏黄教,即是藏传佛教格鲁派。黄教自15世纪初兴起于青藏高原后,其影响逐渐广泛,其势力不断扩大。黄教经过几世达赖喇嘛艰苦卓绝的努力,在满洲人逐鹿征服天下时,不仅成为西藏地方一支强大的经济、政治势力,而且亦成为蒙古各部共同的精神信仰,成为蒙古各部人心向背的主要因素。清王朝之所以能够入主中原,蒙古人襄助功不可没,而对蒙古人封赏联姻和优礼尊崇喇嘛教,可以说是清统治者争取蒙古军事力量归附的两大法宝。清入关后,对喇嘛教的这种重要作用认识更加清楚,喇嘛教不仅关系着蒙古的向背,而且也关系着广大藏区的向背。正如魏源《圣武记》所言:"卫藏安,而西北边境安;黄教服,而准(噶尔)、蒙之番民服。"②因此,扶植黄教,大兴喇嘛庙,以羁縻蒙藏、安定边疆,遂成为清代的既定国策。

一、清代喇嘛教的兴盛

清朝扶植黄教的一个重大措施是册封和优渥黄教上层领袖人物,利用他们的政治影响和宗教地位,从而实现对蒙藏地方的统治。清初,对于明朝在藏区所分封的喇嘛,只要其进京觐见,表明归顺之态度,清王朝就改颁印册,允许承袭;对表示归顺的蒙藏各地的黄教僧侣,也根据其势力、影响的大小,给予封号,并厚加赏赉。顺治五年(1648),顺治帝在一道敕谕中就明确宣布:"念尔西域,从来尊重佛教,臣事中国,已有成例。其故明所与诰敕印信,若来进送,朕即改授,一如旧例不易。"③

清朝通过册封建立了黄教四大活佛系统,有效实施了对广大蒙藏地区的羁縻统治。顺治十年(1653),五世达赖进京觐见,顺治帝极尽优礼

---

① 苏发祥:《清代治藏政策研究》,第17页,北京,民族出版社,2001。格鲁派由宗喀巴(1357—1419)创立,达赖和班禅为宗喀巴弟子,是这个教派的两个最大的活佛。由于格鲁派僧人都戴黄色僧帽,故俗称"黄教"。
② 魏源:《圣武记》卷五,外番,第219页。
③ 《清世祖章皇帝实录》卷三九,第14页。

之事,册封其为"西天大善自在佛所领天下释教普同瓦赤喇怛剌达赖喇嘛",并赐金印、金册;同时也册封和硕特蒙古固始汗①。册封五世达赖喇嘛和固始汗是清初政治史上之大事,也是清入关后调整治藏政策之转折点。如果说入关前清朝统治者对当时西藏局势还不十分清楚的话,那么自五世达赖进京朝觐后,清之对藏政策就十分肯定了,即支持和依靠和硕特蒙古势力统治西藏地方,以黄教最高领袖号召蒙藏民众。清朝从此正式建立了达赖喇嘛活佛系统,历辈达赖喇嘛转世坐床都要经清中央政府的批准、认可和册封。

五世达赖喇嘛圆寂后,为平衡西藏地方势力,达到相互制约目的,康熙五十二年(1713),清朝廷议准册封第五世班禅罗桑益西为班禅额尔德尼,并照达赖喇嘛之例赐予金册、金印,建立了班禅活佛转世系统。② 康

---

① 固始汗,原名图鲁拜琥(tho-ro-pavi-hu,1582—1655),是和硕特汗王哈尼诺颜果尔的第四子,10 余岁即以勇武著称。25 岁时,因调解卫拉特和喀尔喀之间的冲突成功,被喀尔喀汗王授予大国师之印,故以后人们称其为固始汗(即国师汗的转音,蒙古人用国师一词表示聪明有学识的意思)。固始汗是个雄心勃勃的政治家,对水草丰茂的青海早有袭据之意,并一直在寻找机会欲控制黄教,号令蒙古诸部。1630 年左右,他继兄之位取得了和硕特部的统治权,正率部在天山南路游牧,这时青海黄教势力集团向459尔巴图台吉求救,他当然不会放过这个千载难逢的好机会,自告奋勇愿领兵前往西藏。结果,他出其不意一举消灭了却图汗,在青海站稳了脚跟,与达赖五世结成联盟,接着又用计谋共同消灭了藏巴汗,进驻西藏。固始汗在卫地修建布达拉宫,以居五世达赖,而以藏地之扎什伦布寺,居班禅额尔德尼,使其分主前后二藏。从清分别授予达赖喇嘛和固始汗的册文内容看,清统治者给了达赖喇嘛历史上最优异的礼数和最高封号,令其掌管"天下释教",实际上是做蒙藏地区佛教的精神总领袖。究实而言,这个封号只承认了五世达赖喇嘛固有的宗教地位,并没有承认达赖有任何政治上的权力和职位。对于固始汗,清世祖不仅封其为汗,更希望他从此后"益矢忠诚,广宣声教,作朕屏辅,辑乃封圻"。这就是说,清朝承认固始汗在广大藏区之既成统治地位。可见清初确立的是政教分离、以蒙治藏的政策。
② 参见王先谦撰《东华录·康熙九一》,第 2 页。固始汗是 17 世纪杰出的蒙古族领袖人物,他与五世达赖喇嘛紧密合作,相得益彰,在藏族僧俗民众中有很高的威信。1655 年固始汗去世后,相继即位的达延汗和达赖汗,无论其政治才能或个人智慧都无法与五世达赖相比。达赖喇嘛利用其在蒙藏地区的崇高宗教地位和中央政府的支持信任,实际上掌握着西藏地方的政教大权。康熙十八年(1679),五世达赖任命自己一手培养起来的桑结嘉措为第巴处理一切日常事务,自己则以年事已高为由退居幕后。康熙二十一年(1682),五世达赖圆寂,桑结嘉措秘不发丧。为维持既得权力和地位,桑结嘉措假借五世达赖名义加紧活动,引起康熙帝怀疑。康熙帝深为西藏形势忧虑,于是力邀五世班禅赴京,欲提高其宗教和社会地位,让他在必要时候掌管黄教事务。

熙帝颁诏曰：

> 朕抚临寰宇，慈爱众生。凡恪守戒律循规，为人安静、勤奋修道者，将颁赐封号，以示朕嘉奖之至意。尔班禅历辈遵奉教法，为人安静，熟谙经典，勤修贡职，初终不倦，致使佛教得以弘扬，甚属可嘉。尔出于心悦至诚，遣使前来请安进贡。故朕特赐尔敕谕，颁金册金印，封赐班禅额尔德尼名号。扎什伦布寺所属各寺、庄园为尔静养之地，他人不可借口滋事。尔应勤奋净修佛法，悉心教诲僧侣，修行正果。特谕。

外蒙古喀尔喀诸部因不堪准噶尔之侵凌，会盟于乌里雅苏台，议决内附尊崇佛教之大清。康熙三十年(1691)四月，圣祖亲巡边外，与喀尔喀部众大会于多伦诺尔，受其朝贺。第一世哲布尊丹巴呼图克图率众汗晋谒，康熙帝旨封其为大喇嘛，让其管理外蒙古喀尔喀诸部之宗教事务，并应诸部所请，在会盟地建寺，赐额汇宗。部颁印信，其文曰"总管多伦诺尔喇嘛班第札萨克大喇嘛之印"。雍正元年(1723)正月十四日，第一世哲布尊丹巴呼图克图在京圆寂，理藩院奏曰："哲布尊丹巴呼图克图，黄教中第一流人也。数世行善，垂九十年。当噶尔丹叛时，率七族喀尔喀等来归，最有功。其家世，喀尔喀汗之子，土谢图汗之弟。遭逢圣朝，迭膺殊遇。……请如达赖喇嘛、班禅额尔德尼例，赐以名号印册。"雍正帝览奏下诏，允许其作为呼毕勒罕，世代转生，并赐金册、金印。① 乾隆三年(1738)，乾隆帝遵照先例，赐金印册封第二世哲布尊丹巴。其受封后在库仑设僧学院，弘扬佛法，四方善信来供献者，不绝于途，以致风靡全蒙。乾隆二十年(1755)平定准噶尔之乱，第二世哲布尊丹巴有镇抚喀尔喀之功，乾隆帝于二十一年(1756)十二月特降优诏，晋封其为"敷教安众大喇嘛"。② 经过康、雍、乾三朝的大力扶植，哲布尊丹巴成了外蒙古地方

---

① 妙舟：《蒙藏佛教史》，第17—24页，全国图书馆缩微复制中心出版，1993。
② 同上书，第32页。

之最高宗教领袖。

青海佑宁寺的第二世章嘉呼图克图洛桑却丹(1642—1714),23岁从第五世达赖受具足戒,后在协助清廷处理西藏事务中崭露头角。康熙二十六年(1687),曾两次进京朝觐,深得康熙皇帝信任。康熙三十二年(1693),二世章嘉再次奉旨进京,康熙帝册封其为呼图可图,允其转世。康熙三十三年(1694),奉诏驻北京法源寺。康熙四十年(1701),奉旨常住内蒙古多伦汇宗寺。康熙四十四年(1705),加封第二世章嘉为"灌顶普善广慈大国师",并赐重八十八两八钱八分之金印一颗,还有九龙黄褥、貂皮褥等物,让其管理西藏以东藏传佛教格鲁派即甘、青藏区及内蒙古地区之宗教事务。①从此,历辈章嘉呼图克图均受清朝重用,不仅成为掌管甘青、内蒙古地区最大转世活佛,也位居驻京喇嘛之上首,地位极其尊荣。雍正十二年(1734)三世章嘉按例袭封为"灌顶普善广慈大国师",颁赐了金册、金印。次年,奉命送七世达赖喇嘛入藏坐床。乾隆元年(1736)回京觐见了刚刚即位的乾隆皇帝,"受到如先帝在位时一样的尊荣",受管理京师寺庙喇嘛札萨克达喇嘛印。乾隆十年(1745),奉旨将雍亲王邸改建为雍和宫喇嘛庙。乾隆十五年(1750),西藏发生了珠尔墨特那木札勒之乱,三世章嘉国师建议乾隆帝把西藏政教大权给予七世达赖和驻藏大臣共同掌握,迅速平定了叛乱。乾隆十六年(1751),赐振兴黄教大慈大国师印。

清朝对黄教高僧的册封属职衔者有五种,即胡图克图(一作呼图克

---

① 当仓央嘉措被确定为六世达赖喇嘛时,二世章嘉曾奉命入藏赍送敕印。又奉康熙帝之命在五台山修建菩萨顶等十座寺庙,历十年完工。康熙帝把这十座寺庙改为黄庙,使黄教在五台山有了大的发展。二世章嘉还曾建议康熙帝于多伦诺尔建汇宗寺,安抚蒙古,从而受到蒙古王公、台吉的赞扬欣服。二世章嘉还曾奉旨安抚青海两翼四十九旗,使其相继归服清廷。鉴于二世章嘉经常去青海蒙旗巡化,为维护蒙藏与清廷关系作出了较大贡献,于是康熙四十四年,敕封为"灌顶普善广慈章嘉呼图克图大国师",给予敕印,命主蒙古多伦诺尔汇宗寺。这是敕封章嘉呼图克图之始。康熙帝对二世章嘉十分尊崇。因此,当雍正在藩邸时,即随二世章嘉学习佛法。雍正《御选语录后序》云:"圣祖敕封灌顶普善广慈大国师章嘉呼图克图喇嘛,乃真再来人,实大善知识也。"

图)、诺门罕、班第达、堪布、绰尔济;属名号者有国师、禅师两种。《理藩院则例》卷五十六中明确规定:"该胡图克图等除恩封国师、禅师名号者准其兼授外,概不得以胡图克图兼诺门罕、班第达、堪布、绰尔济等职衔,亦不得以国师兼禅师名号。"此外,所授职衔与名号不同,其所用印信也不相同,一般有金、玉、银、镀金银和铜五种。以上是清代册封的藏传佛教最有影响的四大活佛系统。有清一代,究竟有多少黄教上层僧侣受到清廷的封赐,迄今尚无确切统计。① 经过顺、康、雍、乾四朝的扶植,黄教中出现了一个新的特权阶层,即喇嘛活佛阶层。清王朝依靠这一阶层,不但牢牢掌握了黄教势力,使其成为清王朝统治广大蒙藏的"衔勒";而且充分利用活佛这一特殊阶层的广泛号召力和影响力,达到了对蒙藏地区分而治之的政治目的。乾隆十六年(1751)平定珠尔墨特那木札勒之乱后,清廷下令让第七世达赖喇嘛掌管西藏地方政教事务,正式确立了"政教合一"的统治政策。这是黄教政治、经济势力发展到最高阶段的显著标志,也是清王朝长期以来推行扶植黄教、优渥喇嘛的宗教政策之必然结果。

设立驻京呼图克图,在京城等地广建喇嘛庙,是清王朝扶植黄教、优渥喇嘛政策的又一重要内容。清朝统治者把蒙藏地方较有影响的一些黄教高僧延请至北京,供给钱粮,赐建庙宇,让他们或掌管京城及承德、五台山等地的喇嘛事务,或奉旨赴蒙藏地方办事,称之为"驻京喇嘛"②。乾隆年间驻京呼图克图有八人,到清末发展为十二人,其中来自藏区的

---

① 据嘉庆十九年(1814)夏,西藏噶厦奉驻藏大臣之令对卫藏、康地寺院的清查报告,仅西藏一地通过金瓶掣签确定的大小活佛就有 134 名。又据光绪朝修《钦定大清会典事例》卷九七四载,西藏除达赖喇嘛、班禅额尔德尼外,尚有呼图克图 18 人,沙布隆 12 人,甘肃庄浪 2 人,青海西宁 33 人,木里 1 人,乍雅、察木多、类乌齐 4 人,内外蒙古共有 70 人。
② 参见妙舟《蒙藏佛教史》第四章《清代之喇嘛》,第 4 页。凡喇嘛有驻京喇嘛、西藏喇嘛、西番喇嘛及游牧喇嘛等类。驻京喇嘛,大者曰掌印札萨克达喇嘛,曰副掌印札萨克达喇嘛;其次曰札萨克喇嘛、达喇嘛、副达喇嘛、苏拉喇嘛、德木齐、格斯规。其徒众曰格隆、班第。热河、盛京、多伦诺尔、五台山各寺皆分驻喇嘛,定有额缺,按等升转。驻京喇嘛中历辈阐扬黄教,如章嘉呼图克图等,或在京掌教,或赴藏办事,俱曾加国师、禅师等名号。

有章嘉、噶勒丹锡勒图、敏珠尔、济隆、洞科尔、果蟒、阿嘉、喇果、贡塘、土观等十人。驻京呼图克图中，又以历辈章嘉呼图克图地位最尊、权势最大。清朝之所以设驻京呼图克图，一方面是想以此体现其尊崇黄教、优礼喇嘛的宗教政策，争取蒙藏地方势力真心归附；另一方面也通过驻京呼图克图，随时了解蒙藏地方的情况，通过这些高僧活佛妥善处理蒙藏地方事务。有清一代，尤其是嘉庆朝以前，驻京呼图克图为调解蒙藏民族的内部关系、贯彻清中央政权对蒙藏地方的诸项政策起到了积极作用。

寺庙既是喇嘛们诵经聚集之场所，又是信徒们顶礼膜拜皈依之中心。所以，清朝统治者不仅大力支持黄教势力在蒙藏地方广建庙宇，而且不惜花费大量财力物力，在京城、承德、五台山及盛京等地修建或改建黄教寺院。其目的诚如雍正帝在《御制惠远庙碑文》中讲得很清楚："演教之地愈多，则佛法之流布愈广，而番夷之向善者益众。"妙舟法师在其著作中说，"全蒙藏之呼图克图，有 158 名之多；呼图克图所驻锡之寺院，朝廷待遇极隆。"①

清代对喇嘛级别与各庙人数及喇嘛钱粮都有明确规定，形成制度。据《大清会典事例》，康熙六十年(1721)覆准，京城喇嘛自札萨克达喇嘛以下，格斯规、班第以上，共 938 名，每日应给茶、油、盐、柴、面、煤炭等项，以各物时价折算，一年共银 13175 两有奇。乾隆元年(1736)议准，在京各寺院，原有度牒之喇嘛，格隆、班第共 959 名，后增福佑等寺食钱粮之格隆、班第，共 314 名，皆未得度牒，应按名补给。② 据嘉庆朝所编《钦定理藩院则例》卷五十六统计，清朝在北京新建或改建的喇嘛庙有 31 座，定额喇嘛约 2200 名。其中雍和宫人数最多，定额为 500 名。此外，承德普陀宗乘庙等六寺喇嘛定额为 950 名。凡京城喇嘛，同文武官吏一样，清王朝根据身份、地位按月支给钱粮。清代对京城职任喇嘛有明确定额：京城

---

① 妙舟：《蒙藏佛教史》第四章《清代之喇嘛》，第 8 页。
② 《清朝续文献通考》卷八九，第 8491 页。参见《周叔迦佛学论著全集》之《清代佛教史料辑稿》，第 3340 页。

各庙,额设掌印札萨克达喇嘛一缺、副札萨克达喇嘛一缺、札萨克喇嘛四缺、达喇嘛十四缺、副达喇嘛三缺、画佛副达喇嘛一缺、额设苏拉喇嘛十缺、教习苏拉喇嘛六缺、仓苏喇嘛九缺、德木齐三十二缺、格斯规四十八缺。以下是一份乾隆年间额定的职任驻京喇嘛随从和钱粮表,可供参考:

清代驻京喇嘛职任及随从、钱粮表

驻京喇嘛职任	随从人数	钱粮等额度
札萨克达喇嘛	随从噶布楚兰占巴22人、格隆6人、班第6人	月给粮银15两1钱2分2厘2丝2忽,米9石7斗5升,坐马4匹,乳牛3头,月给料3石3斗,草210束
副札萨克达喇嘛	随从格隆5人、班第6人	月给粮银13两8钱9分9厘6毫7丝2忽,米9石,坐马2匹,乳牛2头,月给料1石8斗,草120束
札萨克喇嘛	随从格隆4人、班第6人	月给粮银13两5毫1丝2忽,米8石2斗5合,马牛料草与副札萨克喇嘛同
达喇嘛	随从格隆2人、班第6人	月给粮银11两2钱2厘1毫9丝2忽,米8石2斗5合,马牛料草与副札萨克喇嘛同
副达喇嘛	随从格隆2人、班第4人	月给粮银9两4钱7分1厘6毫4丝8忽,米5石2斗5升,马牛料草与副札萨克喇嘛同
苏拉喇嘛	随从班第4人	月给粮银3两7钱3分5毫4丝4忽,米2石2斗5升,坐马1匹,月给料6斗,草30束
德木齐、格斯规	随从班第1人	月给粮银2两8钱6分5厘2毫7丝2忽,米1石5斗
格隆		月给粮银8钱9分9厘1毫1丝,米7斗5升
班第		月给粮银8钱6分5厘2毫7丝2忽,米7斗5升

清代喇嘛教流布甚广,但主要分为上述四支,即前藏的达赖喇嘛、后藏的班禅额尔德尼、外蒙古库伦的哲布尊丹巴和甘青、内蒙古多伦诺尔的章嘉呼图克图。喇嘛拥有崇高的名号和职衔,不仅意味着有清朝中央政府的政治和经济支持,凭借其社会地位和宗教影响力,更能赢得信徒的虔诚崇拜和广泛布施。而且,蒙藏上层喇嘛几乎都拥有领地和属民,其中以西藏达赖和班禅为最,他们掌管全藏政教大权,还有固定的租赋收入。①

二、西藏喇嘛寺庙经济

清代西藏喇嘛寺庙经济之兴盛可追溯到五世达赖时期。资料显示,五世达赖喇嘛既获得清廷的册封,又有蒙古和硕特部军事力量的支持,于是锐意壮大黄教势力。更因为固始汗把整个西藏的赋税献给达赖喇嘛做香火费用②,以致黄教寺院势力集团实际上掌握了西藏经济命脉。五世达赖期间及其之后格鲁派黄教势力迅速发展的情况从下面两组数字可见一斑。五世达赖期间,仅格鲁派34座大寺院就有僧人16245名,寺属民户3251户,每年收入粮食119356克。康熙三十三年(1694),西藏各教派寺院共1807座,其中格鲁派寺院534座,约占1/3。到雍正十一年(1733),达赖喇嘛所属寺院猛增至3150座,僧人数达342560人,属民121440户;当时后藏班禅喇嘛有属寺372座,僧人13670人,属民6750户。③ 其发展势头之迅猛令人惊叹。

---

① 参见妙舟《蒙藏佛教史》第四章第三节《喇嘛之牧地》,第8页。蒙古旗之札萨克喇嘛在其辖区之内亦掌握教政两权,统辖部众,通称游牧喇嘛旗,他们的属民蒙语称为"沙毕那尔"。
② 固始汗消灭藏巴汗后,邀请达赖五世赴后藏日喀则讨论善后事宜。按照元朝忽必烈向萨迦法王八思巴奉献三次大布施之例,固始汗给五世达赖喇嘛馈赠了大量礼物,其中最主要的是他在西藏僧俗大众面前宣布将西藏十三万户奉献给五世达赖喇嘛作香火之费。固始汗仿照元代忽必烈和八思巴故事,似乎是历史在重演,其实是给他自己一直以保护黄教为旗帜的"持教法王"头衔加码。固始汗奉献的不是西藏十三万户本身,而是十三万户之赋税。
③ 东噶·洛桑赤烈:《论西藏政教合一制度》,第59—63页,北京,民族出版社,1987。此项数字与乾隆二年(1737)七世达赖喇嘛上报理藩院的数目基本一致,参阅《卫藏通志》,第47页。

清廷自 1653 年册封五世达赖和固始汗之后，西藏地方政府虽屡经组合，但政教分离的基本政策一直未变。经过近百年的实践经验，清朝统治者充分认识到，在西藏这样一个宗教势力无孔不入的社会里，要想使自己的统治长久，而把强大的宗教势力排除在外，几乎不可能。达赖喇嘛作为西藏最高的精神领袖，其对西藏地方政务的影响是难以估计的。鉴于此，清王朝于乾隆十六年(1751)决定让七世达赖处理西藏地方的政教大事，并与驻藏大臣共同领导西藏地方政府。这是一个历史性突破，它标志着清朝不仅承认达赖喇嘛为藏区的最高精神领袖，而且也承认了达赖喇嘛的政治地位。同时让达赖参与管理和领导西藏地方政府亦是清朝削弱西藏世俗贵族势力的一个策略。按照乾隆的意图，欲长远解决西藏问题，"西藏事必当众建而分其势"，"必须达赖喇嘛得以主持，钦差大臣有所操纵，而噶伦不致擅权"。①

清王朝在完善治藏政策所制定的西藏善后章程中，充分注意到了达赖、班禅之亲族及噶布伦、商卓特巴等西藏世俗贵族势力对寺庙经济的侵渔等弊情，而对达赖和班禅本人特别宽宥体恤。乾隆五十七年(1792)谕：前后藏所出租赋，向归达赖喇嘛、班禅收用。又众蒙古平素崇信佛教，乐施喜舍，是以布达拉、扎什伦布两处商上蓄积饶裕，驻藏大臣向不过问。其商卓特巴、噶布伦等任意侵渔。嗣后商上收支一切，应令驻藏大臣综核，凡换班官兵交驻藏大臣管用，皆不得于商上稍有侵挪。其两处商上出息，除养赡喇嘛番众外，或有赢余，不妨为唐古特兵丁添

---

① 中国第一历史档案馆藏：《宫中朱批奏折》，见《汇编》，第 539 页。由此制定颁布的《酌定西藏善后章程》十三条，规定组织新的西藏地方政府。七世达赖掌握西藏地方政教大权标志着清朝在西藏正式确立了政教合一的封建农奴制度。《酌定西藏善后章程》是清朝治理藏务的第一个重要文件，又是 1792 年二十九条钦定章程的雏形。十三条章程最为显著的特点，一是处处提高和巩固达赖喇嘛的地位和职权；二是处处强调驻藏大臣与达赖喇嘛地位平等。自 1642 年西藏上层派伊拉古克三呼图克图为首的使团赴盛京与清朝统治者建立联系，到 1751 年清朝在西藏最终确立政教合一的封建制度，中间经过了一个世纪左右的时间，这也是清朝统治者不断调整、完善和强化治藏政策的过程。而自 1751 年之后近二百年漫长的时间里，西藏地方政教合一这一基本政体再也没有发生过根本改变。

补养赡之用。又谕：布达拉、扎什伦布两处商上租赋，归驻藏大臣经管，达赖喇嘛、班禅额尔德尼平素自奉以及例需应用各项，俱听其自便。驻藏大臣毋得过于严切，不过代其稽查出纳，不至如从前为达赖喇嘛、班禅额尔德尼亲族暨噶布伦、商卓特巴等借端侵渔。至达赖喇嘛、班禅额尔德尼自用以及公用各项，仍照旧听其自行支用，不可管束太过，以示体恤。①

乾隆五十七年（1792）又奏准：达赖喇嘛所属前藏地方甚宽广，每年番民缴纳，系各以粮食或氆氇、藏香、棉盐、酥油、奶渣、羊腔、茶叶等项作为租赋。其远处寨落难以运送者，各以银钱折交。惟番民家有牛群羊群者，系每牛二头每年交银钱一圆，每羊十只亦每年交银钱一圆。其随时布施物件银两并无定数。除交各项本色物件外，约计每年所入银两，共十二万七千有零。凡有交来物件、银两、银钱，俱系收存大昭库内，由商卓特巴三名管理。其氆氇、藏香及税课罚赎等项、各处布施之物，并番民亡故后例交一半服饰物件，俱交商上库内，另有商卓特巴二名管理。所有达赖喇嘛公用、日用等项，悉皆取给于此。②

乾隆帝根据福康安所奏，精明计算达赖喇嘛所需用项：每年正月内，布达拉与各处大寺庙、大小众喇嘛，及前后藏各处喇嘛数万人，会集大昭念经八日，谓之默朗穆勒布。二月内复集大昭念经八日，谓之错曲勒布。藏内俗语统名为"攒昭"，按喇嘛名数赏给银钱、哈达，支给酥油、茶叶、糌粑，需银七万九百余两。又每日念经需用酥油、茶叶及各项赏赉，共需银

---

① 参见《周叔迦佛学论著全集》之《清代佛教史料辑稿》，第3334—3335页。乾隆十六（1751）年，清朝派大军进藏平定珠尔默特那木扎勒之乱后，乾隆帝命七世达赖掌管西藏政教大权，任命三俗一僧四位噶伦具体负责处理西藏一般性的政教事务，正式建立噶厦地方政府。清王朝不仅对西藏地方政府中的各级机构做了比较系统的调整，而且对各级官员的品位、职权等都做了明确规定。经过调整后，专理财政事务的机构被称为"商上"（即喇恰勒空，bla-phyag-las-khungs），由噶伦一人负责，下设管理账目的仔本（四品）三人，办理具体事务的商卓特巴（phyag-mdzod-pa）五人（四品，1793年后减为二人）。

② 参见《清代佛教史料辑稿》，收入《周叔迦佛学论著全集》，第3335页。又参陈小强《清代中央政府对西藏行政管理的财政支出》，载《西北民族研究》2001年第5期。

三万九千二百余两。又每年采买布达拉众喇嘛食用及各种物料,并酬答布施物件,共需银二万四千四百余两。所入尚不敷所出。又色拉等大寺喇嘛均需养赡,若青稞丰收之年并布施较多年份,始有赢余。商上又有小库一处,另派商卓特巴一名管理。每年出入如有余剩物件银两,归入小库存储;如遇不敷支用之年,即将小库银物使用。为了杜绝达赖喇嘛所需费用被人渔弊,乾隆帝在制度上采取了一些新的安排。乾隆谕示:达赖喇嘛一切用度,商卓特巴总司出纳,驻藏大臣向不过问。达赖喇嘛亲族及商卓特巴侵渔舞弊,在所难免。现在噶布伦、商卓特巴等缺,议归驻藏大臣会同达赖喇嘛秉公拣选,不许达赖喇嘛亲族管事,所有商上一切公用令驻藏大臣总核,实可杜绝弊源。著济隆呼图克图居住布达拉,耳目更近,一切弊窦无难就近确查,嗣后交驻藏大臣与济隆呼图克图随时稽核出纳,如有侵渔舞弊之人,济隆呼图克图即告知驻藏大臣查办治罪。

乾隆同时也考虑到班禅所居喇嘛寺庙的用度情况,并采取相应措施,谕曰:至扎什伦布所管番民较前藏为少,所交商上粮赋多系交纳物件,统计折色、本色约合银六万六千九百余两,而每年所用约需银七万四千六百余两。从前各处布施较多,每年总有赢余,近年布施较少,又经廓尔喀抢掠,计每年出入,连布施计算,仅敷用度。班禅额尔德尼年在幼龄,恐为左右蒙蔽,亦交驻藏大臣及济隆呼图克图实力稽核,以归画一。所有达赖喇嘛、班禅额尔德尼平素自奉及例应需用各项,照旧听其自便。①

根据以上乾隆谕旨及福康安的奏陈,大体可以获悉达赖、班禅寺庙经济的来龙去脉和收支情况。首先,这里交代了达赖喇嘛寺庙经济之租赋、布施及其他收入的基本来源,共有以下几项:一是田赋和庄田租税。

---

① 《大清会典事例·理藩院·赋税》卷九八〇,第2—3页。又参见《周叔迦佛学论著全集》第七册《清代佛教史料辑稿》,第3335—3336页。

番民每年以各地所产实物如粮食或糌粑、藏香、棉盐、酥油、奶渣、羊腔、茶叶等项作为租赋。西藏的土地分上中下三等,上等地下籽种一克(约合28市斤)者,交粮十克;中等地下籽种一克,交粮七克;下等地下籽种一克,交粮五克。主要粮食作物为青稞,因此所缴纳之粮多为青稞。路远难以运输者,可交折色银,每三克交银二两。二是家畜税。番民家有牛群羊群者,系每牛二头每年交银钱一元,每羊十只亦每年交银钱一元。三是布施。每年来自蒙古、甘青、四川、云南等地的信徒布施达赖、班禅的物件和银两,数目相当可观。四是其他收入。如番民去世后,循例要交一半服饰物件给寺庙。

其次,布达拉等大寺庙主要支出费用有以下几项:(1)攒招费。每年正月,西藏各大寺院的大小喇嘛,约数万人云集拉萨大昭,参加默朗穆勒布大法会,念经二十日;二月复聚集于此念经八日,称为错曲勒布法会。其间每日按照喇嘛人数赏给银钱、哈达,发给酥油、茶叶、糌粑等生活资料,共需要银约70900余两。此外,每日念经供应酥油、茶叶及各项赏钱需银39200余两。(2)每年采买布达拉宫众喇嘛食用、各种物料及酬答布施物件,共需银24400余两。(3)色拉等大寺喇嘛的养赡费若干。以上几项是支出中较大者。此外还有寺院卫队费、医药费、留学费等,还有铸佛费,每年铸佛需要熟铜四五千斤,需要购买银4000两,运输等乌拉费银1500两。后面这几项费用福康安未奏。①

达赖、班禅年收支总表

寺 庙	收 入	支 出	盈 亏
达赖所属寺庙	127000	134500	-7500
班禅所属寺庙	66900	74600	-7700
总计	约193900	209100	

---

① 参见苏发祥《论清朝治理西藏地方的经济政策》,载《西藏研究》1997年第6期。

据福康安等人稽查估算，达赖喇嘛所属寺庙年收入折合银约127000余两，班禅所属后藏寺庙年收入约66900余两，总计约合银193900余两。而达赖所属寺庙的开销，合计约需要银134500余两，加上后藏班禅扎什伦布寺每年的支出银74600余两，共支出约209100余两。由于寺庙收入的很大一部分是实物，所以上述统计并不完全，当然更谈不上准确。即便如此，我们仍然从中可了解其大概情形，即收支达不到基本的平衡。遇有歉收和布施不多之年，再加上营私舞弊等行为，其收支就更显得捉襟见肘，入不敷出。

西藏佛教达赖、班禅之崇高，与清中央的政治经济支持离不开，亦取决于蒙藏民众的崇拜。1930年代，妙舟法师在其著作中写道：达赖喇嘛，据经典载称其为观世音化身，本已早入涅槃，惟因誓愿度众生，遂不惜转生于世。达赖之名起源于蒙古，意谓智慧如大洋；喇嘛者，梵语"无上"之义。达赖喇嘛之职掌，握教政两大权，驻锡拉萨北方山上之布达拉宫，每年例至色拉等寺说法诵经，总辖寺庙3150余座，约喇嘛30余万众。后藏政教分归班禅管理，驻锡扎什伦布寺，即西藏之副王。人民崇拜信仰，与达赖喇嘛无异，藏谚有云：天上的日月，人间的班达。于此可见人民之心理矣。①

妙舟在同书中对西藏寺院之形制和规模深表赞叹："西藏寺院之形式皆模范印度，雕石镂金，鬼工神运，堂皇壮丽，轮奂巍然。而其像法形式之庄严，尤足令人惊叹。著名大寺，凡三千余；寻常寺院，不可胜计；招提兰若，无地无之。佛国之名，诚不虚谬。"②他还提到西藏规模宏大的几座寺院，如至尊宗喀巴所建之噶勒丹寺，在拉萨东，计程一日，原有僧众3300名，现增至4000余名；布赍绷寺在拉萨西北八里，清末有僧众7700名，现增至万人；色拉寺在拉萨北五里，原有僧众5500名，现增至7000

---

① 妙舟编：《蒙藏佛教史》第四篇《西藏近代之佛教》，第39、42页。
② 妙舟编：《蒙藏佛教史》第七篇《寺院》，第1页。

名;布达拉宫在布拉萨与布赍绷寺之间,有僧众5000余名,为达赖喇嘛驻锡之所。以上所述各寺院,均在前藏。扎什伦布寺在后藏,离拉萨新安计程十三日,系第一世达赖喇嘛根敦珠巴所建。原有僧众3800名,现增至4000余名,为班禅额尔德尼驻锡之所。上列各寺均为修持佛法之最大寺院,黄教之大本营。①

三、蒙古喇嘛寺庙经济

清代是蒙古喇嘛教最兴盛时期。史料表明,康熙、雍正、乾隆、嘉庆年间,蒙古喇嘛教寺庙和喇嘛人数发展到最高峰。据不完全统计,清朝中期,蒙古地方喇嘛寺庙约有1800多座,喇嘛人数约有15万人左右。到了清末时期,由于清政府无力扶持喇嘛教,喇嘛寺庙和喇嘛人数有所减少。光绪年间,喇嘛寺庙约有1600多座,喇嘛人数约10万左右。②

蒙古地区的喇嘛寺庙,绝大多数是清代建筑的,而且兴建最多的主要是在清朝盛世时的康熙、雍正、乾隆年间。康熙帝是制定清朝对蒙古政策和喇嘛教政策的重要奠基人,他系统地制定了对蒙古喇嘛教的方针政策,取得了很大效果。康熙帝认为,蒙古诸部是中国北部的最坚固的长城。明朝在二百多年间修筑长城达十八次之多,但清朝入关以后,一直没有修筑长城。到康熙年间,不少大臣多次建议修筑长城,但康熙帝认为蒙古诸部已经归顺大清,治理好蒙古诸部,就是清朝最坚固的长城;而治理蒙古诸部的重要一环,就是扶持和发展喇嘛教。因此,他极力提倡在蒙古地方兴建喇嘛寺庙。他曾直言不讳地宣称:"修建一座庙,胜养十万兵。"③

康熙帝在蒙古兴建的第一座大寺庙是多伦诺尔的汇宗寺。康熙三十年(1691)四月,他亲自巡幸边外,与喀尔喀部众大会于多伦诺尔,受其

---

① 妙舟编:《蒙藏佛教史》第四篇《西藏近代之佛教》,第38—39页。
② 参见德格勒《内蒙古喇嘛教史》,第452页,呼和浩特,内蒙古人民出版社,1997。
③ 同上书,第145—146页。

朝贺。第一世哲布尊丹巴呼图克图率众汗晋谒,康熙帝旨封其为"总管多伦诺尔喇嘛班第札萨克大喇嘛"。为了纪念这次会盟的成功,康熙帝应喀尔喀诸部所请,在会盟地建立了汇宗寺,并亲自题写寺额和御制碑文。后来,乾隆帝在御制(承德)普宁寺碑文中追述道:"昔我皇祖之定喀尔喀也,建汇宗寺于多伦,以一众志。"康熙五十二年(1713),蒙古诸部王公贵族为庆祝康熙帝六十寿诞,不约而同地提议按多伦诺尔汇宗寺之例,在承德兴建寺庙来为康熙皇帝祝寿庆贺,康熙帝非常高兴地允其所请,而建溥仁寺、溥善寺两座喇嘛寺庙。康熙帝同样亦亲笔题写寺额并御制碑文。《溥仁寺碑文》曰:"朕六旬诞生,众蒙古部落咸至阙廷,奉行朝贺。不谋同辞,具疏陈恳,愿建刹宇为朕祝釐。"在该碑文中,康熙特别提到"蒙古部落,三皇不治,五帝不服,今已中外无别矣。论风俗人情,刚直好勇,自百年以来,敬奉释教,并无二法。谨守国典,罔敢陨越。不识不知,太和有象。朕每嘉焉。鉴其悃诚,重违所请。"康熙认为,蒙古部落的风俗人情刚直好勇,治理蒙古的成功之道莫过于针对其百年来敬奉佛教的特点。溥仁寺建成后,设达喇嘛、副达喇嘛、苏拉喇嘛、德木齐及格斯规等喇嘛60名,由清政府定期发给钱粮,并派驻八旗官兵守护。自此清朝皇帝每到承德避暑山庄时,都要率领王公大臣及诸部族首领到寺内拈香瞻礼。每逢农历三月十八日康熙寿辰时,喇嘛还要举行盛大的诵经法会,为皇帝祝寿,为国家祈福。

雍正二年(1724),青海地区发生罗卜藏丹津叛乱,清朝派年羹尧率大军镇压。对于参与叛乱的喇嘛,清军亦毫不留情,并焚烧了喇嘛寺庙。但是平定叛乱后,雍正五年(1727),拨帑金十万两,在喀尔喀修建庆宁寺;雍正六年议准,以归化城征收贸易马畜税银修庙①;雍正九年(1731),又拨巨资修复青海已被焚毁的郭隆寺和郭莽寺,雍正帝嫌其寺名不雅难驯,题赐寺额时分别改为佑宁寺和广惠寺。雍正帝在御选语录中自称,

---

① 《大清会典事例·理藩院·赋税》卷九八〇,第1页。

"朕年少时,喜阅内典,惟慕有为佛事";又拜章嘉国师为恩师,以此继续笼络喇嘛教。所以雍正年间,蒙古地区兴建寺庙的风气仍在兴盛之中。乾隆帝是继康熙之后在蒙古大兴喇嘛寺庙的最有力的推行者,也是最成功的治理者。乾隆元年(1736),在御制普乐寺碑文中提出"因其教不易其俗,使人易知易从"。为了表示对喇嘛教的支持,乾隆九年(1744),他将雍和宫改为喇嘛寺庙,为其父皇"祈冥福"。为了表示"宠嘉藩部",又在承德先后兴建普宁寺(乾隆二十年)、安远庙(乾隆三十年)、普陀宗乘之庙(乾隆三十二年)、普乐寺(乾隆三十三年)、须弥福寿之庙(乾隆四十五年)等大喇嘛寺庙。从此,在蒙古地方掀起了兴建喇嘛庙的高潮。可以说,清朝在乾隆年间,蒙古地区兴建寺庙达到了最高峰。

清代经过康熙、雍正、乾隆三朝积极推行支持喇嘛教政策,大力兴建喇嘛寺庙,在全国以北京为龙头,以承德为中心,在蒙古地区,以多伦诺尔、归化城(呼和浩特)为中心,普及整个蒙古草原,兴建寺庙达到了无以复加的程度。多伦诺尔地区,除先后修建了汇宗寺、善因寺、会心寺、曼陀罗庙等大寺庙外,还建有 15 座附属寺庙。这里不但设有章嘉呼图克图掌管的"多伦诺尔喇嘛印务处",还有驻京喇嘛和内蒙古各地呼图克图的驻庙(称"仓"),因此它成为内蒙古地区喇嘛教的中心。外蒙古喀尔喀部哲布尊丹巴呼图克图驻锡在库伦,其处也兴建了各种专修寺院,综计 28 所,僧众 1.4 万人。据妙舟法师描述,"其诸寺庙,均极壮丽,构造时与西藏拉萨之宫殿等,大寺有僧数千,小寺亦数百人。旷野四周,天幕满布。盖巡礼者,终岁不绝。蒙古地方以此为大本山也。"[①]北京、盛京、承德、五台山等地的喇嘛寺庙,也是蒙古地区信众朝拜、布施的佛教圣地,其中有些寺庙也是蒙古王公贵族、呼图克图、葛根出资兴建的。同时这些地区的喇嘛均从蒙古地区中选派驻庙,所以这些地区的寺庙与蒙古喇嘛教亦有着密切联系。

---

① 妙舟编:《蒙藏佛教史》第七篇《寺院》,第 35 页。

清朝统治者不仅在政治上支持蒙古地区喇嘛教的发展,而且在经济上也大力扶持喇嘛教寺庙和呼图克图、葛根等上层喇嘛。清廷给大寺庙、呼图克图、葛根赏赐阿勒巴特、土地、牧场、银、粮,数目之大,都表明对喇嘛教的巨大支持和鼓励。① 有的是清廷直接赏赐的,有的是在清廷旨意下批准赠送的。为了从政治、军事需要出发,清廷直接从国库支付数十万银两,在北京、盛京、承德、多伦诺尔、五台山等地修建规模宏大的喇嘛寺庙。清廷为了扶持发展喇嘛教,对北京、盛京、承德、多伦诺尔等地各寺庙的喇嘛都有定员规定,按定员数目发放钱粮。如锡勒图库伦喇嘛,定员1000人,每年发给白银1000两,羊1000只,米1000斛。清廷对喇嘛教的支持和鼓励也带动蒙古王公贵族从经济上大力扶持喇嘛教。他们把自己的阿勒巴特、土地、牧场、牲畜及金银财物奉献给寺庙和呼图克图、葛根,一方面表示了对佛教的虔诚信仰,另一方面也讨好了清朝统治者。

由于清朝统治者和蒙古王公贵族的大力扶持,清代蒙古喇嘛教发展到了鼎盛时期,与其相适应的是,喇嘛教的寺庙经济实力也获得很大发展。有些大寺庙和大呼图克图、葛根等上层喇嘛已经成为蒙古地区的大封建领主。他们占有的土地、牧场、牲畜和阿勒巴特的数量都超过了当地世俗封建领主所占有的数量,而且寺庙的土地、牲畜不需缴纳赋税,其土地、牲畜可以出租形式、放苏鲁克形式给农牧民耕种、放牧。② 因此,清代喇嘛寺庙变成了蒙古地区最富有的地方,有些上层喇嘛同世俗封建领主一样是最富有的阶层。例如,据清光绪年间统计,喀尔喀地区的哲布尊丹巴呼图克图拥有牲畜达14万多头(只),而喀尔喀各部王公贵族中,

---

① 葛根是蒙语"智慧者"的意思。葛根是在转世者中道行高、法理渊深者的尊称,俗称"活佛"。获得葛根这一尊称,必须是经过各盟、旗札萨克王公推荐、认可,或由西藏、青海、内蒙古、外蒙古地区的大呼图克图等大喇嘛授予的尊称。清代时喇嘛寺庙和上层喇嘛的属民称为阿勒巴特,亦称"沙必那尔",实际上就是农奴和牧奴。
② 寺庙把牲畜放到牧民家代放,即为"放苏鲁克"。寺庙按比例规定苏鲁克制度,即每年8月份按仔畜多少分成,放苏鲁克户要向寺庙缴纳一定数量的羊毛、乳制品;耕地用牛要缴一定数量的谷物。

最富有的也超不过5万头(只)牲畜。内蒙古地区也是如此,各大寺庙和大呼图克图、葛根等上层喇嘛拥有的财产,远远超过了各旗王公贵族和富户的财产。

清代蒙古地区大寺庙对属民阿勒巴特的奴役和剥削,是喇嘛寺庙经济最重要的来源之一。阿勒巴特的来源主要有:清廷赠予大喇嘛寺庙和大呼图克图一定数量的平民为阿勒巴特;蒙古王公等封建领主将自己的阿勒巴特奉献给大寺庙和呼图克图;贫苦的普通农牧民,为了逃脱官府的压迫和残酷剥削,自愿申请成为喇嘛寺庙和呼图克图的阿勒巴特;外来的逃难户投靠寺庙成为阿勒巴特。这些阿勒巴特不服兵役,不给世俗封建主承担任何义务,只为寺庙或呼图克图服务,给他们放牲畜、耕种土地,服各种劳役、差役于终身。其中要特别提到蒙古政教合一的喇嘛札萨克旗,那里的很多农牧民实际上都是寺庙或呼图克图的阿勒巴特。妙舟在其著作中对喇嘛札萨克旗和喇嘛牧地的状况有如下之描述,可使我们有相当身临其境的认识:

> 喇嘛牧地,有呼图克图管理,众喇嘛游牧其间,不受旗之管辖。呼图克图下最重要之主治官为商卓特巴札萨克喇嘛,以最有学识之喇嘛充任。清时依例须经理藩院之敕许,颁给印绶。其权与旗之札萨克同,管辖牧地之喇嘛,而无负兵役之义务。其下更设德木齐喇嘛,其权限与旗之理刑官同;其次各部设达耳架及乍伊山。牧地喇嘛,少数居住寺院,多数散居旷野。每当年祭或大祭时,多数喇嘛来集牧地诵经,事毕即散。寺院费用,均以斋主之布施、诵经之酬费为主。住持喇嘛榨取马之酥酪为食料,每年限以定数,贩卖马匹,以所得费维持寺院。凡喇嘛牧地之建设寺院,购置佛像经典,修造呼图克图舍利金塔诸费用,则由游牧喇嘛之家畜税额为基金。每一喇嘛牧地,分数部落,每部落均有寺院。喇嘛之部落,或称喇嘛街。寺之周围,大小喇嘛之住宅,鳞次栉比。其构造虽因所在喇嘛之贫富而不同,大小遂异,然概系砖制,极宏壮之观。其大者户数百,喇嘛数

千;小者亦数百或数十。其附近喇嘛之张幕处,与汉商设天幕而贸易者,殊占多数。故寺院之所在,实即蒙古之都市。①

此中商卓特巴札萨克喇嘛,同西藏达赖喇嘛的商卓特巴一样均为主管寺庙经济之喇嘛官员。西藏寺庙的财务机构称商上,主要负责人即为商卓特巴。而蒙古喇嘛寺庙的经济管理机构称仓或甲巴,仓是蒙古语,意思为保管财务的地方;甲巴是藏语,意思相同。蒙古地区仓分寺庙仓和葛根仓两大类。寺庙仓管理全寺庙财务。大寺庙设大仓,下又设各学部仓和分仓十几个,分别管理各仓的财务经济。凡寺庙中的公共念经收入、施主布施和化缘收入,以及土地、草牧场、森林、矿藏、畜群、阿勒巴特纳税等方面的收入,全寺庙的支出项目,都属大仓管理。苏格沁仓管理全寺庙性集会、法会以及日常法会的财务。葛根仓是呼图克图、葛根私人的"仓",是管理呼图克图、葛根所属的阿勒巴特、土地、牧场、畜群,以及呼图克图、葛根的诵经、化缘和施主布施等各项收入支出。其中又有内仓、外仓和分仓,分别管理各项财务。内仓管理呼图克图、葛根的诵经、化缘和施主布施等项收入,及其饮食、起居、服饰等一般性开支;外仓管理其阿勒巴特、土地、牧场、畜群、商号等收入,并安排其举行法会、进京朝贡以及赴甘青藏和五台山等地朝拜或学经深造方面的大量开支;分仓则管理其行宫、避暑寺庙和灵塔寺庙的收支事项。

清代蒙古地区喇嘛寺庙之经济来源中,土地出租和商业经营占大项,其他来源主要有讲经、募捐、化缘和施主布施等收入。另外还有放高利贷、放苏鲁克等,也是寺庙经济的重要来源。② 以下根据德勒格的研究成果简单加以介绍。

1. 土地出租

蒙古农业地区、半农半牧地区的寺庙都有一定数量的土地,特别是

---

① 妙舟编:《蒙藏佛教史》第七篇《寺院》,第36页。
② 参见贾原《论清代喇嘛教寺庙经济收入的来源》,载《前沿》2008年第1期。

农区寺庙,是以土地收入为主要经济来源的。大寺庙有三、五千顷土地;中等寺庙有三、五百顷;一般寺庙也有几十顷土地。(1)寺庙将土地租给佃户,订立合同,到秋季收粮时,按三、七或四、六分成,寺庙所得三、四成。(2)寺庙土地的另一种经营方式是雇用榜青制。寺庙供给种子、农具、畜力,农户出劳力耕种,秋后按比例分成粮食,寺庙得大头收入,农户得三、四成。同时,榜青户每年无偿为寺庙服劳役20—40天,并要缴纳一定数量的柴草。(3)寺庙还雇用长工耕种土地,农田收入归寺庙,秋后按合同给雇工报酬。至于占有大片牧场、森林、矿山、盐地的大寺庙,其收入更为可观。

2. 商业经营

蒙古地区有些大的喇嘛寺庙开设商行七八处,经营皮毛、绸缎、布匹、粮食等,年收入达数百万银元。清代库伦镇是内蒙古东部地区的商业集散地。"小库伦"最盛时期,有商号300多户。商业活动的税金,由喇嘛札萨克征收,收入之大,当时有"日进斗金"之说。阿鲁科尔沁旗的德博勒庙的塔尔巴喇嘛,是远近闻名的巨富。他所经营的商业,除在本旗有畜产品加工、农产品加工厂、烧锅、百货栈、砖瓦厂、饭馆、客栈、当铺等商号外,在其他地方也开设德利元、德利广等大商号,或在人家开设的大商号内投资入股,获取利润。另外,寺庙向外放高利贷者也不少。

3. 讲经法会

呼图克图、葛根等上层喇嘛是喇嘛教中的最高权威者,又同蒙古王公贵族有着密切关系。由于蒙古王公贵族、官僚、地主、牧主及普通信众常常请呼图克图、葛根来讲经、祝寿、祝福、祝平安,进行供佛、追悼亡灵等佛事活动,信众根据自己身份、财力状况,要给呼图克图、葛根大量布施。呼图克图、葛根有定期举行大型法会的规定。有的按年度、季度,甚至按月进行法会活动。在法会期间,都举行群众性的大集会。各旗王公贵族、地主、牧主等富户以及信教群众,不远千里来叩头、朝拜,并根据自己的财力状况,奉献大量牲畜、金银财物。有的影响大、地位高的呼图克图、葛根,周游各地,举行"丁科尔旺"(时轮金刚法会)之类大型讲经法会,前来听经叩头的信徒,不计其数,有时二三万人,多者达十余万人。例如章嘉呼图克图、土观呼图克图等,每周游一次呼伦贝尔盟、哲里木盟、锡林格勒盟等地,都能得到一二万头(只)牲畜,从几万到十几万银元不等,另有元宝、金条、珍品首饰等贵重物品,可谓应有尽有,不计其数。

4. 募捐化缘

每遇到修建寺庙、制作佛像,或呼图克图、葛根转世,坐床庆典以及其他活动,需要大量费用时,寺庙即以呼图克图、葛根名义,给各旗札萨克王公去函,或专派能干的喇嘛前去,请求帮助,为寺庙募捐。与此同时,札萨克出具公函,派出管事人员,与寺庙派来的喇嘛,共同为寺庙呼图克图、葛根和王公的代表,赴本旗的地主、牧主、富户家进行募捐。这样各富户要根据自己的家产财力状况,尽力将自己的金银、财宝、粮食、牲畜奉献出来。遇有奉献过少的,王公派来官员追问,如有表示不满或反对者,札萨克官府予以处罚。一些影响大的寺庙、大呼图克图、葛根,派人到跨旗、盟,甚至省外去募捐。

喇嘛募捐化缘的收入是寺庙的重要收入来源,尤其是对没有多少土地、畜群、牧场等收入的寺庙来说,化缘更是其财源的重要途径。有百名喇嘛的寺庙,往往有十余名喇嘛经常在外化缘。其名目很多,如修庙、塑造佛像、举行法会、跳查玛、呼图克图转世、坐床、晋升学位、留学深造等等,凡有较大的开支项目,都是化缘的理由。喇嘛们外出化缘时也有一定讲究,需带很多哈达、寺庙印件,并用纸包好供过佛的"奉佛福仓"(糕点)、果品等物赠送施主,而后说明化缘之来意。施主接受礼物后,要根据自己的财力状况,以牛马羊等家畜或金银财物进行施舍。凡是喇嘛登门化缘的户,一般少则送羊一只,富户则有送十几只的,也有上百只的。

清末民初,喇嘛教的势力影响开始削弱,经济收入随之减少,因此化缘便成为有些寺庙所需费用开支及喇嘛生活的主要来源。喇嘛化缘的方式多种多样,首先根据施主身份、财力状况分别赠送哈达、佛像、绸缎、衣物、古瓷器皿等。他们携带寺庙证件，先到官府给札萨克衙门的官员赠厚礼，经官府允许和协助，再去施主家化缘并赠送礼物，要看对方的身份、财力而定，对既有身份又有财力的富裕施主要多送，而且是贵重礼物。施主接受礼物后，首先热情招待，而后根据自己的财力施给牲畜或金银财物。也有名义上是化缘喇嘛，实际上是行商的。他们春来秋返，每次带走所得化缘收入，少则几百头，多则上千头牲畜以及金银财物。他们中有的将所得牲畜、财物进行商业经营，从中牟取暴利。

"黄缎伞"和"转经法会"，是蒙古喇嘛极为隆重的两种化缘形式。施主必须热情接待，尽力奉献。"黄缎伞"是一种送经临门的化缘方式，把一包佛教经典装载棚车内，在棚车外面包上红黄色绸缎，套车的马也佩戴黄缎穗，马头上戴帽，顶上镶饰物。车内不坐人，车夫另骑一匹马赶车。一个骑马者手持"黄缎伞"，领车在前面走。另有十几名喇嘛跟随车后，到施主家时，有吹号的，有诵经的，有专门说明来意的。施主见到"黄缎伞"，便要烧香叩头，然后奉上财物。"转经法会"又是一种化缘形式。把"甘珠尔"、"丹珠尔"等经典装载棚车内，车棚与套马（或牛）按送"黄缎伞"形式佩饰好，约有十几名至几十名喇嘛随车送行，每到一个村落就举行诵经法会，少则一日，多则二三日，信众烧香叩头，然后奉献金银财物和牲畜等。

5. 信徒施舍

寺庙每日有日会，月有月会，季有季会，年有年会。在这连续不断的庙会中，信众也连续不断地来叩头、上布施。其中，年会最为隆重，时间长、规模大，一般10天至半月、20天不等。聚集的信众多，上的布施也多。影响大的寺庙，庙会越是隆重，收入也就越多。信众慷慨布施的缘由很多，即为自己和家庭祈求幸福、平安、健康、老人长寿；祈求免除天灾人祸、疾病痊愈；祈求免除邪恶、来世幸福、超度亡灵；有的甚至为了祈求解脱一种困扰，不惜倾家荡产，以达到心里平安。也有一些信徒请喇嘛到家中念"古如木"经，以除邪镇恶、免除灾害。有的达官贵人、富裕家庭，为祈求自己的健康、家庭幸福、农牧业丰收，也请几十名乃至上百名喇嘛到家念经,祭天地、祭敖包,而且要尽力上布施,上得多与少,必须适合自己的身份和家庭经济状况。

蒙古族中,有一些人为了超度亡灵,家中人将死者生前个人的财物,如牛马羊、金银首饰和衣物等,全部施舍给寺庙或呼图克图、葛根等上层喇嘛,表示子女对父母的孝敬,祝愿死者来世美满幸福(按,西藏番民亡故后例交一半服饰物件)。对一些绝户(无后裔)的遗产,他人更不能继承,说是不吉利的财产,只能给寺庙上布施,以求来世子孙满堂。有的无继承人的老人,在生前做好准备,留有遗嘱,死后将自己的遗产全部奉献给某寺庙作为布施,以祈求来世子孙满堂、美满幸福。这类户一般比较富裕,仅牲畜少者几十头,多则几百、上千头全部上布施。蒙古民众由于对喇嘛教信仰虔诚,遇事无论吉利、不吉利都要恭敬"三宝",向寺庙布施,因此这种施舍亦是寺庙收入的重要来源。①

综观有清一代,清朝统治者为了利用喇嘛教,采取了很多扶持和发展喇嘛教的政策;与此同时,清王朝又担心喇嘛教的势力过于强大后,威胁其对于边境地区的统治,对喇嘛教采取了许多控制和限制政策。特别是到了清朝中期以后,颁发了许多"喇嘛禁令",抑制和削弱喇嘛教势力,削减上层喇嘛的特权。例如,乾隆年间,第二世哲布尊丹巴在库伦弘法,深受蒙古人之崇奉,以致"直辖之户,忽增至千数以上,而其从僧总额,增达三万人"。于是清廷下诏责令第二世哲布尊丹巴勿管"从僧俗事",而专心宗务。② 总的来说,大力兴建喇嘛寺庙,授予喇嘛寺庙和上层喇嘛经济特权,发展喇嘛经济,又确实是清政府扶持、发展蒙古地区喇嘛教的怀

---

① 参见德格勒《内蒙古喇嘛教史》,第277—286页。
② 妙舟编:《蒙藏佛教史》,第32—33页。内中说,清廷睹第二世哲布尊丹巴权力之扩张,蒙人之崇奉,乾隆十九年(1754)诏谕之曰:"哲布尊丹巴呼图克图,出家僧也。在蒙古为黄教之长,管理从僧俗事,则不适其任,且亦无暇。今为管理事务,特设额尔德尼商卓特巴之职于库伦,而以库伦之司库塞臣陀音noutyaaa都布多尔济执行其职务。但额尔德尼商卓特巴所管辖之从僧事务,唯遵其决议,而承哲布尊丹巴呼图克图认可耳。哲布尊丹巴呼图克图不问任何事务,毋庸亲身干预。"

柔之道和奖励政策。

　　清朝在蒙藏地方推行的优礼喇嘛、大兴寺庙、扶植黄教的宗教政策,在其早期,确实起到了笼络宗教上层人士、争取蒙藏地方势力归附中央王朝的积极作用,达到了其兴黄教而安蒙藏地方的政治目的,为促进民族团结和统一的多民族国家的形成作出了贡献。但是随着时间的推移,这一政策导致的消极作用也越来越明显。宗教势力的无限膨胀,使蒙藏地方人口下降、田园荒芜、社会生产长期停滞不前,极大阻碍了蒙藏社会的正常进程。

第五章 晚清民国时期佛学研究的滥觞与成就

19世纪末20世纪初,西方先进生产力向全球迅速扩张;而与此同时,西方文化向世界的渗透也加快了步伐。西方宗教学的理论和方法,随着"西学东渐"的思潮传入中国,开启了现代意义上宗教学研究的新纪元。晚清民国时期的佛学研究属于现代意义佛学研究的起步阶段。与传统佛学研究不同,这个时期佛学研究的最大特征是开始运用西方宗教学的研究方法,对佛教的历史及其与思想文化的关系等问题展开系统的考量。以晚清中国知识阶层掀起的佛学研究热潮为基础,民国时期的佛学研究一度兴旺,学院派的佛学研究风靡一时,著述丰厚;同时佛教界的僧伽、居士也在佛学研究上推陈出新,积极致力于佛教典籍的整理刊刻和文化教育工作,有力地推动了佛教社会功能的转向。

第一节 晚清民国佛学研究兴起的概况

20世纪之前,对宗教教义的译介、诠释构成了中国传统宗教研究的主干。佛教僧侣以佛经译介为主要活动,以弘扬佛法为主要目的而探究佛法教义。"西学东渐"改变了传统宗教研究的思路和方法,催生了现代意义中国宗教学的建立,也促进了佛教的发展和佛学研究的转型。在晚清动荡的社会局势中佛教呈现复兴之势,为民国佛学研究奠定了扎实的社会基础和思想基础。

一、晚清民国佛学研究兴起的背景

晚清民国佛学研究兴起并取得丰硕成果的动力主要来自三个方面:一是清末民初在一批倡导维新的知识分子中酝酿着的佛教复兴思潮促进了佛学研究的复兴;二是"西学东渐"及其带来的新思路、新方法为佛学研究的兴起准备了必要的条件,同时一批宗教文献的发现激发了学者佛学研究的兴趣和热情,为佛学研究的学院化、职业化开辟了道路;三是佛教界的部分僧人居士受到学术研究新风气的影响,主动加入到佛学研究的队伍中来,并推动了佛教内部的改革和佛教典籍的整理,与学者研究互相促进,共同推动了晚清民国佛学研究的繁荣。

1. 晚清社会剧变与佛学复兴

佛学在晚清动荡的社会中再度勃兴,根本原因是其内在特征与社会现实相适应,人们希望能够在研究佛学的过程中探寻解决现实问题的路径。佛学的普世性与社会需要相适应,这是佛学复兴的内在契机。

其一,佛学根本精神及其对现实的否定性与当时社会的批判意识相吻合。佛教的基本思想,揭示了现实社会的苦难之源,启发人们追求超越的社会理想目标。这种现实批判精神,与晚清社会中国因遭遇西方文化强烈冲击而寻求救国救民之道的思潮正相吻合,激发了知识分子打破社会禁锢而"放眼看世界",大胆吸收外来先进文化,借鉴以改变现实。

其二,佛教的思想观念与初期传入的西方文化在精神理念方面有相近之处。西方思想文化观念的传入,给中国传统文化带来了巨大的冲击,但在否定现实的同时,一部分清醒的中国知识分子意识到必须构建新的思想文化体系。在中国原有的思想文化体系之中,佛教的众生平等思想与西方民主平等的观念有相契之处,佛学的心性理念与西方个性解放的意识也有所关联,而在西方理性主义的冲击下,佛学的思辨性又成为代替传统经验主义的重要支撑。凡此种种,在"天崩地解"的时代,佛学被中国知识分子当作一种可以与西方文化相接通并与之抗衡的精神支柱。

其三,佛教普度众生的社会理想,与清末知识分子救亡图存、实现大同社会的使命感相呼应。

早在19世纪时,龚自珍、魏源这两位早期觉醒的知识分子,就已经意识到中国传统学术与现实社会需要的脱节,他们在向国人介绍西方科学技术的同时,也将目光投向了佛学,开创了经世佛学的研究思路,成为近代佛学研究的先导。

由龚自珍和魏源开创、维新人士推进的晚清佛学研究,将佛学研究与社会现实紧密地联系起来,将佛教普度众生的理想追求与解脱民生疾苦的救世情怀结合起来。虽然现代意义的佛学研究尚未正式展开,但佛学却以其"对于自身的终极依托、超阶级、超民族的渗透作用,理论上的包容性,教义的可塑性、双相二重否定的根本精神以及双向选择的价值观念"[1]等特征,吸引了近代学者的关注和兴趣,并孕育着学术变革和社会革新,积淀了民国佛学研究的思想基础。

2. "西学东渐"与学院化的佛学研究

经过晚清佛学的复兴,人们普遍关注到佛教与社会疾苦之间的联系,这有助于人们深化对佛教本质的研究。但从总体上看,晚清佛学还没有赢得独立发展的空间,尤其是专业研究队伍还没有正式建立起来,因而也就不可能形成关于佛教起源、发展、思想、宗派等方面的系统研究。这种局面是随着"西学东渐"的深入而逐步被打破的。

其一,新研究方法的引入。"西学东渐"以来,传统国学研究的思路发生了变化。19世纪末20世纪初,中国处于思想启蒙的状态,各种思想随着"西学东渐"而涌入国门,在引进西方民主制度和科学技术的同时,

---

[1] 麻天祥:《20世纪中国佛学问题》,第27页,长沙,湖南教育出版社,2001。

西方先进的文化理念及研究方法也随之引入,甚至也有部分国人走出"门"去,主动到西方世界吸收借鉴先进的思想方法。到20世纪初,一批新式的高等学堂在中国兴起,除了西方的科学技术文化,讲授中国的历史与文化也成为高等学校的重要课程。但与传统的讲授方式不同,此时出现了一批学贯中西、博通古今的学者,他们将讲课授业与著书立说相结合,将传统的文献考据方法与国外的历史学研究方法相结合,为国学研究注入了新的活力。① 尤其是20世纪以来的西方宗教学、历史学、社会学、哲学等不同学科的先进研究方法渗透到佛学研究之中,为佛学研究树立新的学术规范与方法奠定了理论支持。

其二,新研究队伍的形成。"西学东渐"以来,受过高等文化教育的学者队伍逐渐壮大,他们或成长于中国的新式高等学堂,或走出国门接触到最前沿的文化研究领域,逐步形成了较为稳定的职业化、学院化的佛学研究者队伍。这些佛学研究者逐渐能在研究中保持价值中立,摆脱信仰主义束缚,从而成为现代意义佛学研究的主要力量。20世纪上半叶,他们主要从文献学和历史学研究入手,开辟了佛学研究的新局面。

其三,新研究资料的刺激。"西学东渐"以来,文献资料的整理和交流取得一定成就,即"新文献的发现与旧资料的公开"②,包括中国原已失佚的法相唯识学文献从日本回归、一批敦煌佛教文献的发现、大内档案的公开以及明清宝卷的搜集等,不仅改变了中国传统佛教宗派史描述的旧说,而且给新的佛学研究提供了充分的文献资料,因此激发了学者整理和研究佛教典籍文献的兴趣和热潮,为民国佛学研究取得丰硕成果提供了文献基础。

其四,新研究环境的形成。"西学东渐"以来,中国陆续建立了一批高等学堂,并开始发展高等教育。民国时期一些高等学府成为学者开展

---

① 方立天:《中国大陆佛教研究的回顾和展望》,载《世界宗教研究》2000年第4期,第129页。
② 葛兆光:《中国(大陆)宗教史研究的百年回顾》,见曹中建主编《1997—1998中国宗教学年鉴》,第100页,北京,宗教文化出版社,1998。

佛学研究的重要阵地,为学者的研究和交流提供了场所的保证。同时国门打开使国内外学术交流成为可能,佛学研究在国内外学者观点的碰撞交织中取得了进步。

随着"西学东渐"潮流的深入,现代意义的佛学研究在理论方法、人才队伍、文献资料、研究环境等方面的条件逐渐成熟。正因具备上述条件,学院化的佛学研究逐渐成为民国佛学研究的中坚力量。

3. 佛教内部的积极回应与入世倾向

到了20世纪,佛教复兴的社会思潮也引起了佛教内部的积极回应。民国时期,一些拥有一定文化的佛教徒,包括僧人和居士,均受到学术研究新方法、新风气的影响,一方面将学术研究与弘法传道结合起来,纷纷著书立说,丰富了佛学研究成果;另一方面主动入世,以佛教社会功能的转变带动了佛学研究的新高潮;此外,他们还积极推动了佛经典籍的整理和佛学院的创立,在佛经刊刻和人才培养方面为民国佛学研究的繁荣作出了突出贡献。这不仅是构成民国佛学研究繁荣局面的一个部分,也是佛学研究不断推进的动力。

其一,佛教教义革新与人生佛教的兴起,凸显了佛教的入世倾向。作为佛学研究的主要对象,佛教自身的变化既受到佛学研究新风气的影响,也成为佛学研究的重要内容。"佛学在近代之复兴,虽基于学理,但主要体现在其入世转向的世俗化过程之中。"①以太虚法师提出的佛教三大革命和提倡的"人生佛教"为代表,民国时期的佛教革新是20世纪佛教界的重要现象之一。事实表明,面对新的社会背景,佛教内部不仅作出了积极的回应,而且吸收了新的学术研究方法,突破了传统佛教宗派思想研究的限制,取得了丰硕的成果,成为民国时期佛学研究的重要力量之一。

其二,刻经处的创立和佛学院的创办,成为近代佛学研究的重要基

---

① 麻天祥:《20世纪中国佛学问题》,第359页。

地,在人才培养和典籍整理等方面,为民国时期佛学研究的兴盛提供了重要基础。杨文会是近代居士佛教的奠基者,他首创了金陵刻经处,主持刻经弘法和人才培养工作,这成为民国佛学研究的重要阵地。在他的带动下,郑学川在扬州创办江北刻经处;曹镜初创立长沙刻经处等,通过各种渠道搜集、整理佛教各类散佚的经典,对保存文化遗产和佛教思想史料作出了重要的贡献。居士欧阳竟无与吕澂等在20世纪20年代创建支那内学院,从事佛学研究教学和佛典的编校、刊行,并在内学院设立了研究班及法相大学特科,为培养佛学研究人才积淀了力量。太虚则创办武昌佛学院,也曾担任闽南佛学院院长,并曾于1928年在南京开办僧众训练班,聚众讲学,推动佛学研究热潮。在佛经刊刻和人才培养的推动下,佛学研究的队伍得以壮大,佛教典籍的整理和研究成为民国时期佛学研究的重要成果,一批颇具功力的佛学研究论著也陆续问世,佛教内部开展的佛学研究逐渐成为中国佛学研究的重要组成部分。

二、晚清民国佛学研究的基本派别

在教内外学者的共同努力下,晚清民国时期佛学研究掀起高潮。根据研究者的主要思想倾向,我们可以将晚清民国时期佛学研究分为三个基本派别:

一是维新派佛学研究。他们承接晚清佛学的经世传统,将佛学研究与政治理想相结合而成为晚清至民国佛学的过渡力量。近代维新派佛学研究的代表人物主要有康有为、梁启超、谭嗣同、章太炎等,其中康有为将佛学思想作为其政治学说的重要组成部分,谭嗣同建立了一种具有经世意义的佛学理论,即"仁学"逻辑结构。他们明确了佛学的精神在于经世致用,这对民国时期佛学研究尤其是佛教内部改革具有重要影响。而梁启超作为维新派佛学的重要代表,在民国时期的佛学研究已取得相当成绩。他不仅进一步明确了佛教必须实现入世转向,而且在佛教史研究及佛教与政治、文化、自然科学、哲学、心理学等其他学科之间关系等问题的考察上,具有开创性。他的《佛教与群治的关系》等一批佛学研究文章和书籍,是民国佛学研究的重要成果。章太炎则进一步从哲学角度来考察分析佛学,并系统地阐述了真如本体论、万法唯识论。熊十力建构了以本心为本体的"新唯识论"哲学体系。由此可见,维新派在辛亥革命之后,已逐步由经世佛学的思路转移到较为纯粹的学术研究上来。由于他们之前已经积累了相对较深的佛学素养,加之他们在民国时期的佛学研究逐步摆脱了政治目标的羁绊,因而收获颇丰。

二是学院派佛学研究。他们是民国时期佛学研究的主力军,在很多领域都开启了佛学研究的先河。尤其是一些研究者大多既无佛教信仰,又不像维新派那样笃信佛教的救世功能,而只是将佛教作为中国文化的一部分进行纯客观的学术研究,这使他们的佛学研究更符合现代意义学术研究的要求和规范,这是民国时期学院派佛学研究最为典型的特征。其代表人物主要有胡适、熊十力、汤用彤、陈寅恪、陈垣等,他们在佛教史、宗派思想、佛教哲学与文化等方面均有所建树,其多数成果为今天佛学研究提供了借鉴和启示。

三是寺僧居士的佛学研究。他们的典型特征是具有佛教信仰,但受到新学术思想风气和学术研究方法的影响,与佛教内部的入世转向相一致,在佛学思想及其传承的研究方面体现了时代特色,且在推广佛教活动中传承佛学及整理典籍。其代表人物,僧人有太虚、震华、印顺等,居士有欧阳竟无、吕澂、蒋维乔、黄忏华、周叔迦等。他们在佛教史研究及典籍整理、人才培养工作等方面作出了重大贡献。

由于具备了社会条件、研究方法、人才队伍、资料准备等基本前提,晚清民国时期佛学研究开启了20世纪佛学研究的新篇章。其中许多佛学研究成果及其开创的研究领域,对后世佛学研究工作提供了重要的参考。下面我们将分别从佛教史研究、佛教哲学思想研究以及佛教典籍制度和文化研究等方面梳理晚清民国时期佛学研究所取得的成果。

第二节 晚清民国时期佛教史的研究和撰述

佛教史学作为20世纪中国佛学研究的主流,自20世纪初以来就成为佛学研究的重心。西方宗教学研究方法传入中国之后,学者们逐渐意识到传统佛教史大多以护教、阐教为中心,不能完整地展示佛教发展的原貌,也不利于对佛学思想进行深入的研究和探讨。因此,早期中国佛学研究的核心便集中于佛教史研究。

民国初期,即20世纪20—30年代,佛教史研究一度出现了繁盛的局面。葛兆光在《中国(大陆)宗教史研究史的百年回顾》[①]一文中分析了三方面的原因,即20世纪初出现的敦煌佛教资料、大内档案及明清宝卷,以及从日本重新传入的唯识学文献给新的佛教史学研究提供了文献基础;历史理论与方法的全面改观使佛教史研究具备了一定理论支持,可能摆脱宗教家谱式的"传灯录"限制;一批能够保持价值中立的专业学者的出现,为佛教史研究注入了新的学术动力。于是,佛教史研究吸引了各派佛学研究者的目光。他们不遗余力,纷纷著书立说,一批佛教史大家的成果引人注目。下面,主要介绍其中较为重要的几位佛教史研究者及其成果。

一、梁启超、胡适的佛教史研究

梁启超和胡适在佛教史研究中引入了新的研究方法,对佛教史研究具有开拓之功。

1. 梁启超的佛教史研究

梁启超是清末维新派的领袖之一,曾致力于变法和君主立宪等一系列改革,1917年之后由政界转入学界,后来在学术文化上建树颇丰。与维新派佛学研究思路相一致,梁启超的佛学研究也着力将佛学与现实政

---

① 曹中建主编:《1997—1998中国宗教学年鉴》,第99页。

治相结合,且梁启超本人笃信佛教,他对佛学的研究兴趣来源于他的信仰和知识界精英经世救亡的需要。但在维新派的佛学研究中,梁启超是最为出色的,重要原因就是他不迷信旧说,而在佛教历史考证、义理阐释以及佛经目录考辨等方面,大胆创新,敢于提出自己的见解。他在《中国历史研究法》(1935)及其补篇中强调,要以客观方法求解历史的"真事实",在此基础上以"心识中所怀之哲理"阐发新见解,这使他的佛学研究具有较为浓厚的学术气息。

从1920年的《佛教与群治的关系》起,20世纪20年代梁启超共有20余篇佛教研究著作问世。其内容涉猎较为广泛,又以佛教史学研究见长。梁启超的佛学相关论述主要收录在他的《清代学术概论》(1920)、《中国佛教研究史》(1923)、《佛学研究十八篇》(1936)之中。在这些论著中,梁启超的佛教史研究主要涉及印度佛教尤其是佛陀时代的原始佛教教理认识,佛教传入中土的时代、交通路线、佛教典籍翻译和人物的考辨,以及中国佛教特色及其兴衰沿革的历史考证等等。

首先,梁启超结合西方历史学理论与方法,明确提出了佛教史研究的方法,并在自己的研究中积极实践。梁启超将佛教史学研究与正确把握佛教义理密切结合起来,重视通过分析考证佛教发展的历史来解释佛法原意,他说:"吾以为今后而欲昌明佛法者,其第一步当自历史的研究始。"[1]梁启超强调用客观方法获得历史的"真事实",并结合对当时思想的分析和对经义的理解大胆创新。梁启超将这种史论结合、以客观方法为主观见解提供论据的研究方法,大胆应用于他的佛教史学研究之中。他曾明确指出,对佛教史的系统研究,不应该因循守旧,而应该深入理解佛教的思想内容,并将佛教义理的分析理解与历史研究结合起来,这也构成了梁启超佛教史学研究的显著特征。

---

[1] 梁启超:《大乘起信论考证序》,见梁启超撰,陈士强导读《佛学研究十八篇》,第391页,上海古籍出版社,2001。

其次,梁启超对中国佛教的兴衰沿革及其特色进行了详细的历史考证,相关论著包括《中国佛法兴衰沿革史略》(附录:《佛教大事表》)、《佛教之初输入》(附录一:《汉明求法说辨伪》)①、《佛教教理在中国之发展》、《中国学术思想变迁之大势》等,其中不少观点都引起了学界关注。第一,他对佛教传入的时代、交通路线进行了考证并提出新的见解。在《佛教之初输入》一文中,梁启超对汉明帝永平求法之说及四十二章经提出质疑,结合史料论证,指出佛教传入中国"当在桓灵以后为断",②"其最初根据地不在京洛而在江淮"。③ 梁启超十分强调佛教教理的传播对于中国佛教发展的意义,提出以佛教教理的传播作为佛教传入根本标志的说法。在他看来,"楚王英前后之佛教",只不过是粗陋浅薄的迷信,没有真正理解佛法真义的内涵实质,因而对佛教发展没有推动价值,因此他认为"汉明求法"是道教为贬抑佛学而虚构的。这种重视佛教教理发展变化的思路后来成为佛教史研究关注的重点之一。第二,梁启超的佛学史研究非常关注佛教发展与当时社会环境和文化环境的关系,注重以社会历史作为背景捕捉佛教起源发展的深层原因。他认为佛教产生的社会基础是不良的社会现象,东汉末年社会动荡和经学失去活力为佛教的传播开辟了社会和思想空间,南北朝的动乱环境中更适于佛教的发展壮大。梁启超指出佛教和中国文化关系密切,认为中国文化有一种适宜佛教生长的要素,即"我国民根本思想,本酷信宇宙间有一种必然之大法则,可以范围天地而不过,曲成万物而不遗"④。第三,在分析佛教传入发展与中国文化相互关系的基础上,梁启超对中国佛教的发展进行了分期。梁启超认为历史上任何事物都要经历盛衰的不同阶段,迁灭流转、循环演化。两千年的中国佛学,可以分为四期或三相,分别是:输入期,

---

① 这是梁启超《佛学研究十八篇》一书的编排方法,后来梁启超将该书中的一些附录抽出重新编排。
② 梁启超:《佛教之初输入》,见梁启超撰,陈士强导读《佛学研究十八篇》,第21页。
③ 同上书,第32页。
④ 梁启超:《中国佛法之兴衰沿革说略》,见梁启超撰,陈士强导读《佛学研究十八篇》,第4—5页。

也称启蒙期或生相,对应晋南北朝时期;建设期,也称全盛期或住相,对应隋唐时期;蜕分期、衰落期,也称异相、灭相,指唐以后佛学的衰落。

再次,梁启超在考察佛教沿革兴衰的同时,也十分强调通过佛教典籍、翻译以及人物的考辨透视佛教教义理解的变化和佛教的发展,这成为他的佛教史研究极具特色的特征之一。相关论著包括《佛典之翻译》(附录:《佛教典籍谱录考》)、《读〈异部宗轮论述记〉》、《说四〈阿含〉》、《说〈六足〉、〈发智〉》、《说〈大毗婆沙〉》、《读〈修行道地经〉》、《那先比丘经书》、《见于〈高僧传〉中之支那著述》、《〈牟子理惑论〉辨伪》、《〈大乘起信论〉考证序》等等。梁启超高度重视佛教教理的变化对中国佛教史研究的意义,也指出佛法教义的传播和发展与佛教典籍的译介、宣讲是息息相关的。因此,梁启超的佛教史研究特别注重考证佛教典籍的传播及其变化。在《佛典之翻译》一文中,他将翻译视为中国佛教"托命"之所在,肯定了佛典传译对佛教文化传播的重要影响。而在《说四〈阿含〉》、《牟子理惑论辨伪》、《大乘起信论考证序》等文中,梁启超直接以经典考据结合论说,通过佛典透视当时佛教发展及其教义理解水平。他认为佛教的基本原理已经在四部《阿含经》中得到了体现。同时,梁启超也关注佛教人物对推动佛法传播发展的意义,高度评价安世高、道安等高僧的成就。

此外,梁启超在印度佛教尤其是佛陀时代原始佛教的教理认识方面也提出了自己的见解,相关论著有《印度佛教改观——印度史迹与佛教之关系》、《佛陀时代及原始佛教教理纲要》等。

梁启超的佛教史研究有点有面、多层次、多角度,不仅突破了古代佛教传灯录式宗派自叙的限制,开始对佛教起源、发展的历史过程进行客观描述,而且敢于结合史料展开自己有理有据的观点分析,尤其是在关注中国佛教个性特征、强调佛教义理的重要性等方面具有开创之功。

2. 胡适的佛教史研究

胡适的佛教史研究也具有开创性意义。与梁启超"笃信佛教",并寄希望于"佛教救国"不同,胡适一开始对佛教持批判否定态度,认为佛教传入中国"是中国文化史的一大不幸"。① 但作为西方资产阶级文化的积极鼓吹者,胡适将西方的研究方法尤其是"大胆的假设,小心的求证"的治学方法引入佛教史研究之中,对佛教史乃至整个佛学研究起到了积极的推动作用。

胡适起初对佛教研究并不感兴趣,后来他在编写《中国哲学史大纲》时遭遇挫折,使他认识到佛教在隋唐之后的中国文化发展史上的重要地位。由于感到自己在佛教领域功力欠缺,胡适未能完成这部中国哲学史,而将研究精力投向佛教史的考察上。他将实验主义②的思想和学问方法用于研究中国文化和佛教思想,采用"大胆的假设,小心的求证"的治学方法,积极运用敦煌文献资料等论据,对中国佛教尤其是禅宗的历史发展过程细心考证。

胡适在禅宗史研究上取得了重要成果,开现代禅宗史研究之先河。1922 年起,他陆续发表了一系列有关禅学历史考辨的文章。和梁启超一样,胡适的研究以历史考证为基础,不迷信旧说,他本着怀疑的精神和科学的态度,提出了许多新的独特见解。如在《菏泽大师神会传》中,胡适通过历史考证破除了神会为抬高禅宗地位而刻意添加的神秘附会,但又利用敦煌史料的研究,充分肯定神会在禅宗史上的重要地位。胡适对禅宗史进行了深入的研究,在他看来,禅宗的"顿悟"不同于佛教其他学说,而是一种个性解放和自然主义的人生观。胡适的禅宗史研究成果主要有:《菩提达摩考》、《禅学古史考》、《坛经考一——跋曹溪大师别传》、《坛经考二——记北宋本的六祖坛经》、《白居易时代的禅宗世系》、《神会和尚遗集序》、《楞伽宗考》、《禅宗史的一个新看法》、《禅宗在中国:它的历史和方法》、《中国禅学的发展》、《禅宗史的真历史和假历史》等,后文我

---

① 《胡适口述自传》,转引自吕大吉《中国现代宗教学术研究一百年的回顾与展望》,载《江苏社会科学》2002 年第 3 期,第 78 页。
② 实验主义是美国哲学家杜威的主要学说之一,认为观念必须在实验中锻炼,只有经过实验的证明,在实践中能解决实际问题,才是"有价值的观念"。胡适作为杜威的学生,以实验主义为其哲学基础。

们还将继续介绍。

吕大吉认为,"胡适的这些研究并未得到普遍的赞同,但他的方法还是有启发意义的。既应用了传统国学的考据方法,又不拘泥于传统考据学的一字一句之辨,而是从宏观上把握整个禅宗的历史发展问题,根本着眼点放在剥开蒙在禅宗史上的那一层神秘主义的外罩。"①胡适提出的"系统"、"历史"、"比较"的方法,有利于启发学者对昔日神秘的佛教史展开客观的考察和评价。

二、陈垣、陈寅恪、汤用彤的佛教史研究

梁启超和胡适作为启蒙思想的先锋,他们的佛教史学研究始终与他们的理想信念和政治抱负有着很大关联,与独立、客观的专业性研究层次还有一定的距离。这也使他们的佛教史研究虽然敢于大胆提出创新见解,却总有过于简单化之嫌,没有全面反映佛教对中国文化的影响,因而也受到不少专治佛教史学者的诟病。他们之外,民国时期还有一批学者从纯学术角度对中国佛教的发展历程展开了客观全面的分析,其中尤以陈垣、陈寅恪、汤用彤最负盛名。

1. 陈垣的佛教史研究

陈垣是我国现代著名的国学大师和史学专家,是我国重要的宗教史研究者之一。他博通中外历史文化,拥有广阔的研究视野,在基督教研究、道教研究、伊斯兰教等多种宗教史研究方面均有所建树。尤其是在佛教史研究上陈垣做了大量的考证工作,其代表作《释氏疑年录》(1938)、《中国佛教史籍概论》(1942)等成果作为佛学研究的工具书,为后来的佛教研究提供了重要的参考。

陈垣的佛教史研究大多为纯学术的历史考证工作,其广博的视野和

---

① 吕大吉:《中国现代宗教学术研究一百年的回顾与展望》,载《江苏社会科学》2002年第3期,第78页。

细致的考证工夫令后人叹服。在《佛教能传布中国之几点原因》一文中，陈垣对佛教传入中国且兴盛的原因提出了三点分析：一是能利用文学，与中国士大夫结缘；二是能利用美术，以佛像扩大传播；三是能利用园林，占据发展的有利地势。在《中国佛教史籍概论》中，陈垣对中国历史上具有代表性的佛教典籍进行了精确的考证，包括《历代三宝纪》、《开元释教录》等典籍中历史编年的考证等。此外，在《中国佛教史籍概论》中，陈垣通过对《高僧传》、《续高僧传》、《宋高僧传》及其作者的比较研究，突出弘扬中华优秀道德文化传统，并以此为标准评价佛教名僧及其著作。在《释氏疑年录》中，陈垣以大量文献为基础，考订了自晋至清初的2800名僧人的生卒年，对佛教研究作出了重要贡献。在《明季滇黔佛教考》、《清初僧诤集》等著作中，陈垣引用了大量史料、碑记小心求证。

值得一提的是，作为佛教史学的早期研究者，陈垣高度重视佛教史学的研究价值和人才培养工作。他曾在中国佛学院教学问题讨论会上的发言中，将佛教教义、佛教史、关于中国佛教的史籍研究共同列为佛教教学的主要课程。另外，在陈垣的佛教史研究中，体现了他强烈的爱国情操和民族气节，他在中华民族饱受苦难的历史背景下，高举弘扬中华民族优秀文化传统的大旗，"以远离尘世的佛教著作的考证为托词，抒发其忧国忧民的故国情怀和文化情结"。① 吕大吉认为，"陈垣不仅全面开拓了中国宗教史的学术研究，而且赋予它一种'意义'，无论在学术上还是在政治上都是难能可贵的。"②

2. 陈寅恪的佛教史研究

陈寅恪是我国最负盛名的历史学家、古典文学研究家、语言学家，具有深厚的文史功底和语言特长。他精通梵文、突厥文、西夏文等古代文

---

① 刘兴邦：《〈中国佛教史籍概论〉的文化诠释》，载《五邑大学学报》（社会科学版）2001年第3期，第36页。
② 吕大吉：《中国现代宗教学术研究一百年的回顾与展望》，载《江苏社会科学》2002年第3期，第79页。

字,这为他的佛教经典研究奠定了扎实的基础。陈寅恪以其深厚的文史底蕴和学贯中外之长,对佛教的重要典籍进行了义理考辨,并对佛教传入中土之后对中国文化和思想的影响作了深入的分析。陈寅恪的佛教史学以考证精深为特点,达到了很高的学术水平,成为后世史学研究的典范之一。

同时,陈寅恪还非常注意研究中国佛教的源流,利用他的语言之长考察中国佛教名相的演变情况,梳理中国佛教译介过程中存在的错误。陈寅恪还开辟了研究中国佛学南北两系的先河,找到了剖析中国佛学特色的路径。此外,他还在敦煌文献研究方面有重要贡献。陈寅恪发表的佛教研究论文大多以历史立场撰写,如研究支愍度"心无异"学说、禅宗六祖《坛经》传法偈、《大乘起信论》传法偈等近20篇,现在都收录在《陈寅恪文集》一书中。

3. 汤用彤的佛教史研究

汤用彤是我国著名的哲学家、佛教史学家,一生致力于印度佛学、西方哲学、魏晋玄学的研究。他学贯中西,善于将西方学术思想及学术研究方法用于中国学术思想史研究之中,对佛教史研究作出了重大贡献。他的著述十分丰富,其中佛教史研究包括《汉魏两晋南北朝佛教史》、《印度哲学史》、《魏晋玄学论稿》、《隋唐佛教史稿》、《论晋宋佛教》、《隋唐佛教之特点——在西南联大讲演》等等。

汤用彤是在中国佛教史的研究上最有声望的学者。1938年他的《汉魏两晋南北朝佛教史》出版,受到国内外学者的广泛好评,胡适认为"其方法细密,处处注重工具",称赞其为"最有权威之作"[1]。麻天祥先生在《汤用彤评传》中指出,这部书的问世使"中国佛教史学成为一门系统的科学登上了学术舞台"[2],"其后至今治斯学者,无不取之为蓝本而只能在

---

[1] 胡适:《胡适日记》,转引自陈兵《中国20世纪佛学研究的成果》,载《宗教学》1999年第3期,第58页。
[2] 麻天祥:《汤用彤评传》,第88页,南昌,百花洲文艺出版社,1993。

其原有的间架上有所增益"，①可见这部书对中国佛教史学研究的重要影响。汤用彤的另一重要著作《隋唐佛教史稿》虽然出版于1982年，但实际上是其20世纪20年代末至30年代初讲课的讲义整理而成的，也是民国时期佛教史研究的成果之一。其中探讨了隋唐佛教的主要特征，也成为后世佛教史研究的重要参考。虽然汤用彤并没有完成中国佛教通史的编写，但这两部佛教史正好展现了佛教传入至鼎盛过程的重要阶段，有利于较好地把握中国佛教发展的历程，其中的不少观点也颇具启示价值。

在汉魏两晋以来佛教在中国的传播及与中国文化的关系方面，汤用彤先生用力颇深，深入细致地描绘了佛教是如何突围而出，从而逐步融入中华文化之中的。他从实证角度出发，对佛教在中国的传播以及与中国传统文化融合等重要环节进行了考证研究。首先，他对佛道关系进行了细致的分析，揭示了佛教最初对道教的依附，及道教对佛教教义的吸收。其次，他重点探讨了佛教与玄学之间的关系，肯定了佛学在推动玄学问题讨论方面的积极意义，并指出佛教在推动玄学发展的过程中逐步赢得了发展的空间。再次，他进一步明确了佛学在隋唐繁盛的历史条件及其自身的理论系统化，使其具备了独立发展的基础。

学院派佛学研究队伍的形成，为民国时期佛教史研究积淀了专业化研究的基础。专业学者从中立、客观的研究视角出发，有利于克服信仰主义的藩篱和佛教宗派思想的限制，推动了先进的文献考据方法、历史学研究方法与传统国学的有机结合。

三、僧伽、居士的佛教史研究

民国时期的佛学研究进入了一个全面、蓬勃的发展时期，佛教史学研究作为20世纪佛学研究最重要的领域，吸引了众多学者的目光，其中也包括许多来自佛教界的一流学者。他们虽然有着佛教信仰，但却吸收

---

① 麻天祥：《汤用彤评传》，第90页。

了近代的治史方法,再加上占有丰富的佛教史料典籍和对佛教教义的深刻理解,因此他们的佛教史研究也取得了丰硕成果,达到相当高的学术水平。其中,震华有《僧伽护国史》、《东渡弘法高僧传》、《入华求法高僧传》、《清代佛教年鉴》、《续比丘尼传》、《中国佛教人名大辞典》、《夹山志》等20余种著作,成果显著。相对说来,民国时期居士的佛教史学研究更加兴旺,涌现了蒋维乔、黄忏华、周叔迦、吕澂等一批佛教史学者。

蒋维乔早年曾主张"毁寺兴学",后转而崇信佛法,潜心佛学研究,其著作主要涉及中国哲学和佛学两方面。1922年出版的《中国佛教史》,是蒋维乔在日本学者境野哲的《支那佛教史纲》的基础上增补而成的,是国内第一部以近代治史方法撰写的中国佛教史。

黄忏华早年追随欧阳竟无学习唯识学,具有深厚的梵文和藏文基础,对佛教教义也有较深刻的理解。黄忏华的《中国佛教史》1940年出版,是我国学者独立完成的第一部系统的汉传佛教通史,在史实阐明和义理辨析上显示了佛学研究水平的提高。黄忏华高度评价了佛教在中国学术史上的地位,"窃以为佛教关系于中国文化者巨,其尤显著者,若哲学,若文学,若艺术,乃至社会风习,自六朝以迄今兹,直接间接受其影响者实夥。"[1]该著虽仅有十余万字,但内容丰富、史料翔实,将中国佛教传播发展分为四大阶段,即肇始(汉—两晋)、进展(东晋南北朝)、光大(隋唐)、保守(五代—清末)四个时期,并分章详述了各阶段佛教发展的状况及特征,揭示了佛教在各阶段思想的特征及其与社会文化环境的关系,至今仍有学术参考价值。

周叔迦是著名的佛教社会活动家,发起、参与建立了中国佛教学院、中国佛学研究会等多个佛教学术团体,治学涉及中国佛教史、印度佛教史、佛教典籍和制度仪轨等多领域。他积累多年史料和研究心得,写成《中国佛教史》(1930)等著作,以论断精辟、内涵丰富、见解独到而著名。

---

[1] 黄忏华:《中国佛教史》,第2页,东方出版社,2008。

吕澂曾主持支那内学院工作,弘扬和推进了佛学研究事业,在佛学研究上有突出成就,其理论研究成果极具影响。他的佛教史研究以原典为基础、教理为线索,坚持"实事求是、分析批判"的科学态度。吕澂对佛教教义的精确把握得益于他通晓英文、日文、梵文、藏文、巴利文等多种文字,并且融会了近代佛教研究的成果。他的佛教史著作《印度佛教史略》、《中国佛学源流略讲》、《印度佛学源流略讲》、《西藏佛学原论》等,代表了近代居士佛教史研究的最高成就,今天仍是专业佛学研究者必不可少的教材。

值得一提的是,民国时期中国佛教协会曾经为斯里兰卡佛教百科全书撰写《中国佛教》辞条,集合了当时教界一流学者,包括法尊、黄忏华、吕澂等。这一辞条后来单独出版,其中第一册《中国佛教史略》、《中外佛教关系史略》、《中国佛教宗派源流》和第二册《中国佛教人物》,包含了多年来中国佛学史研究的成果,清晰地揭示了中国佛教的发展历程。

佛教史学涉及佛教思想的传承及其与社会、历史环境相互影响的分析。基于一个相对客观明晰的佛教史视野,不仅能够获得佛教研究的广泛史料,而且有利于厘清中国佛教的特征。民国时期的佛教史学研究开始打破传统旧说,在史料典籍基础上综合运用西方学术方法,对很多佛教发展中的问题提出了新的见解,为佛教宗派研究和深入挖掘佛教哲学思想奠定了基础。

第三节 民国时期的佛教思想研究

佛教史学作为20世纪中国佛学研究最早起步的研究领域,在民国时期就已经获得了丰硕的研究成果。由于引进了先进的历史分析方法,佛教史的研究突破了宗教信仰的限制,从而更为准确地展示了中国佛教宗派的发展过程,有利于深入理解和研究佛教思想及其演变。在佛教史研究成果的基础上,民国时期的佛学研究逐步与哲学、思想、文化等视角相结合,试图解析佛教起源、发展及其本质,探讨佛教教义、思想历程,并在中国佛教部分宗派思想的研究方面取得了初步成绩。

一、佛教基本教义的阐述

佛教教义及其理解是佛教思想传承的核心,中国佛教在发展过程中也十分重视通过对佛教教义的考辨,深化对佛教思想的理解,推动佛学研究的发展。但是这种教义的理解大多局限于某些经典或字句的研读,也大多局限于佛教内部,而缺乏全面、客观地综合展示佛教思想实质的研究。民国时期,学者们采用近代研究方法,对佛教基本教义进行了较为全面、深刻的阐述,并从哲学层面揭示了佛教思想的深度。

最早采用近代研究方法系统阐释佛教思想的作品是谢无量的《佛学大纲》,1916 年出版。书中介绍了佛教创立、流传和中国佛教各主要宗派的大致发展情况,此外书中还引用西方学科名称将佛教教义分为论理学、心理学、伦理学三部分加以介绍,这是该书的一大特征,是以新的角度考察佛教教义,被认为是一部较好的佛学概论性著作。

民国时期的僧伽、居士也热衷于佛教教义原理的普及性推广,一批佛教概论性著作陆续问世。其中有蒋维乔 1930 年出版的《佛教概论》,太虚 1930 年出版的《佛学 ABC》、《真现实论》,黄忏华 1935 年出版的《佛学概论》、《佛教各宗大意》,王恩洋 1946 年出版的《佛学通释》,印顺 1949 年出版的《佛法概论》等。

在民国佛学研究掀起高潮的过程中,积极完成佛教教义原理的概论和普及,不仅有利于推动佛教的传播,而且也为进一步深化佛学研究,更准确地把握佛教思想创造了理论条件。

二、禅学研究的推进

禅宗是中国佛教宗派最为典型的代表,而禅学自唐宋以后几乎成为中国佛学的代名词,因此无论在佛教史的研究中,还是在佛教思想的研究中,禅宗及其思想的传承过程和特征都是学界、教界关注的核心。禅学的特色在于其直接面对社会人生,倡导明心见性、顿悟成佛;在佛教各宗派中,禅宗"不立文字,直指心源"的精神最能走进寻常百姓和当下生活。此外,禅学与中国士人学者的关系错综复杂,常常影响着知识分子的心性品格。因此禅学在民国时期佛学研究的初期便受到重视,一些学者的禅学研究开始突破传统的宗门旧说,在史料考证基础上大胆存疑、各抒己见。

1. 教内人士的禅学研究

民国时期的佛教学者大多对禅学极为推崇,他们的禅学研究进一步突出了禅宗思想的主要特征,以及禅宗在中国佛教宗派之中的地位。

欧阳竟无以法相唯识学的研究最为突出,但他也很推崇禅学境界。他强调禅学"不立文字、明心见性、直指心源"的主张,是在无量劫之前受佛法熏习之后达到的不可思议的境界。

与欧阳竟无一样,黄忏华的禅学研究也以阐述禅宗思想特征为主,他曾著有《佛教各宗大意》,其中有《禅宗大纲》卷。书中叙述了禅宗自涅槃会上传无上正法,至菩提达摩东来传法,之后以心传心至惠能发扬光大,再分为五家七宗的发展过程。

蒋维乔在《中国佛教史》之中提出了自己的禅学观点,开始表达与传统旧说的不同看法。他认为中国的禅学思想自佛法传入,尤其是安世高以来就已经在中土推行,并得到竺法护、道安等人的鼓吹宣扬,并非是直到达摩之后才有的。他认为达摩前后的中国禅学有小乘禅、大乘禅的区别,鸠摩罗什等传播的是小乘禅,而达摩传播的是大乘禅,他肯定了道生"善不受报,顿悟成佛"对于禅学的开创之功。同时,他还指出六祖以后之禅"与六祖以前,旨趣大异"[①]。

---

① 蒋维乔著,邓子美导读:《中国佛教史》,第162页,上海古籍出版社,2004。

2. 胡适的禅学研究

胡适的禅学研究因其对禅宗传法道统的质疑考证，不仅对禅宗史研究有着不小的冲击，而且在禅宗思想的研究领域极具震撼力。胡适的禅学研究以树立新观点、新方法为特色。他将禅宗视为"中国思想史、中国宗教史、佛教史上一个很伟大的运动"①，并指出"今日所存的禅宗材料，至少有百分之八九十是北宋和尚道原、赞宁、契嵩以后的材料，往往经过了种种妄改和伪造的手续"②。

1922年起，胡适陆续发表了一系列关于禅宗思想及其发展考辨的文章。如上文提到的《禅学古史考》(1928)、《菏泽大师神会传》(1930)、《楞伽宗考》(1935)等早期禅宗史研究著作，其中尤以声称要"全部从头改写"禅宗史的《禅宗史考》影响最大。胡适在其中高度评价了道生在将印度禅变成中国禅过程中的作用，将道生对禅学发展的贡献置于达摩和惠能之上；同时，胡适指出神会其实是禅宗的开山祖师，是"南宗北伐的总司令，是新禅学的建立者，是坛经的作者"③。这些观点在禅学研究史上无疑具有振聋发聩的影响。在纪念蔡元培先生诞辰84周年的纪念会上，胡适作了《禅宗史的一个新看法》的演讲，他指出印度瑜伽派哲学逐步发展分为两支，一支致力于繁琐的分析，胡适称之为"分析牛毛的把戏"④；而另一支则"越变越简单"，这也就是禅学的发展道路。这一观点对理解禅学思想的流变具有重要启示。

胡适的禅学研究抛弃了信仰立场，更多地充斥着"疑古"的精神，自始至终抱定"历史观念、非宗教观念和实证主义态度"⑤。虽然胡适的研究在一些学者看来显得过于简单、片面，过于注重早期史料分析使他忽

---

① 胡适：《禅宗史的一个新看法》，见黄夏年主编《胡适集》，第198页，北京，中国社会科学出版社，1995。
② 胡适：《神会和尚遗集序》，见黄夏年主编《胡适集》，第40页。
③ 同上书，第41页。
④ 胡适：《禅学古史考》，见黄夏年主编《胡适集》，第47页。
⑤ 麻天祥：《20世纪中国佛学问题》，第315页。

视了禅学在发展过程中与中国文化的相互渗透,彻底批判、否定旧说使他的结论也不可避免带有武断性,但是胡适这种从史料事实分析入手、不轻信原有旧说的怀疑和学术态度是值得肯定的。

3. 汤用彤的禅学研究

汤用彤的禅学研究主要在《隋唐佛教史稿》等论著中体现出来。《隋唐佛教史稿》虽然在20世纪80年代之后出版,但主要思想是20—30年代的佛教学讲义中形成的。汤用彤看到了传统禅宗史传承描述的虚妄性,指出六祖以后禅宗各派为求发展而伪造宗派历史的事实。但同时,汤用彤又看到禅宗由来已久,影响持久深入,一味批判否定或是试图改写禅宗史,都是不现实的。因此,他的禅学研究以引述传统的禅宗发展脉络为基础,再加以自己的考证和思考,提出了较为客观的评价。但他特别指出,禅宗在传承过程中所描摹的达摩生平是不可信的。在缜密考证的基础上,他认为很难断言达摩的思想及其师承情况。可以肯定的是,真正的禅宗思想是由惠能开创的,惠能舍《楞伽》取《金刚》,对后来的禅宗思想形成具有至关重要的影响。惠能所开创的禅学思想再经由神会的宣扬而发扬光大,逐步发展成为后来的禅学。可见,汤用彤对传统禅宗史还是持怀疑态度的,但他更明确地将研究精力放在禅学思想的发展上,突出惠能之后的禅学与此前禅法的根本区别。对于惠能之前的禅法,汤用彤在《汉魏两晋南北朝佛教史》的"禅法之流行"一节中,指出汉魏两晋时期的佛教禅法与中国方士的吐纳之术有着密切联系,这显然与惠能之后的禅学有很大不同。

综合来看,汤用彤的禅学研究既体现了学者不迷信旧说、细心求证的科学精神,也反映了他严谨稳妥的治学态度。他的禅学研究,具有两大特色:一是将禅学研究的主要精力从对宗派传承的全面批判否定转移到禅学思想的研究上;二是在揭示禅学思想基本特征的基础上,保持了禅宗传承谱系的相对稳定。这种治学态度为后世学者提供了借鉴,尤其是20世纪70—80年代以来,学者的禅学研究更多地从禅学思想本身及其与中国文化的交融等角度展开多层次的分析。

4. 国外学者的禅学研究

禅宗作为中国佛教宗派中最具影响力的宗派,同样也引起了国外学者的关注。民国时期,国外一些学者的禅学研究也取得了令人瞩目的成绩,并且与国内学者围绕禅学问题进行交流探讨,这成为佛学研究史上值得关注的现象。这一期间禅学研究最为突出的国外学者当属日本学者铃木大拙,而他与胡适之间关于禅学问题的交锋也引起了学界的关注。

铃木大拙受到家庭师友的影响,倾心于禅学,他的禅学研究侧重于在解读禅法精神的过程中体悟禅的境界。铃木将近代治学方法与对禅境体验的执著追求结合起来,使他的禅学思想独具特色。铃木大拙曾经于1916年和1934年先后两次来到中国,与中国禅宗研究的有关人士有过直接接触,他的禅学研究受到中国学者的密切关注。20世纪80年代以后,铃木大拙的《禅与生活》《通向禅学之路》《禅的实际教学方法》等论著大量在中国翻译、出版,在社会上产生了很大反响,并将20世纪80年代兴起的"禅学热"推向高潮。

民国时期,铃木的禅学研究引起了胡适的关注,两人有过密切的学术交流。自20世纪30年代起,胡适就站在实验主义的立场,对铃木笃信禅宗旧史进行批判。在胡适看来,只有通过史料考证了解禅宗真实的发展过程,才能理解禅学本质上是一场佛教内部的革命,而不应执著于在语言和概念的层面体悟"禅"的境界。铃木与胡适的这场禅学争辩一直延续到50年代。

民国时期的禅学研究,以打破禅宗传承旧说为代表,在禅学思想及其发展的考辨上取得了一定进展。其中,关于神会在禅宗发展史上的重要地位、惠能前后禅学的根本区别,以及对达摩在禅学思想史上的地位的怀疑,成为这一时期禅学研究取得的重要成果。此外,佛教教内人士对禅学思想的系统阐述,以及国外学者的禅学研究也给我们展示了更加丰富的禅学视野。

三、唯识学研究的热潮

唯识学的热潮，是民国时期佛学研究最具代表性的特色之一。整个20世纪的唯识学研究成果也大多集中于这一时期。

1. 民国唯识学兴起的原因及代表成果

佛教中国化的历程表明，越简单的教义越能获得更大的发展空间，禅宗正是因此而在中国佛教宗派中独占鳌头。而与之相反，教义艰深难懂的法相唯识学，虽在唐初有过短暂的繁荣（曾经出现了玄奘、辩机等推崇唯识学的重要佛教学者），但终因曲高和寡的繁琐思辨和修行，唐以后近乎绝迹。

不过在民国时期，唯识学却再度兴起，并成为这一阶段佛教思想研究的"显学"，围绕唯识学的讨论也最为热烈，章太炎、熊十力、欧阳竟无、太虚等教内外学者都参与了唯识学的讨论，甚至依托唯识学理论建构自己的哲学体系。结合时代背景和思想特征，我们认为这一现象的出现至少有以下三个方面的原因：

其一，"西学东渐"思潮中，中国亡佚而日本保存的唯识学文献重新传入，引起了人们的极大兴趣。另外，清末著名佛教活动家杨文会积极寻访法相唯识宗典籍论疏，并将其刊刻发行，为唯识学复兴奠定了资料基础。

其二，唯识学中体现的思辨性与西方文化的理性传统具有某种程度上的相似，在西方文化传入早期也极具吸引力。

其三，一些思想家试图将新的宗教学研究与传统的宗教信仰划清界限，他们极力推崇唯识学的哲学价值，而不仅仅将其视为一种宗教思想。

在这样的思想背景下，教内外学者都非常关注唯识学。1925年，王恩洋受聘支那内学院的法相大学特科，讲授唯识通论课程，并编印同名课程讲义。这一时期阐述唯识学思想的著作颇为丰富，重要的有：梁漱溟的《唯识述义》(1920)、梅光羲的《相宗纲要》(1922)、缪凤林的《唯识今释》(1923)、韩清净的《唯识者何》(1934)、太虚的《法相唯识学》(1939)、印顺的《唯识学探源》(1945)等多种。而唯识学的研究论文,重要的有太虚的《阿陀那识论》、《论法相必宗唯识》,法尊的《唯识三十颂悬论》、《驳欧阳渐辨虚妄分别》,福善法师的《安难陈护小分义之看法》、《地藏两系与奘系法相》,印光法师的《唯识新旧两译不同意见》,欧阳竟无的《唯识抉择谈》,梅光羲的《相宗新旧两译不同论》,熊十力的《唐代佛学旧派反对玄奘之暗潮》等。

2. 章太炎、熊十力的唯识学研究

民国时期的法相唯识学研究集合了寺僧、居士与学者的共同关注。其中,学者的唯识学研究,大多征引法相宗资料,并将唯识学思想与哲学思想相结合,以取得哲学上的创新,其中比较突出的是章太炎和熊十力。

章太炎(即章炳麟)早年投身维新变法运动,变法失败之后转为革命派,曾于1903年被捕入狱。在狱中三年,章太炎研习佛学,改变了早年贬斥佛学的立场,转而潜心进行佛学研究。1906年,章太炎出狱后发表了一系列论著阐述他的佛学思想,偏重于佛教"玄理"的研究。章太炎认为佛法的哲理性突出地反映在法相唯识学之中,法相唯识学还与近代科学相适应,因此他极为推崇法相唯识学,试图以"唯识"、"唯心"的学说为核心,找到变革现实社会政治的途径。章太炎的法相唯识学理论体系由真如本体论、万法唯识论、齐物观三论,以及求实、致用的应用哲学构成。而实际上,"识"是章太炎哲学体系的核心。章太炎的"识",指法相唯识宗的第八识,即阿赖耶识。他认为"真如"即"识",是佛教十二因缘之外不依其他而独存的本体,与康德的"自在之物"有相似之处。在确立了真如本体的基础上,章太炎又利用法相宗"三性"、"四分"、"八识"等理论及缘起论的思辨方式,提出"万法唯识论",进一步阐述本体和现象之间的关系。章太炎又以佛学解读庄子,提出"齐物观",用以说明世间一切众生,无论有情、无情均在阿赖耶识之中且都具有无差别相。显然,齐物哲学直接指向与时代相呼应的平等观,这也体现了章太炎哲学所谓"回真向俗"的应用性特征。

熊十力1920年入南京金陵刻经处研究部,师从欧阳竟无学佛,主要著作有《新唯识论》、《佛家名相通释》等。熊十力是现代新儒学本体论哲学的真正奠基者,而他的本体论建构与他的唯识学研究有着很大关联。在《新唯识论》中,熊十力对佛教空、有二宗进行品评,后折中于《易》理,并参照西方哲学思想,以"反本为学",强调反求实正的创造性思维,用主体建构客体,形成了本心本体的新唯识论哲学体系。熊十力将"唯"解作万化之原,以"识"为心,"唯识"即表明心的本原"载物而不为奴役"的特征,因此他将宇宙万象本体归于"本心"。他继而指出,宇宙万象是"翕辟成变"的,本心是一翕一辟,恒转变化的统一体。熊十力对唯识宗的教义赋予很多新的含义,例如对法相宗"识有境无"论的继承和发挥,对"二重本体"论的批判等,较为圆满地解决了佛教哲学理论上的矛盾。

章太炎、熊十力的唯识学研究,既对传统哲学思想作了反思,又进行了中西哲学的比较分析,并结合时代要求建立了体用一致的唯识学体系,不仅是佛教研究,而且也是中国哲学研究的高峰。

3. 欧阳竟无、太虚的唯识学研究

唯识学在民国时期掀起研究热潮,不仅引起学术界的关注,同样也吸引了很多教内人士的目光。早在清末,居士杨文会广泛搜集和整理各种广佚经典,其中就包括寻访早已失传的玄奘和法相宗的思想论疏,取得了一些成绩。民国时期,法相唯识学的研究出现了鼎盛局面,居士有"南欧(欧阳竟无)北韩(韩清净)"并立的局面,而僧人太虚、印顺等也在唯识学领域有独到之处。这里简单介绍欧阳竟无与太虚法师的唯识学研究。

欧阳竟无曾跟随杨文会学习唯识学,后继续经营金陵刻经处,主持佛典刊校工作,1922年与学生吕澂等创建支那内学院,并在内学院设立研究部试学班及法相大学特科。他本人除了在佛教教育和典籍整理方面作出很大贡献之外,在佛学研究方面也取得不少进展,而唯识学研究是欧阳竟无的主要学术取向,他同时还将对般若、涅槃的空宗义理以及儒学的研究与唯识学联系起来。支那内学院开学之初,欧阳竟无开讲《唯识抉择谈》,批判当时佛教废弃佛法经教、全无研究方法、于经典不知抉择的现象,矛头指向禅宗、天台宗、华严宗等宗派。"法相唯识非一"说是欧阳竟无唯识学研究的代表观点。欧阳竟无对《瑜伽师地论》十分精通,基于对印度瑜伽行派思想发展的分析,他认为法相与唯识各有经论依据和演变过程,两者的学说也有所区别,故而主张法相、唯识分宗。他提出明确二谛空宗的是文殊学,三性非空非不空则是弥勒学的观点,而弥勒先在《瑜伽师地论》中发挥法相,后来才在《抉择分》中诠释唯识。欧阳竟无的法相唯识分宗论在学界引起了较大争议。

太虚法师也曾师从杨文会学习佛法,他与欧阳竟无的唯识学观点却相差很大,并曾经写了《佛法总抉择谈》和《竟无居士学说质疑》等文,对欧阳竟无的唯识学观点提出质疑。太虚首先将佛法界定为般若、唯识、真如三宗,三宗虽各有特色,但都通向大乘,因此太虚主张各宗平等,不存在哪种宗派高于其他宗派。其次,太虚针对欧阳竟无提出的唯识学非宗教、非哲学、非科学的观点,以科学、哲学说唯识,认为唯识学与科学相通、科学接近唯识学。他又将西方哲学、中国哲学、印度哲学分别对应唯物学、唯生学、唯识学,贬低西方唯物论,抬高唯识学的地位,认为唯识学是印度佛学正统的延续。以科学诠释唯识学是太虚唯识学研究的显著特征,这种观点旨在适应科学主义思潮,提高佛学在新时代的生命力。

民国法相唯识学研究的热潮与"西学东渐"思潮是分不开的。哲学家希望从中吸取养分来提高中国哲学的思辨性,尝试以其为理论基础建构自己的哲学体系;佛教教内人士则无论僧俗都对这种蕴涵深邃义理的宗派学说推崇备至,并以其作为佛教与时代相适应的桥梁。但历史表明,法相唯识学的思辨性与中国的思维特征仍然存在相当距离。20世纪中叶以后,风行一时的唯识学研究没有能够继续保持它的繁盛。

四、佛教哲学研究的深入

在对佛教基本教义系统阐述及对禅学、唯识学等佛学思想的研究之外,民国时期佛教哲学的研究也进一步深入。这尤其表现在研究者从多种学科视角审视佛学思想,不仅深化了对佛学的认识,而且也提高了佛学在新时期的研究价值。

首先,学界围绕佛法与哲学的关系展开辩论,虽然得到的结论各不相同,但却活跃了佛教哲学研究的氛围。继谢无量在《佛学大纲》中分论理学、心理学、伦理学三大板块论述佛教思想之后,梁漱溟在《印度哲学概论》(1919)、《东亚文化及其哲学》(1922)两本书中重点剖析了佛学思想,并提出了佛法非哲学,佛法是无神论的独特见解,在当时产生过较大影响。认为佛法非哲学、非宗教的还有欧阳竟无,他在《佛法非宗教非哲学而为今时所必需》的演讲中,从不同角度分析了佛法与宗教、哲学的区别。这种观点受到太虚等的攻击,后者认为哲学非佛法,但佛法包含哲学。章太炎也认为佛法是哲学,并以唯识学理论为基础构建了自己的哲学体系。这期间,一些国外学者的佛教哲学研究成果也得以译出,有上野井清的《佛教哲学》(张绂译,1925)、迈格文的《佛家哲学通释》(江绍原译,1927)等等。

其次,梁启超的佛教心理分析和佛教比较哲学研究也颇具特色。第一,将佛学思想与心理学相结合并进行专门剖析,是梁启超佛学研究的一大创新,主要见他的《说〈大毗婆沙〉》、《佛教心理学浅测》、《说无我》等。梁启超认为《大毗婆沙》是佛教哲学和心理学相结合的代表作,其中对心理活动进行了详细分析,他还指出这是之后"唯识宗之言'三自性'、华严宗之言'事理无碍'"的渊源。[①] 在《佛教心理学浅测》和《说无我》中,梁启超认为佛家所说的"法"其实就是心理学,佛教的五蕴、十二因缘、

---

① 梁启超:《说〈大毗婆沙〉》,见梁启超撰,陈士强导读《佛学研究十八篇》,第323页。

八识等种种法门都是心理学,而四圣谛、八正道等修养工夫也是从心理意识层面入手的。① 在此基础上,梁启超认为佛教对"心识之相"的理解与现代西方心理学的观点相同,但佛教的所谓"此悟"是超越心理、科学层面不可言说的。他又从心理活动的角度,对佛教教义展开了进一步的阐述。这种佛教心理分析,给我们提供了认识佛教教义和修养工夫的另一视角,揭示了佛学与"心"的密切联系。第二,梁启超的比较哲学研究,也体现了他宽阔的研究视野与强烈的时代学术气息。他将佛教哲学与西方哲学进行比较,以斯宾塞的实体不可知论比附佛学;又以佛教的"无我"观念评判笛卡尔的"我思故我在"的观点,肯定"我思"、否定"我在";尤其是以康德的先验知性论进一步强化佛学信仰,认为康德哲学与佛学相近。梁启超的比较哲学研究,或以西方哲学诠释佛教,或以佛教比附西方哲学,虽然难免偏颇,但却反映了一种积极主动的学术态度,尤其是致力于中西哲学的比较融合值得今天的学者借鉴。

再次,汤用彤的比较宗教学研究将中国佛学研究带入世界前沿领域。比较宗教学是宗教学诞生时最早使用的重要方法,宗教学的创始人缪勒认为通过不同宗教的比较研究能够深化对宗教思想的认识。同样,佛学研究如果只停留在对佛教教义发展本身的探讨,那还是摆脱不了佛教史的描述。因此,汤用彤以其深厚的宗教知识功底进行比较宗教学的研究,有利于更深入地了解佛学思想。第一,汤用彤将佛教与中国土生土长的道教思想进行比较,从生死观、道德观、修行方法、宗教仪式、教义经文等方面比较佛教与道教之间的关系,表明佛教输入期对道教存在依附关系,道教对佛教思想也有吸收借鉴,但两者仍有明显区别,这成为佛道之争的来源。第二,汤用彤重点分析了玄学思潮与佛学的关系,阐明了儒、佛、道相互渗透融合的关系,这种从儒、佛、道三教关系探讨佛教中

---

① 梁启超:《佛教心理学浅测》,见梁启超撰,陈士强导读《佛学研究十八篇》,第394页。

国化的思路在20世纪90年代之后被学界广泛关注。其中汤用彤还分析了佛学与玄学、道教思想的区别,及其对中国文化的影响。当然汤用彤的比较宗教学研究只是将佛学与中国内部的儒、道思想相比较,后世学者在了解世界宗教的基础上进行了更加多层次的比较分析,有助于进一步深化对佛学思想的理解。

复次,随着民国佛学思想研究的进一步推进,尤其是法相唯识学的一度复兴,以义理思辨为基础的佛教因明学研究也引起了众多学者的关注。他们将佛教的因明学与中国战国时代的名辩家相比较,取得了不少研究成果。其中,吕澂1926年出版的《因明纲要》是现代首部因明学的通论性著作;陈望道1931年出版的《因明学》则是首部以白话文写作的因明学通论。此外,还有熊十力的《因明大疏删注》(1926)、太虚的《因明概论》(1929)、周叔迦的《因明新例》(1936)、虞愚的《因明学》(1941)等。许地山的《陈那以前中观派与瑜伽派之因明》(1932)是近代中国第一篇专述因明史的论文,介绍了古因明的发展脉络,并分专题对《中论》、《方便心论》、《瑜伽师地论》、《大乘阿毗达磨集论》、《顺中论》、《如实论》的因明思想作了概括介绍。而因明学与现代逻辑学的关系也开始受到关注,陈大齐的《因明大疏蠡测》(1945)将此两者作了比较研究,广受赞誉。民国因明学的兴起,进一步深化了对佛教哲学思想的认识,也推动了之后藏传佛教的研究。

民国佛教哲学思想研究的推进,是佛学研究深化的表现。中国佛学研究在文献学、历史学研究的基础上,开始触及佛教哲学的深层内涵,对佛教思想有了更全面的认识,佛学与各个层次文化现象之间关系的探讨也在民国时期揭开了序幕。

第四节　晚清民国时期佛教制度、典籍、文化研究的进步

在清末动乱的时局中,佛学承载着拯救民生疾苦的社会责任,日益

受到知识分子的关注。这种佛学研究的潜在动机到了民国时期成为佛学研究的重要推动力。而同时,佛学复兴的社会思潮又引起了佛教内部僧俗知识分子的积极回应,他们不仅适应新的时代需要,致力于促进佛教的入世转向,而且积极投身于兴办佛学院、讲习传播佛法,以及创立刻经处潜心整理佛典,这又为民国时期佛学研究的深入提供了人才和资料的支持。可见,民国时期佛教的入世转向是佛学研究进步的重要推动力,佛学研究和交流的深入也促进了佛教自身的发展,两者存在相互依存、相互促进的共生共荣关系。

本节所要介绍的是晚清民国时期佛教在典籍文献、制度研究以及文化思考方面的进步,体现了极强的时代特征。

一、佛经典籍整理的空前繁荣

与佛学研究的复兴潮流相对应,晚清民国时期的佛经典籍整理、出版、研究工作也取得了很大的进展。晚清民国时期的佛学研究是以文献学、历史学研究为基础的,因此佛教典籍文献的整理,不仅对于佛教内部的弘法传道,而且对于学界的专业研究同样十分重要,故而一直以来都是教界、学界共同关心的重点,成果也十分丰富。

首先,刻经处的出现,对于佛经典籍整理具有特别重要的意义。20世纪上半叶,无论是僧人还是居士,都十分热衷于兴办刻经处,搜集和整理佛教经典特别是失佚已久的佛教文献。其中最为著名的金陵刻经处,是清末居士杨文会创办的,民国时期由居士欧阳渐、吕澂等继续经营,广泛搜集和整理各类亡佚经典,并致力于刻经和佛经的流通,以严谨的学术态度闻名于世,对保存文化遗产和研究佛教思想作出了重要贡献。金陵刻经处成为近代居士佛教运动的发源地,也同样是孕育近代佛学研究的重要场所。受其精神的感召,全国很多地方都创办了刻经处,如江北刻经处、杭州刻经处、长沙刻经处等。这些刻经处是晚清民国时期佛典整理和佛学研究的重要阵地,也是民国佛学研究的特色之一。

其次,这一时期在佛典整理研究、考据辨伪、校勘著译和佛教辞书的编纂等方面均取得了可喜的成绩。其中刻经处在法相宗、因明学等失佚经典的搜集刊刻方面做出了重要贡献。此外,杨文会、欧阳渐已开始筹划以科学方法编印《精刻大藏经》,可惜未能完成。但在其影响下,作为佛教全书的《大藏经》的编纂受到重视,民国时期有《频伽大藏经》、《普慧藏》等先后问世。20世纪20年代之后,《大乘起信论》、《楞严经》的真伪之辨成为学界热点,欧阳渐、吕澂等人皆参与其中,并认为《大乘起信论》、《楞严经》是伪经。佛典考据方面的成果主要有:周叔迦的《隋书经籍志佛经序论勘误》(1940)等论文;吕澂的《佛典泛论》(1925)、陈垣的《中国佛教史籍概论》(1942)等。中国佛教协会组织编写的《中国佛教》(三、四辑)对132种佛典作了提要,也是佛学研究的重要参考。民国时期佛典的译释也受到关注,相关著作有江味农的《金刚经讲义》(1940)等。佛教辞书的编纂也为佛学研究提供了工具性支持。1919年丁福保所编的《佛学大辞典》是第一部国人编写的佛教辞书,之后还有孙祖烈编写的《佛教小词典》(1919)、上海佛学书局编辑部所编写的《实用佛学辞典》(1934)、朱芾煌编写的《法相辞典》(1934)、熊十力的《佛家名相通释》(1937)[①]等多种。

再次,佛经目录研究取得进展。中国古代佛经目录比较发达,但是并不受文献学研究者的重视。在佛经目录研究方面,梁启超发挥了重要作用,他首先开始梳理佛经目录,将其作为中国的目录学史的一个部分加以研究。在《佛经经录在中国目录学之位置》(1925)一文中,梁启超梳理了中国历代的佛经目录,并对其中主要的佛经目录进行点评论述。同时,他还注意到历代佛经目录在图书分类中的变化和发展。梁启超及其后继者的佛经目录学研究,提供了研究佛典传承变化的新思路。

[①] 陈兵:《中国20世纪佛学研究的成果》,载《宗教学》1999年第3期,第64页。

二、佛教文化教育事业的空前活跃

从佛学中国化的过程来看，佛教的兴衰与中国社会文化环境是密切相关的。因此在清末民初社会动荡的历史背景中，佛教也改变了沉溺玄想思辨的形而上作风，而以其对人生的关怀积极走向人间。佛教的入世转向是20世纪上半叶佛教发展的主流趋势，在这种入世倾向的推动下，佛教内部开始倡导僧伽制度改革，并实际上在文化教育事业上取得很大进步。

首先，太虚法师曾于民国初年尝试改革现行寺僧制度，以求改变当时佛教寺院衰落的局面。1915年，太虚在《整理僧伽制度》中正式提出了有关寺僧制度的设想，也就是他所主张的佛教三大革命之一的"教制革命"。太虚看到，长期以来形成的佛教传法体系，或限于小范围的师徒授受，或形成相对固定的宗派，相互之间缺乏交流。这既使佛法教义传播和发展受到羁绊，也实际上在佛教寺院之中形成了宗法关系，造成了寺院财产、教义私有的不平等现象。因此太虚主张改革佛寺制度，将寺院财产变为佛教公有产物，并利用寺院的所有财力，举办各种佛教文化、教育事业，促进佛法教义的交流探讨。他还主张进行"教产革命"，认为寺院应该提高活力、积极入世寻求发展。但太虚的寺僧制度改革由于触动了佛教寺院中保守势力的抵制而难以实行，1920年时他被迫中止了改革的宣传。1920年以后，太虚则活跃在南北各地从事讲经活动，并先后创办了武昌佛学院、闽南佛学院、柏林理教院等佛学院，其中武昌佛学院是我国近代最早的正式的综合性佛学院。太虚以其实际行动践行着他对佛教制度及其改革的思考，开启了新时期佛教制度研究的先河，他关于佛寺积极入世、突破限制、发展文化教育事业的改革主张也颇具启示意义，一些较大的寺院后来也纷纷开始兴办佛学院。

其次，居士在民国时期大力兴办佛学院，并与太虚等改革派一起活跃于佛经讲习传授的舞台，构筑了民国佛教文化教育事业空前繁荣的重要阵地。太虚的佛教制度改革虽然在寺院内部没有取得成功,但却得到了居士界的强烈呼应。继清末杨文会之后,民国时期的居士将佛教文化教育事业推向高潮。欧阳渐继杨文会之后主持金陵刻经处的工作,1912年又参与发起创立佛教会,呼吁佛教界自强自救。1914年,欧阳渐在金陵刻经处设立研究部,开始聚众讲学,大力培养佛学人才。1922年,欧阳渐又与吕澂等创建支那内学院,主要从事佛学研究、教学和佛典编校等工作。吕澂继欧阳渐之后光大内学院佛学研究和教育事业,他的《中国佛学源流略讲》等都是他在30年代时的讲义。民国时期活跃在佛教文化活动中的居士还有江味农、蒋维乔、丁福保、梅光羲、韩清净、谢无量、黄忏华、高观如、周叔迦等。他们通过各种途径讲授佛学。例如蒋维乔曾在东南大学(今南京大学)开设《佛学入门》和《百法明门论》课程;黄忏华则长期在复旦大学、厦门大学执教;韩清净曾创立法相研究会、三时学会等,皆以讲学和刻经并重。此外,居士界还创办了不少佛教刊物,致力于佛教知识的普及。例如1929年上海居士界联合创建佛学书局,以出版发行佛教图书为主,先后编辑出版了《海潮音文库》、《佛学百科全书》,以及编辑发行《佛学半月刊》等。另外还有1912年狄葆贤、濮一乘在上海创办的我国最早的佛教刊物《佛学丛报》(后改名为《佛学丛刊》)、周叔迦1936年参与创刊的《微妙声》等。"佛教刊物的大量出现,是佛教近代化的重要标志,也是佛教改革的显著成果。"①

民国时期佛学院、佛教刊物、讲经活动的大量出现,是在新时期下佛教自身打破传统制度限制的自觉探索,带来了佛教文化教育事业的蓬勃发展,也活跃了佛学研究的气氛,成为佛学研究的重要组成部分。

三、佛学与现代性研究的初步进展

晚清民国时期佛学研究的热潮,在一定程度上说与西方新的社会思

---

① 潘桂明:《中国居士佛教史》,第883页,北京,中国社会科学出版社,2000。

潮和学术方法的传入有着密切的关系。在以新的学术视角和研究方法审视传统佛教的同时,佛教学者和教内人士也开始思考佛学在新的历史时期的发展趋向,揭示佛法的现代意义,积极开展佛学与现代社会调适等相关问题的探讨,佛学与现代性的研究取得初步发展。而在这其中,最引人注目的是民国时期佛学对科学主义思潮的积极回应。

科学主义是20世纪影响中国的主要思潮之一,自近代传入就引起了广泛关注,并成为新文化运动的主要推动力之一,在20世纪上半叶掀起了科学主义的学术热潮。面对科学主义思潮,民国时期佛学研究的各派学者都表现出了积极性和主动性,他们不仅将科学方法和科学精神融入佛学研究之中,还积极从事对佛学的科学转化与诠释工作。

梁启超作为维新派佛学研究的代表人物,提出了"智信观"以回应科学主义思潮。他明确肯定佛学的价值意义和社会功能,认为佛教是"最崇贵最圆满之宗教"[1],并同时指出"近日格致之学(即近代西方传入之自然科学)暗合佛理"[2],认为科学为佛理提供了肯定的证明。佛教信仰是"智信",并非迷信,因此与科学并不矛盾。他还认为康德哲学的本体现象之分、时空观念、范畴运用等理论,都有相关的佛学理论与之相对应,因此佛学与科学精神是一致的。学院派佛教学者则以严谨的治学精神和科学的研究方法,对佛学展开了客观的学术研究,推动了佛学的发展。而佛教界无论是僧侣还是居士,都非常强调佛学与科学之间的相关性,将科学与佛学的世界观、人生观研究紧密地结合起来,并且特别专注于佛学之中展示理性思辨的唯识学、因明学等领域的研究。同时,民国时期佛学研究还根据现代学科分类,从伦理、心理、哲学、科学、文化等不同领域开展研究,开阔了佛学研究的视野,也促进了佛学在新时期的发展,为后世学者开展佛学现代性研究提供了参考。

---

[1] 梁启超:《为创立文化学院事求助于国中同志》,《梁启超选集》,第826页,上海人民出版社,1984。
[2] 丁文江、赵丰田主编:《梁启超年谱长编》,第57页,上海人民出版社,1983。

总而言之，晚清民国时期掀起的佛学研究热潮，是20世纪佛学研究和佛教发展的重要组成部分，也是现代意义中国宗教学研究兴起的早期成就。这一阶段的佛学研究，在清末动乱中的社会局势中孕育而生，受到近代先进研究方法和学术视角的牵引，集合了当时教界和学界的主要研究力量，以文献学和考据学为基础，以佛教史学研究成果为代表，综合运用新的学术方法，不仅客观展示了佛教发展过程，深化了对佛教思想的理解认识，而且揭示了佛学的现代意义，推动了佛教在新时期的复兴。当然，由于学术视野和研究精力的限制，这一阶段的佛学研究还未能实现在各个研究领域的齐头并进；受到时代环境和信仰的影响，一些佛教学者的研究难免还有某些疏漏和局限性。但是这一阶段的佛学研究为后世佛学研究奠定了扎实的基础，一批国学大师深厚的学术功底和严谨的治学态度具有重要的垂范意义。

第六章 近世佛教徒的信仰与生活

近世佛教随着明太祖朱元璋三分天下寺院,经忏佛事更加盛行,各种仪轨层出不穷;同时,佛教信仰深入民间社会,民众的生活多受其影响,举凡婚丧嫁娶、岁时节日等,皆能见到佛教的影响。

第一节 "蒋山法会"与明太祖整顿瑜伽教

明太祖三分寺院,整顿与规范瑜伽教,促进明清经忏佛事的繁荣与发展。明太祖对经忏佛事的规范与推动,不仅有纠弊的需求,更有王道的政治理想与怀柔高僧的目的,"蒋山法会"是最重要的表现。

一、蒋山法会的启建与法仪次第

明太祖完成统一天下的大业后,从洪武元年(1368)九月十一日开始,直至明成祖永乐五年(1407),明太祖、明成祖相继在蒋山(今钟山)延请佛门高僧启建无遮水陆大法会,史称"蒋山法会"。蒋山法会主要是为了救拔战乱伤亡的战士英魂和无辜生灵,借此安顿民心,稳定政局。①

---

① [日]滋贺高义:《明初の法会と佛教政策》,《大谷大学研究年报》第21卷,第199—237页,1969。

蒋山法会作为朝廷推动的无遮大会,规模宏大,时间持久,对明代佛教有深远的影响。历次蒋山法会的时间、地点及参加的高僧如下①:

年	时间	称呼	地点	行道说法的高僧
洪武元年	秋九十一日	无遮大会（水陆会）	钟山 太平兴国寺（蒋山寺）	天真惟则　楚石梵琦　别峰大同 竹庵怀渭　逆川智顺　行中至仁 以中智及　日章祖你　复原福报 象原仁淑　（懒庵廷俊）十余人
洪武二年	春三月十三日		钟山	白云智度　楚石梵琦　无梦昙噩 以中智及
	冬十月	普济佛会		东溟慧日　碧峰宝金
洪武三年	春一月十五日	（水陆会）	（钟山）	碧峰宝金　楚石梵琦　无梦昙噩 全室宗泐　杰峰世愚　以中智及 行中至仁　松隐正寿
洪武四年	春			天渊清濬　白庵力金
	冬十二月十五日			见心来复等高行僧十人及其徒二千人
洪武五年	春一月十五日 秋 终	广荐法会	钟山	全室宗泐　东溟慧日　约之崇裕 性原慧明　白庵力金　牧隐文谦 天镜元濬　碧峰宝金　木庵司聪 象原仁淑　太璞如玘　蓬庵大佑 （钟山行容）他徒二千人
洪武六年			天界寺	以中智及他有道硕师十余人
洪武十一年			金山	呆庵普庄　性原慧明
洪武十七年		普度斋	钟山灵谷寺	
洪武十九年		大斋会	灵谷寺	天渊清濬
洪武二十年		普度大斋	灵谷寺	天渊清濬
永乐二年		普度大斋	钟山寺	哈立麻吧上师、雪轩道成他
永乐五年		普度大斋	灵谷寺	哈立麻（法吉祥贤）

《楚石梵琦禅师语录》卷二十"水陆升座"条记载,洪武元年(1368)九月十一日,楚石梵琦奉旨于蒋山禅寺水陆会中升座说法,明太祖"特赐银

---

① [日]长谷部幽蹊:《明清佛教教团史研究》,第18—20页,京都,同朋舍,1993。

帑,命善世院,就蒋山禅寺,修建冥阳水陆大斋一昼夜,于中作诸佛事,供佛贤圣、天地神祇、三界鬼神",并且召梵琦"举唱宗乘,所集功勋,并用超度四生六道,无辜冤枉悉脱幽冥,往生佛土"①。

洪武二年(1369)三月十三日,楚石梵琦再次于蒋山禅寺水陆法会上升座说法。明太祖的《御制蒋山寺广荐佛会文》记载:"洪武三年(1370)正月十五日,朕于钟山前蒋山寺奉佛供僧"②,但是举行法会的具体事宜不明。洪武四年(1371)春天,明太祖下诏汇集禅、讲、教三宗名僧十人,及其徒二千,建广荐法会于钟山。命天界寺力金总持斋事,力金因为母亲老迈,推举宗泐代理。③洪武四年冬十二月,诏征见心来复等十人到达南京,在蒋山太平兴国禅寺举办广荐法会。

规模最大的蒋山法会是从洪武四年冬天至洪武五年春天,长达一个多月,这是以水陆法会作为国家的祭祀,仪式极为隆重,其主要文献有明太祖《御制蒋山寺广荐佛会文》、宋濂《蒋山广荐佛会记》,宋濂一文详细地记载了法会的具体情况。水陆法会的佛教仪式与朝廷祀天祭孔的礼仪有差别,皇帝亲临幽鬼镇魂的法会,在礼制上则有许多讲究,所以必须融合与折中二者的仪式。《续佛祖统纪》卷二"如玘传"记载:

> 庚戌,上将修厘事,以鬼神之道茫昧,召高僧讲究,师奏疏称旨。四年辛亥,善世院罢天界领事者,以师升演福,学者慕之,赢粮景从。五年壬子,上将覃恩幽滞,召天下高僧毕集钟山,设广荐会,法仪甚盛,大驾亲临,沙门上首分番说法。④

可见,明太祖对于蒋山法会仪轨的重视。洪武三年(1370)庚戌,先就行礼之法等法仪召集仪曹和佛教高僧审议讨论。洪武四年(1371),经过试行的过程。至洪武五年(1372),法仪最后成型,如《补续高僧传·白庵金

---

① 《楚石梵琦禅师语录》卷二〇,《卍新纂续藏经》第71册,第657页下—658页下。
② 《金陵梵刹志》卷三,《中国佛寺史志汇刊》第1辑第3册,第312页。
③ 《佛祖纲目》卷四一,《卍新纂续藏经》第85册,第804页上。
④ 《续佛祖统纪》卷二,《卍新纂续藏经》第75册,第751页中。

禅师传》记载:"凡仪制规式,皆堪传永久"①,于是隆重举行。

宋濂《蒋山广荐佛会记》引用明太祖《钦录集》云:

> 洪武五年壬子春,即蒋山寺建广荐法会,命四方名德沙门,先点校藏经,命宗泐撰《献佛乐章》。既成进呈,御署曲名,曰《善世》,曰《昭信》,曰《延慈》,曰《法喜》,曰《禅悦》,曰《遍应》,曰《妙济》,曰《善成》,凡八章。敕太常谐协歌舞之节,用之,着为定制。四年十一月二十一日,钦奉圣旨《御制广荐佛会榜文》,命都省出榜,晓谕天下,官民士庶人等。②

这是八大乐章的制作过程,先收集藏经的资料,诏命宗泐撰写乐章,明太祖取曲名;然后,命太常府谱曲配以歌舞。而且,明太祖将《御制广荐佛会榜文》在全国广贴,晓谕天下。平常的水陆法会榜文只在举办地出榜,而蒋山法会榜文广贴天下,可见法会的国家祭祀特点。

下面,依宋濂《蒋山广荐佛会记》③恢复当时蒋山法会的法仪次第:

一、出榜,洪武四年(1371)十一月二十一日,在全国各地广贴《御制蒋山寺广荐佛会文》。

二、致斋,洪武四年冬天,明太祖宿斋室,拒绝荤肉和夫妻生活一个月。

三、遣官,派遣中书汪广洋、胡惟庸在城隍庙宣文,"俾神达诸幽冥,期以毕集"。

四、祭告,洪武五年(1372)春一月十三日,明太祖穿皮弁服,至奉天殿,群臣朝服,左右侍候。尚宝卿梁子忠开启明太祖御撰的章疏,"识以皇帝之宝"。明太祖礼拜,燎香于炉后,再拜。明太祖亲自阅读章疏,授与礼部尚书陶凯。陶凯捧着章疏,从黄道出午门,将章疏放入龙舆中,备

---

① 《补续高僧传》卷一四《白庵金禅师传》,《卍新纂续藏经》第77册,473页上。
② 宋濂:《护法录》卷五,《大藏经补编》第28册,第118页。
③ 同上书,第116—118页。

法仗、鼓吹,引导至蒋山。天界寺总持白庵万金、蒋山寺主僧行容等率僧伽千人,持香花出来迎接陶凯一行;然后,万金取疏,进入大雄宝殿,开始诵经做法事,在佛像前宣读文疏,读后焚烧。诸位高僧退后,从辛酉至癸亥,阅读三藏。

五、迎佛,癸亥日,诸位高僧举行法会后,明太祖着皮弁服,搢玉珪,到蒋山寺大雄宝殿,面对释尊,北面而立。群臣穿着法服,陪侍左右。在奉天殿时,群臣穿的是朝服;至蒋山寺,群臣则穿法服,可见归向佛法的意味。和声郎举麾,奏佛乐《善世》,明太祖和群臣礼拜迎请;奏佛乐《昭信》,明太祖下跪进供熏芗奠币。

六、初献礼,明太祖和群臣拜下,奏佛乐《延慈曲》,同时配合"悦佛之舞"。跳舞的人有二十,她们的手上各持着香、灯、珠玉、明水、青莲花、水桃以及名荈、衣食等物品,配合着乐曲的节奏而舞。明太祖跪着献上清净肴馔、史册,祝愿后,再拜下去。

七、亚献礼,奏《法喜曲》,跳悦佛舞,光禄卿徐兴祖进馔。

八、终献礼,奏《禅悦曲》,跳悦佛舞,光禄卿徐兴祖进馔。在三次献礼中,舞是相同的,乐曲各有不同;后二次献礼,不用献上史册,徐兴祖代表明太祖进馔。三献礼后,明太祖回大次,群臣退下。

九、诵咒,诸位高僧旋绕大雄宝殿,诵咒三周。

十、招魂:"初,斫山左地成坎六十,浸以垩。至是,令军卒五百负汤实之,汤蒸气成云。诸浮图速幽灵入浴,焚象衣,使其更以彩幢、法乐,引至三解脱门。门内五十步筑方坛,高四尺。上升坛南向坐,使者北向跪。受诏而出,集幽灵而戒饬之。"这一段是描写招魂的过程,先挖洞而填满垩,而汤的蒸气上升而成云。这是招引亡灵入浴,"焚象衣"表示让亡灵穿上法衣,然后由彩幢、法乐引导至三解脱门。三解脱门内筑高坛,明太祖升坛,为幽灵宣诏,望解冤释结。

十一、说法、受戒、施食,明太祖宣诏后,接引亡灵听宗泐说法,在慧日处受戒;最后引至施食处,由阇黎师咒饭,共有四十九盘饭。

十二、撤馔,《蒋山广荐佛会记》称为"撤豆",即是撤下供品的意思。这时,已经半夜,明太祖上大雄宝殿,群臣跟随前去,乐队奏《遍应曲》,执事者撤下供馔,明太祖和群臣拜下。

十三、送佛,乐队奏《妙济曲》,明太祖和群臣拜下。

十四、望燎,即是烧文书、纸钱等物。乐队奏《善成曲》,明太祖和群臣至燎位,烧完后,回到大殿。明太祖和群臣退下。

由于明太祖亲临蒋山法会,水陆法会具有国家祭祀的特点,从传统"郊祀"和"蒋山法会"在乐舞的相似性上更可以看出这一特点,列表如下①:

郊 祀			蒋 山 法 会		
	乐曲	舞		乐曲	舞
迎神	中和曲		迎佛	善世曲	
奠帛	萧和曲		奠芗奠币	昭信曲	
进俎	凝和曲				
初献	泰和曲	武功舞	初献	延慈曲	悦佛舞
亚献	豫和曲	文德舞	亚献	法喜曲	悦佛舞
终献	凝和曲	文德舞	终献	禅悦曲	悦佛舞
撤馔	雍和曲		撤豆	遍应曲	
送神	安和曲		送佛	妙济曲	
望燎	时和曲		望燎	善成曲	

从上表对比可以看出,郊祀与蒋山法会在礼仪的次第上基本相似,二者的差异有两点:(1) 蒋山法会增加了追荐幽魂,因此有招魂、施食、说法、受戒等仪式;(2) 蒋山法会的祈愿对象是佛菩萨,所以先要对佛菩萨祈愿供养,庄严道场,然后才是三献礼先王。总之,蒋山法会是以水陆法会作为主体,吸收郊祀的仪式结构,而且改造了其中的乐曲和舞蹈,从而

---

① [日]长谷部幽蹊:《明清佛教教团史研究》,第32页。

实现了成为国家祭祀的目的。

二、法会祭祀之"礼"与"时"

明太祖对蒋山法会的重视,一方面是为了结束元末战乱所带来的人心涣散、社会混乱的状态,从而安顿民心、稳定政局。如《御制蒋山寺广荐佛会文》所说:

> 朕本农夫,自幼托身佛门,忽经大乱,不得已而从戎于二十年矣。向与群雄并驱之时,务在操兵,整坠救民于彷徨之中。今祸乱已平,天下已定,未尝朝僧暮道,妄祀鬼神,有所祀必以礼,有所祭必以时。尚虑军民,身经大难。凡死者或遭兵刃,或陷水火,或迫于危急而自缢投河,或潜入山林而蛇伤虎咬,或天灾而殒灭,或思父母妻子因疾而亡身,凡此诸等死者,或蒲门灭绝无祭无依,或虽有眷属不能顾念,或有父母妻子因兵流离,生者未安,死者谁为之祭?朕以己心度之,此等鬼魂遇天阴时,莫不呻吟于风雨之间;遇晴明之时,莫不悲号于星月之下。或因生前作恶,留连冥冥之中,无由自脱。①

蒋山法会的启建,对于安抚社会民心具有重要作用。明太祖采取当时通行的经忏佛事以追荐孤魂野鬼,也跟他曾出家为僧的特殊经历有关。

蒋山法会之所以能够成为国家祭祀,另一方面则与明太祖的鬼神宗教观有密切关系。一般而言,天子执行天神地祇、宗庙社稷的祭祀,并不是佛门法仪的主要执行者。但是,明太祖在蒋山法会中,在招魂仪式上仍然升坛宣读诏书,可见他具有掌管现世与来世、显幽两界的意识,肯定鬼神的存在。明太祖在制定治国的根本政策时,对儒臣文士下了《问圣学》、《问刑罚》、《问天时》、《问天地鬼神》、《问佛仙》等求策诏书,在《问天时》中明太祖命诸儒解答是否存在天人感应;在《问天地鬼神》和《敕问文

---

① 《金陵梵刹志》卷三,《中国佛寺史志汇刊》第 1 辑第 3 册,第 311—312 页。

学之士》中,命诸儒解答鬼神是否存在,鬼神显寂的情状如何,鬼神能否主宰人间祸福,赫然有汉武帝当年敕问董仲舒的风采。明太祖后作《诵经论》、《释道论》、《三教论》、《甘露论》、《鬼神有无论》、《天生斯民论》和《修教论》等,对天人感应与鬼神问题做了解答,这些思想成为明朝的意识形态。明太祖在《鬼神有无论》中说:

> 其鬼神之事,未尝无甚显而甚寂,所以古之哲王立祀典者,以其有之而如是。其于显寂之道,必有为而为。夫何故? 盖为有不得其死者,有得其死者;有得其时者,有不得其时者。不得其死者何? 为壮而无,屈而灭,斯二者乃不得其死也,盖因人事而未尽,故显。且得其死者,以其人事尽而矣,故寂。此云略耳。且前所奏者,其状若干,皆有为而作。①

尧舜的时候,天下大治,不得其死者少,故世无游魂。秦汉以来,屡起刀兵,死无所依者多,故出现有为的鬼神就多。如果认为无鬼神,将无畏于天地,而且愧对于祖宗,所以明太祖强调"今鬼忽显忽寂,所在某人见之,非福即祸,将不远矣。其于千态万状,呻吟悲号,可不信有之哉。"②同时,明太祖笃信因果,认为"定业难逃矣,果报昭然矣"(《修教论》)③,看到了因果报应说在教化百姓中的作用。

所以,明太祖非常重视鬼神祭祀的"礼"与"时",《御制蒋山寺广荐佛会文》说:

> 观自古至今相传,祭礼鬼神之事,岂不重乎? 然事鬼神必有礼有时,毋犯分,毋越礼,毋非时,毋昧于鬼神。若昧于鬼神,则为鬼神亦难矣。且聪明正直,变化不测之谓神。祸福所施,必不以亲疏而异。但世人愚而贪,欲心浩大,遂至犯分越乱。不知以敬求神,在于

---

① 《金陵梵刹志》卷一,《中国佛寺史志汇刊》第1辑第3册,第113—114页。
② 同上书,第115页。
③ 同上书,第119页。

有礼有时也。①

对鬼神当恭敬,不能犯分、越礼、非时、昧于鬼神。"礼"即是祭祀的礼仪次第,"时"即是祭祀的时间,只有符合礼仪和时间的祭祀,才能获得鬼神的感应。

明太祖通过蒋山法会,将明初的佛教高僧悉数召到南京,无疑团结了当时江南佛教界的力量,这也是对佛教界的怀柔政策;另一方面,高僧们参与国家祭祀式的蒋山法会,执行了祭祀祈祷的国家事业,从而使佛教主要力量都位于王权的统治下,这为整顿与规范明初佛教起了重要作用。同时,蒋山法会扩大了佛教对宫廷朝臣和民间社会的影响,为水陆法会等经忏佛事在明清时代流行奠定了非常重要的基础;而且,明太祖提出对祭祀鬼神的"礼"和"时"的要求,通过对蒋山法会法仪的整理,从而推动了明代经忏佛事的整顿。

三、明太祖对经忏佛事的规范与推动

明太祖朱元璋(1328—1398)作为明朝的开国皇帝,当过和尚,对佛教关注颇多,明朝的佛教政策及其模式皆源于他。元代以来,民间显密法事盛行,而且从事法事活动的人员复杂,其中有白莲教、白云宗等不逞之徒,频频发生假佛教名义举行佛事以搅乱民心的状况。朱元璋鉴于元代崇奉藏传佛教的流弊,针对明初佛教的情形,将佛教寺僧分为禅、讲、教三类。这是继承元朝以来天下寺院约定俗成的分别,如《元史》说:"天下寺院之领于内外宣政院,曰禅、曰教、曰律,则固各守其业。"②但是,朱元璋通过强势政令推行寺僧的分类,洪武十五年(1382)五月,明太祖谕旨:

> 佛寺之设,历代分为三等:曰禅、曰讲、曰教。其禅不立文字,必

---

① 《金陵梵刹志》卷三,《中国佛寺史志汇刊》第1辑第3册,第310页。
② 《元史》卷二百二《释老志》,第4524页。

见性者,方是本宗;讲者务明诸经旨义;教者演佛利济之法,消一切现造之业,涤死者宿作之愆,以训世人。①

"禅"即是禅宗,禅门以不立文字、见性成佛为宗;"讲"是阐发讲说佛教义理的宗派,如天台、华严等;"教"是指专门念诵真言密咒,演化瑜伽显密法事,以消业度亡为宗等。这样,僧人相应地被划归为禅僧、讲僧、教僧。

明太祖对寺僧进行分类与规范,在服饰方面也作出特别的区分。《明史》卷六十七说:"洪武十四年,定禅僧,茶褐常服,青绦玉色袈裟;讲僧,玉色常服,绿绦浅红袈裟;教僧,皂常服,黑绦浅红袈裟。僧官如之。惟僧录司官,袈裟绿文及环皆饰以金。"②不仅如此,明太祖又下了一个特别饬令,令曰:

见除僧行果为左阐教,如锦为右觉义,前去能仁开设应供道场。凡京城内外大小应付寺院僧,许入能仁寺会住看经,作一切佛事。若不由此,另起名色,私作佛事者,就仰能仁寺官问罪。若远方云游,看经抄化,及百姓自愿用者,不拘是限。③

这是专门以能仁寺为试行的应供道场,有专门负责的僧官,而且以这种应供道场垄断一切佛事活动;除此以外,则为私作佛事,犯此则由能仁寺问罪。

明太祖对教寺、教僧的规范是全方位的,他在能仁寺试行应供道场一年后,于洪武十六年(1383)五月,正式下旨:

即今,瑜伽显密法事仪式及诸真言密咒,尽行考较稳当,可为一定成规,行于天下诸山寺院,永远遵守,为孝子顺孙慎终追远之道,人民州里之间祈禳伸请之用。恁僧录司行文书与诸山住持,并各处

---

① 《释氏稽古略续集》卷二,《大正藏》第49卷,第932页上。
② 《明史》卷六七《舆服三》,第1656页。
③ 《释氏稽古略续集》卷二,《大正藏》第49卷,第932页上。

僧官知会,俱各差僧赴京,于内府关领法事仪式,回还习学。后三年,凡持瑜伽教僧,赴京试验之时,若于今定成规仪式通者,方许为僧。若不省解,读念且生,须容周岁再试。若善于记诵,无度牒者,试后就当官给与。如不能者,发为民庶。①

圣旨的本意在于推动经忏法事的规范化,从而使赴应僧或瑜伽僧获得公认的地位。朝廷先组织僧录司制作统一规范的法本定规,通行于天下寺院;经忏法事的目的在于鼓励孝子贤孙遵行慎终追远的伦理,满足民众对宗教仪式的需求。各山住持要派僧人来京领取法本,三年后,所有瑜伽教僧要来京参加考试,通达法事仪轨,并且通过严格的考试才能成为正式的教僧,才有资格为人演行法事仪式。这样,推进了法事仪式的统一进程,对"教僧"的资格提出了严格的要求。

法事仪式是社会性的惯例行事,是佛教传播过程中的重要象征。明太祖整顿与规范瑜伽教僧的行为,一方面是为了整饬元末以来佛事泛滥、从事者混乱的局面,另一方面也是明初佛教发展过程中存在问题的体现。② 在洪武二十四年(1391)颁布的"申明佛教榜册"中,对教僧从事法事进行了许多规定与限制③:

一、重申了必须遵守洪武十六年所颁布的法事定式,强调科仪"明则可以达人,幽则可以达鬼",不合法的仪轨则不能通达鬼神,所以不能增减规范后的法事仪轨。

二、对于"瑜伽僧"在应酬经忏方面的收入作了具体规定:"每一日、每一僧钱五百文,主磬、写疏、召请三执事每僧各一千文"。

三、对于各经忏的念诵费,《道场诸品经咒布施则例》规定:《华严经》一部钱一万文,《般若经》一部钱一万文,内、外部真言每部钱二千文,《涅

---

① 《释氏稽古略续集》卷二,《大正藏》第49卷,第932页下—933页上。
② 周齐:《明代佛教与政治文化》,第119页,北京,人民出版社,2005。
③ 《释氏稽古略续集》卷二,《大正藏》第49卷,第936页上—下;《金陵梵刹志》卷二,《中国佛寺史志汇刊》第1辑第3册,第231—239页,台北,明文书局,1980。

槃经》一部钱二千文,《梁武忏》一部钱一千文,《莲经》一部钱一千文,《孔雀经》一部钱一千文,《大宝积经》每部钱一万文,《水忏》一部钱五百文,《楞严咒》一部钱五百文。以上诸经衬钱,诵经僧"三分得一,二分与众均分",即使是云游僧遇到诵经法会,亦同样分得衬钱。但是,如果施主喜欢法事而额外布施,或施主的亲戚朋友乘机供养斋衬,则不受此限制。

四、陈设诸佛像,香灯供给,阇黎等项劳役钱一千文。

五、对道场内文书的格式与种类有严格的规定,只能有一表、三申、三牒、三帖、三疏、三榜等文书,不能巧立名目,浪费钱财。

六、同时强调僧纲、僧正、僧会等僧官不能以此规定而对民间寺院僧人非法拘碍,"从有缘僧,有道高行深者,或经旨精通者,檀越有所慕,从其斋礼,毋以法拘",显示了规定的灵活与圆融。

七、再次重申瑜伽教的宗旨与功能:"瑜伽之教,显密之法,非清净持守,字无讹谬,呼召之际,幽冥鬼趣,咸使闻知,即时而至,非垢秽之躯世俗所持者",而民间世俗多有仿效的瑜伽僧,称为善友,这是佛法不清净、显密不灵,应该禁止。

从社会功能而言,瑜伽教僧以服务社会大众为主,应付他们的消灾度亡需求,从而与信众之间建构起市场性的供需消费行为;其弊病显而易见,一方面存在教僧对信徒过多索取钱财,另一方面索价不一,可能造成教僧之间经济分配的不平均,导致教团纷争。所以,明太祖才对教僧诵经收费与经济收入的额度予以明确规定。

第二节 经忏佛事与丛林仪轨

明清佛教在宋元时代流行的佛教仪轨的基础上,完善、修订了许多仪轨,尤其是二时课诵的确定、《水陆仪轨》的修订,现代佛教丛林一直沿用明清佛教的唱念仪轨。

一、经忏佛事的流行与混乱

明太祖三分寺院为禅、讲、教后,教寺耸立于大江南北,如江南一些地方的寺院比例:湖州府教寺三十七,讲寺六,禅寺二十四,所属宗派不明十七,总计八十四寺,所归并的寺院庵堂二百五十一寺;姑苏府教寺七十一,讲寺二十三,禅寺三十一,所属宗派不明,总计一百三十一寺,所归并寺院五百五十八寺。① 由此可见,教寺占了较大的比例,而且流行在江浙一带佛教盛行且经济富庶的地区。

经忏佛事的流行,与明清皇室和民间社会的强烈需求有关。明成祖永乐五年(1407),仁孝徐皇后病逝,下《报恩寺修观斋敕》谕天下赴法会的僧众,"比者仁孝皇后崩逝,举荐扬之科,启无遮之会,广集僧伽讽扬经典,百日之间,喜祯翕集。"明成祖希望借此斋会,"期早登于觉地,利生助化翼我皇家,钦哉! 故谕。"②明成祖亦对佛教经咒进行整理,集汉地民间流传经咒,以及元代藏传梵本所传译的咒语而成《大乘经咒》,卷首有"御制经赞",卷中有成祖在永乐九年、十年御制序五则,此经咒应为大内宫眷信奉之范本。③ 永乐十四年七月一日《永乐御制水忏序》说:

> 然则三昧者,其惟在于人心,而不必他求也。朕遂书此,以冠于篇,并以锓梓,作方便利益。是为汲大海之三昧,以遍周沙界,灌濯尘劫者也。观于斯者,尚慎其所趋向哉!④

可见,明成祖对经忏佛事的推崇与倚重,经忏法会成为宫中节庆乃至宗教生活中非常重要的内容。尤其是慈圣皇太后,在神宗大婚以后,于万

---

① 龙清池:《明太祖的佛教政策》,《现代佛教学术丛刊》第 15 册《明清佛教史篇》,第 15 页,台北,大乘文化出版社,1979。
② 《金陵梵刹志》卷三一,《中国佛寺史志汇刊》第 1 辑第 3 册,第 1080—1081 页。
③ 陈玉女:《明代瑜伽教僧的专职化及其经忏活动》,《新世纪宗教研究》第 3 卷第 1 期,第 68 页,2004。
④ 《御制水忏序》,《大正藏》第 45 卷,第 968 页上。

历九年(1581)委托憨山德清前往五台山启建功立业"祈皇嗣无遮大会",可见她对经忏佛事的热爱。

明清以来,随着藏传佛教在皇宫内的流传,有关藏传的诵经法会亦日益增多,但是汉传的经忏佛事仍在宫内流行。如《金鳌退食笔记》卷上说:

> 崇智殿……本朝顺治年间,改为万善殿,供三世佛像,选老成内监披剃为僧,焚修香火。木陈、玉琳两老衲奉召至京师,曾居万善殿。每岁中元,建盂兰道场,自十三日至十五日,放河灯,使小内监持荷叶燃烛其中,青碧熠熠,罗列两岸,以数千计。又用琉璃作荷花灯数千盏,随波上下,中流驾龙舟,奏梵乐,作禅诵。①

顺治年间,清朝宫内仍然举行盂兰盆会,放河灯,而成为"苑中胜事"。《钦定大清会典则例》卷一六一记载:"万寿圣节前后三日皆启建道场"②,可见经忏佛事是宫中常常举行的宗教活动。

明清以来民间社会礼忏盛行,如薛氏女在万历十九年(1591)得病,临终前"延僧礼忏",最后坐化往生西方。③ 顺天宛平人杜居士,专志念佛三年,"预知将终,礼忏九日",至忏文恳切的字句,则流涕哽咽,最后绝食,唯饮一些水,礼忏而坐脱。④ 同时,在士大夫乃至民众中,为礼忏持咒而结成团体,如刘玉受,长洲人,平日持诵《准提咒》,在参加省试时,建坛持咒七日,考试时果然"思如泉涌,遂得隽"。万历三十五年(1607)成进士,官庐陵进士。玉受于是在乡里提倡讽诵《准提咒》,"其后进之士,若杨子澄及其二子维斗、公干、李子木、徐九一、刘公旦、姚文初诸贤,皆结准提社,择桃花坞桃花庵故趾辟精舍,修白业"。⑤ 吏部稽勋司员外郎卢

---

① 《金鳌退食笔记》卷上,《四库全书》电子版。
② 《钦定大清会典则例》卷一六一,《四库全书》电子版。
③ 《往生集》卷二,《大正藏》第51卷,第146页上。
④ 同上书,第149页中—下。
⑤ 《居士传》卷四七,《卍新纂续藏经》第88册,第274页上—中。

淳熙,钱塘人,中乡举后,"与同社友诵《梁皇忏》";万历十一年(1583)中进士,居京师不久,遇父丧,于是决定入山修道,以报父恩,居山中,经常喂养山中动物。① 经忏佛事的流行,与民众对斋忏消灾度厄的效力深信不疑有关。如杭州云栖寺周围出现猛虎伤人,云栖袾宏"乃发悲恳,讽经千卷,设瑜伽施食津济之,自是虎不伤人"。② 清代王应奎撰《柳南随笔续笔》卷二记载"饭僧求嗣"的故事,明末常熟县山塘王氏先人年四十无子,向莲池大师请教,后来在云栖启建水陆道场以求子。③ 施设瑜伽焰口法会以度化猛虎,建水陆以求子,可见民众的宗教意识。

政府乃至整个社会对经忏佛事的需求,导致寺院法会不断,僧人收入甚丰,于是经忏佛事成为寺院和僧人的主要活动。如《云栖大师遗稿·示直院等三条》说:

> 水陆头尾相连,经忏接续不断,求经次,汲汲如选官;请经师,忙忙如报喜。库头终夜计算,不过是分派应赴钱财;担运逐日奔波,无非是买办道场货物。④

可见,经忏佛事致使寺院和僧人繁忙与获利。同时,因为经忏佛事易学易行,只要学会敲打唱念便可应付,如湛然圆澄《慨古录》说:"近来新学晚辈曾不坐禅,又不习观,但学腔科,滥登此位,非唯生不可利"⑤,所以应付俗世的瑜伽教僧人数日益增长。

在经济利益的驱动下,经忏佛事的流行在明清时代带来了许多问题。如在家人也学做佛事,永乐十五年(1417)五月,明太宗对礼部下旨:

> 佛道二教,本以清净,利益群生。今天下僧道,多不守戒律,民

---

① 《居士传》卷四二,《卍新纂续藏经》第 88 册,第 258 页下。
② 《武林梵刹志》卷二,第 44 页,杭州出版社,2006。
③ 王应奎:《柳南随笔续笔》卷二,第 163 页,《清代史料笔记丛刊》,北京,中华书局,1983。
④ 《莲池大师全集·遗稿三》,第 4759—4760 页,莆田广化寺佛经流通处。
⑤ 《慨古录》,《卍新纂续藏经》第 65 册,第 374 页上。

间修斋诵经,动辄较厚利,又无诚心,甚至饮酒食肉,游荡荒淫,略无顾忌。又有一种无知愚民,妄称道人,一概蛊惑男女杂处无别,败坏风化。洪武中,僧道不务祖风及俗人行瑜伽法,称火居道士者。俱有严禁,即揭申明,违者杀不赦。①

僧俗混淆,唯利是图,完全违背了经忏佛事利他方便的本意,从而严重破坏了佛教在社会的清净形象。至清朝乾隆年间,乾隆三番五次下令"应付僧、火居道士"还俗;清代钱泳(1759—1844)在《三教同源》中指出"僧道以经忏而骗衣食,皆利也"②,可见经忏的泛滥成灾。

当然,明清佛教界对经忏佛事的混乱不断地进行整顿与规范。

二、佛教忏法的制作与完善

明太祖重视法会的"礼"和"时",重新制定蒋山法会的法仪次第,而且将全国的经忏佛事进行统一,势必会促进佛教界对已有的忏法仪轨进行改进和完善;另一方面,经忏佛事的流行和混乱,也促使高僧大德反思忏法仪轨的不完整及不如法,纷纷重新加以修订。

明清佛教界对忏法的制作,是对宋元佛教忏法的补充与完善。明代受登法师撰写了《准提三昧行法》及《药师三昧行法》各一卷,传灯集《吴中石佛相好忏仪》,智旭撰《占察善恶业报经行法》、《赞礼地藏菩萨忏愿仪》各一卷,释禅撰《依楞严究竟事忏》二卷,如惺撰《得遇龙华修证仪》四卷。清代有夏道人集《准提焚修悉地忏悔玄文》一卷,有不知撰者名《消灾延寿药师忏法》三卷、《慈悲地藏菩萨忏法》三卷,古昆录集《西归行仪》一卷,继僧撰《舍利忏法》,弘赞集《供诸天科仪》、编《礼舍利塔仪式》、《礼佛仪式》,建基录《金刚经科仪》一卷,智证录《水忏法随闻录》三卷,西宗集注《水忏法科注》三卷等。

---

① 《礼部志稿》卷二,《四库全书》电子版。
② 钱泳:《履园丛话》(上),第 177 页,北京,中华书局,1979。

1. 释禅《楞严事忏》

明代云南鸡足山悉檀寺沙门释禅编《依楞严究竟事忏》(简称《楞严事忏》)两卷。释禅,俗名张初俊,生于昆明,19岁祝发于通海秀山,拜秀山妙空和尚为师,法名释禅,号本无。释禅早年生活情况不详,明万历四十五年(1617),他受丽江土知府木增之请,前往大理宾川鸡足山参与创建悉檀寺,被延为开山祖师。受土司之托,他又前往京师乞请大内藏经入鸡足山,受到明光宗之特允颁赐,并官至僧录左善世,授紫衣,可谓名重一时。他生性聪颖,一生著有佛、儒、道等著作,如《风响集》、《楞严忏法》、《禅宗颂古》、《老子注》。① 释禅的禅学传承,是创于慧庭之手的云南元明禅宗通海系。由于他的影响,该系在他及弟子弘辨、安仁的手上,曾显现出中兴迹象,这对于后来云南禅宗的进一步发展具有重要意义。释禅善诗文,禅学造诣也极高,精通佛典,博览儒典,当时的文化界人士冯时可、陈继儒、陶珽等都与他往来。

同时,明太祖派遣僧人到云南建寺传教,洪武二十一年(1388),朱元璋下令僧录司行文书各处僧司:"但有讨度牒的僧,二十以上的,发去乌蛮、曲靖等处,每三十里造一座庵,自耕自食,就化他一境的人。"②所以,汉地佛教在明初曾大规模传入云南,赴应世俗之请的"教"也随之传入云南。③ 正是经忏佛事在云南的流行,刺激了云南本地僧人制作忏法的心愿。

木增,字生白,是丽江土知府。万历末年,在鸡足山创建悉檀寺,又于本山华严寺建藏经阁,九重崖建一衲轩,文笔山建尊胜塔院,俱极精

---

① 钱邦纂,范承熏增修:《鸡足山志》卷六,清康熙三十一年刊本,《中国佛寺志汇刊》第3辑第1册,第409页,台北,丹青图书公司,1985。陈垣《明季滇黔佛教考》(第248—249页,石家庄,河北教育出版社,2000),认为释禅的著作还有《因明论随解标释》,《老子注》改为《老子玄览》。昆明市宗教事务局、昆明市佛教协会编《昆明佛教史》一书,释禅的著作又增加了《禅林佛事》(第250页,昆明,云南民族出版社,2001)。
②《释氏稽古略续集》卷二,《大正藏》第49卷,第935页中。
③ 昆明市宗教事务局、昆明市佛教协会编:《昆明佛教史》,第39页。

伟。陈寅恪先生说:"山中修建功德,以增为最。"①木增曾经在叶榆崇圣寺得到《华严忏仪》四十二卷,他便请僧人送到苏州雕版,然后将版存置于嘉兴楞严寺。《华严忏仪》末尾题记说:

> 钦口忠义忠荩四川左布政云南丽阳佛弟子木增,同丽江府知府授参政男木懿,应袭孙木靖,暨诸子孙太学生木乔、木参,生员木宿、木橼、木口、木桄、木极、悟乐等,各捐净俸,延僧命役敬奉《大方广佛华严经三昧忏仪》一部共四十二卷,六十一册,直达南直隶苏州府尝(常)熟县隐湖南村荐素居士毛凤苞汲古阁中鸠良工雕造。起于崇祯庚辰(1640年)孟夏,终于辛巳(1641年)暮春,凡一载功成。今置此版于浙江嘉兴府楞严寺藏经阁,祈流通诸四众,历劫熏修,见闻此法,永持不舍所愿。一乘顿教,遍布人寰;三有群生,俱明性海者耳。赍经僧系鸡足山悉檀禅寺比丘道源、玄契等。②

如此可见,木增对佛法之虔诚,对忏法之重视。释禅制作《楞严事忏》后,也是由他捐资助刊。《楞严事忏》卷上末尾题记说:"创建牟尼庵香火大檀越、大方伯、二品服色、丽阳奉佛弟子木增,捐资刊,用助此功德,所愿寿跻篯铿,云仍爪厎者。"③

释禅在修述《楞严事忏》完成后,曾经有一段跋语,说明其修忏的原因以及制作的经过:

> 忏法度世,仗以灭罪生善,繇来尚矣。而《华严忏》,卷帙富博,弥月方竟,不甚传布。《法华忏》、《金光明忏》,南中人目所未睹。今之流通者,梁法云僧祐诸师,以齐竟陵文宣王子良梦感所撰《净住子》二十卷,节为十卷,即《梁皇忏》也。南宋孝宗之世,左街僧录若

---

① 陈垣:《明季滇黔佛教考》,第341页。
② 《华严经海印道场忏仪》卷四二,《卍续藏经》第128册,第718页下。
③ 《依楞严究竟事忏》卷上,《卍续藏经》第129册,第28页上。

讷，摭取《佛名经》十五卷之文，为《水忏》三卷。观夫两忏，详略虽殊，理无不该，事无不尽，无所容置喙矣。然人心轻佻，于祭祀之诚，肃敬难久。今《梁忏》竭蹶四日，以属倦怠，中下之家，以费巨阻办。而《水忏》一日有拜三部者，似乎系简未中。释禅既获退居牟尼山，止观之际，觉其根尘之宿业偏重，思欲湔洗，乃依《楞严经》，修次忏法二卷，四百余拜，终日可毕持，以澡雪罪垢。楷磨灵台，不敢辄以示人，已而幡然曰：此岂一人之私愿乎？遂听徒属抄写。夫有可废之人，无可废之言。诚能不贱近贵耳，试熏修之，未必不为净土禅悟之助因也。苟不当意，置之也可。①

释禅评价了各种忏法，以及一些忏法的制作过程。《华严忏仪》四十二卷，过于庞博，修习一次需要一个多月，不利于传播；《法华三昧忏仪》、《金光明忏》等天台忏法，并未在云南地区流传；在云南地区广泛流行的忏法是《梁皇忏》，释禅认为这是梁朝法云、僧祐等诸位法师，删略齐文宣王所撰《净住子》二十卷而成为十卷。对于《三昧水忏》，净源认为这是南宋孝宗时期，左街僧录若讷抄袭《佛名经》的忏悔文，而成为《三昧水忏》三卷，这样《水忏》的作者应该是若讷，但是目前我们并没有发现相关证据。② 而且，在北宋赞宁时代，《水忏》已经非常流行了。

释禅对《梁皇忏》与《三昧水忏》非常赞叹，认为二者都理事圆融，无所不包。但是，《梁皇忏》十卷，修忏一次需要四日，容易造成修忏者疲倦懈怠；同时，如果斋主想要请僧修习《梁皇忏》，所需费用较高，则很多不是很富裕的斋主很难办到。当时有修《三昧水忏》者，一天可以办三部，释禅认为这太过简单。释禅有感于当时忏法修习的状况混乱，所以退居

---

① 《依楞严究竟事忏》卷下，《卍续藏经》第 129 册，第 44 页上—下。
② 我们对此序文进行分析，并且从《水忏》的忏文与《佛名经》进行比较研究，确定《三昧水忏》是抄袭《佛名经》的忏悔文而成。这一点是可以肯定的，但是《水忏》作者未确定。见圣凯《知玄与〈三昧水忏〉》，载《法音》2001 年第 11 期。

牟尼山后,在修习禅观之余,依《楞严经》,撰《楞严事忏》两卷,总共四百余拜,这样详略适中,一天便可以修习完毕。而且,释禅认为熏修《楞严事忏》可以作为往生净土、禅观开悟的助因。

由于释禅对《梁皇忏》及《三昧水忏》非常重视,同时云南地区并未流行天台忏法,所以释禅便模仿《梁皇忏》等两种忏法的结构,制作《楞严事忏》。这样,《楞严事忏》并未分门,只是礼拜一些佛号以及诵念一段忏悔文,显得比较简单,这也是明代以后忏法制作的一般模式。

释禅在《楞严事忏》开头对修忏提出一些简单要求:

> 凡熏修《楞严究竟忏法》,不须别作佛事,不必申奏表牒,不用金银钱袱,不动铙、钹、云罗,但当延名僧善士,朗诵忏文,静观罪性,观想佛像,至诚礼拜,必致感应。夫水清月现,镜净像生,克念在我,无有不如愿者矣。①

修习《楞严事忏》只要虔诚朗诵忏悔文,至诚礼拜诸佛名号,一定会有感应,不需要一般佛事中的表牒、金银纸以及其他法器。在坛场中,应该随力陈设佛像、菩萨像、罗汉像、诸天护法像;在佛像前,可以放置净水、净茶、净镜、名香、灯烛、香花、水果、蔬菜等,凡是自己所有宝物、绸缎,都可以列供,不可以隐藏新的、精细的东西而使用旧的、粗陋的东西作为供养品。但是,释禅并没有要求必须按照《楞严经》所要求布置坛场的方法而陈设、放置各种供品,这是与宋代净源《首楞严坛场修证仪》所不同的地方。

修习《楞严事忏》时,先要诵《大佛顶首楞严咒》结界,然后严净祝赞,这样便成就坛场了。然后,便开始入忏修习。释禅本身文学素养非常高,精通佛、儒、道三教,《楞严事忏》的忏悔文虽然是录自经典,但是经过释禅的加工,显得具有文采,朗朗上口。

整个《楞严事忏》,上卷礼佛十进,总计二百六十拜;下卷礼佛六进,

---

① 《依楞严究竟事忏》卷上,《卍续藏经》第 129 册,第 10 页上。

总计一百五十拜,结构比较严谨、简单。忏中所礼拜的佛号,释禅自己标明录自菩提流支译《佛名经》、《千佛因缘经》等。但是,释禅将《佛名经》中一些带有数目的佛名抄进《楞严事忏》,如南无六十功德宝佛、南无六十二毘留罗佛、南无八万四千名自在幢佛、南无三百大幢佛、南无五百净声王佛、南无五百波头摩王佛等①,可能希望给修忏者造成礼佛功德巨大的印象,因为一拜佛便是礼拜数十、数百乃至无量诸佛。同时,《楞严事忏》的佛名的另外一个模式:"……方……佛"、"……世界……佛",给人一种非常具体、确切的感觉,这也有助于修忏者生起信心。《楞严事忏》的忏悔文,大部分来自《楞严经》,还有来自《佛名经》、《华严经·普贤行愿品》、《观药王药上二菩萨经》、《三聚经》、《菩萨藏经》、《涅槃经》、《楞伽经》、《金刚经》、《金光明经》等经典的部分。这些忏悔文旨在说明忏悔的重要性、众生造业的缘由、六道轮回受报的痛苦、发愿等,如忏悔人处无常、苦、空,忏悔人间八苦,忏悔由因世界留碍轮回,忏悔六交报(即六根造业受报的痛苦)等。

释禅《楞严事忏》,深刻体现了明代佛教诸宗融合、禅净盛行的现象。《楞严事忏》提出应该"发七种心,忏三种障",而且释禅将天台忏法的"逆顺十心"引入了《楞严事忏》中,这是他的特色。② 考察整个《楞严事忏》,是以"忏三种障"为中心,但是《楞严经》的思想背景有其独自的展开,具体内容列表如下:

---

① 《佛名经》卷一,《大正藏》第 14 卷,第 115 页上;《依楞严究竟事忏》卷上,《卍续藏经》第 129 册,第 15 页下。
② 《依楞严究竟事忏》卷上,《卍续藏经》第 129 册,第 13 页下。

三障		内容	出处（《楞严经》，《大正藏》第19卷）
烦恼障	见思烦恼	前五识	
		第六意识	
		末那识	
		阿赖耶识	
业障		六根	
		六尘	
	十习因	淫习交接、贪习交计、慢习交陵、嗔习交衡、诈习交诱、诳习交嫌、见习交明、枉习交加、讼习交谊	卷八，第143页下—144页上
	由因世界留碍轮回	销散轮回、罔象轮回、愚钝轮回、相待轮回、相引轮回、合妄轮回、怨害轮回	卷七，第138页下—139页上
果报障	人处无常苦空		
	人间八苦	生、老、病、死、怨憎会、爱别离、求不得、五阴炽盛	
	六交报	眼根见报、耳根闻报、鼻根嗅报、舌根味报、身根触报、意根思报	卷八，第144页上—下
	七趣	天道、人道、仙趣、阿修罗道、畜生道、饿鬼道、地狱道	
	十种鬼	贪物——怪鬼、贪色——魃鬼、贪惑——魅鬼、贪恨——虫毒鬼、贪忆——厉鬼、贪傲——饿鬼、贪罔——魇鬼、贪明——魍鬼、贪成——役使鬼、贪党——传送鬼	卷八，第145页上
	十种畜生	枭类、咎征、狐类、毒类、蛔类、食类、服类、应类、休征、循类	卷八，第145页上
	十种人	枭伦、咎征、狐伦、毒伦、蛔伦、食伦、服伦、应伦、休征、循伦	卷八，第145页中
	十种仙趣	地行仙、飞行仙、游行仙、空行仙、天行仙、通行仙、道行仙、照行仙、精行仙、绝行仙	卷八，第145页下

《楞严事忏》对"果报障"的阐述非常详细,整个下卷及上卷的一部分都是在说明"果报障",但是对烦恼障与业障则阐释得十分简单。《楞严事忏》下卷的内容主要来自《楞严经》卷八,如十习因、六交报、七趣、十种鬼、十种畜生、十种人、十种仙趣,这些都是经中详细解说的内容。另外,有些忏悔文则来自《佛名经》,如"经云从无始来,至于今日……身业三种,口四意三恶业受报,六趣险难,诚心忏悔"。①

《楞严经》对众生无明烦恼来源的说明,是以一切众生从无始来生死相续,皆由不知常住真心性净明体,有诸妄想,故有轮转。真性圆明,无生无灭,本来常住,一切众生轮回世间,由二颠倒分别妄见,随业轮转:(1) 众生别业妄见;(2) 众生同分妄见。世间一切根尘阴处等皆如来藏清净本然,但以三种相续——世界相续、众生相续、业果相续,诸有为相循业迁流,妄因妄果其体本真。应当抉择真妄,而明五阴身心不有,世界本空,破我法二执,显本觉真如,显示五阴本如来藏妙真如性。真智真断不重起妄,是故如来证真故无妄。四大本性周遍法界,歇即菩提,不从人得。所以,《楞严事忏》说:

> 从无始来,用诸妄想,颠倒行事,自取流转,不知此心活泼泼地。离尘出指,妄推在内、在外、在根、在中,味空结色,遗本迷还,别业妄见,背觉合尘。所觉所明,立同立异,扰乱生劳,浑浊成恼。昼夜思想,念念不停,于中善念恒少,恶念恒多,事即未行,幽对冥构,忆善受胜报,思恶自沉沦。何况明为显作,安能条列缕指。②

众生不知妙明真心,起诸妄见,造种种业:(1) 别业妄见,指诸众生迷失真性,自起妄见,见有一切虚妄境界,或苦或乐,若人不失本真,即不见有虚妄境界;(2) 同分妄见,指诸众生迷失真性,同见一切虚妄境界,同受苦

---

① 《依楞严究竟事忏》卷上,《卍续藏经》第129册,第21页上—下;《佛名经》卷十四,《大正藏》第14卷,第239页下—240页上。
② 《依楞严究竟事忏》卷上,《卍续藏经》第129册,第17页下。

乐,同业所感。《楞严事忏》以这些妄见、妄业来说明烦恼障、所知障,但是缺乏详细的分析。

从忏悔思想来说,释禅是重视理忏的,《楞严事忏》卷上最后说:

> 愿诸世尊为我证明,与我作眼。我等未识三宝时,随顺三毒,叠造十恶,所有业障、烦恼障、诸众生障、法障、转后来世障,忏悔已,复忏悔,更不敢作。……佛说诸法,从因缘有,三世无体,无有业障。无业障处,现作诸行。亦无业障,一切诸法,空无有我。本性空寂,是则实际、无漏际,能净一切法障,而得寂静。①

因为《楞严经》是以真妄来说明染污与清净,所以业障等妄法,本是清净。若能够观诸法性空,本性空寂,则无有一切业障、法障等。

同时,《楞严事忏》卷下最后总结全忏说:

> 向上参究理忏决透疑关,根尘识业已销除,现生后报俱清净,地狱粉碎,业海枯干……今则礼忏众信,并及有情等行难行之善,事忏难忏之恶,条服甘露之妙药,入不死之寿邦,十障、二十二愚应念销落,刷结八十一使即时并除。人法悉空,断常斯遣,二边刷荡,慧日当天,三漏陶镕,智锋出匣。现前无少物,寂照一如;当下出言诠,是非双泯。七处征心,心已彻;八还辨见,见惟精。转物即同如来,歇狂便登正觉。因缘自然皆戏论,合和离即示真常。②

释禅依《楞严经》的顿悟禅以及自己的禅学体悟,将理忏与禅宗的参究结合起来,同时认为理忏能够忏除事忏难忏的罪恶。这样,由于发明真心,人法二空,即同如来,便登正觉。

在释禅《楞严事忏》中,体现了儒家的伦理道德以及护国的思想,这与释禅本身深厚的儒学修养以及其受到明光宗的厚遇、木增的护法有关

---

① 《依楞严究竟事忏》卷上,《卍续藏经》第129册,第27页下—28页上。
② 《依楞严究竟事忏》卷下,《卍续藏经》第129册,第43页上—下。

系。他在《楞严事忏》中说：

> 当今皇帝,陛下万寿万安,万福万禄,万天保佑,万神护持。万机之暇,万法归一,以一统万,万事得理,万民安乐……五星顺序,五谷丰登……辅弼将相,部寺百僚,台宪监司,忠贞亮直,郡邑临民,清廉公正,高迁品秩,弘护教门,恒忆灵山之付嘱,永为佛法之金汤。①

释禅不仅祝愿皇帝、国家,希望将相大臣们能够忠诚正直,清廉公正。同时,还希望皇帝、大臣们能够护持佛教,共同发扬佛教。

此外,《楞严事忏》中,体现了释禅主张忏悔为"净土禅悟之因"的思想,他在忏法的实践中,强调回向西方净土。《楞严事忏》说:"教主本师,释迦牟尼佛深慈大悲,开示西方公案,横截直超法门,为末世第一救度津梁,依教信受尊敬,奉持礼忏,众等一心归命。"②将持名念佛、礼佛、忏悔相结合,将净土思想导入忏法实践中,作为忏法实践的最后归宿,这是宋代以后忏法发展的一般趋势。

2. 明代如惺《得遇龙华修证忏仪》

明代如惺于万历三十四年(1606)撰成《得遇龙华修证忏仪》(以下简称《龙华忏仪》),是弥勒礼忏仪中最为完善的忏仪。

如惺是天台宗的僧人,所以他的《龙华忏仪》是按照天台忏法仪轨而制作。他依据"诸大乘经及《法住记》",劝人修行十二方便:

> 第一开发正信,第二广求良友,第三严持戒律,第四发菩提心,第五明结坛仪,第六礼请三宝,第七忏悔往罪,第八专诵法华,第九三宝福田,第十总观兜率,第十一别观龙华,第十二念一实相。③

而如鉴《龙华忏仪跋语》中说:"万历丙午岁,天台慈云忏主幻为惺公,按

---

① 《依楞严究竟事忏》卷下,《卍续藏经》第129册,第39页下—40页上。
② 同上书,第41页上。
③ 《得遇龙华修证忏仪》卷一,《新卍续藏经》第74册,第599页下。

《观弥勒上生》等经,集《龙华忏仪》四卷,列十二门。"①所以,《龙华忏仪》的主要经典依据是《观弥勒菩萨上生兜率天经》和《法住记》。

但是,在《龙华忏仪》"第十一别观龙华"中,对于弥勒成佛引用了诸经不同的记载,如竺法护译《弥勒下生经》,鸠摩罗什译《弥勒下生成佛经》、《弥勒大成佛经》,失译《弥勒来时经》,义净译《弥勒下生成佛经》。所以,《龙华忏仪》的撰述,其实参考了所有有关弥勒的经典。《法住记》全称《大阿罗汉难提蜜多罗所说法住记》,主要是记载十六罗汉及其眷属名称与住处、正法住世的时限,最后说明了弥勒下生的情形,劝当来众生修弥勒胜因,亲近逢事弥勒。

在《龙华忏仪》的十二方便中,第一开发正信、第二广求良友、第三严持戒律、第四发菩提心是忏仪行前的基础,阐明弥勒信仰的殊胜、弥勒忏仪的助缘、行者必须具备的根机。《龙华忏仪》的仪轨次第都是按照《法华三昧忏仪》而制作的,只是在一些仪轨中添加了有关弥勒信仰的因素。

《龙华忏仪》不仅在仪轨上按照天台忏法的次第,而且在忏仪中偏重《法华经》,所以第八方便是"专诵《法华》",如惺强调,专诵《法华》有三种原因:

> 一者,龙华如海,殊途同归,一何择焉?第恐行人志趣不一,所适靡定,所以散善日驰,则精一之心荡矣。且令制心一缘,如射望的,工成一片,道体易彰。二者,《法华》自曰经王,孰能超胜?三者此因首因弥勒示疑,终则普贤劝发。②

如惺从天台宗的立场出发,认为《法华经》与弥勒菩萨有很深的因缘,并且《法华经》是诸经之王,所以应当专诵《法华经》。而且,在结坛修行时,必须结两个坛,"既依《法华》为龙华之本,须结二坛:一为普贤道场,一为

---

① 《得遇龙华修证仪忏》卷四,《新卍续藏经》第74册,第618页中。
② 《得遇龙华修证仪忏》卷二,《新卍续藏经》第74册,第607页上。

弥勒道场。普贤道场,令修法华忏;弥勒道场,惟发愿求生内院。"[1]因此,《龙华忏仪》明显地表现出天台宗的色彩,而且其中掺有大量的教说,和纯粹以梵唱、礼拜等行门为主的《上生礼》之间似乎没有直接的联系。

三、丛林早晚课诵的修订与流行

课诵是佛教寺院每日朝暮读诵经咒,唱诵梵呗、礼赞偈,礼佛行道的仪轨。关于课诵的起源,在《法华经·法师品》中,已经有受持法师、读经法师、诵经法师的记载。所以,可以推测我国课诵的风尚,是西域等地的佛教译经家传来的。我国典籍中最早关于课诵的记载,是《吴书·刘繇传》附记东汉笮融的事迹,笮融建可以容纳三千人的浮图祠,并且课读佛经,使许多喜欢佛教的人都来听道。历代皇帝也有提倡课诵的,如唐玄宗曾下诏命令不空诵《仁王经》,代宗敕命选27位沙门为国家长期诵《佛顶咒》。《佛祖统纪》卷五十三《持诵功深》条中列举了从东晋安帝至宋光宗七百多年间,僧俗二众念诵佛经特别的事例19起。可见,课诵的普遍及其历史之悠久。

关于课诵的仪轨与制度,古印度时奉行"三启"仪制,当时普遍讽诵马鸣所作的赞佛诗歌《佛所行赞》,所以首先颂扬马鸣所集的赞佛诗文,其次正诵佛经,最后陈述回向发愿。全部过程是"节段三开",所以称为"三启"。在诵经完毕以后,大众同声念"苏婆师多"或"娑婆度"(赞叹经文为微妙语的意思)。我国古今法事念诵的基本仪制,也是"三启"式的念诵法:无论举行任何法事,都是先安排赞(香赞或赞偈),其次是文(经咒本文、有关仪文等),末了回向发愿(或偈或文,或偈文兼举)。只有后缀大众志诚同声念"苏婆师多"或"娑婆度",在我国念诵仪中很少见,可是在有关法事文的末尾也有称"善"或"善哉",娑婆度就是善哉的意思。

我国念诵仪制始创于东晋道安所制定的僧尼轨范,其中有常日六时

---

[1]《得遇龙华修证仪忏》卷二,《新卍续藏经》第74册,第603页上。

行道、饮食唱食法,这就是课诵斋粥仪。我国原来便有经咒、梵呗等较为简单的念诵,晋代后发展出忏法,后来陆续有忏法、焰口、水陆等,唱念逐渐复杂化。到了唐代马祖道一营建丛林,百丈怀海制定清规,唱念逐渐规范化,尤其在明代,丛林中普遍形成朝暮课诵的制度。

1. 清规中的朝暮课诵

丛林中的早课以诵《楞严咒》为主,晚课以诵《阿弥陀经》和《八十八佛》为中心,这与宋代以来丛林中的"楞严会"和"夏中念佛"有关。

《楞严经》十卷,唐中宗时般刺密帝译,全称《大佛顶如来密因修证了义诸菩萨万行首楞严经》,又名《中印度那烂陀大道场经》,略称《楞严经》、《大佛顶经》。因其内容与其他显教各经论所说多有分歧,历代经录的记录颇相违异,译者、译时、流传经过等异说纷纭,所以自古以来对于此经的真伪多有疑问。本经阐明"根尘同源,缚脱无二"之理,并解说三摩提的方法与菩萨的阶次,是开示修禅、耳根圆通、五阴魔境等禅法要义的重要经典。此经所说常住真心性清净体,与台、贤二家圆教宗旨相合。《楞严经》所说七处征心、八还辨见,对于禅宗的参究有很大的帮助和启发;同时,详细说明了圆顿禅的途径,也给禅修者以警策。

自宋代以后,《楞严经》盛行于禅、教之间,各宗派义解僧都依自己宗派的观点注解《楞严经》,使《楞严经》的注释书多达48家,居《华严经》、《法华经》、《金刚经》、《心经》之后。① 同时,宋元以来的禅宗丛林,于夏安居结制中,为祈福除魔而祈求安居能够顺利进行,设立"楞严坛",自阴历四月十三日至七月十三日,每日于佛殿集众僧诵《楞严咒》,这就是"楞严会"。南宋之真歇清了在补陀山,于夏中为病僧作普回向文而诵咒,即为"楞严会"之始。于楞严会上,大众坐位之图,称"楞严图"。

---

① 村中祐生:《楞严经にみる天台教义》,《天台学报》第26号,1984。村中祐生统计诸经注疏的数目,《华严经》有76种,《法华经》有67种,《金刚经》有57种,《心经》有55种,《楞严经》有48种。

《敕修百丈清规》卷七记载,维那选声音清脆者为"楞严头"举"南无楞严会上佛菩萨"三声,大众和声;其次,唱经首"妙湛总持不动尊",诵《楞严咒》;诵咒后,唱"摩诃般若波罗蜜多"三声。最后,维那唱真歇清了所作的《普回向偈》"上来现前比丘众,讽诵楞严秘密咒……摩诃般若波罗密"。① "楞严会"的仪轨顺序,与现在的早课内容基本相似,只是没诵《大悲咒》、十小咒,可见"楞严会"是早课念诵楞严咒的渊源。

　　丛林中的晚课基本上是以净土宗为核心,这是宋元以来禅净合一的结果。清代仪润《百丈丛林清规证义记》卷八记载"夏中念佛",丛林在夏安居时,以念佛代替坐禅。早餐后,念《大势至圆通章》一遍,《大悲咒》、十小咒、《心经》各一篇,佛号五百声,回向作梵,唱"一者礼敬诸佛"十句愿偈,三归依结束;第二堂佛事,念《观经·杂想观章》一篇,《往生咒》三遍,佛号五百声,礼阿弥陀佛十二拜,三菩萨各一拜,三归依后回堂;午饭后,念《大忏悔文》,佛号五百声,三归依后回堂;晚课诵《阿弥陀经》,放蒙山;晚上,念《观经·上品上生章》一遍,《往生咒》三遍,佛号千声,礼阿弥陀佛十二拜,三菩萨各三拜,三归依后结束。② 明清丛林的晚课以《阿弥陀经》和念佛为主,这主要是丛林中念佛盛行的结果。

　　2.袾宏《诸经日诵集要》

　　依现有文献,丛林明确出现早晚课诵的时间是在明朝,如明代僧费隐通容(1593—1661)撰,法嗣百痴行元编《丛林两序须知》"首座须知"提到"早晚课诵勿失"③,明代僧永觉元贤(1578—1657)所撰,为霖道霈重编《永觉元贤禅师广录》出现"至晚课后,与诸人相见"④。早晚课诵的规范化,与明朝政府对清规的重视有关。现存的《敕修百丈清规》前有明代

---

① 《敕修百丈清规》卷七,《大正藏》第48卷,第1151页下—1152页上。
② 《百丈丛林清规证义记》卷八,《新卍续藏经》第63册,第500页下。
③ 《丛林两序须知》,《新卍续藏经》第63册,第667页下。
④ 《永觉和尚广录》卷四,《新卍续藏经》第72册,第408页中。

百丈山大智寿圣禅寺住持僧忠智在正统七年(1442)的奏文,其中提到:洪武十五年(1382),明太祖下旨:"诸山僧人不入清规者,以法绳之";永乐十年(1412),明太宗下旨:"僧人务要遵依旧制,各务祖风,谨守清规,严洁身心";永乐二十二年(1424),对僧众中有不守规矩者,下旨:"照依清规料治"。① 在明朝严格检束僧行的政策影响下,僧团内部对清规规范化出现一种自律的要求,丛林早晚课诵的规范与完善便是规范化的体现。

万历二十八年(1600),云栖袾宏编辑《诸经日诵集要》,为当时僧尼道俗的日常课诵提供范本。依袾宏《重刻诸经日诵序》的记载,当时坊间流传的《百八般经》是僧尼道俗朝暮持诵的文本,袾宏认为"真伪交杂,识者诮焉",于是他便以《百八般经》为基础,选择内容,改变目次,去除其中的伪经,他自己阅读经律和古人的著作,采取最合适的经咒、文章而加入,刊行于世。后来再版时,又重新加以修订,印刷为方册本,留存于云栖寺。② 但是,《百八般经》的具体内容则无从知晓。

袾宏修订《诸经日诵集要》,是他主持云栖寺的期间,根据僧众修学的需求而不断完善。袾宏于隆庆五年(1571)在云栖寺结庵定居,逐渐开始复兴云栖寺。同时,为了规范僧众的日常修学生活,建立其独特的修学体系,袾宏开始制定僧团的行为规范——《云栖共住规约》,从而使云栖寺成为明末最大的念佛结社。在《云栖共住规约上集·大堂》中将一天分为四时,"三时礼诵,一时入观"。初五更为第一时,诵《楞严咒》、《观经·上品上生章》,念佛千声,唱《小净土文》回向;早晨后至午斋前为第二时,诵《四十八愿文》,念佛千声,同前回向;午后为第三时晚课,诵《阿弥陀经》、《八十八忏悔文》,放大蒙山,念佛千声,唱《大净土文》回向;入夜为第四时,念佛一百声,回到房间,入观休息;袾宏对一天四时的修学

---

① 《敕修百丈清规序》,《大正藏》第48卷,第1109页下—1110页上。
② 《云栖法汇·诸经日诵》,见《莲池大师全集》,第1715页。

评价说:"一日净业,不繁不简,永持无斁。"①袾宏对早晚课诵要求极其严格,对缺勤者罚钱十文。

《诸经日诵集要》的制定,主要是为了方便云栖寺僧众的日常修学,分为"总集"和"别集","总集"是早晚课诵,"别集"是平日所诵的经咒、高德著作。内容列表如下:

总集	朝时课诵第一	大佛顶楞严咒、千手千眼无碍大悲心陀罗尼、如意宝轮王陀罗尼、消灾吉祥神咒、功德宝山神咒、佛母准提神咒、圣无量寿决定光明王陀罗尼、药师灌顶真言、观音灵感真言、七佛灭罪真言、往生净土神咒、善天女咒、般若波罗蜜多心经、念佛缘起、回向文(具别集)
	暮时课诵第二	佛说阿弥陀经、忏悔文、蒙山施食仪、念佛回向文(具别集)、三归依、善导和尚示临睡入观文
别集 (下卷)	经类第一	华严行愿品章、楞严势至菩萨念佛章、观无量寿佛经上品上生章、无量寿经四十八愿、观普贤菩萨经普贤章
	咒类第二	佛顶尊胜大陀罗尼、受戒搭衣咒、般若无尽藏真言、华严补缺咒、秽迹金刚神咒、十二因缘咒(付杂咒)、补缺真言
	杂录第三	看经警文(保宁勇禅师作)、礼华严文(随州大洪山遂禅师作)、大慈菩萨发愿偈、净土文、又净土文(慈云忏主作)、新定西方愿文(云栖袾宏作)、礼佛发愿文(怡山然禅师作)、礼观音文、又礼观音文(大慧杲禅师作)、沩山大圆禅师警策文、斋佛仪、二时临斋仪、祝圣仪、祝韦驮仪、祝伽蓝仪、祝祖师仪、祝监斋仪、击钟仪、结会念佛仪、香赞、西方赞

《诸经日诵集要》对早晚课诵内容的规定,与当今丛林的课诵大多相似,可见《诸经日诵集要》对课诵规范化的巨大影响力。

3.《诸经日诵》与《禅门日诵》

袾宏对《诸经日诵集要》的修订与实践,并不能促使全国各寺日常课

---

① 《云栖法汇·规约上集》,见《莲池大师全集》,第 4799 页。

诵马上统一,《诸经日诵集要》在流行的过程中,禅门高僧仍然对其不断地进行完善。明末四大高僧之一智旭(1599—1655)以继承袾宏之学为己任,17岁时,阅袾宏《自知录》和《竹窗随笔》而入佛门;在雪岭座下剃度后,住云栖寺听讲《成唯识论》,因此他应该非常熟悉《云栖共住规约》的内容。智旭《灵峰宗论》卷六收有《刻重订诸经日诵自序》说:

> 自马祖建丛林,百丈立清规,世相沿袭,遂各出私见,妄增条章。如藏中《百丈清规》一书,及流通《诸经日诵》三册,杜撰穿凿,不一而足。宁惟罔知正修行路,秖早晚课诵一事,参差失欤,惟事唱赞鼓钹,大可叹矣。云栖和尚,较(校)刻定本,古杭诸处,多分遵行;而留都积弊,分毫未革。迩与幽栖学侣,力正其讹,重谋付梓,再删繁芜,独存切要,并于律藏,取警策身心有益初学者,略补一二,以公同志。愿高明者,守禅观之清雅,庶可随文入证,莫羡瑜伽音响也。①

从智旭的记载可知,明末丛林中流行着《诸经日诵》三册,与袾宏的《诸经日诵集要》完全不同。《诸经日诵集要》在杭州一带广泛流行,但是南京却丝毫未受影响。智旭感慨当时丛林课诵只重视敲法器、唱赞,于是再次刊行《诸经日诵集要》,以正佛门。智旭和当时云栖寺的学侣,对袾宏《诸经日诵集要》进行再次的修订,删削繁杂,保留切要的部分,而且从律藏中选择一些能够警策身心、有益初学的内容而加以补充。据成时《灵峰蕅益大师宗论序说》的记载,智旭有《重订诸经日诵》二卷,但是《蕅益大师全集》等并未收录,故其具体内容无从知晓。

明末清初丛林的朝暮课诵并没有完全统一,存在着多种《诸经日诵》。清代中期以来,流传着《诸经日诵》、《禅门日诵》、《禅门佛事》等课诵本,其内容相差不多,皆为早晚课的咒、经文、偈、文等仪式类、咒类、文类、赞类、佛事类内容。

现在丛林经常参考的《禅门日诵》,大约是在雍正年间成立,主要内

---

① 《灵峰宗论》卷六,第509页,福建莆田广化寺佛经流通处。

容为《唐太宗文皇帝御赐玄奘三藏圣教序》、朝时课诵、暮时课诵、祝圣普佛仪、斋佛仪、普供赞语、诸赞语、华严仪、礼法华仪、礼忏仪、大悲忏仪、净土忏、净土文、礼忏发愿文、观音文、念佛起止仪、临斋仪、斋天仪、放生仪轨、祈雨仪、诸咒语、挂钟板、击钟偈、十二命辰、圣诞日期、选斋吉凶日、剃头吉日,另有《抚州白扬法顺禅师示众》等具有警策、开示意义的文章、经典,最近的则是叙述禅宗法统字辈的《佛祖心灯》。《禅门日诵》的朝暮课诵内容,朝时诵《楞严咒》、十小咒,晚时诵《阿弥陀经》、放蒙山,与现在丛林通行的《佛门必备课诵本》相同,但是发愿回向文以及三归依后的赞语则不同。

总之,丛林的朝暮课诵不断地进行完善与修订,各大寺院会根据各自情况而增删内容。

四、对经忏佛事的反思与批判

随着经忏佛事弊端日甚,明中叶以后,在佛教界内部出现许多反思与批判的声音。尤其是云栖袾宏对寺院和僧人进行了更多的规范与劝诫。他对僧人从事经忏作出严格的规定:"泛揽经事者出院"、"聚集男女做世法斋会者出院"、"习学应赴词章笙管等杂艺者出院"。[①] 同时,他亦通过罚钱来规范僧人的佛事活动,如《云栖共住规约附集·诵经礼忏不诚敬罚例》说:

一、严净时不至者,罚钱二十六。

一、诵经忏过一叶方至者,罚钱四十文,经要多少刻加倍补诵。

一、杂谈戏论当经忏中者,罚钱一百二十文;在经忏歇时者,罚钱六十文。

一、斗争者,罚钱六十文;大争失威仪者,罚钱一百二十文。

[①]《莲池大师全集·云栖纪事》,第5023—5024页。

一、不出声者，罚重念过。①

祩宏在云栖寺时，整顿僧纪，一方面规范经忏佛事，另一方面提倡以念佛代替经忏。

至民国初年，太虚大师分析当时的佛教界实况，将当时的佛教分为四流。一、清高流，此流颇能不慕利誉，清白行业，但既无善知识开示，散漫昏暗者多，明达专精者少。此流之人如凤毛麟角，当时已属最难得。二、坐香流，但能死坐五六载，经得敲骂，略知丛林规矩，便称老参，由职事而班首，由班首而长老，即是一生希望；其下者，则趁逐粥饭而已。三、讲经流，在讲座上能照古人注解而背讲不谬者，便可称法师矣；下者，则或听记经中一二则因缘，向人夸述而已。四、忏焰流，学习歌唱，拍击鼓钹，代人拜忏诵经，放焰设斋，创种种名色，裨贩佛法，郊同俳优，贪图利养者也。② 此四流之中，第四流人数超过九成，而其弊恶腐败，太虚大师说："尚有非余所忍言者。"③由此可见，经忏佛事在中国社会的盛行及其弊端危害。

随着西方现代主义的传入，科学、理性、民主成为一种潮流。唯科学主义者以其特有的批判意识，反对任何不能证实的东西，反对任何形式的演绎及思辨的推理。他们不仅攻击宗教，而且攻击传统世界观。所以，他们的批判兼备培根对理念论的批判和实证主义对宗教的攻击这两种色彩，他们对科学的崇拜简直可以看作是一种替代宗教或宗教代替，或者即"科学宗教"。④ 唯科学主义者将阻碍中国科学进步的原因，直接归咎于迷信鬼神的盛行，于是作为中国佛教的末流——经忏佛事首当其冲，成为激烈批判的对象。

---

① 《莲池大师全集·云栖共住规约别集》，第4925—4926页。
② 太虚《震旦佛教衰落之原因论》，《太虚大师全书》第29册，第42页，台北，善导寺佛经流通处印行，1980。除此四流之外，太虚大师尚举一种人，不受戒，不读经，虽居塔庙，不与佛教徒数者也。
③ 太虚：《震旦佛教衰落之原因论》，《太虚大师全书》第29册，第43页。
④ 郭颖颐：《中国现代思想中的唯科学主义(1900—1950)》，雷颐译，第25—26页，南京，江苏人民出版社，1998。

著名的晚清资产阶级革命家朱执信从自然科学出发,并继承中国古代的神灭论思想传统,断然否定近代佛教末流所宣扬的灵魂不死说和鬼神果报论,指出和尚念经"超度死人",是完全不可能的事。① 陈独秀也极力批判佛教的迷信化,提出"以科学代宗教",认为佛教"薄现实而趣空观,厌倦偷安,人治退化,印度民族之衰微,古教宗风,不能无罪也"。② 几乎同时,蔡元培提出"以美育代宗教",同时希望改革佛教并为护国之实施:(1) 当删去念经拜忏之事,而专意于佛教事;(2) 当仿日本本愿寺章程,设普通学堂及专门学堂;(3) 当由体操而进之以兵学,以资护国之用;(4) 禁肉食者,推戒杀也,此佛教最精义。③ 蔡元培的主张混合了他个人的美育观念、达尔文的进化思想以及与宗教隔离的倾向,同时也体现了寻觅一种宗教代用品的需要,不但在知识思想界引起一股反对佛教迷信化的思潮,同时在社会民众及政府方面,也对佛教迷信化提出激烈批评。

在批判佛教迷信化的过程中,最多的批评来自对经忏佛事的批判,废弃经忏佛事的呼声此起彼伏。但是,从佛教界来说,既要回应社会大众的声音,也要考虑到佛教的实际。因此,佛教界对经忏佛事的反思与批判,应该更有力度与深刻。要改变佛教的迷信化形象,必须正确处理佛教与各种迷信的关系。于是,当时佛教界的法师、居士提出了"佛教非迷信之教"、"佛教乃智信"、"佛教是破除迷信的"等观点,对佛教迷信化进行澄清、破邪显正的工作,引起很大的轰动。佛教界不仅在理论上进行说明、澄清,而且在行动上表现出力挽狂澜的气概,对佛教的末流进行改革与整治。

太虚法师作为近代佛教革新运动的领袖人物,一直非常明确地反对以各种迷信形象来损毁真正的佛教形象。他对经忏佛事的本意及其流

---

① 《朱执信集》(下),第880页,北京,中华书局,1984。
② 《独秀文存》,第16—17页,合肥,安徽人民出版社,1987。
③ 《蔡元培全集》,转引自麻天祥《反观人生的玄览之路》,第179页,贵阳,贵州人民出版社,1994。

弊进行考察：

> 即于经忏佛事而论，本是从自己诚实恳切之心，念经、拜忏，有人请荐灵祈福，乃将一片诚心以回向施主；如今念经、拜忏者，只知一天可得一二角钱了事；各地寺院，遂成善价而贾之工场！把原来诚心修行之美德丧失。①

经忏佛事的本意，在于依自己的诚实恳切之心行事，因此念经、拜忏本来就是自己的修行，而为施主荐灵、祈福是将自己的一片诚心回向施主。但是，现在的经忏佛事成为一种金钱的交易，寺院成为"善价而贾"的工场，佛教怎么能够兴盛起来？总之，经忏佛事的核心在于诚心修行的美德，并非在于金钱。

太虚法师引导经忏佛事回归到修行的本位，而且从根本上革除经忏佛事的鬼神迷信色彩，即革新"死的佛教"与"鬼的佛教"，提出"人生佛教"。他说：

> "人生佛学"者，当暂置"天"、"鬼"等于不论，且从"人生"求其完成以至于发达为超人生、超超人生，洗除一切近于"天教"、"鬼教"等迷信，依现代的人生论、群众化、科学化为基，于此基础上建设趋向无上正遍觉之圆渐的大乘佛学。②

"人生佛教"的根本意义，就在于洗除一切近于"天教"、"鬼教"等的"迷信"，以现代的人生化、群众化和科学化为基础，进而建立适合时代需要的大乘佛教。

"人生佛教"并非只重对治"死"和"鬼"，而是进一步安顿了一切天神鬼灵。如太虚法师在民国九年(1920)说：

> 归宿佛有二义：一、我今以决定正信之心归宿佛教故，则一切天

---

① 太虚：《勤俭诚公》，《太虚大师全书》第35册，第95页。
② 太虚：《人生佛学的说明》，《太虚大师全书》第5册，第209页。

神鬼灵等均非我之所信仰,即非我所归宿;二、我今以决定正信之心归宿佛教,则愿他人及一切天龙鬼神及诸众生,皆归信佛。①

佛教的本位,对鬼神信仰并非只重对治,而是加以摄化。总之,太虚法师的新佛教的理想为入世救世、经世济民的佛教经世主义,也就是以佛教的道理来改良社会,使人类进步,世界改善;社会、人类、世界为关注和努力改善的对象,而非彼土来生。②

太虚法师之所以痛斥经忏佛事,主要是矫枉过正,当年教难、国难俱为深重,百姓民不聊生,若不实行为现实人间服务的佛教,何得称为大乘佛教!但决不意味着要放弃所有的经忏佛事,这是佛教在现实人间表达超脱生死的重要手段,能够体现佛教的"宗教性"。③ 所以,太虚法师对经忏佛事的态度是让经忏佛事回到修行的本位;同时提倡"人生佛教",改变佛教的关注对象,强调入世,注重人生。

近现代佛教对经忏佛事的自觉,其实都非常切合实际,许多寺院都改革经忏制度,改为不做经忏,或者有所变通。如倓虚法师反对以经忏牟利,青岛湛山寺不做经忏。但有些对建寺护法有贡献的居士再三要求为其亲属变通一下,倓虚法师无奈,就从除弊的角度重新加以考虑,他把念经的对象限于上述居士;居士的供养全归寺庙所有,然后由寺庙统一分发单钱给念经和尚;做法事的时间也限于湛山学校课余,而且注意防止产生不良社会影响。

印光法师从净土信仰出发,从根本上反对经忏佛事,他坚持所有与他有关的道场都不能应酬经忏佛事。他在《灵岩寺永作十方专修净土道场及此次建筑功德碑记》中,坚持灵岩寺"专一念佛,除打佛七外,概不应酬一切佛事"。④ 印光法师用念佛来代替一切经忏佛事,如《南京三汊河

---

① 太虚:《佛乘宗要》,《太虚大师全书》第1册,第225页。
② 林明昌:《经世佛教——太虚的新佛教运动》,《普门学报》第10期,第27页,2002。
③ 李四龙:《人间性与宗教性》,《普门学报·读后感》,第53页,2002。
④ 印光:《灵岩寺永作十方记》,《印光法师文钞续编》卷下,第148页。

创建法云寺缘起碑记》说：

> 有信士慕此间道风,祈打念佛七,以期延椿萱之寿算,超祖宗之灵魂,消己躬之罪愆,培子孙之福祉者,仍照常念佛,加三次回向而已。焰口亦决不放,以杜住应赴僧,伏破坏道场之机也。凡祈打七者,只可来一二人,以行礼敬,即日便回。若广集亲友,及小年女眷,住此待圆满方归者,决不应许。①

原先荐灵、祈福必须通过拜忏、放焰口等经忏佛事来完成,现在改为打念佛七回向,而且不允许施主的太多亲属来道场参加佛七,坚持道场的清修。他的这一原则在《济南净居寺重兴碑记》、《创建菩提精舍缘起碑记》中都有所体现。②

印光法师认为经忏佛事只是虚张声势,并没有实际效果。他在给温光熹居士的信中说:"父母恩深,宜认真请有道心之僧念佛,不宜请赶经忏之僧诵经、拜忏、做水陆,以徒张虚文也。"③他不但对赶经忏的出家人加以否定,而且指出经忏佛事本身含有许多非佛教的因素,他在《复郭介梅居士书一》中说:

> 当以至诚恭敬念佛,以期消灭往业,洗心涤虑,不作后愆。以娑婆重多罪愆,决志往生西方,方为正理。何可不在自心忏罪过,专靠伪经忏灭罪过乎!既信佛能度苦,何不念佛所说之大乘经,如《金刚经》、《弥陀经》、《心经》、《大悲咒》、《往生咒》,及《法华经》、《楞严经》等,以期灭罪增福乎!《焰口》,乃济孤要法,反不相信,而群以破血湖、破地狱,为必可不作之佛事。自己不得真利益,反令知世理而不知佛法之人,谓此即是佛法,因兹生出种种谤法之胡说巴道,尚自

---

① 印光:《南京法云寺记》,《印光法师文钞续编》卷下,第160页。
② 印光:《净居寺记》,《增广印光法师文钞》卷四,第15页;《菩提精舍缘起碑记》,《增广印光法师文钞》卷四,第31页。
③ 印光:《复温光熹居士书二》,《印光法师文钞三编》卷三,第600页。

以为是,一班瞎子,反奉为圭臬。①

印光法师主张依念佛法门来忏悔,念佛能够灭罪,这是依《观无量寿经》而说的。唐代的善导、宋代的慈云,都将念佛法门与忏悔相结合,制作种种忏仪,如《净土法事赞》、《往生净土忏愿仪》等。同时,印光法师强调诵大乘经典也能灭罪,至于破血湖、破地狱等经忏佛事是依伪经而制作的,并且给佛教带来许多负面效应。

同时,随着近现代佛教的复兴,禅宗也得到了一定的振作,出现一些具有重要影响的禅宗高僧,如虚云和尚、来果和尚、圆瑛法师等。他们努力恢复禅宗道场,重振禅林清规,提倡坐禅、打禅七等。而且,将经忏佛事拒于禅宗寺院之外,来果和尚在整顿和重振扬州高旻寺家风时,明确提出凡参禅之外的一切佛事活动,如开学堂、立莲社、学密宗、念佛、礼忏、传戒、研教阅经、经忏焰口等,一律不许。②

虚云和尚对经忏的态度比来果和尚显得宽松一些。1920年,他应滇督唐继尧之请,移锡昆明华亭寺,重兴古刹,改名云栖寺。1930年,他订立《云栖寺万年簿》,其中便有一条:"诸方丛林,应付经忏规矩,不能整理,渐趋下流。此后本寺常住,如有檀越请念经、拜忏,只准在山或下院念之,除重要护法外,概不出门,致妨道业。"③虚云和尚看到当时丛林中的经忏佛事的末流,因此规定只能在云栖寺或下院念经、拜忏,不能出门做经忏,妨碍道业。所以,他强调不能私应经忏,这点与倓虚法师一样。④

虚云和尚不但规定在特定地点念经、拜忏,而且对经忏佛事加以整治、规范。因此,他于1920年制定了《水陆法会念诵执事规约》,对经忏佛事的宗旨进行说明:

---

① 印光:《复郭介梅书一》,《印光法师文钞续编》卷上,第74页。
② 成章:《江苏禅宗三大名刹——金山寺、高旻寺、天宁寺》,载《法音》1998年第5期;陈兵、邓子美:《二十世纪中国佛教》,第291—292页,北京,民族出版社,2000。
③ 《虚云和尚法汇·规约》,《虚云老和尚法汇·年谱》增订本,第798页,台北修元禅院印赠,1997。
④ 《虚云和尚法汇·规约·教习学生规约》,《虚云老和尚法汇·年谱》增订本,第807页。

古之丛林,高蹈绝俗,除祝釐外,不通应酬。正为大事未明,剪爪不暇,那肯应酬,散其道念。况且未能自度,何能度人。经云:瑜伽一法,乃登地菩萨利生之事,非初心凡夫所宜。惟是丛林淡薄,四事供应,每虞缺乏,故不得已,乃略应念诵也。然进坛必须生道场想,对经像如对佛想。诵其文,思其义,行其事,践其实,必使身与口合,口与心唯。不昏沉,不散乱,不懈怠,不贪利,明因果,知惭愧,兢兢业业。若是,则不期度人而自度人,不期利益而自利益。所谓人以财与我,我以法与人,等施无异,犹可权为。若鼓簏橐而看经,舂杵碓而礼忏,身对尊像而目视他方,口诵经忏而心存别念。如是必招现前之毁谤,受未来之业报。使自利利他之法宝,反成自误误人之罪案,可不慎哉。①

丛林本为修行之道场,以明生死大事为本;经忏本为菩萨利生之方便,并非我们凡夫僧所能为。因为丛林生活困难,所以不得已而为之。因此,在举行经忏、放焰口时,应该以修行的态度来举行。施主以钱财供养僧人,而出家人则以佛法布施,财法二施,等无差别。如果在做经忏时,为了钱财,不专心致志,仅有形式,那么便会招来毁谤,而且未来便受苦报。所以,应该认真礼忏、放焰口,不能自误误人。

而且,虚云和尚制定了详细的规约,抄录如下:

一、诵经人,先日见牌上有名,即沐浴。次早诵经礼忏,须三业志诚,口诵心唯。不得于念诵礼拜时,夹杂闲言,更不得轻狂戏笑。若诵经故意杂谈戏笑者,于经忏中罚补诵;或在忏后歇息时,戏谈喧哗者,跪香。

二、念诵时,不得回头转脑,看看人物,一心称念,字字分明,不得重念。过严净不至,诵过一页方至者,罚,经忏仍须补罚。

三、表白人,不急遽简略,宜一一依文,次第念诵。其钟鼓等,亦宜庄

---

① 《虚云和尚法汇·规约·水陆法会念诵执事规约》,《虚云老和尚法汇·年谱》增订本,第831页。

雅,不宜繁碎。

四、内外香灯行人,俱要诚洁,小心火烛,以及各坛堂中,尤宜加倍慎重。

五、施食要一一依文,精诚结印,诵咒作观,三业相应。不得含糊弹舌,急促了事,白文亦然。

六、每日按定钟点作事,钟到鸣鼓一通。如有不至者,罚。

七、外六坛场均听大坛起忏,各坛亦宜同起,不得有误。如违者,罚。

八、经忏及施食等,不得法事未竟,先收佛像庄严器物。

九、香烛供果等,倘落地者,不得用;供过者,亦不用。

十、上供蔬菜饭食等,必熟得味,不得用干物、生物。

十一、法会内外人等,犯斗争者,因争失威仪,不胜调伏,不服者,出院。

虚云和尚对佛事活动中各种执事规定了责任,而且对违背者进行惩罚,无非是为了保证经忏佛事的庄严及有序,真正达到自度度人的目的。

第三节 佛教的慈善事业与信仰习俗

明清佛教的发展,一方面承宋元以来的发展潮流,重视慈善事业,参与社会公益,发挥化世导俗的功能。然而由于结社的兴盛和宗族力量的成长,民间社会的组织工作逐渐由社团和宗族完成,所以明清佛教对慈善事业的组织功能在下降。另一方面,佛教信仰深入明清社会,对民众生活发挥重要影响。值得一提的是袾宏对放生的提倡,他设立放生池,成立"放生会",制定放生仪轨,积极推进佛教放生的规范化。

一、佛教的慈善事业

随着三教合一的提倡,明清社会以儒家仁义王政为中心,融合佛教的慈悲因果观念和善书中的行善积德与利物济人观念,大大推动了慈善事业的发展。明清佛教很少参与设置和运转养济院、惠民药局等官方慈善机构,主要从事民间慈善活动,唐代的"悲田养病坊"、宋代的"福田院"这种僧人负责、政府资助的佛教慈善机构在明清没有出现。明清慈善事业最重要的现象是出现大量的慈善组织,如同善会、普济堂、育婴堂、保婴会等,这与明代士人结社风气的兴盛有很深的渊源。在书院社团的号召与教化下,慈善事业的道德教化与组织工作已经不需要寺院和僧人的参与,书院社团和士人完成了这项任务。明清士林通过聚会讲学的方式团结同志,振奋士林风气,发扬光大儒学精神,而且通过组织同善会等慈善机构,实现重整社会结构的理想。

但是,不少佛教徒参与同善会、普济堂等,融合积德行善与佛教信仰,仍然是明清佛教慈善事业的重要特点。如罗允枚倡导念佛,成立念佛社,"凡放生、育婴、赈饥诸善事,咸乐成之"①。如彭际清于乾隆三十八年(1773)34岁在真谛寺依香山老人闻学实定(1712—1778)受菩萨戒,自此以后直到嘉庆元年(1796)57岁逝世为止,他根据般若译的《大方广佛华严经》卷四十《入不思议解脱境界普贤行愿品》,倡导华严弥陀净土教合修论,著有《华严念佛三昧论》等著作,诚挚地实践了弥陀净土教的教义,并且极力提倡儒释道三教的融合。另一方面,化导乡党,团结宗族的力量,"开近取堂以周穷乏,置润族田以赡贫族,举恤嫠会以济嫠居,立放生会以全物命,各有发愿文,回向净土"②,设立近取堂和彭氏润族田。近取堂即为类似同善会的慈善组织,内设有施棺局、施衣局及放生会等,恤嫠会是救济贞女节妇的;彭氏润族田后来发展成彭氏义庄,造福乡梓。可以看出,明清佛教徒在从事慈善事业时表现出强烈的佛教信仰观念。

明清佛教的寺院和僧人仍然从事着修桥铺路等传统的慈善活动。如明景泰四年(1453)福建晋江县《重修通济桥记》记载了这一座桥从北

---

① 《净土圣贤录》卷八,《卍新纂续藏经》第78册,第302页下。
② 《净土圣贤录续编》卷二,《卍新纂续藏经》第78册,第331页上。

宋至明代的几次修建，皆在僧人主持下进行。嘉祐（1056—1064）年间，僧本观重修，名曰"济民"；元丰七年（1084），转运判官谢仲规再修，改名"通济"；绍兴十三年（1143），僧文会和陈提刑、□枢密作石桥一十六间，长七十丈五尺，广一丈七尺，两翼筑以扶栏，以佛像镇桥，这项工程一直到乾道五年（1169）才完成；庆元年间（1195—1200），僧了性再修三座小石桥；至永乐十一年（1413），桥的石梁断坏；景泰四年（1453），在泉州郡别驾谢琛的发动下，张钦具体负责修复工程，僧人憨默监督工程，完成修桥的工作。① 又如《修海岸长桥记》中载，泉州承天寺僧智镜、灵源寺僧体照等分别参与了海岸长桥的历代修复工程。②

同时，僧人亦从事救济赈灾和掩埋暴露骸骨。如憨山德清48岁那年（1594），山东大饥荒，死者众多，德清将山中所储之斋粮全数布施给近山之民；粮食不足，德清又远至辽乐买豆子数百石回来救济灾民。由于他的极力奔走，住在边山与四社之民众才得以逃过一劫，没有一个遭到饿死的命运。③ 德清52岁（1598），会城有许多人死伤，其骸骨暴露原野，德清于是令人收拾掩埋，而且建普济道场七昼夜。④

明清佛教界虽然缺乏国家制度的支持，但是在慈悲和因果报应思想的号召下，仍然积极从事慈善事业。

二、佛教徒的放生习俗

随着江南社会经济的繁荣，临近江海的杭州、宁波一带盛产水产，民众喜好进食，加速了水产和肉食的消耗；同时，江南蚕丝业发达，势必伤害许多生命。针对江南社会的生活方式，近世佛教高僧大德都积极提倡放生，尤其是云栖袾宏，如憨山德清《云栖莲池宏大师塔铭》所说，"极意

---

① 《福建宗教碑铭汇编·泉州府分册》（上），第70—71页，福州，福建人民出版社，2003。
② 同上书，第85—86页。
③ 《憨山老人梦游集》卷五三，《卍新纂续藏经》第73册，第839页下。
④ 《憨山老人梦游集》卷五四，《卍新纂续藏经》第73册，第841页上。

戒杀生,崇放生,著文久行于世,海内多奉尊之"①,对明清佛教界影响极大。

"戒杀护生"是佛教生命观的重要体现,云栖袾宏提出"畜生有佛性"、"畜生有知觉"、"畜生能轮回往生"、"畜生也会伤心痛苦"等思想,试图改变社会民众对动物的观点,以达到戒杀护生的目的。袾宏从"凡厥有心,定当作佛"的佛性论出发,表示动物念佛亦能往生,他在《阿弥陀经疏钞》说:

> 善男子女人者,善有二义:一是宿生善因,一是今生善类。男女者,通指缁素利钝,及六道一切有缘众生也。……又鬼畜地狱,雌雄牝牡,亦可均名男女。但念佛者,俱得往生,是通一切众生也。②

袾宏将"善男子善女人"解释为"六道一切有缘众生",畜生有心可以"以念生定",畜生亦具有成佛的可能性,这从修行解脱的角度提升了动物的生命地位。既然动物与人类的佛性是平等的,杀害动物则是"以强凌弱"的非正义行为。如《竹窗二笔·杀罪》说:"据含灵皆有佛性,则蚁与人一也,何厚薄之足云?如其贵欺贱,强陵弱,则人可杀而食也,亦何厚薄之足云?"③袾宏强调人们应该无有厚薄,平等地对待动物。

其次,袾宏强调动物与人一样,亦有感情和知觉,以此劝导不杀。《竹窗随笔·汤厄》说:

> 予见屠酤之肆,生置鳖鳝虾蟹之属,于釜中而以百沸汤烹之,则谕之曰:彼众生力弗不汝敌,又微劣不能作声音。若力敌,则当如虎豹噉汝;若能作声,冤号酸楚之声当震动大千世界。④

袾宏描述汤烹动物的情形,让人们去想象动物的痛苦,"不忍其痛",从而

---

① 《憨山老人梦游集》卷二七,《卍新纂续藏经》第 73 册,第 656 页中。
② 《阿弥陀经疏钞》卷三,《卍新纂续藏经》第 22 册,第 659 页上—中。
③ 《莲池大师全集·竹窗二笔》,第 3799 页。
④ 《莲池大师全集·竹窗随笔》,第 3694 页。

达到戒杀护生的目标。另一方面,动物亦有亲人,不愿意同亲人分开,如世间父母爱子,"一切禽兽亦各爱其子"①。

袾宏劝导民众反思自己的生活与感受,想象动物亦有类似的感受,从而引发同理心、同情心、不忍心。在《戒杀放生文》中,他要求民众在生日、生子、祭先、婚礼、宴客、祈禳、营生时都不可以杀生。而且,袾宏用因果报应故事,形象地阐明戒杀放生的功德。同时,戒杀放生不仅是慈悲心的体现,更是得生净土的法门,如《戒杀放生文》说:"净业三福,慈心不杀实居其一。今能不杀,又放其生;既能放生,又以法济令生净土。如是用心,报满之时,九品莲台高步无疑矣。"②这是将戒杀放生纳入修行法门,从人性的同情引向宗教的解脱。

袾宏不仅宣扬戒杀放生的思想,而且在实际行动上于杭州城南北设上方和长寿二放生池,以利十方信众行放生之善行。依袾宏《重修上方寺凿放生池记》的记载:上方寺始建于后梁贞明七年(921),明景泰四年(1453)寺庙衰败,土地被民众占用,仅存十分之一的土地。沈善能居士原来占有土地,嘉靖二十三年(1544)升官,将土地出租,产权留给女儿。他的女儿嫁于王氏后,遵父亲的遗嘱,将土地产权交给云栖寺,于是恢复为僧地。王氏夫妇去世后,宋化卿居士听到这件事非常赞叹,便拿钱赠送给王家的子孙,而且定好契约。袾宏在众居士的帮助下,节衣缩食,将上方寺故址赎回。当时,居士们建议在旧址建立寺院,袾宏观察地理形势,修渠疏通湖与土地,建成放生池;并且修整一座废弃的房子,让两三个诚信的僧人守护修行。③ 袾宏在修建上方寺放生池后不久,又续建了长寿庵放生池。依《北门长寿庵放生池记》,长寿庵是后唐时期翔鸾院的旧址,年久荒废,袾宏与仁绅募款兴建为放生池。④

---

① 《莲池大师全集·戒杀放生文》,第3347页。
② 同上书,第3379页。
③ 同上书,第3384—3386页。
④ 同上书,第3390—3391页。

放生池的修建是一项大工程,在财力、人力、物力等方面都需要有大投入。袾宏通过讲经说法传播自己的戒杀放生思想,劝导当时的士绅接受他的思想,赞助放生池。《居士传·虞长孺传》记载:"时宏公方坐南屏演《圆觉经》,募钱赎万工池,立放生社,缁白数万,伽陀之音震动川谷,一时清节之士多与其会,实长孺倡率之。"①袾宏演讲《圆觉经》以募资,受到当时士绅的支持,尤其是得到虞长孺这样的士绅领袖宣传、倡导、率领。同时,《北门长寿庵放生池记》记载,居士、比丘、士大夫有的提供金钱援助,有的带来食物,有的亲自参与劳动。

同时,放生池的维持也需要庞大的资金,一方面为居士信众的捐款,另一方面则是寺庙僧众自行挪省供给。如《云栖纪事》说:"云栖在山中设放生所,飞走各类充牣其中;既有生食,众僧复减口以养之;除菑茭,约费粟二百石;城内外放生二池岁费百余金,自来无缺乏。"②可见,放生池的修建和维持,是戒杀放生思想、制度、实践融合的结果。

在明代结社风气的影响下,袾宏成立了"放生会",依《上方善会约》可知有"上方善会"、"西湖放生社"。《上方善会约》规定了上方善会的宗旨、定期、读诵、治供、议论、主会等事项。③"上方善会"的宗旨是"读诵大乘戒经,兼之放生念佛,是诸上善人同会一处","大乘戒经"是指《梵网经》,可见"上方善会"是一个持戒、念佛、放生的在家修行聚会。在每月朔望前一日,聚集于上方寺,愿意参加者签名于本上,以记录参加人数,可见是有固定的参会日期的。众人到齐后,由一位僧人领众,诵《戒经》一卷,念佛五百声或一千声。诵经完后,饼果三色作茶供;念佛后,饭菜三色作斋供。茶供、斋供的费用由每位参加者各出五分银,由守院僧置办。法会后,大众可以交流佛法义理。对于放生银,则各各随便出,不拘多少或者有无,或者自己购买来放生。在"上方善会"的组织里,会首是

---

① 《居士传》卷四二,《卍新纂续藏经》第88册,第259页上。
② 《莲池大师全集·云栖纪事》,第5077页。
③ 《莲池大师全集·规约》,第4941—4944页。

轮流依次作主，会资是固定的五分钱，会首的主要工作是准备香烛茶汤，记录参加的会员。袾宏希望保持"放生会"的平等、简单、易操作等特点，这样才能久存。

此外，袾宏在四明知礼放生仪轨的基础上，对《放生仪》进行改造，使其简便易行。其步骤主要有默想、洒水、说法、忏悔、发愿，袾宏所作最大的改变是增加了念诵《往生净土神咒》和《十方华严经·十回向品》，希望体现放生的意义在于回向众生与往生净土。

袾宏在明末结社风气的影响下，凿建放生池、召集放生社团、修订放生仪轨、制定放生会约，对佛教的放生进行制度性的建构，使放生成为具有阶层组织、定期定量的制度，从而使放生在精神上符合时代价值、在形式上组织制度化。在袾宏的影响下，放生盛行于明末清初的佛教界。湛然圆澄、密云圆悟等高僧，以及冯梦祯（1548—1595）、虞淳熙（1553—1621）、陶望龄（1562—1609）等居士，亦多支持放生之业。虞淳熙在西湖组织胜莲社，鼓励社友放生救众，《武林掌故丛编》收有虞淳熙撰《胜莲社约》。陶望龄、张子云等亦曾在万历二十九年（1601），于杭州城南创放生会。

三、佛教"四大名山"信仰的形成

"四大名山"是五台山、峨眉山、普陀山、九华山，四大名山的形成是中国佛教走向民间社会的最重要象征。游方行脚、寻师访道是佛教徒的修学传统，在这一过程中，一些名山大寺逐渐成为参访中心。在宋代，江南佛教出现"五山十刹"之说。至明清时代，禅宗寺院渐渐走向衰落，僧俗大众逐渐以传统名山如五台山、峨眉山、普陀山、九华山为主要参访、进香之地，使名山的社会影响不断扩大，最终形成四大名山的基本格局。① 四大名山佛教的兴盛辉煌时代各有不同，但是将四大名山并称则

---

① 潘桂明：《中国居士佛教史》，第818页，北京，中国社会科学出版社，2000。

是在九华山地位提升之时,大约在清康熙年间。

名山信仰的形成,是一个"经典、地理、感应传说、塔寺、信徒、国家支持"诸要素综合的历史过程,是中国佛教信仰圈的最明显标志。这些要素可以从《清凉山志》、《峨眉山志》、《普陀山志》、《九华山志》得到印证,也是山志的主要构成部分。

四大名山作为菩萨道场,经典记载是神圣信仰的来源,是四大名山能够形成的首要条件。虽然中国其他名山亦具有其他条件,但是唯独不具此"经典"要素,无法形成名山的信仰圈。晋译《华严经·菩萨住处品》记载:"东北方有菩萨住处,名清凉山。过去诸菩萨常于中住,彼现有菩萨,名文殊师利,有一万菩萨眷属,常为说法。"①唐译《文殊师利法宝藏陀罗尼经》记载:"我灭度后,于此赡部洲东北方,有国名大振那,其国中有山,号曰五顶。文殊师利童子游行居住,为诸众生于中说法。"②结合二经的记载,文殊菩萨道场在大振那国的五顶山或清凉山。晋译《华严经》记载:"西南方有菩萨住处,名树提光明山,过去诸菩萨常于中住,彼现有菩萨名贤首,有三千菩萨眷属,常为说法。"③唐译《华严经》则称为贤胜菩萨④,但是"光明山"作为菩萨道场是相同的。唐译《华严经》说:"于此南方,有山名补怛洛迦,彼有菩萨名观自在"⑤,《大唐西域记》卷十记载:"秣剌耶山东有布呾洛迦山……观自在菩萨往来游舍"⑥,《普门品》中有对观世音菩萨寻声救苦功德的描述。印度的布呾洛迦山实有其山,但是观世音菩萨的慈悲精神与海上守护神的特征,则成为普陀山信仰的渊源。九华山作为地藏菩萨道场,则来自新罗僧人金地藏的应化事迹。

作为名山,必须具备两个地理条件:(1)要符合经典描述的地理特

---

① 《大方广佛华严经》卷第二九,《大正藏》第9卷,第590页上。
② 《佛说文殊师利法宝藏陀罗尼经》,《大正藏》第20卷,第791页下。
③ 《大方广佛华严经》卷二九,《大正藏》第9卷,第590页上。
④ 《大方广佛华严经》卷四五,《大正藏》第10卷,第241页中。
⑤ 《大方广佛华严经》卷六八,《大正藏》第10卷,第366页下。
⑥ 《大唐西域记》卷一〇,《大正藏》第51卷,第932页上。

征;(2)必须具有建立众多寺院的空间,能够成为清净的修行道场。如澄观根据其在五台山十年的亲自考察,结合印度东北方的五台山有气候严寒、地有五顶的特点,说道:"清凉山,即代州雁门郡五台山也,于中现有清凉寺。以岁积坚冰,夏仍飞雪,曾无炎暑,故曰清凉。五峰耸出,顶无林木,有如垒土之台,故曰五台。"①山顶不生林木,远远望去,似如垒土之台,故曰五台。以地势高耸,烟雾常积,台顶常隐于雾幕之后,不甚分明,时至天清云散,才有时而现。《古清凉传》作者慧祥对五台山在方位、气候上的条件,与《华严经》中的文殊寓所——清凉山如此雷同,曾表示殊胜和赞叹。如此一处绝尘之境,故《括地志》云:"其山……灵岳神巇,非薄俗可栖。止者,悉是栖禅之士,思玄之流。及夫法雷震音,芳烟四合,慈觉之心,邈然自远。"②可见,五台山不仅具有神秘和神圣的氛围,也是修道参禅的好地方。峨眉山位居西南,而且昼有"佛光",夜有"圣灯",光明常住,符合"光明山"的地理特征。而普陀山,如《补陀洛迦山传题辞》说:

  始自唐朝梵僧来睹神变,而补陀洛迦山之名,遂传焉。盘礴于东越之境,窅芒乎巨浸之中,石洞嵌岩,林峦清邃,有道者居之,而阿兰若兆兴焉。自非好奇探幽,乘桴泛槎者,罕能至也。③

普陀山的海岛风光及其地理特点,无疑是普陀洛迦名称的来源。九华山亦是奇秀,高出云表,峰峦屈状,耸立如莲华,其数有九,故为九华山。

  随着四大菩萨经典的传入,各种有关菩萨的传说亦在汉地流传。同时,僧人、信徒在名山的各种宗教体验成为菩萨应验的事迹,从虔诚教徒的口中流传出来,不断地激发人们对菩萨的信仰热情,也推动人们前来朝访巡礼。五台山的文殊化身、普陀山梵音洞都非常有号召力,吸引无

---

① 《大方广佛华严经疏》卷四七,《大正藏》第35卷,第859页下。
② 《古清凉传》卷上,《大正藏》第51卷,第1093页上。
③ 《补陀洛迦山传题辞》,《大正藏》第51卷,第1135页中。

数善男信女前往朝拜。如《佛祖统纪》载①：宋太祖乾德四年(966)，"嘉州屡奏白水寺普贤相见"，宋太宗"太平兴国七年(982)，嘉州通判王衮奏：近往峨眉提点白水寺修造，见瓦屋山皆变金色，中有丈六金身普贤，次日中午见罗汉二身乘紫云行空中"，"普贤祥瑞"使峨眉山获得北宋皇帝的许多直接支持，皇室采取利用和保护佛教的措施，对峨眉山普贤菩萨道场的形成，无疑起了最后促成的关键性作用。所以，传说感应是名山信仰的发展动力。

作为名山必须具有规模效应，林立的塔寺佛像才能引发信仰的热潮。五台山在北魏开始有佛教的传播，入齐之后，"宇内塔寺，将四十千；此中伽蓝，数过二百。又割八州之税，以供山众衣药之资焉。据此而详，则仙居灵觇，故触地而繁矣。"②时有灵辩法师造《华严论》一百卷，为中国佛教注疏《华严经》之嚆矢，五台山逐渐成为中国北方研习《华严经》的圣地。至隋唐时代，太宗于此建寺度僧，高宗敕令蠲除税敛，武后还建塔供养，令西京会昌寺沙门会赜于龙朔二年(662)撰成《清凉山略传》一卷，又令僧统德感国师常住五台山清凉寺。唐开元年间，以五台山为中心的文殊信仰盛极一时，形成文殊道场，五台山寺院规模得到极大的扩张。元代和清代推崇密教，五台山密教寺院剧增。明万历年间，五台山有寺院300余座。5世纪初，慧持在峨眉山创建普贤寺；唐以后，峨眉山的"佛光"现象逐渐传扬。随着人们以"普贤祥瑞"来解说"佛光"，再加上北宋统治者的推波助澜，峨眉山逐渐形成普贤道场。明代是峨眉山佛教的鼎盛时期，寺院多达170余座，常住僧侣达3000多人，礼佛信众不计其数。普陀山从唐大中元年(847)一名印度高僧来山定居开始，后梁贞明二年(916)，日僧慧锷建"不肯去观音院"，观世音菩萨信仰日益盛行，寺院建筑迅速增加。至道光十二年(1832)，依王鼎勋《重修南海普陀山志序》记

---

① 《佛祖统纪》卷四三，《大正藏》第49卷，第395页中、398页上。
② 《古清凉传》卷上，《大正藏》第51卷，第1094页上。

载:"山中僧寮不下七十余所,缁流及外方挂单约一千余众。"①唐至德年间(756—758),九华乡绅诸葛节等为金乔觉创建化城寺,为九华山佛教的开端,逐渐形成"九华一千寺,撒在云雾中"之说。清代周文赟在《九华山志·化城市僧寮记》中曾说,天下佛寺之盛,千僧极矣。可见寺院星罗棋布,高僧云集,法会隆重,佛事频繁,如此规模效应才能具有名山的信仰气氛。

一座名山的影响扩大,离不开皇帝和朝廷的支持;"四大名山"的提法也需要帝王的使用,才能具有权威性。在五台山,北齐诸帝曾"割八州之税,以供山众衣药之资";不空三藏借助代宗的权力,大力推广文殊信仰,大历四年(769),代宗批准不空三藏的奏疏,尊文殊菩萨为天下寺宇食堂中的"上座",钦定普贤菩萨、观音菩萨为"侍者",从而确定五台山为名山之首②。

峨眉山得到北宋皇帝的种种支持:乾德四年(966),宋太祖命内侍张重前往普贤寺庄严佛像;太平兴国五年(980)正月,宋太宗敕内侍张仁赞往成都铸金铜普贤像,高二丈,安奉在白水普贤寺,建造大阁以覆之,于是重修白水普贤、黑水、华严、中峰乾明、光相等五寺;雍熙四年(987),宋太宗敕内侍送宝冠、璎珞、袈裟往普贤寺;端拱二年(989),敕内侍谢保意,带领工匠和黄金三百两饰普贤像,再修寺宇,并赐御制文集;大中祥符四年(1011),宋真宗诏赐黄金三千两,增修峨眉山普贤寺,设三万僧斋,每年度僧四人。这样,大大地扩张了峨眉山佛教的声势,减弱了道教的力量,在皇权的支持下,峨眉山在宋代成为闻名中外的普贤道场。明太祖尊峨眉山宝昙和尚为国师;明神宗敕建无梁砖殿以保护普贤骑象,亲书"圣寿万年寺"之额;他又颁诏在山顶新建铜殿,赐以"永时华藏寺"之额。清代康熙皇帝还为峨眉山的寺院撰写诗联匾额,顺治赏赐锡瓦殿

---

① 《普陀山志》,第 625 页,扬州,江苏广陵古籍刻印社,1993。
② 《贞元新定释教目录》卷一六,《大正藏》第 55 卷,第 887 页下。

明正和尚永乐年间的铜版精印《北藏经》一部。明清帝王的直接支持,促进了峨眉山佛教寺院的增加和交通环境的改善,为信徒朝拜提供了许多方便。

普陀山佛教的发展,主要是受到明清历代帝王的重视。明神宗数度赐藏经予普陀山;崇祯命国戚田弘遇捧御香祈福观音大士;康熙二十八年(1689),命近侍赐帑金千两,建盖山寺;三十八年(1699),康熙驾巡杭州,差太监带着黄金千两,分赐前后两寺,到普陀山进香,而且传旨"山中乃朝廷香火";雍正九年(1731),赐帑金七万两,重建前后两寺。所以,普陀山佛教地位的上升与明清帝王的政治关心是联系在一起的。

九华佛教亦是在明清时代发展起来的。明万历年间,明神宗两次颁赐化城寺藏经;康熙三次遣内侍来进香,并赐额"九华圣境";乾隆四十一年(1776),向化城寺赐额"芬陀普教"。

"天下名山僧建多",名山往往是中国佛教的中心,但是每个时代的佛教名山各有不同。如刘禹锡《故衡岳律大师湘潭唐兴寺俨公碑》对当时佛教进行总结:

> 佛法在九州间,随其方而化,中夏之汩于荣利,破荣莫若妙觉,故言禅寂者嵩山。北方之人锐以武力,慑武者莫若示现;故言神道者,宗清凉山。南方之人剽而轻,制轻莫若威仪;故言律藏者,宗衡山。是三名山为庄严国。①

刘禹锡指出当时的中国佛教名山是嵩山,以禅宗为中心;五台山,以神秘感应为中心;衡山,以持戒威仪为中心。

宋代的"五山十刹"是对江南禅林的归纳,与"名山"相距甚大。至明代,则出现三大名山之说。万历三十三年(1605),礼部尚书李长春在《峨眉大佛寺落成颂并序》中说:"盖闻震旦国中有道场三:曰峨眉,曰五台,

---

① 《全唐文》卷六一〇,第2730—2731页,上海古籍出版社,1990。

曰普陀,鼎立宇内,为人天津梁。"①五台山、普陀山、峨眉山并列,称为三大名山,是明代的共识。但是,到了康熙年间(1662—1722),逐渐出现四大名山的说法。如康熙二十六年(1687),按察使曹素徵在《峨眉山序》中说:"三峨高出五岳,秀甲九州,震旦第一山也。顾其山不入五岳,而列于四大名山之一。"②康熙三十七年(1698),裘琏在《南海普陀山志》中说:

> 文殊、普贤、观音、地藏,皆久成佛道之法身大士。以度生心切,遍界现身,又欲众生投诚有地,故文殊示应迹于五台,普贤示应迹于峨眉,观音、地藏示应迹于普陀、九华也。世有以地、水、火、风分配四大名山者,乃知地、水、火、风为四大之义,而以己见妄会之,不可为据。③

康熙年间不仅出现了四大名山,而且以地、水、火、风进行了附会性质的解释。但是,四大名山在社会广泛流行,应该在康熙之后。

四大名山的形成,是中国佛教信仰具有标志性的现象,是佛教信仰中国化的最具有代表性的结果。四大名山的信仰形态,是民众信仰方式的表现,是善男信女表达宗教感情的朝拜圣地,是佛教文化的最生动体现。

---

① 《峨眉山志》卷六,第286页,扬州,江苏广陵古籍刻印社,1997。
② 《峨眉山志》卷首,第7页。
③ 《普陀山志》卷六,第558页。

第七章 1895—1945年的台湾佛教

历史上,台湾曾经两度被殖民化。明朝时期荷兰、西班牙势力和民国时期日本势力对台湾的占领,造成了台湾佛教独特的历史进程与变迁。在1894—1945年间长达51年的日本殖民统治下,台湾佛教重于法脉创建及嗣寺系统建设,弱于佛学理论及学问探研,表现出一种"顺应时代、通变地生存与发展"的基本特性,决定了近代台湾佛教发展的努力与向度。

第一节 台湾佛教溯源

一、台湾佛教的历史发展

台湾佛教的历史,大致可以分为三个较为明显的发展阶段,即1661年明代郑成功收复台湾之前为佛教滥觞期;1662—1894年甲午战争前为佛教萌生期;1895—1945年日本占领期间为殖民化佛教通变期。1946年之后为正信佛教时期。

追溯台湾佛教的形成,最早有文献记录的是三国时代吴国黄龙二年(230),孙权曾派卫温和诸葛直率领部队上万人,进入当时被称之为"夷州"的台湾。隋大业三年(607),隋炀帝也曾派遣朱宽、何蛮二人,访察当时被称之为"琉求"的台湾。北宋末期约1125—1126年之间,北方少数民族女真族大举入侵中原,宋室被迫向南迁移,民族危机波及大陆沿海地区,于是不少海岸居民避难渡海抵达台湾南、中部。渐渐地,台湾中部北港地区成为汉人移民(客家)与台湾高山族原住民进行物质文化交流的中心场所。

南宋孝宗时代(1163—1189),宋朝廷也曾派遣泉州军民聚集澎湖列岛,看守那里的海防要塞。当时,福建及江南一带已经建有许多佛寺,佛教信仰十分普及。其中,观音菩萨信仰特别流行,观音寺庙相当普遍。所以,很早的时候,大陆盛行的佛教信仰不可避免地流传到了台湾。据《金门记》记载,台湾现存佛教寺庙中,金门的灵济寺初建于唐代末期昭宗年间(889—904),太武山太武严庙初建于南宋咸淳年间(1265—1274)。当时还仅仅是香火庙的这些观音庙,大多伴随产生于大陆与台湾通商者间"观音菩萨保佑"这种祈福纳祥的精神诉求。

1624年间,荷兰入侵者在台湾南部登陆,随即占领了台湾南、中部地区。时隔两年左右(1626),西班牙入侵者也在台湾北部登陆,并统治北部长达18年。1642年,西班牙势力被荷兰势力驱逐出了台湾。在1624—1660年荷兰势力统治台湾的38年中,西方文明给台湾地区带来了基督教信仰的兴起,这也客观地抑制了台湾早期零散于民间的佛教信仰的长足发展。所以,尚属佛教滥觞期的台湾佛教并没有留下较为具体的文字记载,台湾民间仅存一些荷兰占领时期由福建泉州移民从原籍带来的观音菩萨供奉塑像。

因此,一直被史学界公认的台湾佛教的历史起点便被推至南明末期,即清康熙初年(1661)。当年,出于反清复明的意愿,明代遗臣郑成功率领军兵随员2.5万人,由澎湖大举进攻台湾,击退荷兰军队,进入现为台南市中心的安平城,建立了郑氏延平王国。当时,十分繁荣的安平城里集居有15万之多的大陆移民,将士眷属随后赶到,响应郑氏所颁布的各种鼓励移民之法令的大陆移民络绎不绝,以至于台湾的大陆移民人数迅速增多,安平地区对佛教信仰的要求也随之剧增,台湾地区便出现了第一座最早的官建佛寺。

这座官建佛寺是始建于1662—1665年间的竹溪寺,原名小西天寺,位于今天台南市的南溪畔。当时,明代文人沈光文随着明代遗臣沈宸荃全家,早于郑成功,于南明永历五年(1651)先入台湾。他曾经在一首纪事诗的短序中写道:"州守新赠僧舍于南溪,人多往还,余尚未及也。"①可见,当时台南市的香火已经相当旺盛了。当然,在沈光文的诗被人们发现之前,多数学者倾向于下面这种说法,即"当是时,东宁初建,制度渐完,延平郡王经以承天之地,尚无丛林,乃建弥陀寺于东安坊,延僧主之,殿宇巍峨,花木幽邃,尤为郡中古刹。其后谘议参军陈永华师次赤山堡,以其地山水回抱,境绝清净,亦建龙湖岩,岩则寺也。"②龙湖岩位于台湾诸罗县地区,建成后,陈永华便请福建的参彻法师前来台湾住持。可见,弥陀寺与龙湖岩应当是台湾南部另外两座最早的官建寺庙。

根据清代台湾各府县志记载,郑氏时期台湾兴建的主要寺庙虽有宁南坊的观音堂、准提堂,北镇坊的观音亭、万福庵、赤山堡,六甲的龙湖岩等6处,但更多的佛教信仰者则以明代遗臣为主要成分。他们痛心亡国,不愿再仕,则变服为僧,或者终身持斋,或者终日以诵经自聊,成为在家修行的"居士"。其中的代表者有太常博士沈光文、举孝廉李茂春、昆明县事林云义、副榜张士郁、明鲁王女、南安儒士郑哲飞。此6人之举,实际上开启了台湾地区"在家念佛"的一代先风,成为台湾早期佛教史上珍贵的一页。

康熙二十二年(1683)八月,郑氏王国执政将领郑克塽投降大清帝国,台湾终于回归清朝版图。第二年四月,"承天府"被更名为"台湾府",

---

① 转引自张曼涛主编《台湾的佛教》,台北,大乘佛教文化出版社,1979。
② 连横:《台湾通史》,第408页,台南,大通书局,1984。

隶属福建省台厦道。当时,宁靖王朱术桂以家殉国,而且"舍其居为寺"。因此,清朝接收官员靖海将军施琅便将靖王府改建为佛教的天后宫,"而观音堂犹在也"。① 当时,有不少郑氏部将不愿随从清朝部属,于是隐名埋姓,潜身于僧众当中,窥复明室。在清军攻台战役中的郑部败将,大部分薙发做了僧人。

当时,郑氏曾在台南建有"北园别馆",作为郑氏母亲董氏的养老之所。台湾入清后,此处一度荒置。据台湾总兵王化行所撰《始建海会寺》中记载,康熙二十九年(1690),王化行与台厦道王效宗等人见此处"庙宇佛像最胜",已经住有大批僧侣,便将此处改建为海会寺,成为最早有文字记载的清代台湾官建寺庙。在客家相对集中的竹堑地区(现今新竹),最早被称之为观音寺的竹莲寺也是台湾最早的汉人佛寺,它出现于清代乾隆四十六年(1781),新竹市的金山寺则始建于清代乾隆五十年(1785)。

客观地讲,上述寺庙在当年还算不上比较纯粹的佛教信仰道场。清朝治理台湾期间,尚属佛教萌生期的台湾宗教信仰,往往呈现一种主流为观音信仰,同时夹杂着关帝殿祀、火神崇拜、妈祖供奉甚至厉鬼暗祭的复合形式。因此,当时的寺庙供奉也是多种多样的。台湾佛教真正地走向独立发展,发生在台湾殖民化佛教的通变期(1895—1945)。

1895—1945 年这 51 年是台湾殖民化时期。以台湾佛教的一些重大事件为转折,可以将台湾殖民化时期的佛教发展再细分为以下三个阶段。1895—1915 年间,日本还没有直接干涉台湾"旧惯"即"现有"佛教,同时四大法脉相继创立,因此划为殖民期台湾佛教的"旧惯温存"阶段。1916—1930 年,随着"西来庵事件"的发生,日本殖民当局开始对台湾佛教进行调查与归化,所以划为殖民期台湾佛教的"改宗归化"阶段。1931—1945 年间,日本侵略中国大陆,台湾殖民当局对台全面实施"皇民

---

① 连横:《台湾通史》,第 577 页。

化"计划,日本佛教对台湾佛教全面实施"皇道化"改造,可以划为台湾佛教的"整顿改造"阶段。这几个阶段有一个共同特点,就是表面上看,台湾佛教渐渐地因为日本殖民统治当局的"改造"而失去其自主性。实际上,"四大法派"的顽强创立与通过"通变"的方式求得生存及发展壮大,正是一种实质上的"佛教抗日"。

上述几个阶段的共同特征还表现为台湾佛教的"被殖民化"。其发生的基本条件是台湾特殊的地缘处境。台湾岛屿相对独立于大陆,明、清及民国政府对其管辖鞭长莫及而相对薄弱,因此台湾非常容易受到岛外武装势力和文化势力的不断侵略,台湾佛教的历史发展也不断地面临直接的负面影响。面对这种特殊地理条件所造成的不利因素,事实上,台湾佛教并没有放弃寻求独立发展的努力甚至抗争。在日本殖民统治时期,台湾佛教采取了一种"顺应时代、通变地生存与发展"的韬晦策略,以此形成了一种针对日本殖民化而特有的基本特性。

当然,从客观上看,台湾岛的南方与大陆相守,北部与日本相望。这种十分特殊的地理环境,也必然导致台湾佛教一方面"追溯大陆福建佛教祖庭",另一方面"接受日本佛教改造",从而自然地形成了影响自身发展的两大历史渊源。

二、台湾佛教两大历史渊源

1. 鼓山祖庭及闽僧赴台创宗

台湾近代殖民时期的佛教宗系,原为大陆南方特别是福建一带的南禅宗佛教系统,这是台湾佛教的主要渊源。近代以来,台湾不少丛林渐渐接受了外部改造,演变出一种禅净双修的修行方式。

有关台湾佛教之福建渊源的资料日渐增多,广被采信的有 1919 年 3 月台湾总督府出版的《台湾宗教调查报告书》第一卷、1942 年 4 月 30 日出版的增田福太郎《东亚法秩序序说·南岛寺庙探访记》、1937 年日本驻台南总督府卫生课撰写的《台湾本岛人宗教》、1934 年 9 月台南州共荣会编写的《南部台湾志》、《南瀛佛教》杂志 11 之 3《台湾宗教概要》、《南瀛佛教》杂志 18 之 8—9 李添春的《台湾佛教特质》等等。根据发掘研究,目前大都公认台湾佛教的禅宗"法脉"始于明末清初,振兴于日本殖民初期,其祖庭分别追溯到大陆福建地区属于闽县(现今福州)鼓山曹洞宗寺统"鼓山派"的鼓山涌泉寺及泉州开元寺、属于福州西禅寺临济宗寺统"怡山派"的怡山长庆寺、属于漳州南山寺临济宗寺统"喝云派"的漳州南山寺福清黄檗寺。

当时有一个十分特殊的情况,使闽县(福州)地区的上述禅寺必然成为台湾早期禅宗丛林的祖庭。在传统上,台湾僧人必须取得正式僧人身份后方可被称法师、禅师、和尚、长老,然后才能住持寺庙及各种佛教的弘法事宜,否则只能以准僧侣(沙弥)的身份生活在寺庙中而不能承担任何法事,更不能纳入禅宗某世的法系。然而,民国之前,台湾地区并没有合适的"剃度师"以及传戒道场,所以大多欲获正宗传系的上乘僧人,则必须漂洋过海来到福州鼓山涌泉寺,接受"具足戒"并取得"度牒"。当时,留锡鼓山准备接受具足戒的年限一般不少于三年,即第一年沙弥戒、第二年比丘戒、第三年菩萨戒。三年戒满,方可退山。三年之后,受戒圆满者称之为和尚,取得住持资格。如果还想成为大和尚,就必须再进一步,于每年的阴历四月八日(释迦牟尼佛圣诞)或十一月十七日(阿弥陀佛圣诞),在鼓山涌泉寺广而告之,所有出家僧人一并参集,接受为期七天的受戒行状——佛教的"三坛大戒",即分别接受得戒大和尚所授二百五十戒的僧行教导、教授阿阇黎师的轨仪教导、羯磨阿阇黎师的忏悔教导。最后一天的行受戒记,还必须在头顶上点上三至十二个戒疤。

民国时期,经过上述"三坛大戒"的台湾法师中,不乏后来台湾佛教四大法系的开创人。其中,善智禅师、妙密禅师原本就是鼓山涌泉禅寺的僧人,后来于清光绪二十四年(1898)去台弘法;台湾月眉山灵泉禅寺的善慧禅师、观音山灵云禅寺的本圆禅师和法云禅寺的妙果禅师等也先后于民国年间(1924、1925 等年份)抵达鼓山涌泉禅寺,受戒出家并获得住持资格,然后承续鼓山涌泉禅寺的曹洞法脉,返回台湾弘法,创立山派。由此可见,台湾佛教与大陆福建闽县鼓山禅寺法脉结下了深厚的历史渊源。

2. 日本佛教赴台布教及强压改宗

清光绪二十年(1894)甲午战争之后,根据《马关条约》,台湾被割让给日本,由此日本实际统治台湾长达 50 年(1895—1945)。这期间,伴随着日本各种势力对台湾地区的不断扩张,日本佛教各个宗派也开始对台湾地区展开了殖民化布教,其中有日本佛教的天台宗、华严宗、禅宗(临济宗妙心寺派、曹洞宗)、净土宗(净土宗、西山深草派)、真宗(本愿寺、大谷派、木边派)、日莲宗、真言宗(高野派、醍醐派)、法华宗(显本法华宗、本门法华宗)等八宗十四派,都纷纷派僧侣抵台布教,布教中心全部设在台北市。1922 年 4 月,日本方面专为台湾地区的布教成立了日本官员佛教会。

日军占领台湾初期,为了响应"职班进升"这种日本针对台湾的"开教政策",日本佛教部分宗派的僧侣也加入远征军充当"从军布教师"(或称"从军僧"),这个"开教政策"的主题是:愿意赴台开教的日本僧人可被破格晋升僧职。当时,"从军僧"的主要任务是为部队官兵的安定、追悼以及礼仪服务。① 后来,随着日本禅宗杂志《正法轮》的一项建议被日本官方所采纳,日本的"从军僧"便被赋予了向台湾地区"灌输国家忠效主义"、让佛教成为日本帝国向外扩张重要一环的历史使命。

在 1895—1911 年辛亥革命这一段前民国时期,日本佛教采取了"调查台湾佛教"的"温存"策略,不仅大办佛教讲习所以及各种道场,而且不断地将台湾原有的寺庙,不分佛、道及民间信仰,一并纳入自己的佛教宗派体系。在殖民势力压力下,台湾佛教开始了那种"为了生存而通变"的宗派归顺。日本佛教宗派在台湾私下吸纳"旧惯寺

---

① 参见阚正宗《台湾佛教史论》,第 72—104 页,北京,宗教文化出版社,2008。

庙"的举动,也惊动了当时日本驻台总督府。为此,总督府于 1897 年 4 月直接下令予以阻止。不久,鉴于语言障碍、经费短缺、日僧品行不齐等多重不利因素,日本佛教宗派在台势力对台湾民众所实施的开教行动渐渐萎缩,到了 1900 年下半年,他们改变方向,开始针对在台日本人传教了。

日本佛教对台湾的强力渗透,实际上已经造成了当时大多数佛教寺庙归顺日本宗派。虽然存在日本禅宗派系的影响甚至干扰,民国开国前后几年,台湾本土佛教还是发生了一次体现民族自立精神的佛教创宗革命,表现为先后创立了基隆月眉山派灵泉禅寺法脉、五股乡观音山派凌云禅寺法脉、苗栗大湖乡派法云禅寺法脉、高雄大岗山派超峰禅寺(承接台南开元寺)法脉。不久,灵泉禅寺、法云禅寺先后被迫归化为日本曹洞宗宗籍,凌云禅寺、开元寺、超峰禅寺先后被归化为日本临济宗宗籍。这对当时台湾佛教发展的基本走向影响非常深刻,以致在日本占领台湾的后几十年中,整个台湾佛教不得不以一种"通变生存"的方式继续生存下去。

台湾佛教通过归宗日本佛教系统,客观上也促成了两大佛教变革,这就是台湾佛教派系能够独立授戒、旧惯寺庙开始法制化管理。可见,日本佛教对台湾的布教以及后来对台湾佛教的改造,对于殖民时期的台湾佛教来说,实际上构成了另一大历史渊源。

三、台湾佛教三大基本形态

近代台湾佛教"通变生存"的特点,主要表现为缺乏主体性。其实,台湾佛教并非没有自己特有的基本形态。根据台湾信众当时生活中的佛教实践方式,可以将台湾佛教划分为民俗佛教、老官斋教和制度佛教三种基本形态。

1. 充满"泛灵"色彩的民俗佛教

应当说,台湾早期的佛教并不是纯粹的佛教。清代之后,台湾原始宗教依然对民众的精神生活产生相当重要的影响,这也必然改变了从大陆传至台湾的传统佛教形态。台湾原有宗教信仰与大陆来台佛教相遇,产生了一种民俗佛教的佛教形态,它具有传统佛教与官方祀典相互结合的信仰结构特点、追求灵验与感应等不同于传统佛教的信仰方式。不少台湾本土的厉坛、城隍庙、关帝庙甚至妈祖庙都由外来和尚担当住持,这也是民俗佛教的一个特别鲜明的表现。这类寺庙往往混合着佛教与道教的崇拜偶像及民间诸神。在玄天上帝庙和妈祖庙里,也会同时供奉观音菩萨与文昌帝君。佛寺中往往也供奉着列位神尊。佛教僧侣以及佛寺也经常承接风水堪舆、卜卦释梦等占卜之类的神算秘行。这种民俗佛教往往具有佛教寺院的建筑与师传关系,但是缺乏严密系统的佛教教理、修习教义以及僧团组织,甚至还保留着"男女混杂"、"僧俗罔辨"的现象,其庙宇大多也是一些"香火庙",最具代表性的寺庙就是遍及全岛、蔚然成风、影响至今的龙山寺系统。

尽管如此,这种民俗佛教一方面因为它更贴近台湾原住居民的生活,另一方面因为它也得到了大陆移民佛教的兼容,从而一直维系了下来。《闽海偶记》就有记载:明(郑)时期来台的宁靖王朱术桂,在妈祖庙接应僧侣住持,"妈祖庙(即天妃宫)在南宁坊,有住持僧圣知者,广东人;自幼居台,颇好文墨。尝与宁靖王交最厚。王殉难时,许以所居改庙,即此也。"[①]清代乃至民国时期,不断从大陆来到台湾的僧侣一时找不到合适的寺庙丛林,往往也受到民间信仰寺庙的接待。曾有记载"前殿祀妈祖、后殿祀观音,各覆以亭。两旁建僧舍六间,僧人居之,以奉香火。"[②]这些僧侣在台湾往往被视为"非正信"的佛教徒,所以一旦他们住持了那些不隶属于佛教的寺庙后,便被人们称之为"东家",借住这种寺庙的僧人则被称之为"客师"。这也是民俗佛教的一大特点。

---

① 吴振臣:《闽海偶记》,《明朝宁靖王府邸祀典台南大天后宫》,第8页,台南大天后宫管委会编辑发行,2005。
② 陈文达:《台湾县志·庙宇》,第211页。

这样的民俗佛教一直延续到民国。在日本殖民时期，民俗佛教信仰及其供奉方式可以相对远离于日本佛教改造台湾"制度佛教"的逼迫，同时更多不愿归顺日本僧籍的居士也渐渐加入了进来。其结果，一方面促使民俗佛教生命力不断，另一方面也为民国至今日渐盛行的台湾居士佛教形式打下了牢固的基础。

2. 遗存"罗教"基因的"老官斋教"

"斋教"作为台湾的一种佛教形态也存在于日本殖民时期。追溯其前身，应当兴起于明代中叶大陆的罗教。罗教发源于山东漕运军人罗清，他最基本的一个修行主张，就是批评僧侣出家，坚持一种"在家佛教"。由于漕运军人四处流动，无法入寺念佛修行、供奉祈祷，所以这种由运粮军人创造的佛教实践方式沿着大运河广为流传，被越来越多同样处境的信佛者所接受。

罗教的信徒们坚持一种特别的修行方式，表现为在家修行、不出家、不穿法衣、不剃头、持斋食素，逢朔望秉香烛，聚会斋堂，礼拜本尊白衣观音和释迦佛，并以阿弥陀佛、弥勒、关帝、妈祖、往生娘娘以及本派祖师为主祀，早上课诵《金刚经》，中午课诵《心经》，晚间课诵《阿弥陀经》。这种不同于传统佛教的念佛形式，又被称之为"老官斋教"或"菜堂"，信徒往往被称为"食菜人"，女众为"斋姑"，男众为"斋公"。

清军进入台湾之后，斋教随之也被引入台湾。由于"在家佛教"的信仰方式具有广泛的实用性、通俗性和民间性特点，加之它反对传统寺院教派之腐败，提倡一种"佛性遍满"的佛性观点，又以罗清本人根据佛教思想精心编撰的《五部六册》来简化浩繁的传统佛教典籍，所以斋教传到当时佛教系统不见明朗的台湾，便立即受到了普遍欢迎。明、清乃至民国时期，中央政府一直视斋教为一种非法的秘密教派而予以取缔。所不同的是，台湾不甚关注佛教的具体形式，以致大陆斋教传抵台湾之后，便被迅速接受并发生了变异，一方面延承大陆斋教的传统，另一方面创立了自己的斋教堂口。

明嘉靖四十五年(1566)，浙江宁海鱼商蔡文举首先抵达台湾南部，传力斋教的"金幢派"及慎德堂；接着于清嘉庆十五年(1810)，大陆斋教十六祖卢普济的弟子普爵在台南创立台湾斋教的"龙华派"及德善堂；清咸丰十一年(1861)，大陆斋教十五祖归全元派遣黄昌成到达台南，创建台湾斋教的"先天派"及报恩堂。清代以后，"金幢"、"龙华"、"先天"这三大派别各自的"斋堂"如雨后春笋，渐渐遍布全岛。

台湾斋教的金幢、龙华、先天三派具有一个共同特点，即强调禅宗六祖慧能的法脉真传、继承在家修行的传统、批判出家僧尼中的腐败与低下的自恃修行能力。三大派别也分别规范了各自斋教的道场、典籍、系谱、等级和仪式。这是台湾斋教对大陆斋教的一个大发展。

清代台湾往往将女性出家为尼视作影响风化和破坏家庭稳定，加上台湾佛教普遍缺乏"剃度师"这种客观困难，台湾斋教中便出现了"斋姑"略占主流的现象，如清代福建人梁章钜所称"吾乡人家堂室内，亦无不奉观音者，女流持斋诵经，犹为敬信"。[1] 这又是台湾斋教的另一个特点。

台湾斋教之所以能在清领台湾时期盛行，而且清代台湾佛教以斋教为主，其中有两个客观原因。第一个客观原因是当时的当地政府对出家为僧的家庭有着税赋上的优惠，所以政府并不允许太多的人加入僧籍。由于带发修行的斋教不享受政府的这种税惠，反过来，政府对斋友的人数也就不加限制了。另一个客观原因，则是清晚期太平天国摧毁了大批江南佛寺，造成大量出家人无寺可归。其中不少人转道台湾佛教道场，却又受到官方限制，于是不得不选择斋教这种修行方式，从而壮大了斋教信众的队伍。

台湾斋教秉承了大陆罗教的叛逆个性。当甲午战争的后果无情地波及台湾的时候，1915年6月台湾发生了斋教以武装形式抗日，却遭来毁灭性打击的"西来庵事件"。台湾全面沦陷之后，日本驻台总督府总结

---

[1] 梁章钜：《退庵随笔》卷一〇，转引自林国平主编《闽台区域文化研究》，第385页。

了"西来庵事件"的教训,日本驻台总督府管理宗教的社寺课课长丸井圭治郎编写了《台湾宗教调查报告书》这份极为重要的史料。以这次调查结果为依据,日本驻台总督府强行以日本佛教辖制斋教,台湾部分斋教人士被集体归化为日本曹洞宗,否则难保不受迫害。1929年,为了进一步控制及打压台湾斋教,日本驻台总督府社会文教课邀请了斋教研究学者李添春教授,共同对台湾地区进行了一次较大规模的"宗教调查",形成了极具史料价值的调查报告《本岛佛教事情一斑》。

所以,"西来庵事件"之后,台湾斋教渐渐走向衰落,并转而并入"制度佛教"的禅宗四大法脉。

3. 嫁接"日禅"风格的"制度佛教"

日本殖民初期,在严峻的生存环境中,台湾佛教中的前两种形态,即民俗佛教和老官斋教已经开始萎缩;同时,受日本佛教影响及推动,所谓"制度佛教"渐渐兴起。

台湾传统制度佛教的基本形态以丛林为显著标志。日本殖民时期,台湾佛教丛林以四大法脉——即基隆月眉山派灵泉禅寺法脉、五股观音山派凌云禅寺法脉、苗栗大湖乡派法云禅寺法脉和高雄大岗山派超峰禅寺法脉为主流。四大法脉的整个发展过程中,日本佛教势力一直没有放弃将其归属为日本佛教体系的努力。对此日本殖民当局一方面限制了"从军布教僧"对台湾民众的"开教"活动,另一方面正面地支持日本佛教宗派对台湾佛教进行全面改造。

"西来庵事件"的主体是斋教信徒。但事件发生之后,与斋教一直存在千丝万缕关系的台湾传统佛教或多或少地受到了牵连。面对支离破碎的斋教体系,越来越多的斋教信徒为了生存而不断加入日本佛教。当时,斋教先天派主持人黄玉阶看到了这种紧迫形势,他抓住这个建立全岛性佛教组织的大好契机,提出了成立全台湾第一个佛教会组织——本岛人宗教会的建议,期望这个全岛性的宗教团体能够形成一股力量,以保护台湾佛教自身的安宁和利益。

虽然这个举措最终没有实现,但给日本殖民当局一个强烈的触动。1920年1月,日本当局施加了巨大压力,台湾佛教界被迫成立了台湾龙华佛教会。成立大会上所宣读的《大趣旨书》中有勉强而明确的表态——今后的台湾佛教,要斩断与大陆佛教的联系并积极"日本化",理由是"勿以舍近图远与支那本山;日月是沿,可决然与本国养成纯粹宗风"。这是日本殖民当局欲将日本佛教风格嫁接到台湾佛教的一个历史信号与起点。

1921年4月,距离台湾龙华佛教会成立仅一年多时间,由经当时台湾总督府社寺课首任课长丸井圭治郎精心组织策划,台湾艋甲龙山寺的一个佛教俱乐部成立了名义上为民间团体,实际上以日本官员为会长的全台湾性佛教组织——南瀛佛教会,其成立宗旨就是全面渗透、控制并改造台湾的旧惯佛教。当时,丸井圭治郎认为:"本岛所有名为僧侣及斋友,其智识才能微薄,欲任以领导社会之实质,茫然罔觉。同人有见及此,是以告发教训太急务,使知佛教精神,鼓吹信仰,开拓其心境,严正其志操,彼等社会地位日日蒸上并授予布教传道诸法,具有来民教化之资格。"①这就是南瀛佛教会成立的初衷。

当然,在客观上,当时的日本要比台湾接触了更多的西方文化及宗教思想,日本佛教在与台湾佛教进行对话的过程中,发现两者存在着不可逾越的差距。这便成为日本佛教决心改造台湾佛教的一个出发点。实际的历史情况是,经过50年的日本对台统治,特别是1937年七·七事变中日正式宣战之后,台湾佛教真正失去了悄悄依靠大陆本山的主体性,日本殖民当局更加强化了在台湾地区的"皇民化运动"进程,强制规定台湾所有尚未归属日本佛教的寺庙、斋堂一律改为日本化的神社,其中一切法器、仪轨、制度均效仿日本,直接导致日本佛教终于成为台湾佛教发展的向导。

---

① 引自《南瀛佛教会会报》第一卷第一号《南瀛佛教会之沿革》。

因此，台湾殖民后期即1945年之前，台湾佛教日益兴隆的四大法脉共同呈现为一种处处带有日本禅宗风格的佛教形态。

第二节　台湾佛教四大法脉丛林

欲考察民国时期台湾佛教的基本状况，梳理出当时已经成型的基隆月眉山派灵泉禅寺法脉、五股乡观音山派凌云禅寺法脉、苗栗大湖乡派法云禅寺法脉、高雄大岗山派超峰禅寺法脉的基本线索，不失为一个最佳方法。

台湾进入殖民时期后，佛教道场的创建及其分布还是比较合理的。其合理性不仅来自台湾佛教沿山脉分布的特点，而且来自当时日本佛教宗派势力所分布的影响力。

一、基隆月眉山派灵泉禅寺法脉

基隆的月眉山位于台湾的北部。清末民初，当地皈依佛教的信徒不断增多，却没有一座具有规模的寺庙。见此情景，有位善智禅师萌生了选择一地，模仿鼓山祖庭修建一座本山寺庙，从而创建月眉山派法脉的想法。

善智禅师，俗名胡阿红，1852年生于基隆市草尾店（今基隆市仁爱区），三十八岁之前曾在基隆斋教的龙华教派掌教，三十九岁（1891）渡海抵达福建鼓山涌泉禅寺，拜景峰禅师出家受戒，七年之后（1898）偕同妙密禅师一同返回台湾募缘，驻锡于基隆市的清宁宫。

1905年，大水窟斋斋友林来发得知善智禅师的这个宏愿，便献出一块上好土地，作为后来月眉山派的本山道场——灵泉禅寺的用地。1906年9月，善智禅师在新落成的大雄宝殿内诵经，突然身感不适，回到方丈室后便圆寂。所以，灵泉禅寺尚未完成的建寺工程便由善智禅师的同戒师弟，1902年也在鼓山涌泉寺受戒的善慧禅师悉数承担。

灵泉禅寺工程于民国七年(1918)全部完成,它标志着民国年间台湾第一座具有丛林规模、时为台湾四大禅宗法脉之首的基隆月眉山派灵泉禅寺法脉基本成型,创立人尊为善智、善慧两位禅师。按照鼓山法脉《星灯集》记载,景峰禅师是鼓山涌泉禅寺第21代住持妙莲长老之徒,辈分为22代,那么善慧禅师在鼓山法脉中的辈分就是23代。对此,《星灯集》加注了特别的说明:(善慧)建台湾月眉山灵泉寺,其子孙繁衍台湾。民国二年(1913),善慧禅师曾赴印度,请回玉佛三尊及佛陀舍利五颗作为灵泉禅寺的镇山之宝。

民国时期,月眉山派的分灯禅寺已达47处,主要分布于台湾的东部和北部。它们所处的地理位置近邻日本,加之基隆也是台湾第一大港口城市,当时就被日本殖民当局列为日本曹洞宗在台湾地区的"要枢布教区"。在善智禅师圆寂第二年(1907),善慧禅师为了"通变生存"而加入了日本在台湾的曹洞宗僧籍。这是殖民时期日本佛教改造灵泉禅寺的一个客观条件。

1908年,善慧禅师继任灵泉禅寺住持,为了月眉山派法脉能够延续发展,采取了与日本曹洞宗长期合作的方针。当时,灵泉禅寺正在继续建设当中,许多项目必须得到日本驻台总督府核准。善慧禅师加入日本僧籍多少也是出于这种客观压力。1911年,善慧禅师拜访了曹洞宗本山总持寺管长石川素童并获得帮助,得到了日本内务省宗教局的嘉奖,请回新修训点《大正藏》一部共8534卷;1912年,灵泉禅寺开办了台湾佛教史上的第一次佛教讲习会——爱国佛教讲习会;1916年,善慧禅师担任了具有日本曹洞宗背景的台湾佛教中学林(今泰北中学前身)学监;1918年,善慧禅师正式创立月眉山派灵泉禅寺法脉;1921年,善慧禅师升任私立台湾佛教中学林校长。灵泉禅寺这一系列事典的成功,实际上也依靠了日本曹洞宗本山与善慧禅师之间长期的合作关系。可以说,由于灵泉禅寺法脉一开始就被纳入日本曹洞宗的佛教系统,起码在寺院经营方面,月眉山派灵泉禅寺较大程度地借鉴了日本佛教的基本模式。在灵泉禅寺的传位住持中，德融禅师曾两度进入日本曹洞宗本山进修，成为早期台湾与日本之间佛教交流的使者。1945年台湾光复，灵泉禅寺随即积极组织筹建台湾佛教总会，以求尽快推进"去日本化"进程。

由于诸位禅师坚持"通变生存"的处世信条，经过不懈努力，月眉山派灵泉禅寺法脉香火不断，延绵至今。

二、台北观音山派凌云禅寺法脉

台北县五股乡境内的凌云禅寺，是民国时期台湾佛教中观音山派的大本山。清光绪九年(1883)，大陆福州鼓山涌泉寺的明理法师游访，来到台北的五股乡，见主峰挺拔，四周群山环抱，堪称卧虎藏龙之地，便邀请同戒师兄宝海法师前来此地，搭建了一些茅棚，整日奉佛潜修，渐渐形成了一座"凌云古寺"。光绪三十四年(1908)，又有本圆、觉净两位禅师前来参访。这时，明理法师已经圆寂多年，宝海法师力邀他们与台北富商刘金波、士绅林清敦一同，准备在古寺百步之遥的地方建造一座新的凌云禅寺。1914年，宝海法师示寂，本圆禅师接任了凌云古寺的住持。

为了建设凌云禅寺，本圆禅师于1917年辞去了台湾佛教中学林副学监的职务。历时三年，他与觉净禅师历经艰辛，终于在1920年建成了大雄宝殿、开山院、楞严阁、拥云庐、寒山岩、拾得庵、达磨洞以及寮房、斋堂，完成了宝海禅师的托付。为了彰显禅寺的非凡气度，他们又在新建禅寺沿着观音山的漫长山道旁，安座了108尊石雕的观音。此寺即被定名观音山凌云禅寺，成为民国时期规模最大、院落最全的法派开山大寺庙。以此作道场，本圆禅师以开山祖师身份，创立了观音山派凌云禅寺法脉。

本圆禅师原本台湾基隆人，沈姓，生于清光绪八年(1882)，16岁拜僧人法参为师，20岁出家于福州鼓山涌泉寺，礼振光禅师受具足戒并修学多年，承接临济宗一系法脉。在这之后10年间，本圆禅师访遍了国内名山古刹，宣统元年(1909)曾暂时驻锡过凌云古寺，后又回到鼓山。民国妙果老禅师偕慈航法师晚年致力于佛教办学，不仅让苗栗大湖乡派法云禅寺法脉能够传扬全岛，也为大陆与台湾之间后来的佛学文化交流奠定了良好基础。①

四、高雄大岗山派超峰禅寺法脉

高雄县位于台湾最南部，与台南市相接，两处大岗山脉延绵，又有阿莲平原相连。此地原为明清闽粤汉人来台移垦的发祥地。清雍正九年（1731），有一位昭光禅师在高雄县阿莲乡大岗山上结茅为庵，取名超峰禅寺，形成了台湾较早的一个佛教道场。1903年，周义敏（1875—1947）和徒弟林永定（1877—1939）先在开元寺出家为僧，随后他们来到超峰禅寺，将其改建为本山，并创立了高雄大岗山派超峰禅寺法脉。在台湾的四大法脉中，唯有高雄大岗山派超峰禅寺法脉不具有大陆祖庭的渊源。而大岗山派的另一座祖山开元寺仍可溯源大陆祖庭。

据台湾郑卓云居士（法名普净）在1931年撰《台南开元寺志略稿》记载，1683年郑克塽降清，郑氏在安平（今台南市）的北园旧址便被清朝所派台湾镇总兵王化行下令辟建为佛寺。1690年8月7日动工，至第二年4月完工，被命名为"海会寺"。海会寺建成之后，第一代住持志中祖师随即向社会募缘，由第二代住持福宗禅师于康熙三十四年（1695）元月铸成全台湾最早的一座铜钟，被称为"开台第一梵钟"。后来，海会寺更名为开元寺。因为该寺为台湾最早的寺院，大陆移台的各路佛教信徒和居士蜂拥而至，一度造成了派系复杂的局面。明代开元寺的正统派传自福建泉州承天寺的临济宗。清末，少林寺出身的荣芳、大商人出身的陈传芳和术数家出身的蔡玄精三人先后入主开元寺。日本殖民初期，住持荣芳禅师去世，陈传芳滞留大陆出家。1895年蔡玄精在开元寺出家，后赴福建鼓山礼陈传芳为师接受大戒，1903年回到开元寺正式接任开元寺

---

① 觉力、妙果禅师相关资料参引自网上于凌波文章。

二年(1913),应宝海法师邀请再次赴台,住持凌云古寺,不久便建成凌云禅寺并创立观音山派。本圆禅师于1947年圆寂于住持之位,接任凌云禅寺住持的是觉净禅师。觉净禅师是一位十分守成的僧人,所以凌云禅寺法脉后期起色不大,发展也不见扩张,多被人们当作"古迹名胜"而尊敬。

观音山派在台北地区产生过较大的社会影响。一方面因为观音山形似卧睡观音,秀美至极,灵云禅寺规模宏大。另一个重要的原因,则是本圆禅师当时具有很高的社会地位。他曾经担任过台湾佛教中学林的副学监,教授过许多佛教人士,拥有较高的教界声望和影响力。更主要的是,他是当时台湾临济宗的主要代表人物,而且是日本临济宗妙心寺派在台湾的主要联络人,也是台湾为数不多能够与日本佛教以及日本殖民当局直接对话的高僧之一。

1925年,首届东亚佛教联合会在日本东京芝区公园增上寺召开。本圆禅师代表台湾临济宗与台湾曹洞宗代表大湖法云禅寺住持觉力禅师、台湾在家佛教团体(斋教)代表林许三人,以"台湾代表"的身份参加了这次大会。日本佛教承办这次国际会议,实际上有两个主要目的,即解决"中国布教权争议的后续发展"和"缓和'五四运动'后高涨的反日浪潮"。① 对此,本圆禅师综合了台湾佛教各派的意见,向大会提出了一个可归纳为"宜民的布教方法、全球的传教范围、社会的积极互动、强化的佛教教育"这四个要点的提案,以此要求日本佛教能够在台湾真正做一个"日华亲善"的模范。这个态度反映了本圆禅师宏大的政治视野和正直的宗教情怀。

本圆禅师的特殊身份以及他的无畏精神,为观音山派在台、日佛教界获得影响,为观音山派灵云禅寺法脉的发展壮大起到了不可忽视的奠基作用。

---

① 参见江灿腾《新视野下的台湾近现代佛教史》,第204页,北京,中国社会科学出版社,2006。

三、苗栗大湖乡派法云禅寺法脉

台湾佛教四大法脉之一的苗栗大湖乡派法云禅寺法脉，大本山是法云禅寺，位于台湾苗栗县的大湖乡山中。关于该寺该脉的由来，应当从觉力、妙果两位禅师说起。

觉力禅师，俗家姓林名金狮，福建省厦门鼓浪屿人，生于清光绪七年(1881)十二月初一日，得戒于涌泉寺本忠和尚。光绪二十七年(1901)，觉力禅师二十一岁，开始研学戒律，后于宣统元年(1909)出外行脚参访，然后东渡日本考察佛教，再由日本到达台湾，曾经驻锡于观音山凌云禅寺。创建凌云禅寺的本圆和尚曾于光绪二十七年(1901)在鼓山涌泉寺受戒，住鼓山修道有年，与觉力禅师有同参之谊。

妙果俗家姓叶，名阿铭，他是桃园县平镇乡人，清光绪十年(1884)十月十一日生。光绪二十七年(1901)，十八岁的妙果在桃园斋明寺皈依了佛门，剃度出家。宣统元年，得知鼓山觉力禅师来台驻锡观音山，便前往礼拜，结下师徒之缘。觉力禅师离开台湾之后，妙果依然留在观音山修学，后来升任为凌云禅寺副寺。觉力禅师返回鼓山后出任监院。宣统三年(1912)，妙果在觉力禅师的鼓励下由台湾乘船赴福州，在鼓山涌泉寺受具足戒，取得禅师与住持资格。圆戒之后回到台湾，仍驻锡凌云禅寺。

早在清代，大陆移民来到大湖乡地区开辟土地，曾经与当地高山族原住居民屡动干戈，相互厮杀。日本殖民时期此风依旧，大陆迁来的移垦民众与高山族原住居民长期生活在紧张对抗的恐惧当中，急需精神上有所依赖。因此，大湖乡地区的耆绅吴定连、刘缉光等人产生了在大湖乡建立一座佛寺的想法，并向地方官署办理了申请手续。偶然的机会，妙果禅师与刘缉光居士邂逅于凌云禅寺，一夕倾谈，理念相同而投缘，即决定合作在大湖乡创建法云禅寺，并于民国元年(1912)开工兴建，第二年完成了僧寮工程。这时，大雄宝殿还在兴建中，妙果禅师便亲赴福州鼓山，迎请觉力禅师来台出任新寺住持。随之，觉力禅师来到台湾，时年三十三岁。

民国三年(1914)冬阿弥陀佛圣诞日,大雄宝殿落成。从此便流传出了"法云建而大湖平"的谚语。法云禅寺建成之后,因觉力禅师研律出身,所以佛门仪轨森严。觉力与妙果师徒合作无间,地方绅商刘缉光、吴定连、吴定新、吴定贵、吴定来等人也不断地出钱出力,热心护持。至此,觉力禅师以这座名山胜地作为本山,弘扬佛法,振兴宗风,四方衲子,闻风归仰,常住信众达到250余人,成为当时台湾空前的庄严道场。至此,苗栗大湖乡派法云禅寺法脉已经基本成型。

民国五年(1916),觉力禅师初在苗栗公馆行修寺讲经,继而主持水陆法会,并捐供养金修筑了一条自山脚至山门共1820阶的登山石阶道路,命名曰"阿鞞跋致(不退转)路"。民国六年(1917),妙果禅师应台北信众之请,来到中坜创建圆光寺,成为圆光禅寺的开山之祖。

民国七年至十年(1918—1921),觉力禅师在法云禅寺四度传戒,戒子众多,僧寮不敷居住,于是便增建禅堂。民国十一年(1922)禅堂落成,请来了闽南高僧——厦门南普陀寺住持会泉法师来台莅寺主持水陆大法会,盛况空前。觉力禅师还在寺中设置了一所仁济医院,由妙贤法师负责,广施汤药,赈济贫病,受益者甚多。台北艋舺(万华)有一座历史悠久的佛教名刹——龙山寺,台北绅商辜显荣及吴昌才等人仰慕觉力禅师道风已久,便礼请他来龙山寺住持。于是,觉力禅师便奔波于台北与大湖乡之间。

日本殖民时期,出于觉力禅师的声望,日本曹洞宗迫纳其僧籍,并任命为日本曹洞宗在台湾的布教师。对此觉力禅师不以为然,他深藏于苗栗,与台北的曹洞宗别院不即不离,身穿日式海青及袈裟,言传鼓山涌泉寺的法统。觉力禅师曾经迎请大陆名僧会泉、圆瑛、道阶等法师来台弘法。圆瑛法师到法云禅寺宣讲《楞严经》,这是民国十三年(1924)的事。道阶法师与太虚法师一同作为参加日本东亚佛教大会的中华佛教代表团团长,曾于民国十四年(1925)冬顺道莅临法云禅寺。这些足以证明他念念不忘中国佛教祖庭。

觉力禅师的法派传承是曹洞宗寿昌法脉,世系是"慧元道大兴,法界一鼎新,通天并彻地,耀古复腾今"20个字,觉力是"复"字辈,"复"字辈外号为"觉","腾"字辈外号为"妙","今"字辈外号为"达"。所以,觉力禅师的徒子徒孙是以"妙"、"达"排名的。自法云禅寺民国元年创建之后,法脉繁衍,分灯遍及,为数上百。台北市的通法寺、法光寺,台北县的慈云寺、妙法寺,桃园的圆光寺、宝莲寺,新竹的灵隐寺、一同寺,苗栗的行修寺、净觉院,台中的法华寺、毗卢寺,彰化南投的双林寺、碧山岩,嘉义的天龙寺,高雄的崇光寺,屏东的真如院,花莲的玉泉寺等等,繁多寺院构成了一个规模极大的"连锁道场"。

大湖乡法云禅寺的第二任住持是释妙果禅师,他的内号是腾悟,外号妙果,为曹洞宗洞山良价传鼓山的第四十四世法嗣,属于江西寿昌法脉"耀古复腾今"中的"腾"字辈。圆光寺始建于1917年,至1920年落成,妙果禅师为该寺开山第一代住持。此后他在桃园弘法利生,教化一方,数年之后,道誉日著,声播东瀛。因此,日本曹洞宗大本山宗务院也将妙果禅师编入曹洞宗僧籍;曹洞宗首刹永平寺管长日置默仙,曾经聘请妙果禅师为台湾布教师。曹洞宗台湾别院院长大野凤州,参加聘请妙果禅师兼任毗卢寺住持,及担任法藏寺、圆通寺等寺的导师。此后,妙果禅师不仅在中坜、桃园弘化,进一步南北奔波,讲经布教。几年之间,妙果禅师又被台湾总督府遴选为南瀛佛教会理事、评议员,并受赠日本永平寺及总持寺所赠的金襕袈裟,及曹洞宗管长铃木天山赠予的安陀会衣。1932年觉力禅师圆寂,妙果禅师于是年7月25日继任为法云禅寺第二代住持。

觉力禅师圆寂之年,妙果禅师春秋五十,正是壮盛之年,他致力于弘法利生事业,席不暇暖。1936年,他在圆光禅寺传授三坛大戒。翌年东渡日本,日本昭和天皇早闻他的道誉,延请他入皇宫供养,并颁赐袈裟、如意、钵具、拂尘、折扇等御物,这是台湾僧侣首次在日本接受日本皇室的供养。

1945年日本败降,抗战胜利,台湾光复。妙果禅师身兼关西潮音寺、员林双林寺、竹东大觉寺、彰化大佛寺等住持及民生杂志社社长。此时,台湾佛教的老一辈耆宿多已谢世——觉力老禅师示寂于1932年,观音山凌云禅寺开山本圆老禅师示寂于1945年6月,月眉山灵泉寺善慧老禅师示寂于1945年12月,台南开元寺住持得圆禅师、大冈山超峰禅寺住持义敏禅师、台南竹溪寺住持捷圆禅师,分别于1946、1947、1948年圆寂,因此妙果禅师便成为台湾僧侣中的中心人物。一时间,妙果禅师道誉之隆,无与匹敌。

1948年,妙果禅师年迈六十五岁。为了实现培育僧侣人才的夙愿,他在中坜的圆光禅寺创办一所台湾佛学院,礼请当时还在南洋弘化的慈航法师出任院长,主持其事。

慈航法师(1895—1954)是福建宁县人,18岁披剃出家,曾学禅于圆瑛法师,听经于谛闲法师,学净于度厄和尚,也读过闽南佛学院。1931年前后到了缅甸,在仰光的龙华寺担任讲师。他在仰光联络佛教居士,组织中国佛学会推行弘法活动。后来他的弘化区域扩大,遍及于马来西亚的吉隆坡、槟榔屿、雪兰峨、马六甲、新加坡(当时新加坡尚未独立)等大城市,所到之处成立佛学会,南洋华侨普沾法雨。1948年,他受到妙果老和尚的约请到台湾辅办佛学院。志趣所在,他欣然应聘。是年10月他来到台湾,立即展开招生事宜。他与妙果老禅师共同拟定了《台湾佛学院宣言》及招生简章。这份《宣言》中说:

> 我台湾陷于异族之手,五十年来固堪疾首,然民众信仰佛教向未后人。虽一时曾为帝国主义者所利用,纯洁无瑕之佛教,致蒙不白之冤,然亡羊补牢,犹未晚也……吾人应如何协助政府,重新新中国,则提倡佛学教育,实不可缓。同人等本此意旨,为国家计,为民族计,故有办台湾佛学院之举,所望爱国之士,凡有心提倡智育、德育者,盍兴乎来?

住持。

　　这段时期,开元寺因为有不同派系的僧侣先后入寺而发生了传承方面的分裂,蔡玄精禅师的前任住持宝山常青曾经联络日本僧侣,变卖过寺院财物,造成了开元寺前所未有的财务危机。这个局面直接导致了1903年身为监院和兼任住持的林永定偕其师周义敏挥别开元寺,另行创建大岗山派超峰禅寺。当然,林永定当时未能任职正式住持的直接原因,是他还没有去过福州鼓山接受大戒,按照郑卓云在《台南开元寺志略稿·法派》中的描述:"(1)开元寺为临济正宗,传自南海普陀山之普济寺。(2)溯法灯之源,为黄龙派之后裔。(3)自志中大师开山以来,代代皆禅宗一脉相传。(4)系统则(a)由天童密祖法裔;(b)而之南海普济寺;(c)传之鼓山涌泉寺。(5)1917年6月4日,传芳住持加入日本临济宗妙心寺派,成为辖下的联络寺院之一。"所以,1903年由周义敏、林永定开创大岗山派的佛教法脉的本山超峰禅寺,实际上与开元寺同属禅宗临济一派宗谱。

　　由于上述历史,高雄州大岗山派法脉理应客观地被划分为"以开元寺为正统旧传承、以超峰禅寺新道场为新传承"这两个发展阶段。就超峰禅寺这个新道场而言,还存在着一个"新、旧超峰寺"之分。在大岗山上由绍光法师开建于雍正年间的超峰禅寺,习惯上被称之为"旧超峰寺"。1942年,旧超峰寺曾经被日本军部以要塞管制和战争需要而摧毁,当时的住持陈永达禅师率领着大岗山派僧尼来到山下,在阿莲平原上另外修建了一座新的超峰禅寺。因为是对"旧惯寺庙"的重建,这个新超峰寺并不需要申请官方的核准。

　　就开元寺和超峰禅寺之间的关系而言,周义敏、林永定两位当年挥别开元寺后,并没有导致两寺之间产生隔阂。日本殖民时期,周、林两人已经清醒地明白佛寺之间,尤其是同一法脉的派别之间相互呵护,对于当时台湾佛教能够在社会大动乱的逆境中生存下来是何等重要。所以,台南开元寺与高雄超峰禅寺之间一直保持着亲密关系。每当寺中举行大型的佛教法事活动,两大寺院的僧侣便会相互帮忙。① 实际上,林永定禅师在 1903 年离开开元寺去住持超峰禅寺之后,依然继续兼开元寺监院一职长达 5 年之久,直至当时开元寺的改建工程结束。

大岗山派的这两大寺庙不可避免地面临日本佛教的强迫改造。实际上,日本来台的佛教是按其在台湾地区的势力分布来进行争夺性扩张的。在陈传芳禅师入主开元寺之前,因为该寺住持荣芳禅师出身少林寺曹洞宗一系,所以与日本曹洞宗佛教势力一直合作。鼓山临济宗一系的陈传芳禅师入主开元寺之后,积极联系并加入了台湾的临济宗妙心寺派,从而摆脱了日本曹洞宗的势力控制。其实,日本佛教势力对开元寺的争夺,大半也是为了对台湾寺产有所控制。所以,林永定禅师当时辞去开元寺兼任住持一职,偕同周义敏禅师入主超峰禅寺,则多少含有保全及经营超峰禅寺之寺产的初衷。

大岗山派超峰禅寺法脉的寺院系统建设,经过林永定禅师的有效经营,在 20 世纪 30 年代已经具有"核心寺院"(比如新、旧超峰禅寺)、"隶属寺院"(比如龙湖庵、莲峰禅寺等)和"联络寺院"(比如嘉义清华山的德源禅寺、嘉义弥陀禅寺、高雄茄定乡白云禅寺、屏东南太山映泉禅寺等)共同构成的"连锁道场体系"。

然而,对大岗山派超峰禅寺法脉壮大规划的实施却受到了日本殖民当局"皇民化运动"的抑制,衰退发生在 1942 年旧超峰禅寺被迫迁址下山之后,新超峰禅寺同样不能避免日本佛教以"皇道教育"课程进入的方式对其进行改造。

第三节　台湾佛教五大重要事件

清代至民国期间,台湾佛教发生了几件可以记载佛教发展的历史事

---

① 参见曾景来《台湾佛教资料——赤山・龙湖岩——大岗山・超峰寺》,载《南瀛佛教》第 16 卷第 12 号,第 24 页。

件。在一个比较宏观的层面,这些事件反映出当时台湾佛教发展的历史处境、变化特点和变迁趋向。由于当时台湾佛教四大法脉已经形成的四大道场体系各自形成了一种连锁结构,所以这些事件所产生的影响能够迅速波及全岛,成为后来台湾佛教发展的导向。

一、"西来庵事件"导致老官斋教衰落

明清时期,老官斋教一直就是台湾佛教的主流。民国初期,台湾斋教却迅速地溃散,其根本原因来自"西来庵事件"。民国四年(1915),面对日本当局对台湾的占领,余清芳(1879—1915)、江定、罗俊等人积极领导了有组织的抗日活动。他们以台南市的斋堂西来庵作为抗日活动的中心,经常以修筑庙宇的名义广泛地筹集革命军的经费,计划于1915年6月发动抗击日本入侵者的武装起义。可惜计划不周,事情泄露,最终在当年8月惨遭镇压。当时被判死刑的多达903人,被判有期徒刑的达467人,失踪859人。

这宗规模大、影响大且相当惨烈的武装抗日事件震惊了日本殖民当局。由于西来庵属于老官斋教道场,所以即便当时斋教方面竭力申诉这次事件并没有任何斋堂参加,余氏等人也没有斋教信仰,日本当局还是决意彻底地改造台湾斋教。因为他们意识到,目前比较放任的台湾斋教已经对日本殖民统治产生了威胁。因此,日本总督府社寺课主事丸井圭治郎主持了一次比较彻底的全台宗教大调查。1919年之后,日本殖民当局根据丸井圭治郎编写的《台湾宗教调查报告》中的建议,对台湾斋教坚决改造,对斋教活动严格限制,对斋教组织高度压缩和分化。

据丸井圭治郎编写的《台湾宗教调查报告》统计,截止到1918年,台湾全岛所有的寺庙共计3304座,其中制度佛教的寺庙77座,而能够独立计算的斋堂多达172座。当时全台湾受戒僧侣共有789位,斋友总数却高达8663人,借住佛寺的斋友102人。斋教斋友信仰观音菩萨,只设

家庭斋堂而不进佛寺。作为一种地方性极强的宗教集会,台湾斋教已经具有了比较严格的教阶制度及组织形式,使它一方面能与社会底层的平民百姓紧密联系,同时又与正统的制度佛教保持和谐关系。斋教活动相对秘密,往往夜聚晓散、潜行默运,不易被统治当局监管。所以,日本殖民当局明知台湾老官斋教与"西来庵事件"扯不上直接干系,却也利用这个难得的事件来彻底改造台湾斋教。

1920年之后,日本殖民当局对斋教的改造产生了下面几个结果:首先,具有浓厚日本佛教背景的台湾佛教龙华会宣告成立,该会表态全台湾佛教(含斋教)都要向日本佛教学习,接受日本佛教提出的"本宗同源"的口号,切断与大陆本山的关系而向日本佛教靠拢。台湾佛教龙华会总部设在嘉义市山子顶的天龙堂。该"天龙堂"三个字分别取自斋教三派各一字——即先"天"、"龙"华和金"幢(堂)"而成,以表现日本殖民当局"以日本佛教全面辖制台湾斋教"之决心。在天龙堂的压力下,许多原斋教人士纷纷被集体列入日本曹洞宗的名下得以自保。随后,日本殖民当局下令全台湾的斋堂必须改为日本神道教的神社,同时焚毁斋教祖师堂,致使台湾斋教元气大伤,一蹶不振。其次,那些没有被日本殖民当局发现或摧毁的家庭斋堂,虽然由创堂者的后代继续住持,但已失去了斋教以往的传统修习。这样的斋堂表面上必须接受日本佛教的形式,所以堂主不得不以佛教居士的身份出现,也不得不时常邀请正统禅寺的法师前来弘法或者主持法事。陆续地,许多劫后余生的斋堂后来都变成了佛教居士林。这种结果为后来台湾佛教居士林的迅速发生与成长奠定了重要基础。

二、"皇化运动"影响台湾禅风

在前面所划分的殖民时期台湾佛教发展的三个阶段中,日本的"皇化运动"酝酿于初期(1895—1915)、行动于中期(1916—1930)、强化于后期(1931—1945)。民国初期,日本在台湾地区提出"日华亲善"的口号,名义上是为配合日本在大陆的"日中亲善"行动以改善中日对抗关系,实际上却成为日本对台湾进行佛教渗透和改造的一面旗帜。

事实上,日本不仅占领了台湾的土地资源,还企图能够统领全岛居民的精神。所以,作为台湾民众主要的精神依赖,台湾佛教首先被列入了日本对台的改造计划。当时,日本殖民当局对台湾全岛居民的"去中国化"改造采用了"皇民化"的手段,改造台湾佛教则采用了所谓"皇道化"的手段。虽然这种"皇道化"运动启动于1937年七·七事变之后,实际上,日本的随军布教僧早就充当了先行军。日本佛教系统在殖民初期"收编"台湾的旧惯佛教到1921年成立台湾南瀛佛教会,这是对台湾佛教进行"皇道化"的组织准备。殖民中期通过南瀛佛教会宣布的所谓"切断台湾佛教的大陆法脉",这才是日本欲使台湾佛教彻底"皇道化"的关键举措。殖民后期,日本殖民当局直接改造台湾许多寺庙为神社则是"皇道化运动"的极端。对台湾佛教的改造,日本方面采取了以下几个有效的步骤,但出发点和最终目的都是一个,即彻底改变台湾佛教延承的大陆祖庭禅风而归顺于日本佛教。

1. "日华亲善"的"佛教交流"

台湾殖民时期的"台日佛教交流",实际上是一个非常态性的国际交流。台湾佛教与日本佛教在台湾殖民时期的关系是整个中国佛教与日本佛教关系的一个部分,而不是独立的。当时,日本驻大陆九江公使江户千太郎曾经特别呈报日本外务省展开所谓"中日佛教交流",虽然初衷是为了缓和第一次世界大战后因为山东主权问题而引发的大规模反日浪潮,而这项方案最后交由日本佛教联合会处置,实际上演变成了尽快通过退回一部分"庚子赔款"给中国佛教界使用的方式以达到影响中国佛教这种战略目的。这种手法同样地被运用到了对台湾佛教的改造上。

历史地看,日本对殖民时期台湾全体民众所进行的反人道的"皇民化运动",实际上是从对台湾佛教的"皇道化"开始的。开始的时间是七·七事变。将全体台湾人同化成为日本人,普及日本语,崇敬神社,让全部的台湾人都去赞颂日本的神,以致最终以日本的神道为上,成为全体台湾人民的生活规范而打破不属于日本人的"陋习",这是日本占领台湾后的又一个战略方策。与之相配合的三个具体措施是"神宫大麻奉祀、正统改善运动和寺庙整理运动",并以此体现日本官方那种"祭政一致"的宗教行政。

因此,仅仅控制或监管台湾旧惯佛教是远远不够的。然而,完全取缔台湾佛教在客观上也是不可能的。所以,在佛教"日华亲善"的旗帜下,台湾传统的制度禅寺几乎全部被日本佛教重新改宗,归入自己的法脉体系。在日本强加于台湾佛教的"同宗同源"改造原则下,台湾佛教的四大法脉中,台北观音山派凌云禅寺、高雄大岗山派开元寺与超峰禅寺被纳入了日本临济宗系统,基隆月眉山派灵泉禅寺、苗栗大湖乡法云禅寺、狮头山元光禅寺和中坜圆光禅寺则归入了日本曹洞宗系统。那些比较小的派系道场寺自然也随之附庸。据统计,在1936—1942年期间,接受"神宫大麻奉祀、正统改善运动和寺庙整理运动"的台湾寺庙斋堂数量是1098个,约占总数的三分之一,其中的斋堂都必须归入制度佛教,所有斋友必须转为寺院的信徒或信众。

在日本,以临济宗和曹洞宗两大禅宗系统为最强势力的佛教,实际上已经内含了许多日本神道的成分,这也是日本佛教本土化的必然结果。所以,二次大战中日本佛教支持将日本神道推及整个亚洲的所谓"圣战"便是不足为奇且名正言顺的。当时,在配合台湾佛教的"皇道化"过程中,日本殖民当局采取了一种"抑道(民间宗教)扬佛"的政治手段,其信心也来自日本佛教对国家神道——即所谓"皇道"的支持甚至支撑。日本佛教凭借这个政治手段,以较强的力量发起并参与了日本对台湾居民"皇民化运动"的一个直接后果,便是在极短的时间内,日本在台佛教势力在"台湾寺庙归化为日本宗派末寺的规模"和"信徒改变拥有日本僧籍的人数"两个方面都得到了有效的扩张。

1897年4月1日台湾总督府宣布从军政转入民政之后,日本佛教八宗十四派已经开始陆续派遣自己的僧侣赴台布教。如前所述,在全面开展佛教"皇道化"之前,因为"西来庵事件"促成了日本殖民当局于1919年开展了一次大规模的全岛宗教调查。调查结果显示,当初日本的"随军布教僧"离开部队去台湾民众当中"开教"的难度很大、能力有限、可能性很小。这是后来日本佛教八宗十四派纷纷派僧侣赴台布教的一个基本前提。在这个意义上,日本的"随军布教僧"担当了先行军的角色。"西来庵事件"也对台湾佛教如何对应日本佛教"入侵"台湾佛教产生一定的启发作用,这充分体现在事件发生的第二年(1916),台北突然形成了一股以"台湾大佛教演会"形式掀起的、针对台湾佛教是否应当接受日本禅风的"教辩"风潮,从而促进或催化了后来台湾本土以"委曲求全"方式所进行的所谓"新佛教运动"的发展与转型。

2."委曲求全"的"新佛教运动"

台湾殖民时期四大法脉本山禅寺的住持本人,迫于生存形势的巨大压力,先后都不得不加入了日本佛教宗籍。这给人们的印象是,他们所执掌的禅宗派别也好像加入了日本佛教系统。日本当局采用的是一种"管人不管寺"、"以台僧制台僧"、"入室操戈"等典型的殖民主义做法。实际上,台湾的佛寺并没有在"编制"上明确地被纳入日本佛教的法系。

比如,1906年9月善智禅师圆寂时,已经于前一年在基隆大水窟创建的灵泉寺还没有正式命名。当时,接手善智禅师担任住持的是善慧禅师。根据当时的政教历史环境,欲获得寺院的正式命名必须先得到殖民当局的核准,而前提条件是加入日本佛教系统。为此,1906年1月,善慧禅师联系了日本曹洞宗布教师高岸为范禅师,并经由他介绍向日本曹洞宗本山永平寺及总持寺提出了入宗成为末寺的申请。经过将近一年的等待,灵泉禅寺欲成为日本曹洞宗末寺的申请并没有获准。但是,1908年8月,善慧禅师却被意外地编入了日本曹洞宗宗籍。更有甚者,1908年9月灵泉寺佛殿竣工,10月举行观音菩萨安座开光并第一代住持晋山,仪式却由日本曹洞宗大本山管长石川素童亲临主持,直接任命善慧禅师为驻台布教师,并兼任临泉禅寺住持。

这个举动应当说是日本当局一种非常典型的殖民化策略的具体体现,其含义不外以下两个。其一,台湾的寺院依然属于台湾,但管理与经营者必须为日本僧人。这样做,不论对于台湾的旧惯佛寺还是新建佛寺来说,都是一种变相而非直接的日本佛教系统归顺,以致不会因为日本当局具有掠夺台湾寺产之嫌而引发台湾民间的反日浪潮。其二,日本人盘算的是,原本佛教的法系或法脉一般都是依据每一代住持的授戒渊源来延续的。然而,更改善慧禅师在福建鼓山接受大戒的历史已不可能,如果善慧能够将自己的宗籍变更为日本曹洞宗系统,而且他的住持任命来自日本佛教本山,那么善慧禅师的法统就能够被"改造"得模棱两可了。如果能够对台湾主要的法派及其主寺都如法炮制,那么台湾佛教的法脉迟早一天会自然而然地归顺到日本佛教系统中,届时寺产的归顺及其信众的信仰归顺便是顺理成章的事了。

客观上讲,日本殖民当局通过转移台湾住持僧籍的手段,比较有效地控制了台湾主要寺庙的管理与经营及其佛教派别的活动。比如,1920年4月,当亲日佛教同盟台湾龙华佛教会成立刚刚一年多的时候,另一个直接由日本殖民当局策划并组织的南瀛佛教会宣布成立。这对于台湾四大法脉的今后生存形成了是否能够以及如何继续生存的客观压力。早在1920年2月即南瀛佛教会成立前两个月,当时的总督府首任社寺课课长丸井圭治郎,便邀集月眉山派灵泉禅寺住持善慧禅师和观音山派灵云禅寺住持本圆禅师共同商讨立会事宜,这可以被看作日本殖民当局对台湾旧惯佛教派别的一次务虚,它意味着当时已经分别加入日本曹洞宗、临济宗宗籍的台湾住持必须听从日本佛教的安排。

然而,上述日本殖民当局通过日本佛教的介入,对台湾佛教这种"管人不管寺"、"以台僧制台僧"、"入室操戈"等典型的殖民主义做法,也产生了三个对于台湾佛教生存客观有利的直接后果。

首先,台湾以往比较混乱的寺院管理从此开始进入了法制化、制度化、规范化、监督化的轨道,这是台湾佛教在被迫接受日本佛教改造的过程中并没有事先预期的一个意外收获。

其次,由于当时台湾主要禅寺的住持大都被转接了日本佛教的法统,所以民国以后,台湾僧人便不需要渡海前往大陆的福州鼓山等祖庭寺院,接受三坛大戒而成为禅师以及获得住持资格了。1921年南瀛佛教会刚成立时就表示,台湾佛教从此将切断与大陆(鼓山)的法脉关系,以保证台湾佛教最终能够归顺日本佛教系统。但是,顺势也产生了另外一个客观结果,即台湾佛教从此能够"自我度戒"。比如,没有受过鼓山大戒的林永定僧人在被聘为南瀛佛教会理事之后,便直接担任了超峰禅寺的住持。显然,这是台湾佛教的一种"明为改造、暗地变革"的时务方策,它在台湾佛教史上具有不可忽视的历史变革意义。从历史发展的角度看,台湾佛教长久以来形成的主体性缺失,通过这种"被迫"的形式反而得到了意外的修补。

再次,台湾佛寺因为有日本佛教本山的"关照",日本殖民当局视台湾的僧人和寺庙如同日本的僧人与寺庙,这也为台湾佛教在殖民时期与大陆佛教的积极交流提供了一条"通变生存"的特殊路径。比如,1925年在日本东京芝区公园增上寺召开的首届东亚佛教联合会上,台湾佛教代表在形式上能够借以日本佛教代表的席位参加,而得以在实质上与大陆中华佛教联合会筹备总干事太虚法师等人见面沟通。

所以,由上面三个特征所描述的台湾殖民时期的这种现象可以被称之为"新佛教运动"现象,它体现出台湾佛教对应日本殖民统治的一种"生存哲学"。

三、"日僧建寺"激发寺产保护

如果说殖民地佛教寺产不被占领者觊觎,那是不可能的事。日本明治二十三年(1899),日本临济宗妙心寺派僧人得庵玄秀来到台湾,在圆山镇镇南山创建了临济护国禅寺这座台湾土地上唯一拥有正宗日本法统的禅寺。直至1945年日本战败离台,得庵玄秀连续14年7个月(1899—1914)担任了十任临济宗莅台布教监督,同时也自然地担任了14年多的临济护国禅寺住持。在这期间,他不仅"接受了儿玉总督的皈依,更借由民政长官后藤新平伯爵的虔诚信仰,而且获得诸多的信施"①。

临济护国禅寺的建立,表面上主要是为了方便在台日本人的佛教信仰与皈依,向台民布教还属次要。然而,当时日本驻台湾总督陆军大将军儿玉源太郎的想法并非这样简单。他与日本临济宗妙心寺派大本山的野心相同,这就是以台湾作为跳板,跨向中国大陆福建弘法。这个暗藏的玄机与当时日本真宗1898年厦门东本愿寺僧侣高松誓放火焚烧布教所、为日军占领厦门提供口实的举动②殊途同归。

临济护国禅寺的十任莅台布教监督中,值得一提的是任期达7年半(1932年4月—1939年9月)的第八任高林玄宝。他的最大作为是促进台湾本土僧侣的教化,从而选择了与台湾传统佛教的友善合作,扩大了台湾寺庙之间的组织联络,开设了青壮僧尼专修道场,延伸了日、台信徒传教机构——佛教道友会在镇南山法务的教线。他反对日本殖民当局"皇民化运动"中的最后一环——即以废除、整合甚至摧毁台湾传统信仰的神灵佛像及寺庙为主要内容的"寺庙整理运动",并努力地向当局提出规劝说服。

当时,高林玄宝保护台湾旧惯寺庙的一个经常方式,就是给一些将被摧毁寺庙挂上"临济护国寺"的招牌,使之免于灾难。此举深受台湾民间信仰者的爱戴。在这个方面,虽然当时日本临济宗妙心寺派在南台湾的开教使东海宜诚的所作所为异曲同工,却大有该派转移甚至掠夺台湾寺产的嫌疑。这个嫌疑出自两个方面,一是东海宜诚企图介入开元寺经营运作的举动,二是东海宜诚曾经提出临济宗"再造"台湾寺庙的一份

---

① 施德昌:《台湾佛教名迹宝鉴》之《护国禅寺》条目,台中,民德写真馆,1941。
② 又称"厦门事件"或"东本愿寺事件",也是由儿玉源太郎一手策划的。据斋藤圣二《厦门事件再考》,《日本史研究》第305期,第37页。

报告。

　　事实上，开元寺于1914年开始就与日本临济宗妙心寺派建立了联络关系，1923年4月日本临济宗的南台湾联络寺庙总部就设在开元寺。得圆禅师(1888—1946)于1920年接掌台南开元寺。当时开元寺寺产相当之大，自日本占领台湾起就有台僧与日本人勾结准备盗卖寺产的行径。1915年，在台北市临济护国禅寺下属成立了"法人团体圆通妇人会"这样一个管理人机构，参与禅寺的管理与经营，并贯彻日本临济宗"以避免成为私自营利的方针"①。这给东海宜诚介入开元寺管理与经营一个很好的借口。所以，他打算以解决寺产纠纷的名义在开元寺建立一个财团法人机构。此举因为受到得圆住持的反对而遭挫折。但是，日本临济宗一直通过东海宜诚在不断地吸收台湾固有寺庙、斋堂的经营管理权，不可能不希望能够确立对开元寺寺产的实际管理权。对此，得圆禅师的弟子林秋梧曾在《台湾民报》上毫不客气地揭发了东海宜诚贪财、贪功的行径。②

　　1935年10月10日，日本统治台湾40年"台湾博览会"在台湾召开，同年11月5日，配合这个纪念活动，台湾佛教各宗派联合会与南瀛佛教会合办了一次台湾佛教徒大会。会上，日本临济宗提出了三个提案。其中，东海宜诚提出了《对台湾在来(固有)之佛教系统之寺庙斋堂向当局请其确立统制方案之件》，直截了当地表现出觊觎台湾寺产的野心。此举遭到台湾佛教人士普遍反对而搁浅。

　　回过头来看，东海宜诚在对待台湾寺产方面的举动实际上具有两面性特点：一方面确实保护了当时隶属临济宗名下的台湾寺产不被摧毁，甚至通过建立佛教专修道场以及向社会募捐建立高雄的佛教慈爱医院，增加了临济宗法系的产业；另一方面，通过"寺庙整理运动"将台湾寺庙

---

① 泰山子：《佛教会馆建设に就て》，《圆通》第75号(1928年7月10日)，第32—34页。
② 林秋梧：《和尚也利用经济侵略》，《台湾民报》第149号(1927年3月20日)，第14页。

"再造"变成日本式的寺院,迈出了日本临济宗在台布教的合理范围。

四、"佛教办学"提高台僧素质

殖民时期台湾佛教办学的缘起,主要来自日本佛教对台湾僧众佛教水平低下的不满,以及当时日本佛教向台湾佛教提供的教学模式和基础条件。问题发现于日本佛教派别企图在台湾布教时,他们与台湾佛教人士之间进行佛理探讨的对话方面所反映出的较大差别。所以,日本佛教方面希望通过台湾佛教办学的方式,提升台湾僧侣的基本素养。这也成为台湾佛教开办教育的一个积极的初衷。

台湾佛教办学可以分类为佛学教育和社会教育两个部分,它的真正起步时间应当定为1912年。台湾佛教办学的历程也可以简要地叙述如下。

(1)佛教讲习会主要有:1912年9月1日至25日,基隆月眉山灵泉禅寺的爱国佛教讲习会;1914年9月30日至10月27日灵泉禅寺的坐禅讲习会;1921年7月3日至23日台湾佛教中学林的南瀛佛教讲习会和灵泉寺研究会;1926年10月12日至11月1日圆山临济禅寺的高等布道讲习会;1934年每月10天台南开元寺的开元佛学研究会;1936年佛诞日(4月8日)台南由三教人士参加的赤坎禅学研究会;1936年佛诞日成立的台中州佛教联合会之讲习会;1937年佛诞日成立的台北州佛教会研究院之讲习会皆讲演会;1937年成立的法人财团台湾佛教龙华会之佛教研究会;1937年4月12日至6月17日间(共17天)台南开元寺的临济宗教师养成所,等等。

(2)佛学院主要有:1923年5月9日由月眉山成立的灵泉禅寺佛学院;1924年7月25日由法云寺成立的南溟佛教学院及女众研究院;1928年1月间由台南法华寺成立的振南佛学院;1930年4月14日由台中关子岭大仙岩成立的大仙寺佛教专修学院;1934年间由台北临济护国禅寺成立的青壮僧尼专修道场;1939年4月由高雄超峰禅寺成立的大岗山佛

教学院,等等。

(3) 台湾佛教界的社会办学主要有:1916 年 10 月由台南佛教所成立的台南商业学院;1929 年 4 月 17 日由台南市弥陀寺成立的台南家政裁缝讲习所(后为台南家政女子学院);1916 年 11 月由圆山临济禅寺成立的镇南学寮,后发展成为台湾佛教中学林,等。

上述台湾佛教办学的确为台湾的佛寺培养了不少佛教人才,大大地提高了台湾僧侣的佛教修养。由于当时台湾的佛教教学大都由日本佛教督学或指导,使得办学比较规范,办学模式上也能够接近"财团法人"管理模式,采用了僧人与学生分开管理的合理方式,为后来战后台湾佛教走向全面社会化办学打下了良好的基础。

五、"道场联盟"加固本土法脉

殖民时期台湾佛教四大法脉分布合理,可谓井井有条、疏而不漏。在日本殖民当局推行佛教"皇道化"的恶劣环境中,台湾佛教各个派别及其寺庙之间能够相互和谐地共存发展,其中很大的一个原因,就是台湾四大法脉在其成型当初,分别采取了一种"道场联盟"的建构模式,以及对"经营佛教"的普遍共识及其实践。

台湾佛教步入"经营",其理念是比较超前的,实践也是比较成功的。在对台湾佛教的改造过程中,日本佛教渐渐地将日本惯有的"财团法人"模式介绍到了台湾佛教界。于是,殖民时期台湾的佛教寺院便有了所谓"管理人"及其独立于僧侣修行之外的寺院经营制度。在 1919 年日本驻台湾总督府对全台佛教进行了调查之后,殖民当局需要台湾的寺庙拥有一个能够与之进行法律交涉的机构,但不是"住持"个人,所以便有了所谓的"管理人"。这个"管理人"不一定是个人,可以是一个法人机构。

当时,总督府社寺课课长丸井圭治郎曾经指出:"管理人,原先称董事或首事,管理之名,是日本领台以后,若有董事,就以董事,若无董事就以炉主或庙祝为管理人。因要申报寺庙的建地、附属田园,才开始以管理人作为寺庙的代表,课管理财产,任免和监督庙祝、顾庙,以及掌管有关寺庙的一切事务。管理人通常从有财势的信徒中选任,其任期不确定。一般情形是,其祖先若对该寺庙有特别的贡献,则其管理人之职为世袭。又寺庙田园的管理和寺庙一般法务的经手,是分开管理的,因此管理人若有数人,而其祖先曾捐田产给该寺庙者,则其子孙按惯例,代代都管理田园。不过,当前所见,名实相符的管理人甚少。因此旧惯土地调查之时,匆促间,虽有管理人名目的设置,而不少奸智之徒趁机上下其手,以管理人之名暗图私利。等到此管理人过世以后,其子孙又再专断地自任为该寺庙的管理人之职,并且对管理人的职权又不清楚,往往庙产都已散尽了,还不闻不问。此类管理人,每年能明确提出寺产收支决算账目的,为数极少。通常是将庙业田园以低租长期佃给他人耕作,甚至有管理人为谋私利,居然自己与自己签约租耕者。像此类的管理人,不但称不上是寺庙产业的保护者,反而应该视为盗产之贼才是。"①

可见,民国初期台湾寺庙的管理存在着不少问题。虽然住持是管理寺庙的代表,但因为他们往往并不掌握寺产田园,其实际权力反而低于管理者,身份如同"顾庙"。对于造成这种局面的原因,丸井氏的分析是:"这大概因为台湾大规模的佛寺为数极少,只有台南开元寺、台北灵泉寺及凌云寺几所而已。"②所以,殖民当局为此设计的改造方案包含了两个方面,即一方面建构或健全新的寺庙管理人制度,另一方面建构较大规模的法脉寺庙系统。在这方面,僧人林永定1903年离开开元寺就任超峰禅寺住持,倾力经营佛教,最终创立了大岗山派超峰禅寺法脉,则是一个成功的尝试。其中,借鉴日本佛教对寺庙的管理和经营模式而建立了自己的"连锁道场",这是林永定住持的一个重要而成功的尝试。

---

①② [日]丸井圭治郎:《台湾宗教调查报告》第一卷,第75页,江灿腾中译,台北,台湾总督府,1919。

在林永定住持的苦心经营下，到了20世纪30年代，大岗山派已经具有"核心寺院"(比如新、旧超峰寺)、"隶属寺院"(比如龙湖庵、莲峰寺等)和"联络寺院"(比如嘉义清华山的德源禅寺、嘉义弥陀寺、高雄茄定乡白云寺、屏东南太山映泉寺等)这样的"连锁道场体系"。也许，鉴于这种背景，在1922年4月4日南瀛佛教会的成立大会上，丸井氏代行会长职务，便指定林永定住持为高雄州的理事。根据《审议单章程》第5条，在地方性的佛教事务中，理事可以兼任干事。因此，林永定实际上已经成为高雄州的主要会务代表，从而在教界与政界拥有了更大的个人影响力。这个机缘使得林永定获得了得天独厚的势力，以致在建立大岗山派寺庙"连锁道场"的过程中得心应手。林住持实际展开佛教经营是从1908年开始的，直至1939年去世。这段时间，日本殖民当局还没有全面开展全岛强制性的"皇民化运动"，超峰禅寺还没有迁移下山。所以，林住持对自己所经营的佛教也充满期望。

超峰禅寺虽然佛教资源丰富，但大岗山麓交通不便，以致长期以来道场颓废。所以，便利香客朝山成为林永定住持经营寺务的当务之急。1908年，超峰禅寺开始重修。同时，林永定住持在超峰禅寺山下一处风景绝佳处，修建了一所超峰禅寺的分院——龙湖庵，作为女性香客的聚居庵堂。在林住持的感召下，为了供斋友及参禅者休息或泊宿，先后有马珠施钱改建了龙湖庵草寮、林坤捐献巨资增建了斋堂、丘毓珍捐款增建了通天阁。经过如此建造，龙湖庵规模扩大，加之原本风光秀美，而且拥有专属女性居住又可避嫌的庵堂，赢得了广泛的社会信誉，引来了越来越多的妇女相约前往度假和静养，一时间台南州和高雄州蔚然成风。

利用龙湖庵优良的休闲条件，林住持采取了"以寺养寺"的经营方式，寺庙的经济收入日益剧增。这是林住持完成的第一个有效的经营举措。接着，林住持在大岗山麓另外创建了一个尼众道场莲峰禅寺。至此，以大岗山派"两寺一庵"为标志的台湾第一个"连锁道场体系"形成了其基本模式，为后来各大法派建设自己的"连锁道场"提供了样板和经验。

稳定了山下龙湖庵的经济运行，林住持便开始了他的第二个举措，就是在1926—1931年间，花费巨资修建了一条可以通行大型汽车上山的大路。鉴于当时整个冈山郡仅有12部汽车、每1万人才有1部汽车的情形，这个举措的确很有远见。后来，随着台湾工业与经济的发展，人们乘车前往超峰禅寺观看秀丽风光、进香朝拜观音，这条道路发挥了很大作用。

林住持经营佛教的第三个举措，是改革原来台湾寺庙中住持与管理人分离的制度。他本人同时拥有两者身份，这样就避免了原来那种因为人际关系所造成的寺务不相和谐，或者身为俗人身份的管理人对佛教事务的干扰。

林住持圆寂前最后一个有关寺庙管理与经营改革的举措，是1939年春天在山上设立了一所大岗山佛教学院。建设佛教学院耗费了林住持多年结缘而来的所有经费。与同样没能完成的"超峰禅寺新大伽蓝改建计划"一样，他生前并没有完成这个项目。然而，建设这所佛教学院计划的深远意义对台湾后来的佛教发展影响深远，体现于林永定住持准备构建一种男女分别、僧俗共参、法事与休闲同用、崇拜与研学同步的立体化"连锁道场"新创模式，成为台湾近代佛教道场的先驱。

上述仅是台湾佛教有效经营的一个例子。"连锁道场"这种特殊的佛教管理与经营模式，基隆月眉山派灵泉禅寺法脉、台北观音山派凌云禅寺法脉和苗栗大湖乡派法云寺法脉也都进行了尝试，形成了各自独立而连贯的寺庙体系。据1988年出版的《台湾佛教寺院总录》（华宇版）的收录，到20世纪末叶，四大法脉在台湾地区以"连锁道场"形式分布的寺院情况是：

	月眉山	观音山	法云寺	大岗山
台北市	7	3	17	3
台北县	6	2	23	3
基　隆	10	0	2	2
宜　兰	1	2	10	1
桃　园*	0	0	12	2
新　竹*	1	1	21	0
苗　栗*	0	0	20	0
台　中*	7	1	22	0
彰　化*	2	1	11	0
南　投*	3	3	10	4
云　林	2	2	0	1
嘉　义*	4	3	3	4
台　南*	2	21	2	16
高雄市	1	6	0	8
高雄县	1	9	1	19
澎　湖	0	2	0	0
屏　东*	0	12	2	12
台　东*	3	1	2	3
花　莲*	3	0	2	0
小　计	53	69	160	78

备注：后加"＊"者，表示同时含"县"与"市"。

另外，按照1996年出版的《世界佛教通讯录》统计，20世纪末台湾地区佛教（包括民俗佛教和斋教）大小寺庙斋堂总数大约2200座，上述四大法脉拥有的寺庙小计共有360座，约占总数的16％，影响可观。

历史地看，殖民时期台湾佛教各大派别兴建自己的"连锁道场"一事，其意义远远不止对派别势力的稳定与扩张，更主要的是体现了当时台湾佛教各个派别间似乎达成了一种默契，即以"连锁道场"的组织形态，制止或回避日本佛教对台湾佛教僧籍乃至寺籍的拉拢与归化。1936年，大陆著名佛学专家——厦门南普陀寺的林慧云（子青）比丘曾经就此撰写过相关文章,描述了当时龙湖庵建设一事并予以赞许。他特别强调"大正九年(1920),由永智师渡华,恭请会泉法师(当时的南普陀寺住持)来山指导一切",①又请来福建兴化后果寺住持良达法师、厦门南普陀寺义学僧慧云法师前来讲经。这些充分说明了当时林永定代表的台湾本土佛教势力,之所以能够对日本改造台湾佛教运动"阳奉阴违",尤其以实际行动来抵制南瀛佛教会有关"切断与大陆本山的联系"的宣告,一个重要的原因就是他们能够充分地利用"连锁道场"这个根据地。林住持创建台湾"连锁道场"这种佛教经营模式之举,既是台湾佛教身处日本殖民压力下"通变生存"的一个大胆尝试,也是从组织结构这个基础上加固台湾本土法脉的一个巨大的历史贡献。

第四节 台湾佛教的变革与复兴

1937年日本侵华战争全面爆发至1949年新中国成立前后,台湾佛教不知不觉地发生了一些新的变化,表现出一种以"回归大陆本山、拯救没落僧侣、提升佛学理论、加强台陆交流"为基本特征的复兴台湾佛教新趋势。复兴台湾佛教起步于战后台湾地区的佛教改革,深受日本佛教思想和大陆佛教时代精神的双重影响。殖民时期以林德林、高执德为代表的台湾佛教改革是一种"日本化"的偶然尝试,而战后大陆佛教思想纷纷移入台湾则是一种对台湾佛教"中国化"(即"去日本化")建设的必然发展。

一、佛教变革的初步尝试

1. 林德林的"佛教革新"

1934年11月,李添春教授著文第一次称呼当时的佛教改革家林德林比丘为"台湾佛教的马丁·路德"。他的佛教革新被后人誉为"新佛教

---

① 载《南瀛佛教》第14卷3号(1936年3月),第54页。

事业",其内容主要包括两项,一是为台湾"在家佛教"的发展方向"以身示法",二是反对观音神化而宣扬无神论的佛教。

林德林是台湾本土人,生于清光绪十六年(1890),民国元年(1912)出家于灵泉禅寺,成为住持善慧禅师的高徒,编著了《灵泉寺沿革》,迄于1951年。他的"佛教革新"经历了"早年深受台湾居士欢迎、晚期深受佛教中国化巨大压力"这两种反差极大的处境。

在日本殖民统治的"儿玉、后藤"时期,当局曾经全力扶持日本临济宗妙心寺派在台湾扩张势力,曹洞宗却因为采取了"与台湾禅寺私下签约"的归化方式而倍感压力。所以,日本曹洞宗势力非常重视属下私立台湾佛教中学林的发展。1917年,日本曹洞宗思想家忽滑谷快天以日本曹洞宗大本山代理管长的身份,来台为学校首届开学典礼致词。在台湾慎斋堂的资助下,二十六岁的林德林成了学校的第一届学员,并很快接受了忽滑谷快天所倡导的"正信佛教"新禅学。后来,他以台湾为数不多的佛教知识分子姿态,在台湾开始弘扬日本曹洞宗祖师道元的"正眼禅风"。为此,他坚持以观音大悲普度众生的佛教精神,积极从事对台湾在家信佛者的弘法救度事业,集中地体现于1922年创办了台中佛教会馆。

林德林在台湾的"佛教革新"刚开场,却因一场意外的"儒一佛论战"改变了味道。事情发生在1927年,当时被媒体称之为"中教事件"。据说林德林创办的台中佛教会馆发生了"桃色疑云",而且直接牵涉林德林本人——即林德林与笔战对手张淑子之妻有染。为此,张淑子组织了彰化"崇文社"这个当时台湾知名的儒生大本营,纷纷撰文投笔围剿林德林,直接羞辱他为"破戒僧"。对此,林德林并不示弱。台湾佛教界乃至全体民众又一次将关注的目光锁定林德林。

"桃色疑云"的真相最终并没有被解开。其实,这起"中教事件"的真正原委,出于当时台湾儒、释两家的"公共知识分子"势力对社会公共资源与公共信任的不均占有,即林德林日本化的佛教革新让儒家传统文化的坚守者们不忍观看。所以,这个事件也可以被看作台湾传统儒生势力对林德林早期日本化的台湾佛教革新乃至整个台湾佛教面对"佛教日本化"势力挑战之懦弱表现的一种抗议。

2. 高执德的"批判佛教"

当然,殖民时期的台湾佛教中,林德林在"日本化的佛教革新"的尝试过程中并不孤独。日式台湾僧侣高执德的"批判佛教"与林德林的"佛教革新"异曲而同工,可以被看作台湾殖民时期林德林式"佛教革新"的一段赋格。

高执德(1896—1955),法号证光,台湾彰化人,早年出家于开元寺,后公派留学日本曹洞宗开办的驹泽大学学习了完整的佛学课程,1930 年回到台湾之后,颇受到殖民当局的倚重,成为总督府社会课社寺科职员。1931 年暂任南瀛佛教会教师,后转任《南瀛佛教》杂志编辑主任、永靖信用合作组专务理事、台南开元寺教师,并接受日本临济宗僧开教师东海宜诚的聘任,以南部训教讲师的身份在台南地区巡回演讲,1936 年在开元寺创办佛教妇人会,1943 年继得圆禅师之后任开元寺住持。可见,高执德也是当时台湾为数不多的佛教知识分子之一。

高执德是一位典型的日本式僧侣。他在思想上也倾向于"在家佛教"这种"日本式"佛教修行观,对台湾传统佛教"尸位素餐"的出家僧侣颇不以为然。这种态度基于他对"朱熹排佛"的研究结果,并通过长篇论文《朱子之排佛论》阐明了"败佛者非儒者而是僧侣本身"这种基本认识。① 以致他曾经针对大岗山派"二寺一庵"之龙湖庵所采用的"禅净双修"方式,就其"不纯粹性"提出过强烈批评。他的主要观点是:"但就禅净双修的修行方式来说,没有什么不对的地方,可是若从纯禅的角度看,终究有些不足,亦即这是修禅未到家的一种表现。否则若修行者已坚信修禅有效,坐禅一门足矣,又何必借念佛来辅助?"②他对台湾本岛缺乏高

---

① 高执德:《朱子之排佛伦》,《南瀛佛教》第 14 卷第 7 号(1936 年 7 月),第 25—26 页。
② 高执德:《高雄州下巡回讲演记》,《南瀛佛教》第 14 卷第 4 号(1936 年 4 月),第 26 页。

僧而邀请大陆法师前来讲经这种"佛教大陆化"的做法,以及对女尼或信众舍弃家庭出家修行的行为表示出极大的不满。

耐人寻味的是,在教理方面,高执德因为早年学习于日本曹洞宗的驹泽大学,而且秉承了曹洞宗禅学思想家忽滑谷快天的"批判禅学",然而在事业方面,他区别于得圆住持的另一位高徒兼住持接班人林秋梧对东海宜诚等日本僧侣的抵制,而采取了一种配合态度,去实施以日本临济宗风格改造台湾佛教的计划。高执德的这种做法,也许一方面迫于当时自己已是日本临济宗末寺开元寺的僧人,又被聘任为日本临济宗台湾南部训教讲师,另一方面也想借日本临济宗偏受殖民当局支持的优势,以自己所坚持的"批判佛教"为利器,推动他在台湾南部地区的"佛教革新",以便能够与当时名声鼓噪的曹洞宗派佛教改革家林德林抗衡。

由此可见,殖民时期台湾的"佛教革新"客观上呈现为一种"曹洞林、临济高"的局面。1932年,忽滑谷快天第二次来台探望高执德老家,同时避开林德林,这种做法说明忽滑谷快天认可了高执德将他的"批判禅学"正宗在台湾南部进行推广,并希望能够影响曹洞宗林永定住持的超峰禅寺。所以,高执德后来转而效力临济宗的"背宗"行为并没有被日本佛教所计较。或许,这种行为正是"批判禅学"精神的一种体现,忽滑谷快天也更希望能够找回曹洞宗式的高执德。

二、正信佛教复兴及救僧运动

对于台湾佛教发展而言,1945—1949年可谓一个近现代衔接而承前启后的历史阶段。当时影响最大的重要人物有太虚、印顺、慈航等。他们共同托起了这个时期台湾佛教的一股"救僧护僧"理性运动,体现了当时台湾佛教加强佛学理论教育,为台湾"正信佛教"的复兴而重建其基础的时代要求。这个运动起源于台湾岛外佛学势力对台湾本地原有佛教理论发展的刺激。其间,大陆佛学思想随着一部分大陆已具影响的佛学精英和佛教领袖移居台湾而向台湾佛教转移。一些具有鲜明时代特点及精神的佛学思想，潜移默化地提高了整个台湾地区的佛教理论水准，并为战后台湾佛教真正走上正信佛教的道路发挥了关键作用。

1. 大陆新净土思想在台湾的流布

战后，大陆佛教的所谓"新净土思想"主要以太虚法师倡导的"人生佛教"和印顺法师倡导的"人间佛教"为主体，其宗旨是坚持倡导"菩萨行"。这对战后台湾佛教复兴影响很大，几乎成为一个恒定的发展方向。

早在1917年，台湾基隆月眉山灵泉禅寺住持善慧禅师曾经邀请时任中国佛教总会参议长、宁波佛教会会长的宁波接待寺住持圆瑛法师前去讲演佛学，圆瑛法师因事繁忙而不可分身，便推荐了刚由普陀山闭关3年而出的太虚法师代为前往。太虚法师以此机缘，游历基隆、台中，并由善慧禅师陪同访问日本20天。后来，印顺法师将太虚创立的"新净土思想"带到台湾，扎根开花。

印顺法师作为太虚的弟子，自认为自己的"人间佛教"是对太虚的"人生佛教"的一种修订性诠释。但是，太虚法师对此不以为然，故而就此发生了一段争辩。有分析认为，太虚"人生佛教"论以中国佛教为本位，理论依据是"法界缘觉说"；印顺"人间佛教"论以印度佛教为本位，理论依据是"缘起性空说"。太虚"人生佛教"的特点，是将太多的世俗的"人学"知识纳入了自己的佛学体系，就人生论佛学。印顺则坚持追根溯源，就佛学论佛学而不希望出现顺应潮流的诠释。[1]

太虚法师早于1947年逝去，而印顺法师自战后来到台湾多年，也许是为了解决长久以来困扰台湾佛教理论的"无根"问题，印顺"人间佛教"的理论构架探源于印度佛教，在台湾更受欢迎，印顺由此被奉导师，遂成台湾印顺学派，并一直延续到今天。

---

[1] 参见江灿腾《当代台湾"人间佛教"思想的溯源与纠葛》，《新视野下的台湾近现代佛教史》，第416页。

印顺法师是1949年抵达香港、三年之后抵达台湾的,时年四十八岁。太虚与印顺不仅身为学问僧,后来又成为公共知识分子,所以他们的"新净土思想"能够极大地影响台湾佛教加强佛学研究、推动佛教精神的社会化及普世化进程。尽管太虚与印顺分别选择了"走向人生"或"回归佛陀"这两条不同的路线,他们倡导的"新净土思想"却有一个共同的基本点,就是将已经被神话的佛、菩萨形象重新恢复成"人"的形象。这是一种对无神论佛教的净化或复原。战后,台湾佛教又先后经历了"去日本化"和"去观音神化"的"去病"过程。显然,印顺带来台湾的"新净土思想"无疑成了最有效的良方之一。

2. 救僧运动与兴办佛学院

20世纪40年代末,台南地区悄然刮起一股"救僧运动",开导并力行者就是"行万里路"推动"人间佛教"的慈航法师。

1948年秋冬之际,在弘宗法师(1896—1972)的介绍下,应台湾中坜圆光寺方丈、台湾法云寺妙果老和尚的邀请,慈航法师来台主持台湾佛学院。然而,佛学院开办不久,各地学僧纷至沓来,尤其大陆政局的变化,有一批僧侣移至台湾,圆光寺及台湾佛学院不堪重负,妙果老和尚便向慈航表达了停办佛学院的意向。这给慈航法师出了一道难题。于是,人生地不熟的慈航法师便带领众多学僧前往灵泉禅寺求助。

灵泉禅寺开山祖师善慧曾经与慈航法师结有一段因缘,即当年慈航法师在南洋观音亭讲经时,就将前来挂单的善慧禅师引见给了当地的华侨领袖和观音亭住持,并让位请善慧禅师担任讲座的主持。因此,当时财力还十分虚弱的灵泉禅寺接待了一批批前来求学的年轻僧侣。为了安顿更多的学僧,慈航法师赶往狮子山各个寺院,请求开办佛学院,陆续得到支持。1949年,在慈航法师的积极推动下,新竹佛学院、灵泉佛学院及狮山佛学院陆续开办。在极短的时间内,解决了大批漂泊到此的各地僧侣。

然而,回顾起这段不凡而又朴实的经历,慈航法师悲感交集。他曾经对台湾高僧斌宗法师(1911—1956)说道:"慈航福浅德薄,到台湾真倒霉,环境非常坏,所做的事多力不从心,大受挫折了。我个人是没有什么关系的,可怜这一群飘飘荡荡、无所归宿的僧青年,那就太可怜了。"[1]慈航法师救僧心切,来者不拒,身体力行太虚倡导的"菩萨行",充分表现了战后台湾佛教复兴的人性化一面。

台湾佛教延绵至今,经历风雨三百年,明清滥觞,民国筑基,战后变革。之后更是迅速发展,自成一体,渐渐成为世界佛教重镇之一,也为世界佛教的变革提供了一些可供借鉴的经验。

1945—1955年这十年,台湾佛教处于一个十分重要的发展阶段。其间,台湾佛教逐渐卸去了日本佛教的桎梏,随着释大醒法师将《海潮音》杂志迁至台湾刊印,大陆东北的慧峰法师将天台宗移入台湾,许多重要佛教期刊复刊发行,台湾佛教素质迅速提升,主体性渐渐生成。

20世纪中叶以后,台湾佛教各大丛林迅速崛起,寺院经营别开生面。佛教人才多源而入时,佛学研究日趋繁荣,佛教风格不断出新,海外交流日益活跃,为后来台湾佛教的进一步发展奠定了良好的基础。

---

[1] 慧岳:《我对慈老法师的敬仰和哀思》,《慈航大师纪念专辑》,第434页。转引自阚正宗《慈航法师的付法弟子及其道场》,《台湾佛教史论》,第357页,北京,宗教文化出版社,2008。

人名索引

斌宗 456
陈寅恪 328,334—336,375
陈垣 26,328,334,335,353,374,375
楚石梵琦 359,360
传灯 373
五世达赖 299,305
德清 6—8,26,128,174—176,198,371,400
谛闲 154,431
丁福保 353,355
费隐通容 386
龚自珍 1,2,30—51,53,54,59,63,65,70,80,103,113,169,324
汉月法藏 273
弘赞 373
黄忏华 328,338—341,355
慧明 359
杰峰世愚 359
康熙 8,14,15,23,25,26,31,128,189,253—257,265,272,273,299—301,303,305,311—313,374,405,408—410,412—414,432
梁启超 1,32,35,49,50,59—62,65—67,69,71—74,92—94,100—125,139,151,181,190,207,235,239,241,247,248,251,327,329—334,349,350,353,356
铃木大拙 173,282,344
吕澂 167,168,172,176,181,327,328,338,339,347,351—353,355
罗桑益西 299
密云圆悟 404
南条文雄 18,77,152,153,156,157,161,162,170,172,173,175,179,181,185,188,191,195,196,201,202,204,215,216,227,234,237,239,240
逆川智顺 359
乾隆 1,8,9,14,16,20,23,25—33,126,128,147,189,255,256,259,262,267,270—272,294,300—308,311—313,320,373,399,409,414
顺治 8,126,266,271,272,298,371,408

宋濂 360,361

苏曼殊 146,154,165

太虚 73,129,144,145,154,159,164,165,169,213,233,238,241,245,246,248,285,326—328,340,345—349,351,354,355,391—394,429,441,453—456

谭嗣同 1,32,50,59—61,65,69—105,109—111,113,119,123,135,139,140,149,151,161,163,164,169,240,241,245,250,251,327

汤用彤 229,328,334,336,337,343,350,351

王恩洋 181,182,340,345

望月信亨 3,208,209,239

为霖道霈 386

魏源 1,2,4,31,32,46,50—59,63,65,68,70,80,103,165,169,195—197,201,202,298,324

熊十力 251,328,345—347,351,353

虚云 396—398

印光 10,195,287,346,394—396

雍正 2,3,26,255,266—271,294,300,301,303,305,311—313,389,409,432,433

永觉元贤 386

圆瑛 396,429,431,454

月霞 154

章太炎 169,240,251,327,328,345—347,349

真可 7,8

智光 154,169,241